U0123950

"一带一路"背景下的汉语国际教育
（第二辑）

主　编　姚喜明

副主编　阚怀未　刘婷婷

上海大学出版社

·上海·

图书在版编目(CIP)数据

"一带一路"背景下的汉语国际教育. 第二辑/姚
喜明主编. —上海：上海大学出版社，2020.12
　ISBN 978 - 7 - 5671 - 4063 - 9

　Ⅰ. ①一… Ⅱ. ①姚… Ⅲ. ①汉语—对外汉语教学—
教学研究—文集　Ⅳ. ①H195.3 - 53

中国版本图书馆 CIP 数据核字(2020)第 227923 号

责任编辑　陈　强
助理编辑　祝艺菲
封面设计　缪炎栩
技术编辑　金　鑫　钱宇坤

"一带一路"背景下的汉语国际教育(第二辑)
姚喜明　主编
上海大学出版社出版发行
(上海市上大路 99 号　邮政编码 200444)
(http://www.shupress.cn　发行热线 021 - 66135112)
出版人　戴骏豪

*

南京展望文化发展有限公司排版
江苏凤凰数码印务有限公司印刷　　各地新华书店经销
开本 710mm×1000mm　1/16　印张 24.25　字数 406 千
2020 年 12 月第 1 版　2020 年 12 月第 1 次印刷
ISBN 978 - 7 - 5671 - 4063 - 9/H·382　定价　68.00 元

本书编委会

主　编　姚喜明

副主编　阚怀未　刘婷婷

编　委　裴雨来　薛才德　张少云　常　峻　李　慧
　　　　李文韬　江　南

序

自 1999 年来上海工作后，我就开始涉足留学生汉语教育教学工作。2000 年前后曾跟随范开泰教授在上海师范大学国际文化交流学院短暂工作过一段时间。2002 年后担任人文学院中文系副主任，主要负责对外汉语（现"汉语国际教育"）专业本科建设。2004 年随齐沪扬教授在上海师范大学对外汉语学院工作，并担任对外汉语学院副院长，先后分管过学院的教学、科研、研究生、留学生等工作。2008 年后到学校机关工作，但从未中断过在对外汉语学院的教育教学工作。多年来，我对对外汉语教学（汉语国际教育）与研究情有独钟，和这个领域的许多学院、同仁也结下深厚的友谊。这其中跟上海大学国际教育学院及其前身国际交流学院的老师和学院领导交往颇多。

上海大学国际教育学院（国际交流学院）自成立以来，从专注于留学生管理与教学逐步向集管理、教学、科研三位一体转型。近年来尤其在科研及学科专业建设上取得突出的成绩，学院设立科研项目，鼓励引导教师和管理人员结合自己的工作实际开展实实在在的科学研究，帮助教师参与校外竞争性科研项目的申请，鼓励教师积极参加各类学术会议，邀请校内外专家到学院讲学讲座，并主持召开相关学术会议。上海大学国际教育学院的教师已经成为海内外汉语国际教育领域中一支重要的教学科研队伍，收入《"一带一路"背景下的汉语国际教育》中的 32 篇论文正是上海大学国际教育学院教学科研水平的一次集中体现。

这 32 篇论文，有涉及汉语作为第二语言习得及偏误分析的，有涉及课程建设和教材编写的，有涉及外国学生汉语学习现状及需求调查分析的，有涉及教学法研究及课堂教学优化的，有涉及汉字及汉文化相关课堂教学策略的，有涉及汉语国际教育专业硕士学位点及学科专业建设的，有涉及跨文化交际及教师培训、汉语教学史研究的，等等，可以说涉及汉语国际教育教学研究的方方面面。但重要的不在于面广，而在于这些研究往往都是基于研究者的全面观察和深入调查，论文多能基于"一带一路"沿线国家或"一带一路"大背景，针对某个国家、某个城市、某个学校、某门课程、某类学生、某个语言文字现象展开调查与分析。因而这些研究都立足于汉语国际教育教学实践,深入开展相关研究,多能做到在调查研究基础上进行一定的理论提升,并能反过来指导汉语国际教育教学实践。

承蒙姚喜明院长的厚爱,嘱我为论文集写几句话,这使得我有机会先睹为快,感受到年轻教师们对汉语国际教育教学与研究的热爱。虽然汉语国际教育是一门年轻的学科,但我相信随着我国经济社会的快速发展和国际地位的不断提升,随着"一带一路"建设的全面开展,汉语国际教育一定会取得快速发展并逐渐成熟。上海大学国际教育学院也一定会在汉语国际教育领域取得更加辉煌的成就。

阅读论文集正值新型冠状病毒肺炎猖獗和疫情防控最为紧张的时期,因此我时常想着那些深受病毒侵害,饱受病毒煎熬甚至失去生命的同胞,想着那些奋战在防控一线的各类可爱可敬的普通"战士"。当撰写以上文字的时候,全国的疫情防控已经明显向好。真诚祝愿伟大的祖国和伟大的人民一切向好,越来越好!

陈昌来

2020 年 4 月 25 日

前　言

　　作为上海大学对外交流与合作的一个重要窗口,国际教育学院积极实践学校的国际化发展战略,以推动留学生事业发展为抓手,以海外孔子学院建设为平台,本着"交流、融合、创新、发展"的工作思路,发挥自身核心优势,努力构建教学、科研、学科发展的良好环境。学校实施国际化战略以来,进一步强化与国外高校的合作交流机制,通过国际教育学院与海外大学协作,在美国、爱尔兰、土耳其、泰国和巴林开办了5所孔子学院,其中4所先后获得了"全球先进孔子学院"称号。上海大学拥有国际化的校园,截至2019年底,来自全球143个国家和地区的在校留学生有4 532人,2013年被教育部评为"来华留学示范基地单位"。

　　国际教育学院设有汉语言、汉语国际教育两个本科专业。为适应汉语国际教育形势,提高海内外汉语教育质量,增强中华文化传播力度,学院自2016年起招收"汉语国际教育专业"硕士研究生,以加快培养国内及海外本土汉语教师,为汉语国际教育事业做出应有的贡献。

　　在"一带一路"倡议的宏大背景下,语言是"民心相通"的桥梁,文化是合作共赢的黏合剂,大力发展汉语国际教育事业对于推广汉语和中华文化的传播具有重要的战略意义。汉语教育在"一带一路"沿线国家和地区的语言教学中所占比重日益扩大,在教学语言、教育政策、考核标准等方面保持相对独立性的同时,汉语教育的本土化也逐步成为一种趋势。为增进"一带一路"国家和地区汉语国际教育的学术交流,进一步提升汉语国际教育的学科地位,上海大学国际教育学院自2017年6月至今已成功举办两届"'一带一路'背景下的汉语国际教育"国际学术研讨会。

　　第一届会议有来自中国、美国、法国、芬兰、俄罗斯、阿塞拜疆、巴基斯坦、乌兹别克斯坦等国家约100位中外学者和嘉宾参会,分别就"一带一路"沿线国家汉语教育战略研究、留学生教育与公共外交研究、汉语国际教育专业建设与发展研究、孔子学院汉语教育现状与对策研究等主题展开学术讨论与交流,收到参会论文共 69 篇。会议得到上海大学上海合作组织公共外交研究院、北京大学出版社、上海子墨国际文化传播有限公司的大力协助,会议论文集《"一带一路"背景下的汉语国际教育》于 2019 年 2 月在上海合作组织公共外交研究院的资助下由上海大学出版社出版。

第二届研讨会有来自中国大陆、港澳台及海外逾 50 家高校、科研院所、出版社及企业的 100 余位专家、学者、教师、研究生们参会,分别从"教学资源""师资培养""课程设计与教学研究""学习者动机""跨文化教学和文化传播""孔子学院的发展和国别研究"等课题探讨汉语教学。共收到参会论文 70 篇,择优收录了其中的 32 篇编为第二届研讨会论文集,涉及"一带一路汉语国际教育""汉语国际教育国别研究""汉语与汉语文化传播""汉语教学手段与模式"四个主题。

上海大学国际教育学院乐于为学界搭建学术交流的平台,并将继续努力,希望通过与国内外同行的交流促进国际汉语人才的培养,为共建人类命运共同体贡献力量。

目　　录

"一带一路"汉语国际教育

汉语国际教育国别研究

汉语与汉语文化传播

汉语教学手段与模式

"一带一路"汉语国际教育

基于字料库的"一带一路"
留学生汉字书写分析[*]

◎ 崔 言 柏 莹

摘 要: 将留学生在考卷、课堂笔记、作业中书写的汉字作为考察对象,通过建立错别字数据库统计数据,描写、分析其汉字书写偏误。研究发现:"一带一路"沿线国家留学生的汉字输出受字音影响最大,受字义影响较小;左右方向的错位现象存在于合体字以及笔画、笔势上;笔画的组合方式影响独体字的书写;学习者出现将印刷体误当正字习得的现象。本研究在教学中实施基于图式理论的强化汉字观察、识别和提取记忆训练等教学措施,提高了留学生习得汉字的效果。

关键词: 留学生汉字书写;错别字数据库;认知理论

国家主席习近平于 2013 年提出建设"新丝绸之路经济带"和"21 世纪海上丝绸之路"的合作倡议,在此背景下,江苏省教育厅启动"留学江苏"计划,2017 年秋季扬州市职业大学迎接了首批来自"一带一路"沿线国家的留学生,开启了汉语国际教育、国际生职业教育新领域。根据学校人才培养方案,留学生入学第一年集中学习汉语,于第二学期末参加 HSK 考试,唯有通过汉语水平四级的考试方可步入专业学习。对于母语非汉语、文字背景为非汉字文化圈的留学生而言,识读与书写汉字是其习得汉语过程中的重点与难点,本文拟就提高该类学生的汉字书写习得效率,助益其通过 HSK 笔试,进行初步探讨。

---

* 本文曾于第二届"一带一路"背景下汉语国际教育国际学术研讨会上宣读,系扬州科技学院科研项目(2018RW15)研究成果之一。

一、学习主客体简介

（一）学习主体

本研究中的学习主体指就读于扬州市职业大学这所高职专科层次学校的留学生，即来自"一带一路"沿线柬埔寨、老挝、马尔代夫、孟加拉、印度尼西亚、马来西亚和刚果、赤道几内亚等国家的来华学历生。学习主体主要是 2018 年秋季入学的国际生，共 2 个自然班级，64 名学生，其中男生 20 人，女生 44 人，处于一年级汉语预科阶段。其语言文字背景为：母语非汉语、非汉字文化圈。

（二）学习客体

本研究中的学习客体为初级阶段（零起点）汉语习得书写的汉字。学生入学后，汉语学习达 32 周，初级读写课时共 128 学时。笔者对学生在初级读写课内外的汉字书写文本资料进行整理，自建错字别字数据库，数据来自课堂笔记、书面作业（含教材上的随堂练习与教师自编的课后练习）、平时测验及期中、期末试卷等，共计 14 885 字，错别字累计计算，得到汉字书写偏误 984 个（以流媒体素材记录学生书写汉字的动态过程，另文分析其笔形、笔顺偏误，待发）。据该数据库统计汉字书写情况，以下分析了书写偏误并提出改善教学的措施。

二、汉字书写习得状况描写

对自建的错字、别字数据库进行观察和统计，数据显示：影响留学生们汉字输出的诸多因素中，字音影响最大，字义影响较小；汉字笔画组合方式影响独体字书写；教材等书籍印刷体干扰学生的汉字识记和手写形体。

（一）字音影响

受字音影响产生的别字，在书写错误中占 70%，比例最高。这一类书写出现的偏误，包括音同、音近的别字影响。字音的影响超出了笔画数目的多寡，表现为一些同音、音近别字的笔数多于正字。例如：

太（正字）阳→带（别字）阳　参加（正字）→参家（别字）　三心（正字）二意→三新（别字）二意

江苏（正字）→江书（别字）　花（正字）→画/化/话（别字）　千方百计（正字）→千方百几（别字）①

（二）合体字结构方式和独体字笔画组合方式影响

前者表现为缺少部件，如：上课（正字）→上果（错字）　好听→好斤/女听。

后者表现为混淆笔画分离、连接、交叉的组合方式，如：下午→下牛，又如，"十"的竖笔交叉笔画，在"早"和"里"二字中，错位为：将"早"写成"田＋十"，而将"里"写成"曰＋土"。

（三）字形影响

这一偏误现象与以母语为汉语的儿童学习者相似，如：白→自或自→白，贝→见或见→贝，日→目或目→日等；又如己→乙，以及己→已或已→己。

受形近字影响的同时，还兼有因音同、音近影响而产生的错别字，如，元旦→完旦/完但；将饺子→饺了/饺字，以及汉字→汉子/汉了。

（四）字序、部件、笔势的左右错位

独体字与合体字均有此现象。

字序左右错位如：面包（正序）→包面（错序）、只是→事只（错序，兼同音别字）、东西→西东、方法→法方、人口→口人；部件左右错位如：听→斤＋口（部件左右错序）、加→口＋力；

笔势左右错位，如将钩笔的笔势左右错位：毛→手、笔→竹＋手，九→力；又如"年"的短竖写于右侧，"冬"的最后两笔的点笔，笔势向左②，"图"的"囗"内两个点笔，笔势亦然。

经观察发现，顺序错位不见于上下，只见于左右，可推测左右结构和笔画向右走势（如"点"画和"竖钩/竖弯钩"等）的字，于学生而言习得难度较高。

---

① 以下例字同。
② 并非是被误作撇笔，学生仍写作点笔，是笔势方向错误。

(五)字体影响

有的学生以教材为本,误将印刷体作为正字临摹,手写汉字写成印刷体的笔形,如辶[①](手写体)→辶(印刷体)、氵→氵,以及口→口(四面包围字)的末笔封口处等。

(六)字义影响

如女生→她生;或将某字写成另一字的部件,如又→双,刀→分,但这类错字占比最小。

三、书写偏误分析

(一)尚未建立对汉字文字体系的正确认识

拼音文字背景的留学生,在习得汉字时需完成对文字性质所属体系的认知。汉字属于表意体系的文字,形体与字义的联系紧密,字形与字音信息的联系并不紧密,尽管汉语有大量(约90%)的形声字。留学生尤其是初学者,首先要认知汉字在文字体系性质上与其母语文字的差异,才能为完成文字转码奠定基础。

(二)认知方式的差异

留学生在习得记录其母语的书写符号系统时,视觉接触的拼音文字之形象,是以左脑进行语音编码获取字义的。相关研究证明,留学生在起步阶段学习汉语拼音,进行拼音自动加工时,汉字字形信息未被激活(陈琳,2014)。而把握表意体系的汉字,则需要左右两个半脑(肖潇,2010)进行音义双重编码,才能完成音、形、义三位一体的汉字认知,故留学生习得汉字的过程,也是其逐渐适应认知汉字用脑方式的过程。

(三)正字法意识尚薄弱

留学生以整体方式把握汉字形体,其汉字的正字法意识还很薄弱。中

---

① 楷书字体。

国语文课堂很早就建立并发展,增强了汉语母语儿童的正字法意识——构形意识,汉语母语者懂得字形中关于声旁、形旁、部件、结构的知识,并利用它们进行自上而下的学习(邢红兵,2016:60—82)。因此,留学生书写字形的同时,也需要不断学习并积累汉字的构形理论知识,才能提高习得速度与效率。

四、基于图示理论的教改措施

(一)留学生认知汉字的图式特点

研究者黄卓明运用认知心理学的图式理论,分析了留学生习得汉字的过程特征。他指出:留学生习得汉字的方式与中国学生不同,后者以"同化"为主,"顺应"为辅;前者则以"顺应"为主,"同化"为辅。

拼音文字背景的留学生通过改变原有母语图式,使之产生质的变化,用"顺应"方式(新图式取代原图式)认知、学习汉字。随着汉语水平的提高,学习者采用选择、归纳等"同化"方式,增加汉字新图式的数量,新图式不断替代原有图式,从而实现对汉字的习得与掌握。(黄卓明,2000)

(二)实施基于图式理论的教学措施

1."图形"音形义的体系性训练

汉字习得是建立"形—音—义"三者联系的过程,汉字书写应与汉语语音、词汇、语法学习紧密结合,与语言技能训练紧密联系。汉字书写是扎实语言功力的前提,而语言扎实又能促进汉字书写。

本文主张"体系性训练",即书写与口语、阅读习得同步,不赞同部分学者的"认写分流""认多写少"观点。有以下几种原因:第一,书写滞后于听说、阅读,往往养成学生避难就易的习惯,给从口语到书面语习得的提升造成阻碍;第二,书写滞后造成书写能力不足,难以应对 HSK 四级中的连词成句、造句等题型,进而影响学生语言过关,导致其不能在人才培养方案限定期内顺利进入专业学习;第三,据最新文献实证研究数据,传统的纸笔书写对语言习得有促进作用。(朱明霞等,2019)

2."图形"观察识别训练

识别能力对汉字习得有正向影响,因此要有意识地培养观察和识别认知字形的习惯,令拼音文字背景学习者的认知方式,从"整字加工"(严彦,2013)逐渐变为关注笔画细节,如:① 观察字形、笔画类型及其组合方式,例如"常"和"兴"的前三笔;② 归类观察,例如横折、竖折必连笔(为一笔);③ 认知基本笔画的起笔走势,例如撇和点、捺的起笔走势差异,又如横和撇的笔势不同;等等。

3. "图形"正误判别训练

该方法首先对数据错别字进行归纳,然后设置判断正误及改错练习,使学生辨别、区分正字与错别字的差异。具体做法:① 在板书或课件中呈现正字和学生书写的错别字,让学生共同辨别,孰正孰误,然后让学生订正错别字;② 在大小测试、考题中设置判断正误与改正错误的题型,促进学生对正体字的掌握。

例如,学生的一些优势笔画竖笔"丨",在笔画交叉组合时错误频率较高,牛、午、生、年,总会出现错字现象,学生分不清竖笔"丨"究竟应与哪个笔画交叉。惯有错误现象为:牛(正字)→午(错字)/午(正字)→牛(错字),以及将"年"字的竖笔"丨"与第二笔横"一"交叉,而"生"字的竖笔"丨"却未与第三笔横"一"连接。教师可针对此误,设置辨别、判断、纠错题型,多次操练。

4. "图形"回忆,提取字形训练

由于汉字书写有一定的难度,机械抄写枯燥无味,学生极易失去兴趣与书写耐心,常常出现连续写同一个汉字,开头的一两遍字形正确,之后潦草字、错字、别字等倍出的现象。

针对该问题,我们采用了认知过程中的记忆提取训练,改善字形习得,以根据拼音写汉字、听写、连词成句和造句等回忆书写练习替代机械抄写。这些练习需要学生在记忆中提取字形,增加了输出难度,习得者必须注意力集中,使语言元认知参与输出过程,其习得效率较高。

此外,教师还应设法激发和保持学生的学习兴趣,以促进其汉字书写习得。根据笔者的课堂调研,学习者习得汉字心理大致可分为两种:一种是对汉字书写富有兴趣,对形体图像趣味浓郁;另一种则满足于听说领先,只追求凭借听说完成交际,不愿意花费精力与时间在认读和书写上。实际上,随着汉语水平的提高和学习程度的加深,学习者都会逐渐失去汉字学习伊始的新鲜劲,对阅读和书写产生畏难、焦躁情绪,乐于开口说,惰于提笔写。因而,初级入门后,教师应致力于设法保持学生学习新鲜度,提高学习兴趣,可适当设置游戏,寓教于乐;设置竞赛,以赛促写;改革测试、考核方式,以赛代考等,以多种方式促进学生阅读和书写,提高汉语二语习得水平。

参考文献

［1］ 陈琳,等.拼音自动加工和语义加工中汉字字形的激活[J].心理学报,2014(11):
1661—1670.

［2］ 黄卓明.从"图式"理论角度谈留学生的汉字学习问题[J].汉语学习,2000(03):
57—60.

［3］ 肖潇.脑科学研究背景下的汉字认知[J].语文学刊,2010(16):44—45.

［4］ 邢红兵.汉语作为第二语言的词汇习得研究·第二语言汉字习得模式研究[M].北
京:北京大学出版社,2016.

［5］ 严彦.拼音文字背景初级学习者习得汉字的认知方式和加工单元调查[J].汉语学
习,2013(03):77—83.

［6］ 朱朝霞,等.书写对阅读的影响——来自传统书写与电脑打字的证据[J].心理科学
进展,2019(5):796—803.

作者简介:崔言,北京大学对外汉语教育学院博士,研究方向:应用语言学。

柏莹,扬州教育学院副教授,博士,研究方向:现代汉语。

"一带一路"来华留学生汉语习得与写作偏误研究

——以中国政法大学俄语国家来华留学生汉语言教学实践为例 *

◎ 宋春香

摘 要： 近些年，随着"一带一路"建设的推进，来自俄罗斯及中亚各国的留学生人数越来越多，在汉语学习者中所占的比例越来越大。由于俄语和汉语在音、形、义方面存在很大的差异，所以在汉语习得过程中，俄语国家留学生都会有不同程度的语音语调、汉字书写和语法语篇方面的偏误问题。本文针对不同汉语学习起点的俄语国家留学生在写作中存在的问题，从字、词、句三方面做了错误实例的归纳总结，统计出常见错误的例字、例词和例句，运用统计分析的研究方法，梳理出常见的汉语写作偏误类型并分析原因，从跨文化视角和教学实践方面提出对话式教学模式，以实现预见性教学，提高俄语国家留学生的汉语写作水平。

关键词： 一带一路；俄语国家；写作偏误；跨文化教学策略

一、前言

近些年，随着"一带一路"建设的推进，来自俄罗斯、乌兹别克斯坦、塔吉克

---

* 此成果为中国政法大学教育教学改革立项项目《"一带一路"法律人才培养与汉语教材研究》中期成果（项目号 JG2020A014）。

斯坦、乌克兰、吉尔吉斯斯坦等俄语国家的留学生人数渐多。然而由于俄语和汉语在音、形、义方面存在很大的差异,所以俄语国家留学生在汉语习得过程中都会不同程度地存在语音语调、汉字书写和语法语篇方面的偏误问题。本文根据近年对外汉语写作教学实践,结合中国政法大学 2017 级和 2018 级汉语言专业本科留学生的学习现状,以 100 篇课内外写作作业和期中期末试卷书写内容为参考,针对不同汉语学习起点的俄语国家留学生在写作中存在的问题,从字、词、句三方面做了错误实例的归纳,总结出 100 余处常见错误的例字、例词和例句,运用统计分析的研究方法,结合科德提出的偏误分析程序,坚持五步走,即"收集资料、鉴别偏误、描写偏误、解释偏误、评价偏误"(王建勤,2009:38),梳理出常见的汉语写作偏误类型并分析原因,从跨文化视角和教学实践方面提出对话式教学模式,针对俄语国家留学生母语特点和偏误规律,对外汉语教学力求减少母语的负迁移。在多种形式的跨文化对比中,突破跨文化的视觉障碍,通过师生对话,运用抄写、仿写、改写的集体教学方式不断规范汉字书写规则和写作方法;突破跨文化的心理障碍,通过一对一的对话,完成个体学习情况诊断以及早发现偏误、纠正偏误,并在反复的练习中强化记忆;通过人机对话方式,发挥微信读写的积极作用,完成同音字、同义字和语法点等的归类测试,检测学习效果;并在集中强化的师生对话、生生对话和口笔结合的写作训练中,丰富课堂内容,打造轻松自由的课堂学习氛围,深入复习巩固汉语知识,最终减少偏误,增强汉语学习的效果,实现预见性教学,进一步提高对外汉语写作课堂的教学实效,提高俄语国家留学生的汉语书写水平。

二、问题的提出:写作偏误统计表

为了进一步了解和掌握俄语国家留学生在写作中的常见问题,对外汉语教师要充分掌握课堂内外留学生的写作情况,集中收集各种类型的偏误案例,以整体把握以俄语为母语的留学生学习汉语的常见错误类型。只有在充分把握语言习得规律的基础上,才能形成有助于课堂教学的汉语教学方法。本文选取的语料包括:2017 级汉语言专业俄语国家留学生作文 10 篇,期中试卷 5份、期末试卷 5 份;2018 级汉语言专业俄语国家留学生读写作业 100 篇,内容涉及日常对话交际、学习运动、人际交往、城市旅游、名人介绍等,文体包括记叙文、说明文、议论文、书信三大类,以及期中试卷 20 份、期末试卷 20 份。现将俄语国家留学生汉语写作中常见偏误总结如下,见表 2.1—表 2.3。

表 2.1　错字统计表

序　号	错　字	正　字	序　号	错　字	正　字
1	经	结	30	乎	平
2	期	斯	31	奇	寄
3	海	每	32	吧	巴
4	辆	俩	33	钱	线
5	悉	意	34	道	到
6	适	话	35	变	弯
7	幸	喜	36	某	莫
8	慢	漫	37	车	东
9	爱	受	38	赏	觉
10	原	愿	39	勇	用
11	啤	脾	40	找	我
12	幽	画	41	帅	师
13	冉	再	42	并	开
14	午	牛	43	女	姓
15	日	白	44	与	马
16	大	天	45	俄	我
17	汶	汉	46	报	极
18	话	活	47	春	看
19	往	住	48	目	日
20	饮	饭	49	几	机
21	禾	和	50	读	卖
22	情	请	51	课	果
23	体	休	52	关	美
24	环	坏	53	见	冗
25	那	哪	54	乌	鸟
26	所	听	55	旦	日
27	报	服	56	已	己
28	过	讨	57	愿	意
29	决	快	58	王	丰

续　表

序　号	错　字	正　字	序　号	错　字	正　字
59	咋	昨	69	间	问
60	贝	见	70	客	各
61	斤	近	71	今	令
62	会	回	72	苦	哭
63	佳	住	73	井	并
64	道	到	74	相	想
65	太	犬	75	票	要
66	表	示	76	因	团
67	先	失	77	又	欢
68	并	开	78	加	力

表 2.2　错词统计表

序　号	错误词语	正确词语	序　号	错误词语	正确词语
1	一经	已经	16	这年	今年
2	杜甫	杜傅	17	独家	度假
3	以为	认为	18	叮叮有名	鼎鼎有名
4	放/族游	旅游	19	创诰	创造
5	人类们	人类	20	呢个	这个
6	女人	女生	21	力史	历史
7	次次	每次	22	百性	百姓
8	机会	几回	23	诀定	决定
9	祥细	详细	24	滋味	慈味
10	学效	学校	25	方面	方便
11	大车	打车	26	遵重	尊重
12	迟道	迟到	27	开如	开始
13	关念	观念	28	咖非	咖啡
14	我么	我们	29	亥子	孩子
15	还是	这是	30	当思	担心

续　表

序　号	错误词语	正确词语	序　号	错误词语	正确词语
31	地放	地方	33	总总	总之
32	激励	自荐	34	如此	如比

表 2.3　错句统计表

序　号	错　句	正　句
1	他们性格在互相吸引上。	他们在性格上互相吸引。
2	读书为每个大学生很重要。	读书对于每个大学生很重要。
3	虽然没见面,我们却联系电话。	虽然没见面,我们却电话联系。
4	我去欣赏隆重的万里长城。	我去参观雄伟的万里长城。
5	他不仅是对自己,对弟弟也是照顾好。	他不仅是对自己,对弟弟也是照顾得很好。
6	他在比赛中得了一名奖。	他在比赛中得了一等奖/第一名。
7	一年比一年学生越来越多了。	学生一年比一年多了/学生越来越多了。
8	效率一年比一年好。	效益一年比一年好。
9	见到了他们后,我很惊讶了。	见到他们后,我很惊讶。
10	有时候我去访问我弟弟。	有时候我去看望我弟弟。
11	别忘记把礼物给我带去。	别忘记把礼物给我带来。
12	你的病已经很要紧了,需要去医院。	你的病已经很严重了,需要去医院。
13	我不想做那样因为我刚刚考完考试。	我不想那样做,因为我刚刚考完试。

三、常见写作偏误的类型：形式与内容

(一) 形式偏误

1. 增减笔画

第一种情况是丢声调。在初级阶段的汉字学习中,俄语国家留学生的拼音书写大多是不标声调的。第二种情况是丢笔画。在语料统计中,有一些无法打出来的错误字形大多是丢笔画的偏误类型,如:"写"字少写第一笔的点、"谢"字少第九笔的撇、"客"字少第一笔的点、"乌"字少第四笔的横、"兹"少第六笔和第九笔的两个点、"坦"字少最后一笔的横、"老"字少写第四笔的撇、"师"字少写第三笔的横、"很"字少写右边"艮"内的一横等。第三种情况是加笔画。如:"纸"字最后一笔多一点,"次"字把两点水写成三点水,"我"字在左边增减单立人写成"俄"等。

2. 书写格式

俄语国家留学生在写作中,常常忘记标题要居中,首段空两格,实际写作中一般不空格或者只空一个格。或是存在两个左右结构的偏旁部首距离过远的"分家"现象,如:"斯"写成了"其"和"斤"两个汉字,"坦"写成"土"和"旦"两个汉字。

3. 标点符号

标点符号的偏误分为几种情况:一是逗号和句号的混淆。对于俄语国家留学生而言,他们大多没有句号的意识,不管是句号还是逗号,往往都写成一个"点",即".",整篇作文会一点到底。在零基础的俄语国家留学生写作中,100%都是有点号"."无句号"。"。二是把标点放在句首,或者把应该放在同一行的双引号、书名号等分成了两行。三是标点符号与汉字加在一个空格内,若教学中没有反复强调说明,大多数留学生则会认为标点符号不是汉字,不用占一个空格的位置。

(二)内容偏误

1. 汉字书写

第一种情况是汉字组合问题——左右顺序颠倒,如"叫""好"等。第二种情况是数字书写问题——不区分阿拉伯数字和汉字,如错句"中国进口了世界上百分之四十五的塑胶垃圾:一.〇六亿百万吨"。

2. 语篇语法

第一种情况是"有"和"放"同用,如错句"欧美国家现在不知道垃圾有放在那里"。第二种情况是"有"和"减少"同用,如错句"欧美有减少他们的垃圾"。第三种情况是"因此"和"否则"同用,如错句"中国出口的商品比进口的商品多,因此否则空的船进口洋垃圾是免费的"。第四种情况是语体的误用。如"隆重"的误用,例句:我去欣赏隆重的万里长城。第三种情况是同音偏误,如"这是我节少她的原因"。"节少"应该是"介绍",源于语音偏差,常常是打印中出现的偏误现象。第四种情况是字词多余，如"性格特别和好"中的"和"属于累赘，应去掉。第五种情况是动宾搭配不当，例如"这样的故事经常通过"。"故事""通过"不符合汉语的动宾搭配结构，应该是"这样的事情经常发生"。第六种情况是动词重叠不当。例如："他帮我开一开"应该是说"她让我开朗，变得更加外向"。

有的同学的作文中人物特点很突出，个别词语很精彩，如"雄心勃勃""欣然同意"等。但是，总免不了出现很多语法问题，以离合词偏误和动宾搭配不当居多，比如：

①我们一般年**聊天**后分开了。→我们聊了一年半的天，就分开了。（离合词"聊天"的用法）

②真的说我们只一次见面了。→真的，我们只见过一次面。（离合词"见面"的用法）

③我在乌兹别克斯坦**当英文**。→我在乌兹别克斯坦**当英文老师**。（动宾搭配不当）

四、偏误原因的分析：跨文化视角

（一）母语：俄语的负迁移影响

汉语学习者总会在已有语言"底层"（奥斯特勒，2009）背景的束缚中习得汉语。俄语共有 33 个字母，其中 10 个元音字母、21 个辅音字母、2 个无音符号。究其渊源，俄语主要是源于腓尼基人在两河流域的苏美尔楔形文字和尼罗河流域的埃及圣书字基础上创造的腓尼基字母。在传入希腊的过程中，腓尼基字母逐渐演变成希腊字母，希腊字母又衍生了拉丁字母和斯拉夫字母，成为欧洲各种字母的共同来源，俄语字母就属于斯拉夫字母的范畴。因此，俄语中的很多字母都跟希腊字母极其相似。由此，这种字母文化的渊源使得俄语有许多不同于汉语的书写习惯，从而不同程度地影响到汉语作为二语的习得学习和写作。俄语国家留学生在汉语写作中的偏误大多是这种语言文化负迁移的结果，具体原因有以下几点：

（1）俄语书写笔顺不固定。汉语书写强调"从左到右""从上到小"的书写规则和俄语有区别，俄语部分字母的书写既可以从左到右，也可以从右到左，既可以从上到下，也可以从下到上，这一点往往影响俄语国家学生对汉字书写规则的认知和实践。因此,在实际写作中,他们比较容易出现所谓"倒下笔"的错误书写现象。例如:俄语中的"我"写成"Я",字母"A"的手写体分别遵循的是"从下而上""从右到左"的书写规则。就点(、)的问题来讲,俄语字母的点都是最后标出,如俄语字母"й""ё"都是先写完下边部分,最后再标出符号"点",这与汉语的汉字书写规则也不完全对应。同时,作为字母文字,俄语没有左右结构和内外结构之分,汉语比较复杂的多种结构组合方式,对俄语国家留学生而言,在理解和接受上无疑具有相当大的难度。

(2)俄语书写形式较简约。根据认知心理学理论,"在语言的声波中,单词与单词的连接是无缝的。在书面中,单词与单词之间有空格隔开;然而在口语中,单词与单词之间却并没有空白"(平克,2015:162)。俄语书写中,首字和首段都不需要空两格,直接采取顶格的方式书写。因此,汉语书写中题目居中和首段空两格的要求,需要反复强调才能被俄语国家留学生所接受和运用。

(3)俄语变化的形态较多。俄语是多音节的"屈折语",所有俄语的名词、形容词、代词大多数都有六个形态的变化,不同的变格形式表述不同的语法意义。而汉语则不同,"汉语缺少严格意义的形态变化"(吕叔湘,1979:5),正如刘利民研究中指出的那样,其重要的结构差异就是:第一,先秦古汉语没有系词"是",且即便是现代汉语,也没有集联系主谓、断真和存在于一身的系词;第二,汉语没有形态变化,名、动、形等词类、词的抽象与具体、专名与通名等,均无法从形态上区分;第三,汉语不重语句的结构形式,主谓不分明,相当多的语句不能以主项与述谓来刻画。(刘利民,2017:225)实际上,汉语往往是在不同的语序中表达不同的语义。

(二)目的语:汉语自身的认知难度

在汉语学习的早期,汉语学习者多是来华传教士。"传教士们从踏上中国的土地开始,首先面临的就是语言不通的问题,这种全然不同于欧洲任何一种语言的东方语言给他们留下了深刻的印象。他们对陌生的汉语充满着矛盾和困惑的感情,在他们眼中,这是一种非常神秘和另类的语言,令人爱恨交加:恨它者,认为它如同天书,是世界上最困难最复杂的语言;爱它者,觉得没有哪种语言会比它更丰富和高雅,学习汉语是一种最美好也最能给人以慰藉的学习。"(李真,2014:28)不过,对于汉语学习者来说,在语言特殊性方面的惊奇感,并不能削弱其汉语习得的难度。汉语在音形义和语序组合的复杂性自然决定了汉语自身所具有的认知难度。

（1）汉字音形义上的复杂性。汉语是单音节的"孤立语"，作为形的载体，中国汉字承载了中华文明精神，在音形义方面具有不同于其他语言的独特性，尤其是在表意性方面，结合了天地自然主义观念和物态人情的元素，同一声调会衍生成许多不同意思的同音字词，存在同音多义、一词多义现象，这都是一般表音文字所无法企及的文化精神，否则会造成语义和语境的混淆误用，出现尴尬的笑话和误解。当然，汉字书写至关重要，因为"一音多义在书写时可有汉字的写法不同而得到限定"（杜赫德，2014：37）。这就要求汉语学习者不仅"形会"，而且要"意会"，无形中也为留学生学习汉语增加了难度。

（2）汉语语序组合的复杂性。索绪尔（2009：33）认为："语言是一个系统，它只知道自己固有的秩序。"不同的语言系统有不同的语言秩序。这种语序可以是主谓宾的先后排列，也可以是定状补的修饰方位。其中，关于汉语的语句词语顺序问题，不同的学者有不同的表述，诸如"语序""词序"（word order）、"块序"（chunk order）等。其中更为理想的表述是"块序"，原因在于这比较符合认知心理学中的基本规律，即人类知觉和思维同时可处理的信息结构在 7 个'块'左右。"这显示了人类语言结构受到人类短时记忆和注意力限度的限制，同时也充分利用了这一限度。"（陆丙甫、罗彬彬，2018：11）在共性与个性的考量中，人们可以了解自身的语言限度，同时也可以利用此限度科学设计教学语料。由于便于研究和表述通俗，语序仍是较为常见的术语。按照学者的观点"语序是更初始、基本的语言编码形式"（陆丙甫、罗彬彬，2018：1），汉语语序既存在多样性的自由组合，也会有组合秩序的优劣之分。在听说读写的专门技能训练当中，尤其是在书写中，如何选择最优化的表达语序，这恰恰是留学生在将汉语作为第二语言习得中一个不可回避的难点。

比如，以表 3 错句统计表的第 1 句和第 3 句为例：

第 1 句"他们性格**在**互相吸引**上**"，按照不同主语的排列，可以生成四个不同语序的句子：

以"他们"为主语，可以生成 A 和 B 两种语序的句子：

    A. 他们　　在性格上　　互相吸引。
    B. 他们　　互相吸引　　在性格上。

以"性格"为主语，可以生成 C 和 D 两种语序的句子：

    C. 性格　在他们上　互相吸引。

    D. 性格　在互相吸引上　他们。

以"性格"为主语，"他们"为定语，可以生成 E 和 F 两种语序的句子：

    E. 他们性格　在互相吸引上。

    F. 他们性格上　互相吸引在。

    根据最优化的应用原则，A 句最佳。"在……上"是汉语 HSK 考试中的四级语法结构知识点，取"某一方面"的意思，因为词性把握不准，"性格"和"吸引"往往都会成为留学生使用"在……上"的词汇，容易产生语序偏误。

    另外，俄语的"在……上"可以放在句子后面，

    Они　притягиваются　друг　к　другу　в　характере.
    他们　　　吸引　　　互相　　　在性格上。

    所以，在实际教学中，在俄语国家留学生写作中，类似于"他们性格在互相吸引上""他们吸引互相在性格上"这样的偏误句子比较普遍。

    第 3 句"虽然没见面，我们却**联系电话**。"其中的关键点在于"联系电话"与"电话联系"的语义和语法差异：

    A. 联系电话

    B. 电话联系

    汉语中，A 句是动宾结构，"电话"是联系的宾语，语法没有错误，但是语义存在异议。然而，在俄语中，这种表述是正确的。

    A 句用俄语表述就是：

    联系电话
    Свяжись с телефоном.（和电话联系）

B 句指用电话联系,符合汉语生活交际的对话习惯。这种偏误的出现主要源于母语负迁移,在汉语中名词可以表示方式方法,介宾短语作可以状语,在生活中往往会省略介词。在俄语中,行为的方式方法可以借助介词 по＋名词第三格的形态变化来表达。

B 句用俄语表述就是:

> Связаться по телефону
> 联系(通过)电话

这恰恰是汉语 A 句的偏误组合形式。无论"电话"是宾语还是表示方式方法的状语,在俄语中,因为表示方式方法的介词短语可以放在句子后面,所以"电话"位于动词"联系"的后面,"联系电话"这样的词语顺序是非常符合俄语语法规则的,因此,母语的负迁移造成了汉语写作中的常见偏误。

在俄语中,因此,对外汉语教学中需要不断积累此类用语,不断丰富教学语料。如补充短语:手机联系、微信联系、短信联系、电话沟通等。

(三) 学习者:汉语难学的心理暗示阴影

基于前人学习汉语的心得,汉语难写是毋庸置疑的。早在 1722 年,杨嘉禄(Jacques)神父在给修道院长拉法埃利(Raphaelis)的信里就曾写道:"令人头疼的是这里的语言非常难讲,阅读和书写就更难了,然而又必须学它。这种语言与欧洲正在使用的任何语言均毫无关系,其读音对最资深的传教士都是一种障碍。近八万个字,每一个都由许多无序的笔画构成,怎么能学会这一切呢?……要熟练掌握必需多年时间,而且能做到的人仅凤毛麟角。"(李真,2014:33)以至于像利玛窦这样的汉学家也不得不说"没有一种语言是像中国话那样难于被外国人所学到的"(李真,2014:39)。因此,在心理认知和言语交流中,俄语留学生无一例外地会不断强化汉语难学难写的思想。这些留学生不仅会在口头上强调汉语难学,也会在上课时预设出汉字难读难写的情绪。在心理学上讲,任何一种预设的心理暗示都会成为阻碍事情成功的绊脚石,甚至直接让预言成为现实。如何将汉语讲得简单,教得容易是一个很重要的课题。当然,这是教学法上的理论问题,本文不再赘述。

五、减少偏误的写作教学策略：对话式跨文化教学模式

对话式教学模式主张"师生"对话和"生生"对话，杜绝教师主讲的"一言堂"。而跨文化提倡汉外两种语言或多种语言的字、词、句分析与比较教学，在比较中使留学生掌握汉语书写规则。针对俄语国家留学生母语特点和偏误规律，对外汉语教学力求减少母语的负迁移，在多种语言形式对比中，运用抄写、仿写、改写的集体教学方式，不断规范汉字书写规则和写作方法，突破跨文化的视觉障碍；突破跨文化的心理障碍，通过一对一的对话，完成个体学习情况诊断以及早发现偏误、纠正偏误，并在反复的练习中强化记忆；通过微信读写人机对话方式，完成同音字、同义字和语法点等的归类测试，检测学习效果，并在集中强化的师生对话、生生对话和口笔结合式写作训练中，丰富课堂内容，打造轻松自由的课堂学习氛围，深入复习巩固汉语知识，最终减少偏误，增强汉语学习的效果。

（一）突破跨文化汉语习得的视觉障碍：抄写→听写→仿写→改写

形式的书写偏误大多源于汉字给留学生造成的视觉障碍。对外汉语教学课堂教学要运用多种形式，消除汉字书写的审美疲劳，减轻留学生习得汉语的视觉障碍。（1）抄写。抄写是独立写作汉语语篇的第一步。在抄写过程中，俄语国家留学生能不断认知汉语书写规律，多遍抄写字词句有助于留学生逐渐区分汉语同俄语的不同，不断规避母语的负迁移。在北京语言大学出版的《发展汉语》写作系列教材中，每一课都明确了抄写的语句，也为留学生的学习提供了便利。（2）听写。听写是在掌握汉字书写基础上的二次强化方式。在听的同时，唤起对汉字字音、字形的回忆，进一步强化对已经抄写汉字语句的熟悉和熟练程度。在听写的过程中，汉语教师的严格要求有助于留学生集中学习精力。听后成果直接显现出留学生汉语写作水平，以此为依据，可进一步有效地规划后续汉语教学安排。（3）仿写。模仿范文是写作教学普遍运用的教学方法。在初级阶段，留学生仿写的是基本交际语句，包括个人信息和日程对话。在中高级阶段，留学生的仿写任务日益丰富，包括个人爱好、交友处事、文化旅游、文化评价等方面，逐渐融入跨文化交流的高难度词汇和符合语法知识。为此，对外汉语教学中要创建不同国家和民族文化的信息库，为丰富协作

内容提供可选的资料库。同时要明确要求，既要仿照基本的句式，又要模仿基本的组篇方法，从形式到内容都要能够抓住范文的重要知识点，实现字词义的完美统一。（4）改写。汉语写作中的改写包含两个方面：一方面是改范文，另一方面是改偏误。前者针对的是重点词语和句式的应用，诸如《发展汉语中级写作》教材中就设计了许多改写练习，比如"虽然……，但……"与"却"，"一直没有"与"再也没有……过"，"之所以……"与"原因在于……"等，互相替换，训练留学生对汉语词汇句式的应用能力，在改写练习中既坚持语法的多样性，又保持语义的一致性。针对留学生写作中的语句表达偏误，在学生互评和师生交流讨论时进一步规范书写内容与形式，同时辅助跨文化的知识解读，以提高汉语写作的实际能力。

（二）突破跨文化汉语习得的心理障碍：发现偏误→纠正偏误→藐视偏误

"知识文化"和"交际文化"这对概念的提出是我国对外汉语教学界对文化因素讨论的起点，其核心问题即如何正确处理语言与文化的关系。这对概念从功能的角度对文化进行分类，前者指的是"两种不同文化背景培养出来的人进行交际时，对某词、某句的理解和使用不产生直接影响的文化背景知识"，后者指的是"直接影响交际的文化知识"，倘若缺乏这些知识，异文化交际者之间就会产生误解，（刘学蔚，2016：165）进而产生"汉语是一种很困难的语言""汉字是障碍"的畏难情绪。（史有为，2013：377）在个体诊断中，汉语教学活动可以实现一对一的对话交流，从而发现代表性的书写偏误，汉语教师可以采用"在对外汉语教学中进行文化导入的观点以及实施文化导入的方法"（仁玉，1995：36），有效示范字形笔画书写，进行针对性的语法讲解，同时口头演示读音，重温发音方法，实现音形的多重纠错作用。而针对个别书写偏误，补充书写的详细规则，强调数字占格的例外情况（一个标点符号在句首格时，要跟在前面汉字的右下角或左上角，比如书名号、逗号等），以强化学生的记忆和学习效果。最终引导留学生逐步了解和掌握汉语写作的规律，从不同程度上来消解留学生固有的心理障碍。

（三）突破跨文化汉语习得的方法障碍：同音字测试→同义字测试→字词组句测试

在当代社会，语言不仅是交际的工具，同样也可以是游戏的内容，正如维特根斯坦提出的"语言游戏"说,为对外汉语教学提供了语言哲学基础。随着教学法的改革创新,游戏式的教学和智能技术的运用是课堂教学和课后复习的重要方法。传统的写作教学方法一般是讲练的结合与反复。实际上,很多学校的汉语教学遵循 HSK 从一级到六级的基础词汇教学法,以满足留学生的多种需求。为此,汉语写作教学依据 HSK 基础词汇分级编写同音字、同义字、字词组合的专题课程板块,开发汉俄版本的卡书、手书、APP 和软件游戏,拓展比较文化的双语注释信息,实现人机智能对话,以充分运用多媒体技术和人工智能产品的丰富教学方法。从字词到组句的课程设计,强化了汉语语序的不同文化内涵,很大程度上减少了汉语书写中的语序的偏误。传统与现代多种教学法的结合,进一步突破了既有的方法障碍,提升了"一带一路"国家俄语留学生的学习兴趣,在掌握大量写作偏误的基础上,汉语教师能够实现预见性教学,进一步提高跨文化汉语教学实践的质量。

"人生若只如初见"是纳兰性德《木兰花令》诗词中的美好愿景。"一带一路"俄语国家留学生的汉语学习,必将随着跨文化教学的积极开展,由困难化作汉语书写的自如,在异质文化的交流中,在师生教与学的对话中,共同感受中国语言文化的恒久魅力,保留对中文"初见"时的"倾心"。这是"一带一路"赋予对外汉语教学的使命,也是对外汉语教师在新时代的重要职责。

参考文献

［1］ 杜赫德. 耶稣会士中国书简集——中国回忆录(下卷 V),吕一民,等,译. 转引自李真. 从耶稣会士书简看早期来华西方人的汉语学习[M]//张西平,柳若梅. 国际汉语教育史研究. 北京:商务印书馆,2014:37.

［2］ 费尔迪南·德·索绪尔. 普通语言学教程[M]. 高名凯,译. 北京:商务印书馆,2009.

［3］ 李真. 从耶稣会士书简看早期来华西方人的汉语学习[M]//张西平,柳若梅. 国际汉语教育史研究. 北京:商务印书馆,2014.

［4］ 刘利民. 汉语与求真价值取向——从先秦名家语言哲学看形而上学思维的普遍性[M]//江怡,[美] 厄内斯特·勒披主编. 语言与价值. 北京:中国社会科学出版社,2017.

［5］ 刘学蔚. 在文化间性视角下再议对外汉语与文化教学[J]. 湖北社会科学,2016(5):165.

［6］ 陆丙甫,罗彬彬. 形态与语序[J]. 语文研究,2018(02):1-13.

［7］ 吕叔湘. 汉语语法分析问题[M]. 北京:商务印书馆,1979.

［8］ 尼古拉斯·奥斯特勒.语言帝国：世界语言史［M］.章璐,梵非,蒋哲杰,王草倩,译.
上海：上海人民出版社,2009：507.

［9］ 仁玉.对外汉语文化教学特点初探［J］.辽宁师范大学学报(社会科学版).1995
(2)：36.

［10］ 史蒂芬·平克.语言的本能：人类语言进化的奥秘［M］.欧阳明亮,译.杭州：浙江人
民出版社,2015.

［11］ 史有为.寻路汉语——语言习得与对外汉语教学研究［M］.北京：商务印书
馆,2013.

［12］ 王建勤.第二语言习得研究［M］.北京：商务印书馆,2009.

作者简介：宋春香,中国政法大学国际教育学院副教授。

来华留学生跨文化适应性研究

◎ 于　涛　左田雨

摘　要： 本文对华东理工大学和西北工业大学的132名留学生进行了跨文化适应性研究，从来华留学生的留学目的和期望、生活适应情况、社会适应情况、学术适应情况四个方面入手，探索影响留学生跨文化适应的因素，在此基础上提出了解决来华留学生适应问题的对策和建议。

关键词： 来华留学生；跨文化适应性；影响因素；对策和建议

一、引言

为了解来华留学生适应状况，发现留学生教育和管理中的问题，更好地适应不断扩大的留学生规模并且提高培养质量，研究者对两所高校132名学生进行了问卷调查和深入访谈。研究选取的两所高校为分别华东理工大学和西北工业大学，其理工特色鲜明、留学生国别丰富、学习层次完备，且正处在快速发展的势头。参与调查者共132人，其中，西北工业大学参加调查者为54人，华东理工大学为78人。研究实施步骤分为问卷设计、样本抽取、资料汇总分析、统计分析和个别深入访谈。访谈时兼顾国别、性别、来华时间、专业的分布。在两所高校横向对比研究的同时，还进行了纵向的以时间为轴的动态追踪，调查时间按来华1个月、2个月、半年、1年对单一个体进行了长期观察，详情见表1.1、表1.2、表1.3。

表1.1　留学生来华时间情况表

来华时间	人数(人)	占比(%)
1—6月	22	16.7
6—12月	67	50.8
1—2年	17	12.9
2—3年	6	4.5
3年以上	20	15.1

表1.2　留学生学习背景情况表

学生类别	人数(人)	占比(%)
本科生	68	51.5
研究生	19	14.4
语言生	38	28.8
进修生	1	0.8
其他	6	4.5

表1.3　参与深入调研的留学生基本情况表

谈话人	国籍	性别	学生类别	来华时间
马纳夫	摩洛哥	男	汉语初级生,一个学期后进入本科学习	6个月
拉雅	摩洛哥	女	汉语初级生,一个学期后进入本科学习	6个月
伊利亚斯	也门	男	汉语初级生	6个月
卡德里	也门	男	汉语初级生,一个学期后进入本科学习	6个月
乌英格	蒙古	女	本科	10年以上
吉瑞	捷克	男	汉语中级生	1年
武日庆	越南	男	本科	半年
娜咪	俄罗斯	女	本科	1.5年
林妩宣	韩国	女	高级进修生	2年
刘一立	加拿大	男	本科生,华裔	1年

二、留学生来华目的和期望

调查发现,国际学生来华留学的原因多样,既有语言和文化的原因,又有自身职业发展等方面的原因,出现了交叉和复杂的情况,具体表现在:

(1)语言和文化。"我喜欢学习语言,想学习汉语"和"我对不同的文化很有兴趣,想了解中国人及他们的风俗"这两条得到许多被访者的认同,特别是参与调查的西安工业大学留学生中,有51.61%认为这座城市的悠久历史和精彩文化颇具吸引力。

(2)工作和经济。中国经济发展比较快,工作机会多,中国大学的学习经历对我日后工作有帮助。华东理工大学参与调查者中 81.25％认为"上海是中国经济最发达的城市,我想到这个大城市学习和生活"。

（3）学业和专业。在"就我所学的专业而言,这个大学的水平比本国的水平高"这一点上,西安和上海的两所高校的留学生对本校专业的认可度都比较高,其中西安高校的留学生对本校的专业水平认可度达到了百分之百。参与调查的学生以学历生为主,来华留学目的明确,对专业认可度较高。我们在调研中也发现,以华东理工大学零起点班 A1 班为例,23 人的班级中一个学期后有 15 人进入英文授课的本科学习,剩余的 8 人中有 4 人打算学习完一年汉语后进入中文授课的专业院校。其他 A2、B 级两个班都有至少一半的学生选择完成语言学习后,进入专业学习。这正反映了来华留学的一个值得关注的趋势:接受学历教育的外国留学生越来越多。2018 年接受学历教育的外国留学生总计 258 122 人,占来华生总数的 52.44％,比 2017 年增加了 16 579 人,同比增加 6.86％,而同年非学历生留学生 234 063 人,接受学历教育的留学生人数首次超过了非学历生。具体考察来华留学的主要因素时,留学生第一关注的是学科实力,比如有留学生认为中国的计算机水平世界领先,有的结合学校或专业特色,如华东理工大学的化工专业和西安工业大学的跨境商务班因较强的专业特色都极具吸引力。

来华留学意向的变化是和中国的政策分不开的,中国教育部及各级教育系统出台了一系列指导性文件,推进与"一带一路"相关国家的教育合作,提供奖学金支持。2015 年,共有 4.06 万名来华留学生获得中国政府奖学金,其中近 60％ 来自"一带一路"相关国家。部分省份高校也相继设立了专门面向"一带一路"参与国学生的奖学金项目。

（4）留学生来华之前的期望。研究表明,来华留学生的适应状况受到留学生的目的和期望不同的影响,那些有着明确学习目的,对中国语言和文化有着强烈兴趣的学生的适应性明显好于被动学习者。参考教务系统的出勤和成绩,我们联系表现较差的留学生进行了仔细询问,一位韩国学生说是父母让他来留学,希望对他以后就业有帮助;华裔学生刘××说父母认为中国机会多,他自己对此则认知不足,学习被动,屡次有退学想法。而表现良好的学生留学目的明确,希望顺利完成学业,增加异国文化体验的经历。

三、留学生生活适应情况

调查发现,在生活适应情况上,适应度最高的是购物,中国快速发展的经济、发达的物流、网上购物、移动支付是来华留学生感到最为便捷的方面。其次是中国的交通,出行极为方便。不适应的情况随着时间的变化而有不同。初来中国的留学生遇到的主要问题是语言障碍,看不懂、听不懂、不会说中文造成了沟通困难、出行困难、购物困难等种种生活上的问题,随着生活时间的增长,适应度会逐渐提高。但是住在学校的学生会对住宿条件提出一些意见,硬件设施的差异使他们还不适应,例如卫生间干湿是否分离。有的学生反映来华后实际情况与中介提供的信息不符,例如认知中上海的英语普及度很高,大部分人都能用英语沟通,实际情况中却频频碰壁。

生活适应情况因国家发展程度、生活习惯、文化背景不同,存在着国别化现象,如有韩国学生谈到公共设施,她们说韩国的公共厕所是坐便器(马桶),有消毒纸,来中国之后发现公共厕所大多是蹲便器,她们不太习惯。她们接受不了大澡堂,但汗蒸房这样的场所是可以接受的,因为汗蒸房里都是陌生人,而如果是认识的人坦诚相见就有些尴尬。另外,她们还觉得中国化妆间、厕所、食堂等设施有点简陋。一位摩洛哥男生说他不喜欢摩托车,在自己国家时他一般就开汽车、骑自行车,或走路出行,对不遵守交通规则的现象比较困惑。有的学生觉得在欧洲公交系统预测很准时,而中国预测公共交通到达时间系统还不太普遍。可见,生活不适应的情况因人因时因地而异。

四、留学生社会适应情况

关于留学生的社会适应情况,我们从价值观、文化差异、互相理解和面对不满意情况等几个指标进行了对比,研究调查发现支持这一假设:随着留学生来华时间的增长,汉语水平的提高,适应度越来越好。以在上海学习的留学生为例,汉语熟练者(学习 3 年以上)和汉语普通者(学习 3 年以内)的对比如下(见表 4.1、表 4.2)。

表 4.1　汉语学习 3 年以内者社会适应情况表　　单位: 人(%)

题目/选项	very well	more than generally	generally	not too good	worse
1. Look at things from the perspective of the Chinese	9 (14.52)	21 (33.87)	28 (45.16)	4 (6.45)	0 (0)
2. View culture from the perspective of Chinese	6 (9.68)	20 (32.26)	32 (51.61)	4 (6.45)	0 (0)

续　表

题目/选项	very well	more than generally	generally	not too good	worse
3. Understand China's worldview	5 (8.06)	20 (32.26)	33 (53.23)	4 (6.45)	0 (0)
4. Understand ethnic and cultural differences	15 (24.19)	15 (24.19)	28 (45.16)	4 (6.45)	0 (0)
5. Understand China's value system	8 (12.90)	22 (35.48)	25 (40.32)	7 (11.29)	0 (0)
6. Seeing cross-cultural issues from both sides	7 (11.29)	21 (33.87)	32 (51.61)	2 (3.23)	0 (0)
7. Dealing with the opposite sex	9 (14.52)	14 (22.58)	36 (58.06)	3 (4.84)	0 (0)
8. Dealing with same sex	13 (20.97)	16 (25.81)	31 (50.00)	2 (3.23)	0 (0)
9. Discuss yourself with others	15 (24.19)	11 (17.74)	30 (48.39)	5 (8.06)	1 (1.61)
10. Let others understand themselves	15 (24.19)	18 (29.03)	29 (46.77)	0 (0)	0 (0)
11. Understand Chinese jokes and humor	6 (9.68)	8 (12.90)	32 (51.61)	15 (24.19)	1 (1.61)
12. Make friends	11 (17.74)	19 (30.65)	28 (45.16)	2 (3.23)	2 (3.23)
13. Facing unsatisfactory service	7 (11.29)	15 (24.19)	28 (45.16)	10 (16.13)	2 (3.23)
14. Face unhappy people	6 (9.68)	9 (14.52)	30 (48.39)	14 (22.58)	3 (4.84)

表 4.2　汉语学习 3 年以上者社会适应情况表　　单位：人(%)

题目/选项	very well	more than generally	generally	not too good	worse
1. Look at things from the perspective of the Chinese	4(40)	2(20)	2(20)	2(20)	0(0)
2. View culture from the perspective of Chinese	4(40)	2(20)	1(10)	3(30)	0(0)
3. Understand China's worldview	2(20)	6(60)	2(20)	0(0)	0(0)

续　表

题目/选项	very well	more than generally	generally	not too good	worse
4. Understand ethnic and cultural differences	2(20)	6(60)	2(20)	0(0)	0(0)
5. Understand China's value system	2(20)	3(30)	5(50)	0(0)	0(0)
6. Seeing cross-cultural issues from both sides	2(20)	2(20)	6(60)	0(0)	0(0)
7. Dealing with the opposite sex	4(40)	4(40)	2(20)	0(0)	0(0)
8. Dealing with same sex	4(40)	3(30)	2(20)	1(10)	0(0)
9. Discuss yourself with others	5(50)	3(30)	2(20)	0(0)	0(0)
10. Let others understand themselves	4(40)	3(30)	3(30)	0(0)	0(0)
11. Understand Chinese jokes and humor	2(20)	3(30)	4(40)	1(10)	0(0)
12. Make friends	7(70)	2(20)	1(10)	0(0)	0(0)
13. Facing unsatisfactory service	1(10)	3(30)	5(50)	0(0)	1(10)
14. Face unhappy people	1(10)	1(10)	5(50)	2(20)	1(10)

在跟社会的融合方面,学生融入顺利与否受到语言水平、文化背景和性格的影响。一位墨西哥女生认为她比较内向,交友不太容易;而阿拉伯女生说中国人总是和她保持距离,可见,来自目的语国家的接纳程度对社会融合有一定影响。

五、留学生学术适应情况

对比两校学术适应情况的 15 个指标可以看出一些共性:两校学生均在以下两项上自我评价较高:遵守学校的各项规章制度;和本国同胞或留学生交友适应较好。但其在和中国同学交友方面存在困难,和中国学生交流不多,寻求来自中国学生的帮助比较困难。两校学生在使用图书馆等公共设施方面

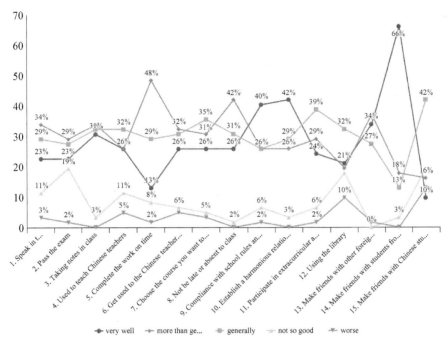

图 5-1　华东理工大学留学生学术适应情况

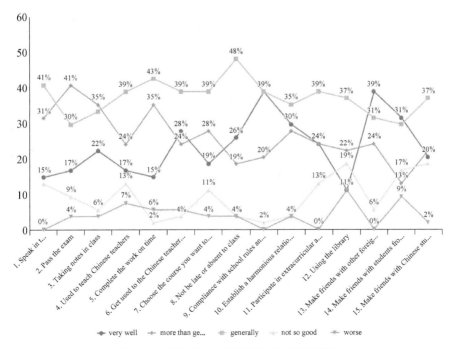

表 5-2　西北工业大学留学生学术适应情况

满意度较低，一方面是一些交流或短期学习的学生不能顺畅使用校园卡，享受到和长期学历生一样的公共服务；另一方面是由于语言的障碍，各种公共服务没有多语种提示，使用起来比较受局限。

六、来华留学生跨文化性适应困难者的深入访谈

我们对"文化适应困难"者也进行了一对一访谈，这一目标群体定位于那些除去身体因素退学的留学生。调查发现，学业压力和人际关系是影响留学生跨文化适应的主要因素。一位退学的俄罗斯女生承认两国的差别确实很大，对教育体系、课程等适应困难，语言储备不够也带来了专业学习的困难，中国老师的上课方式也给她带来了不小困扰，严格的管理让她难以适应。学业压力方面，影响留学生学术适应的主要因素是语言障碍，特别对于进入学历教育的学生来说，专业词汇不熟悉影响了对专业课程的理解和吸收，而那些接受过预科教育并有所预备的学生适应情况较好。同时，两所院校作为理工类院校，其数理化专业较难，留学生在完成专业汉语和专业基础课方面存在较大困难。

调查同时支持这一结论：有过海外学习经历的学生适应性较好，访谈中一位蒙古学生12岁到中国秦皇岛读书，初二在蒙古学习一直到高中毕业，高考完去奥地利求学，会说中文、奥地利、德语、英文、汉语、俄罗斯语等多种语言，觉得在中国留学很容易适应。那些多语者明显适应性更好，多语优势不仅可以帮他们扩大交友范围，而且在理解异文化上也更胜一筹。但也有一个值得注意关注的现象，即随着移民的"回流"，留学生若是那些传统的华裔或是第二、三代移民，虽然拥有多语优势，反而对自己的身份和文化归属产生了疑惑。

七、建议和对策

（一）管理辅助和学生自助相结合

遇到困难时，留学生一般会首先寻求朋友、同胞的帮助。熟人介绍来华是留学生来华的首要因素，因此在遇到问题时向熟悉的圈子寻找资源就不难理解了。

面临困境时,留学生觉得缺少倾诉或者反映的渠道,针对这一现状,华东理工大学设立了国际学生公寓楼层长,帮助国际学生向学院和物业管理部门转达合理诉求,在管理者和学生之间搭建沟通平台。国际学生自治管理模式以期实现国际学生的互帮互助以及和上一层管理者的良性沟通,为来华留学生的管理工作提供了新的思路。

(二)长期语言交流伙伴制度的设立

在希望获得帮助方面,他们表现出想与中国学生和老师交流的强烈愿望,认为短期活动可以策划,但如果是长期稳定的"伙伴"形式,需要学校学生事务管理部门的协调与统筹。目前学生之间的语言交流以自我寻找为主,临时随机,缺乏明确的学习目的,在制度建立和活动内容上还不够完备。

(三)加强心理、文化等讲座培训

在开放式题目"如果你的同胞来华留学,你的建议是什么?"这一部分,不少留学生都建议多加强心理和文化方面的培训学习,多储备相关知识,减少适应困难。

八、余论

我们的建议和对策都是从校内管理者身份的角度出发,而从校外来说,来华留学生是否能生活顺利与国家政策、城市文化、市民外语普及度和水平、企业(银行、地铁公司、公交公司、超市等)文化(对员工是否有培训和引导,是否有健全完善的售后服务机制)等都息息相关。在这一点上,上海因其发达和开放受到学生的认可程度较高。

当外界主动帮助不充分的时候,留学生们是否能从被动接受帮助的状态调整为积极寻求帮助的状态,就跟个人性格有关,是否健谈(表达愿望是否强烈)、沟通能力是否强(是否能用多种方式使对方准确理解)、融入愿望是否强烈、是否耐挫(碰壁后依然保持积极的心态)等都是很重要的因素,有待观察补充。

参考文献

[1] 陈慧,车宏生,朱敏.跨文化适应影响因素研究述评[J].心理科学进展,2002,11(6):

704—780.

［2］　任裕海.全球化、身份认同与超文化能力[M].南京：南京大学出版社,2015.

［3］　杨宝琰,万明钢.文化适应：理论及测量与研究方法[J].世界民族,2010(4)：3—9.

［4］　杨军红.来华留学生跨文化适应问题研究[M].上海：上海社会科学出版社,2009.

作者简介：于涛,华东理工大学国际教育学院。

　　　　　左田雨,西北工业大学。

"一带一路"背景下的汉字教学策略之考察

——以日本的汉字教学策略为例[*]

◎ 王蓓淳

摘　要： 汉字教学一直被认为是制约汉语教学效率的重要因素，主要是因为汉字系统包含了字形、字音、字义与用法等大量的信息，这些信息造成了汉语学习者在学习上的障碍。从学习者的背景来看，汉字的学习障碍对非汉字文化圈的学习者来说最为明显。日本与中国同属于汉字文化圈，汉字亦是日文书写系统中不可缺少的一部分，长期以来日本教育学界对汉字教育进行了大量的研究。本论文对目前日本的汉字教学策略进行整理，借镜日本的汉字教学策略，尝试丰富对外汉语教学界的汉字教育内涵，并进一步提供未来汉字教学的参考。

关键词： 日本汉字教学策略；字形；字音；字义；用法

一、前言

自 2013 年中国提出"一带一路"的倡议后，中国的国际影响力不断升高，至 2019 年 4 月，中国已经和 131 个国家以及 30 个国际组织签署了 187 份共建"一带一路"合作档①。国际朋友圈快速扩展到非洲、拉丁美洲、大洋洲等国之余，同时也积极与其他国家合作建立相关战略对接，例如对欧盟的"容克计

＊ 本文初稿曾宣读于"2019 年第五届全球华语文教育论坛"，蒙与会教授指正，谨此致谢，唯文责仍由笔者自负。

① 相关数据资料引用自"中国一带一路网"，https://www.yidaiyilu.gov.cn/jcsj/dsjkydyl/79860.htm。

划"、对俄罗斯的"欧亚经济联盟"、对蒙古的"发展之路"、对哈萨克斯坦的"光明之路"等。借由"一带一路"的扩展，当前中国已经是地球村的重要一员，与世界各国处于复杂的相互依存关系，而国际化也从早期以金钱移动为主的"经济贸易活动"，进展到以人员移动为主的"人才移动"。举例来说，现在的中国与"一带一路"的其他国家在留学与国民旅游的双向交流互动上都出现了显著的成果，与 2012 年相比出境与入境人数也增加了两倍多。此外不仅海外孔子学堂的数量持续增加，中国境内的各级学校所属的外籍学生也快速增加，根据中国教育部公布的数字，2016 年共有 205 个国家和地区的留学生到中国求学，人数高达 44 万人。身处于这样一个多元文化的国际社会中，如何与不同文化背景的人士沟通，更妥善、圆满地进行一般食衣住行等生活沟通，乃至于各项经济活动是当前的重要课题。而在中国，若想要进行顺畅的沟通，汉字的认识是绝对不可避免的。事实上，汉字学习现在已然成为国际间的一个热点，不论就人际沟通层面来说，抑或是从字形的艺术层面来看，汉字已经引起越来越多外国人的兴趣，但是在此同时，汉语的学习者也普遍反映汉字难学。汉字学习的难点一般认为来自汉字系统本身，汉字与拼音文字有很大不同，它是形音义的有机统一体，汉字的学习必须包含对字形、字音、字义的掌握。从字形来看，汉字的点、线不仅多而且配置的位置复杂，笔画不统一，规律性也不强。同时，汉字里字形相似的汉字又多，导致学习者不容易记也不容易写。再从字音来看，汉语与拼音文字不同，没有专用的记音符号，单凭汉字字形并无法直接获得准确读音，加上一个音可以与数个汉字对应，又存在破音字等特殊发音，导致学习者字音的记忆也很困难。在字义方面，汉字虽然有一套约定俗成的意符系统，但不严密，有些意符的形意关系目前也已经模糊，而且一字多意的现象相当普遍，容易造成学习者在记忆上的混乱。另外，相较于英语，汉字的词性分类也不明确，动词、名词兼类的词汇甚多，这种种因素都容易造成学习者在学习上的障碍。

除了上述汉字系统本身的复杂性之外，学习者的母语背景也是影响学习者汉字习得的主因之一。以台湾为例，近几年台湾外籍生的数量急速增加，2016 年高等教育的外籍生人数已经达到 116 416 人，其中外籍生最多的生源国分别是越南、马来西亚、印尼、南韩、日本等国，绝大多数都属于使用表音文字的学习者。试想这些目前在台湾的汉语学习者里，韩语母语者虽然日常生活中几乎没有接触汉字的机会，不过他们在国、高中的"汉语"课中学习了1 800 个汉语教育用基础汉字，即使无法写出汉字，大多的韩语母语者仍旧对汉字的部件以及象形文字等汉字结构有相当程度的认识；日语母语者由于接触汉字的时间早，对于汉字的结构和书写也已经具有相当的基础，所以在汉字学习上相对容易。但是，对于绝大多数来自非汉字圈表音文字的学习者来说，一个一个的汉字就是一个一个的方块图像，不论是字形、字音或是字义都需要学习者一个部分、一个部分地硬记，导致他们视汉字为畏途。

刘珣（2002：170）在《汉语作为第二语言教学简论》中提到汉字教学是汉语作为第二语言教学最显著的特点。目前各大专院校以及华语中心对汉字教学大多采取双线并行的方式，也就是将汉字课程与一般课程分开，汉字课是按照汉字教学规律集中系统地进行汉字教学，而一般课程中的汉字教学则处于无序状态，是依照随文识字的方式在词汇里学习汉字的认读，两种方式各有优缺点，无法一概而论。不过，考量现在对外汉语教学中要求更高效的且面向实际的汉字教学，身为汉语教师，我们必须更深入地思考汉字教学应该教些什么？怎么教才能更符合学习者的需求？如何针对不同背景的学习者设计国别化的汉字教学内容以及针对性的教学策略？在思考这些问题时，我们可以参考日本的汉字教学策略，一者是因为日语的文字系统里，本就包含了大量汉字，汉字是日文学习时不可或缺的一环；再者是因为日本是亚洲地区最大的留学生输入国，特别是2008年日本政府宣布实施"留学生30万人计划"后，日本学生支援机构发布的统计数据显示，截至2018年底在日本的外国留学生人数已经突破33万人，达到337 000人。现在日本平均17名学生中就有1名外国留学生。日语教育界为了让留学生能快速融入日本生活，长期以来从学习者的特性、学习环境的需求、汉字指导的方法等不同面向针对汉字教学策略进行分析，在汉字教育领域已经累积了相当丰富的成果（武部1989，玉村1993，福田2001，加纳2017等）。本论文以日语教育中的汉字教学为例，整理并讨论日语教学界的汉字教学策略的相关成果，借镜日本的汉字教学策略，以丰富对外汉语教学界的汉字教育内涵，并进一步为未来汉字教育提供参考。

二、日语教育中的汉字教学现况

日语的文字体系，包含了平假名、片假名以及汉字三大部分。针对汉字教育，加纳（2017）在日本国立国语研究所举办的世界汉字教育的演讲中提到，汉字的四个重要项目分别是"字形""字音""语意"和"用法"，各个要素的相互关系如图2-1所示。

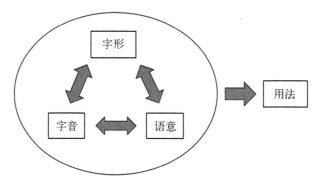

图 2-1　加纳(2017)提出的汉字教学重点

　　另外,根据学习者的属性不同,学习者在汉字学习上的难点自然也不同。日语教育学界根据学习者属性所设计的汉字教学主要可分为下列三种:(A)以母语者为对象的汉字教学,(B)以汉字文化圈的学习者为对象之汉字教学,(C)以非汉字文化圈的学习者为对象之汉字教学。日语教育界根据学习者不同的属性,调整字形、字音、语意和用法等四个项目的比重,为各类型的学习者分别制定了不同的教学策略,以下将分项进行说明。

(一)以母语者为对象的汉字教学

　　在日本,以母语者为对象的汉字教育从小学一年级开始,如表 2.1 所示,日本政府规定在小学六年间学童必须循序渐进地学习 1 006 个"教育汉字"。

表 2.1　日本小学生从一年级到六年级学习的教育汉字总数

学　年	習　う　漢　字	字数(字)
第 1 学年用汉字	一、右、学、人、小、月、上、…	80
第 2 学年用汉字	遠、外、牛、光、姉、春、西、…	160
第 3 学年用汉字	悪、温、岸、銀、県、次、者、…	200
第 4 学年用汉字	老、加、関、泣、訓、最、愛、…	200
第 5 学年用汉字	住、解、基、効、混、志、修、…	185
第 6 学年用汉字	宇、看、勤、紅、砂、樹、衆、…	181
第 1 学年から第 6 学年までの教育漢字総数		1 006

　　由于学习者在学习汉字时已经具备了相当程度的听说能力,因此以母语者为对象的课程设计重点主要放在确认学习者汉字书写笔画的正确性与美观

性。例如在一年级时先介绍汉字书写的基本原则,也就是从上到下、从左到右、从中间到左右,确认学习者是否能以正确的笔顺,写出正确的字形。其次,在教学中注重汉字书写的美观性。如图 2-2 所示,在教学中导入圆圈的对称教学法,随时提醒学习者注意在书写汉字时是否对称,文字各部件的大小、位置、排列是否美观。此外,中国的永字八法,如"钩""弯"等也是汉字教学时的一个重点。

图 2-2 汉字书写的美观性

除了要求学习者达到汉字书写的正确性与美观性,针对母语者的汉字教育也同时进行了汉字的字源教学(见图 2-3)。具体来说,目前日本政府规定的汉字教学目标,要求在小学低年级的汉字教学阶段,学习者必须了解象形字、指事字、会意字、形声字等汉字字源的基本概念,并从二年级后半段开始指导学习者理解汉字的部首,奠定他们未来可以自行查阅字典的能力。三、四年级的主要教学目标则是指导学习者理解同音异义字,并了解各个汉字的语意及用法。到了高年级,则是训练学习者能采用字典策略来对应汉字学习难点的能力,培养学习者自主学习的能力。

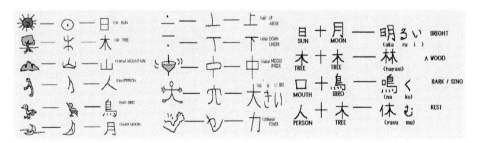

图 2-3 汉字字源教学

相关的教材设计包括下列几项:

(1)运用日本传统文化韵律"五、七、五"制作汉字纸牌。纸牌内容就是说明汉字的点、线以及配置的位置,借由音韵让学习者能够迅速记忆纸牌内容,朗朗上口的同时,同时也记住了该汉字的字形(见图 2-4)。

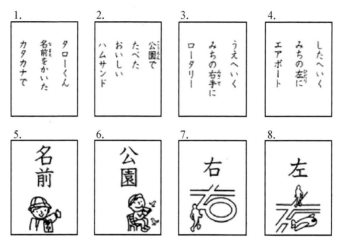

图 2-4　汉字字牌学习法(浜西 1983)

(2) 分解汉字的构成成分,编写汉字的故事,以利学习者进行记忆(见图 2-5)。而汉字的分解,并不以字源为依据,单纯以学习者容易记忆、理解为主要考量而进行拆解。

> 学　ツ+ワ+子
> 「ツ」は「かざり」、「ワ」は「ぼうし」で、
> 「子」は「こども」です。「こども」が「ぼうし」をかぶって「がっこう」へいきます。
> 「学」のいみは、べんきょうすることです。
> (武部良明 1993『漢字はむずかしくない』)

图 2-5　字形分解法(加纳 2017)

(二) 以汉字文化圈的学习者为对象的汉字教学

与母语者的汉字教学不同,以汉字文化圈的学习者为对象的汉字教学重点聚焦在汉字语音的练习以及语意的辨别。其中特别受到注意的是日语与中文的同形异义字的对比分析。日语里存在大量与中文相同字形的汉字,但是两者的语意、词性、用法往往不尽相同。学习者在语意上的误用,例如中文的“裁判”主要指的是运动竞赛的判定者,而相同汉字的日语“裁判”主要用于法律相关的判决;中文的“小人”在日语中指的是小孩;中文的“爱人”在日语中指的却是外遇对象。即使汉字的语意相同,部分汉字在使用时的语序也有所改

变,例如中文的"日期"和日文的"期日"、中文的"苦痛"和日文的"痛苦"、中文的"急救"和日文的"救急"等。另外,对汉字圈学习者来说,汉字教学的另一个重点是不同语言中对同一词汇的不同用法,例如中文的"激怒"一词可以有被动用法,像"他被激怒了",但是在日文中"激怒"一般是以"彼は激怒した",也就是用主动的方式来表述,像这样两语言中存在同一词汇在用法上的差异,常常会导致学习者出现误用。基于汉字文化圈学习者容易发生同形词在语意、用法上的偏误,针对此类型学习者的汉字教学一般着重汉字的语意和用法,说明目标语与学习者母语之间的差异,并将教学的重点放在强化句型的使用上,以减少来自学习者母语的负迁移。

此外,以往针对此一类型学习者的汉字教学中较少受到关注的字形部分,现在也逐渐受到汉字教学现场教师们的重视。原因在于中文与日文间虽然存在大量相似的汉字,但是细看我们就可以发现两者的许多汉字字形其实在细节上存在差异。如图 2-6 所示,中文的"天"字的两条直线是上短下长,而日文的"天"字的两条直线是上长下短;中文的"查"字是"木"下面一个"旦",但是日文中的"查"字与中文的写法并不相同;中文的"残"字右边是两个"戈",与日文的"残"字也不相同。

图 2-6　与汉语汉字在字形上不同的日本汉字

虽然现在在日语教学界的现场,有许多日语教师认为有必要积极地提醒汉字圈母语者日语与汉语在汉字字形的差异,但是不可否认汉字圈母语者由于母语的优势,对汉字的字形都已经相当熟悉,导致他们对汉字的学习动机相对薄弱。所以目前日语教学界普遍认为,针对汉字文化圈的汉字教学,需要将重点放在提高学习动机上,教学现场的教师在教材的准备上可提供像"宣传单""报名单"等日常生活中常见的资料,利用各种多元化的生活化材料,以强化学习者的学习意愿。总而言之,针对汉字圈学习者进行汉字教育时,避免成为单调的汉字字形教学是教师需要注意的一项重点。

（三）以非汉字文化圈学习者为对象的汉字教学

针对非汉字圈学习者的汉字教育,学者们也提出了许多教学建议,最重要的就是从字形以及字音的两个层面入手。在字形的学习上,分解笔画是一个很重要的教学方式。如图 2-7 所示,汉字“东”可以分解为“一个太阳在树后面”,若再搭配故事的解释,不仅能帮助学习者进行汉字形体的记忆,同时也可以帮助学习者掌握汉字结构,强化学习者的记忆。

東 木＋日＝東 木9 日41
ひがし・とう 東 ひがし 東口 ひがしぐち
東京 とうきょう 関東 かんとう
You can see the sun behind a tree in the east.
Matahari di sebelah timur nampak dibalik pohon.
インドネシア語・タイ語・ベトナム語
（ボイクマン総子ほか 2008『ストーリーで覚える漢字300』くろしお出版）

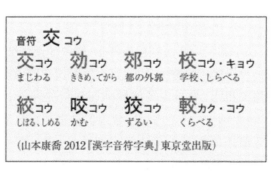

图 2-7 分解笔画(加纳 2017)

除了分解笔画之外,针对此一类型的学习者,形象记忆也被视为一个有效的教学方法。例如汉字“洗”就直接以一个人站在莲蓬头下面洗澡的形象进行解释。与针对母语者的教学方式不同,这里的汉字分解并不以字源为依据,而以学习者容易记忆、理解为第一考量,以形象为主的图解法分解汉字字形进行教学。

在字音方面,日语教育界常用形声字的方法整理日本汉字,如图 2-8 所示,用形声字的音符整理同一类型的汉字,再进行分类。这个方式最早出现于英国出版的 *The Study of Kanji* 一书,目前这个汉字学习法在英国仍旧受到广泛支持。

音符 交 コウ

交コウ まじわる	効コウ ききめ、てがら	郊コウ 都の外郭	校コウ・キョウ 学校、しらべる
絞コウ しぼる、しめる	咬コウ かむ	狡コウ ずるい	較カク・コウ くらべる

（山本康喬 2012『漢字音符字典』東京堂出版）

图 2-8 形声字记忆法(加纳 2017)

此外,由于非汉字圈学习者是初次接触汉字,所以在进行汉字教育的过程中,教师需要着重提升学习者学习的乐趣,如图 2-9 所示,教师可以借由设计各项汉字游戏让学习者在学习时能维持高度的学习动机；或者以学习者为中心设计各种活动，包括将学习者分组，让学习者介绍自己发现的汉字，或者是利用已学的汉字设计海报等活动，以提高学习者学习汉字的兴趣。

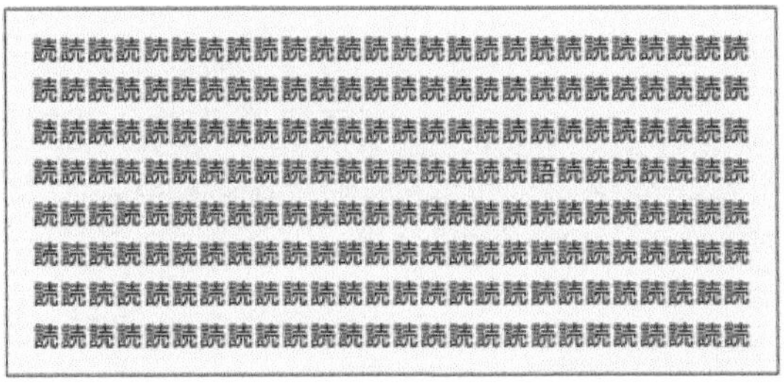

图 2-9　汉字游戏(引用自加纳 2017)

三、汉字教学策略比较

对外汉语教学者长期以来普遍认为汉字教学的任务就是以汉字形、音、义的构成特点和规律为教学内容，注重建立笔画观，建立汉字的笔画观念，强调部件渗透，重视汉字表意偏旁的教学，同时重视字源学在汉字教学的作用，以帮助学习者获得认读和书写汉字的技能为主要教学目标。

传统的汉字教育，在书写方面一般多强调笔画在教学上的重要性，认为笔画是汉字得以构成的最基本要素，要书写汉字必须要掌握笔画，必须了解笔画的搭配方式，就像张旺熹(2013)认为汉字教学的首要工作就是协助学习者获得汉字的字感，而获得字感的前提就是要帮助学习者建立汉字的笔画观念。胡文华(2008)也主张初级学习者首先必须具备汉字笔画书写和汉字笔顺知识，而教师有必要强调汉字的结构特点和拆分规则，同时分析汉字笔画的书写方向。的确，笔画教学不仅能使学习者对笔画及其搭配方式有正确的认识和准确的把握，同时能使学习者对汉字的结构框架进行深入的了解，但是我们在汉字教学的现场，还必须考虑到学习者国别性的差异。就如同日本有许多汉字在书写的笔画上，与中文的汉字有很大的差异。如图 3-1 所示，日语的"王""右""必"等字的笔画都与中文不同。在汉字教学的现场，若不考虑学习者的背景，一味要求学习者书写笔画的正确性，容易造成日语母语者学习的混乱。

借此，我们认为对外汉字教学首要重点在于强化汉字形体的识别，而不需

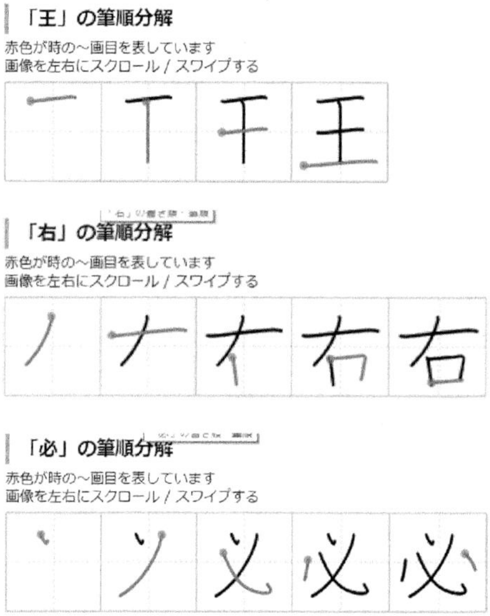

「王」の筆順分解
赤色が時の〜画目を表しています
画像を左右にスクロール / スワイプする

一 丁 千 王

「右」の筆順分解
赤色が時の〜画目を表しています
画像を左右にスクロール / スワイプする

ノ ナ 大 右 右

「必」の筆順分解
赤色が時の〜画目を表しています
画像を左右にスクロール / スワイプする

丶 ソ 义 必 必

图 3-1 日本的汉字笔画

要过分重视笔画。汉字中有许多形体相近的字,如"人、入、八""木、本""己、已、巳""治、冶"等,由于形体差异决定字音与语意的不同,我们认为这部分需要加强讲解,除此之外的汉字则不必过分花费大量精力进行字形笔画的练习。

对外汉语教学的汉字教育中,除了笔画之外的另一个教学重点是部件教学。如同王笑艳(2017)在《新时期对外汉语教学法专题研究》中提到部件教学是汉字教学的最重要项目之一,因为汉字绝大多数是由两个以上的部件构成的合体字,部件是汉字的基本构形单位,将部件教学作为重点,可以把汉字笔画繁多的问题变得相对简单一点。至于部件教学该怎么教,刘珣(2002)则从字源的角度出发,强调字源学在汉字教学中的地位和作用,认为教师在进行汉字教学时,需要介绍汉字演变与结构规律知识,尽可能利用汉字的表意和表音功能,加深学习者对汉字的理解和记忆。他认为无论是介绍汉字特点、汉字演变、汉字结构规律或者是对音符、义符进行解释,作为正式教学都应当以传统的字源学,特别是六书理论为依据,以保证汉字教学的科学性。我们同意刘珣(2002)的看法,认为对字源的理解在拆解汉字的过程中扮演了重要的角色,但是,我们也认为在进行对外汉语教学时,教师若在说明时过分倚重象形字、指事字,反而容易导致初级阶段的学习者对汉字有错误认知,误以为"汉字都可以从字形上理解它的语意"。毕竟象形字、指事字在汉字里占的比例不到一成,只是少数。汉字构件功能多样,组合模式复杂,我们的教学重点应该放在如何拆分构件,并建立构件及构件的组合跟字音、字义、用法的联系,让学习者在短时间能够掌握汉字,并进行正确的运用。如同目前的日语教育界,在进行汉字教育时,大多以图像进行说明,当前台湾的汉字教材中,由师大教授陈学志、林振兴编著,正中书局出版的《我也绘汉字》也是采取"图像本身直接象形"的方式,也就是所见图像与字形相似,同时图像也与其链接的汉字的字义有关,当学习者见到汉字链接图像时,就如同关键字记忆法一般,可同时联想到汉字的字形及字义,以"汉字链接图像"帮助学习者联想汉字的字形及字义。由于目前的学习者大多倾向以视觉形象进行记忆,而图像是最容易记忆的一种方式,所以为了让汉字教育进行得更有效率,在初级阶段时,可以以汉字的形象为主,对汉字学习者强化汉字本身的意象,待学习者累积了一定程度的汉字后,再对汉字的体系、字源进行系统化的说明。

四、结语

在对外汉语教学中,汉字教学是教学过程中不可分离的一个部分,却也一直被视为是提高对外汉语教学效率的一个制约因素。汉字教学的难点除了因为汉字属于表意文字,在教学上与语音、词汇、语法以及文化教学之间的关系错综复杂外,也因为存在着汉字文化圈与非汉字文化圈的学习者对汉字认知的差异,使得汉字教学具有更为复杂。本文借由观察日本在汉字教育上的策略,对对外汉语的汉字教育做出以下三点建议:

(1)在字形方面,对外汉字教学应强化汉字形体的识别。笔画指导的重要性具有国别性差异,对不同背景的学习者不需要一样地使力。

(2)字源教学的教学排序可以重新调整。初级阶段可以以汉字直接象形法作为主要教学方式,待学习者累积了一定程度的汉字后,再对汉字的体系进行系统化的说明。

(3)不论对何种背景的学习者来说,提升他们学习汉字的兴趣都是第一要务。对汉字文化圈背景的学习者可提供生活化教材,对非汉字文化圈的学习者可借由各种字形游戏提升学习者的学习动机。

为了提高对外汉语汉字教育的效率,我们有必要深刻认识学习者认知和学习汉字的特点,借由充分认识学习者的特点,并且强化国别化的指导策略,我们才能在此基础上探讨对外汉字教学的特点,化难为易,为未来的对外汉语汉字教学提供一个新的突破口。

参考文献

[1]　浜西正人.浜西式 角川漢字学習字典[M].东京:角川书店,1983.

[2]　陈学志,林振兴.我也绘汉字[M].台北:正中书局,2015.

[3]　福田知行.漢字と日本語教育[M].东京:南云堂,2001.

[4]　胡文华.汉字与对外汉字教学[M].上海:学林出版社,2008.

［5］ 加纳千惠子. 漢字に関する Can-do Statements 調査から見えてくるもの：漢字の知識と運用力につい ての学習意識［J］. 筑波大学留学生センター日本语教育论集,2014(29).

［6］ 加纳千惠子. 日本語教育における漢字学習の支援方法 —漢字の面白さと難しさを考える—,世界の漢字教育：日本語漢字をまなぶ：国立国語研究所第 8 回 NINJALフォーラム基調講演［EB/OL］. 2017. https：//www. ninjal. ac. jp/event/public/forum/ninjalforum008/.

［7］ 金妍. 漢字語彙授業における学習ストラテジーの働き［J］. 接触場面の変容と言語管理接触場面の言語管理研究,2010(04).

［8］ 刘珣. 汉语作为第二语言教学简论. 北京：北京语言文化大学出版社,2002.

［9］ 王笑艳. 新时期对外汉语教学法专题研究. 北京：水利水电出版社,2016.

［10］ 武部良明. 漢字の単位について［J］. 講座日本語教育,1984(20).

［11］ 武部良明. 漢字の教え方［M］. 東京：アルク,1989.

［12］ 武部良明. 漢字はむずかしくない［M］. 東京：アルク,1993.

［13］ 小山铁郎. 快乐的汉字［M］. 台北：漫游者文化事业股份公司,2013.

［14］ 叶德明. 汉字认知基础——从心理语言学看汉字认字过程［M］. 台北：师大书苑,1990.

［15］ 玉村文郎. 日本語における漢字［J］. 日本語教育,1993(80).

［16］ 张旺熹. 对外汉语本体教学概论［M］. 北京：商务印书馆,2013.

作者简介：王蓓淳,中国台湾开南大学。

如何在"一带一路"背景下
讲述中国古代智慧

——以《中国古代智慧与现代生活》课程建设为例

◎ 顾　琛

摘　要：以往面向国际学生的中国文化类课程通常突出常识介绍、知识积累，在"一带一路"的时代背景下，深度中国文化类课程的重要性日益凸显。本文以上海大学国际教育学院《中国古代智慧与现代生活》（英文授课）的课程建设为例，探索如何在"一带一路"背景下讲述中国故事。论文围绕国际学生普遍关注的三个问题，即中国到底是一个什么样的国家、中国未来将如何发展、中国的发展会如何影响到我，用"三个入手"和"四个结合"的视角和方式，讲述中国古代智慧在当代的传承。本文对面向国际学生的中国文化类课程应该如何进行个人化的深度讨论、设计可行的实践环节以及融入课程思政进行经验总结与反思，对类似的文化类课程有借鉴意义。

关键词：一带一路；中国古代智慧；课程思政

一、引言

在世界多极化和经济全球化的形势下，"和平、发展、合作、共赢"是当今的时代主题，中国"一带一路"倡议顺应历史潮流，以"五通三同"为内涵，取得显著成果，举世瞩目。借由"一带一路"的契机，前来中国的国际学生规模扩大，层次提升，动机多元化，这样的时代与社会趋势也对汉语国际教育尤其是中国文化类课程提出了新要求,当前的国际学生不再满足于浅尝辄止的文化体验与信息获取,而是有了更多元、更深入、更个性化的学习需求。本文将以笔者开设的中国文化类课程《中国古代智慧与现代生活》(全英文授课)为例,介绍本课程在"一带一路"时代背景下,如何以新形式、新面貌、新手段来讲述中国古代智慧以适应新的形势与时代需求。

目前各大院校都在大力建设各类英文授课课程与中国文化类课程,都在积极探索课程建设的新路径新方法,希望本文能起到一定的启发和借鉴作用。

二、《中国古代智慧与现代生活》课程建设的背景

学界主流思想认为,当今世界正处在大发展、大变革的调整时期,共建"一带一路"不仅是经济合作,还是完善全球发展模式和全球治理,推动经济全球化健康发展的重要途径。"一带一路"构想为打破近代以来欧美构建的世界格局,以及解决新时代的新挑战提供了可行性。随着"一带一路"建设的深入,截至 2019 年 7 月底,已有 136 个国家和 30 个国际组织与中国签署了 194 份共建"一带一路"合作文件(中国一带一路网,2019),越来越多的国家与组织加入认同和支持"一带一路"的阵营中。

但也不可否认,世界上依然有质疑和误解的声音。如保加利亚社会党历史政治研究中心资深专家亚历山大·斯托扬诺夫·迪米特洛夫所说,"欧洲人对中国的了解总有一些信息的失衡,这些问题甚至变成了一种威胁,有些人觉得中国会损坏当地的经济和企业。我们要让中国更好地为欧洲人所知,以更好地抓住'一带一路'给沿线国家带来的机遇。……信息传播环节的缺失导致欧洲人对'一带一路'了解不深,这是加剧不信任感的原因"(中国一带一路网,2018)。

"一带一路"使中国与世界各国的合作与交流不断深化,也不可避免会带来一些困惑、分歧和冲突。为了增进了解,消除困惑,建立互相信任、互相尊重的国际关系,我们需要向世界讲好中国故事。中国故事不仅要讲节日习俗,讲衣食住行,更要讲中国人的思想、价值观、安身立命的民族精神,以及中国文化得以延绵数千年而没有中断的内在力量,从当代视角阐释中国人的思想传统/价值传统,阐释中国人如何从古老智慧中汲取养分,以及为全球治理提供中国方案的可行性。

借着"一带一路"东风来到中国学习的国际学生,尤其是"一带一路"沿线

国家学生日益增多。其中既有汉语零基础,对中国充满好奇也带着诸多疑惑的初级学习者,也不乏具有相当汉语基础,对中国有一定了解的中高级学习者,而他们普遍最关心的问题有三个:第一,中国到底是一个什么样的国家?第二,中国未来将如何发展?第三,中国的发展会如何影响到我?要回答好这三个问题并不容易,需要理解中国社会发展的底层逻辑、民族发展的精神动因、民族性格以及价值取向。中国文化讲到深处就必须讲到哲学,讲到中国智慧。而目前面向国际学生开设的中国文化类课程主要是大而全的必修类课程,如《中国概况》,各类文化选修课有的侧重社会风情、有的侧重商务交际,涉及中国哲学的部分有限,且大多是按哲学流派简单介绍。限于国际学生的汉语水平和对中国的了解程度,将中国古代哲学智慧与当代中国现实以及学生日常生活相结合的难度非常大,学生很难理解,课程容易变得枯燥艰深,脱离实际,让学生望而却步。

与此同时,学生生活在中国,接触到大量与中国有关的信息,大到中国的国家决策,小到中国朋友的交往习惯,也许这些信息与他们来中国之前形成的印象不一致,甚至相矛盾,他们难免会产生困惑,在课堂上却很少有机会请老师就一些敏感问题答疑解惑,更别说深入交流,从哲学层面来探讨把握"中国与世界""中国与我"的发展主题。

在这种形势下,我们希望能开设这样一门课程:可以帮助学生了解一个行进中的中国,探究当今中国国策背后的深层动因,了解"一带一路"倡议背后所蕴藏的中国古代智慧,让他们了解中国人从古至今依然信奉的价值传统,把握中国数千年来激荡变化却又一脉相承的精神气质,从而形成自己对中国未来的预判;可以创造自由宽松的气氛,鼓励学生提出关于中国的疑问和困惑,开诚布公地多方交流与探讨;可以选取与学生密切相关的话题,进行主题式教学,真正做到知行合一,让学生在日常生活中有意识地实践课堂所学,验证并反思其可行性,把抽象的静态的知识转化为可运用的充满活力的个人思想资源,把学到的中国智慧做出来,活出来,让学生在践行中发现问题并提出疑问,培养他们的批判性思维能力;可以帮助他们把国家的大趋势和个人的小趋势结合起来,从微观和宏观的层面上进行自己的人生规划;可以结合他们所学的汉语与英语进行双语教学,突破语言对思维与认知的限制,帮助他们在转换的语言中构建更开放更包容的心智模式。

根据这种指导思想,我和我的团队开设了这门名为《中国古代智慧与现代生活》的全英文授课课程。该课程为 2017 年度上海大学高水平大学全英语课程建设中申报的全新课程,是在"一带一路"背景下,面向全校本科高年级国际学生开设,全英语授课的思想文化类选修课。这门课程精选了与学生生活息息相关的系列主题,分析了当今中国如何对古代智慧重新解释并将其创造性地运用于个人层面、社会层面和国家层面,引导学生思考作为国际学生可以如何利用好这些思想资源并加以实践,从中获益。

三、课程教学理念与实践

《中国古代智慧与现代生活》精选了世界观、自我完善、学习、工作、社会关系、日常生活中的中国古代智慧等六大与国际学生生活密切相关的主题,从传统哲学著作如《论语》《周易》《老子》等中选取至今依然焕发活力,对国人产生影响的经典文本,并用英文深入浅出地进行讲解,精选当代生活中个人层面、社会层面乃至国家层面的相应案例,配合实物、图片、视频等进行展示,帮助学生深度理解中国文化与价值体系,引导学生发现并分析中国如何将古代智慧运用于当今的国家事务与国际事务。课程还设计了"Chinese Wisdom Today"实践环节,鼓励国际学生在日常生活中有意识地体验中国古代智慧,探寻古代智慧在现今中国人的生活中的影响。学生可以亲身实践太极拳、书法、茶艺等传统文化体验项目,可以根据相关主题,对中外学生进行问卷调查,也可以收集相关的新闻时政进行案例分析,实践的经历和体验将在下一次课堂上进行交流与反馈。这门课程的目标不是让学生把中国的哲学思想作为理论知识储藏起来,而是希望他们能活学活用,入脑入心,学习从哲学的高度来看待中国的国家发展策略及全球治理观,也为学生在面临人生困惑与重大选择时提供中国式的解决方案和心理资源,培养学生的全球化意识和批判性思维。

本课程的教学理念可以概括为"三个入手"和"四个结合"。

其中"三个入手"如下:

(1) 从文化传统入手。哲学在中国人精神生活中的重要性,就如同宗教在西方人精神生活中的重要性。哲学在中国文化中占据着至关重要的地位。课程根据不同的主题,回到中国文化的源头,带领学生精读《论语》《道德经》《周易》等中国传统文化原典,同时从当今中国人的日常生活和国家事务、国际事务中选取事例,分析中国哲学思想在当今的日常生活中对中国社会与生活的巨大影响。比如"天人合一"是中国文化中的一大核心思想,小到日常生活中的衣食住行,大到国家经济文化发展、环境政策,中国的人文、社会、经济、政治等各个方面都可以看到"天人合一"思想的影子。通过课程,学生们在品茗、打太极、参观名胜古迹、了解中国环境政策时,都会想到"天人合一",想到中国人自古就有的自然观、天地观,体会绵延数千年的文化传统在当今中国的传承与发扬。

（2）从价值取向入手。要深入了解一个国家、一个民族,必须要了解其价值取向。本课程会着重介绍塑造中华民族精神的价值取向,帮助国际学生把握中国人的价值体系和精神气质。在"自我完善"这个主题中,我们介绍了儒家尚"仁",理想人格是"君子",君子的品格温润如玉;道家则是"道法自然",认为"上善若水"。在课堂上就"玉德"和"水德"展开讨论时,我播放了李小龙关于"水德"的一段著名采访,很多国际学生都知道这段采访,课堂气氛很热烈,大家纷纷跟着视频说道:"Be water, my friend."有的学生小时候就看到过这个采访,也进行了自己的思考,很高兴地跟大家进行了分享,介绍这个观念对他的性格发展和人生选择的影响。另外,我还引导同学们观察中国政府在国际舞台上的表现,跟"文质彬彬"的"谦谦君子"形象进行对照,一起讨论中国的外交策略与"以柔克刚""四两拨千斤"的道家风范有无互通之处。

再比如"和"是中国哲学中一个非常重要的概念,也是中国非常独特的一种价值观念。赵启正先生曾表示,如果把"和"翻译成"harmony""peace"等都会造成语义的丢失,不如像"太极"直接音译成"Taichi"一样,把"和"也直接音译成"He",因为写成"He"可能会让人困惑,以为是"他",所以改造成"Hehism",也就是"和主义"。"和"在中国文化语境中,含义的确丰富厚重,儒家讲究"和而不同""以和为贵",道家讲究"阴阳调和"。从中可以看出,中国文化强调矛盾的共生、转化与平衡,事物之间有差异、有冲突是好的,有价值的,矛盾会带来活力,带来变化,带来生机和力量。这与二元对立的价值观形成鲜明对比。我常用太极图来说明中国这种独特的价值观:阴与阳,黑与白,你中有我,我中有你,是相互依存、相互影响、相互转化的关系,二者缺一不可,无法割裂。所以面对冲突矛盾,不应该是一方压制、征服、消灭另一方,如何进行合理的转化,调和矛盾,达到平衡才是关键。"和而不同"的经典事例有蔡元培先生担任北京大学校长时提供的"兼容并包""思想自由",学术派别不同的学者在同一所学校任教,和平共处,友情依旧。在国家层面上的绝佳案例就是"一带一路"倡议。中国有信心有意愿与众多种族、肤色、文化、宗教信仰不同的国家与地区展开合作,正是因为我们自古信奉"和而不同"的价值观、交友观,也在古代丝绸之路中有过成功的实践。尊重差异,拥抱差异,求同存异,是中国在处理国际关系中一贯的原则和态度。作为"和主义"这一历史悠久、影响巨大的价值观的代表,"一带一路"倡议更是将在全球化浪潮与世界格局巨变的21世纪对全球发展提供新的发展思路与中国智慧。

我们在教学中发现,"一带一路"倡议在很多主题中都是非常好用的案例。比如讲到"社会关系"这个主题,中国人强调集体主义,讲究"己欲达则达人""君子之交淡如水";也重视邻里关系,"远亲不如近邻""浇瓜之惠"和"六尺墙"的故事传颂至今。而面对冲突时,儒家提倡"和而不同""以直报怨";道家则推崇"利万物而不争"的水之品质,提倡包容、谦卑、灵活的态度,"以柔克刚"比"硬碰硬"效果更好;兵家代表人物孙子则认为"不战而屈人之兵"是战争的最高境界,反对暴力,而汉字"武"拆开就是"止戈",武术精神推崇的是为了保护他人和自卫,为了停止战争与杀戮,而不是为了逞强凌弱,滥用暴力。从中可以看到中国人热爱和平、集体利益高于个人利益、崇尚温和克制的人格价值的价值取向,这些古已有之的价值观与社会准则依然广泛运用于现代中国的人际关系与国家关系中。正是基于中国人几千年来信奉的交友观、邻里观、世界观,中国才顺理成章地提出互惠共赢的"一带一路"倡议,通过从古到今、从小到大、由浅入深的介绍与案例分析,学生们对中国人的价值取向有了更全面深入的理解,也对"一带一路"倡议背后的精神动因有了更有深度的把握。

把抽象的价值取向通过国际学生熟悉的事例和场景加以展示解释,再结合他们自身的生活经历、心理特点,加以具体化、个性化,最后上升到国家层面进行宏观的把握和思考。把中与外、古与今、微观与宏观穿插结合起来,这是本课程常采用的教学思路和方法,取得了良好的教学效果。

(3) 从思维方式入手。讲中国古代智慧,肯定绕不开中国人的思维方式。从思维方式入手,可以帮助国际学生整体把握中国智慧的特点,带领他们举一反三,发现生活中生动有趣的事例加以印证,再比较中外思维方式的异同,为学生提供更多可供选择的心理资源,鼓励他们批判性看待各种思维方式,提出自己的困惑、疑问和批评,欢迎他们把中国式思维方式整合到自己的思维图谱中,建立多元开放的思维模型。在这个层面上,培养学生的批判性思维和开放多元的思维模式是重点。在课程导论上就向学生介绍了中国古代哲学反映出的几个思维特点,包括整体性、模糊性、重经验以及辩证思想。这些思维特点在中国文化和日常生活中随处可见,中国的饮食文化和中医药是尤为典型的例子。比如,中医理论认为人体是一个整体,人与自然又组成了一个更大的系统,阴阳平衡是健康的根本。而阴阳五行、相生相克不止是人体运行更是世界运行的基本法则。动态地辩证地看待世界,整体性地把握事物,系统性地解决问题是中国古代智慧的重要思维特点。在课上,初步了解中医理论之后,学生们会饶有兴致地讨论为什么中国人一天四季甚至夏天也喜欢喝热水;一个父亲缺席的现代家庭会产生哪些问题;中国为什么要提出"西部大开发"国家策略;我们现今的世界在哪些方面失去了平衡;需要采取哪些措施来"医治生病的地球"。

本课程从文化传统、价值取向和思维方式入手,形成了自己的课程特色,填补了中国文化课程的某些空白,获得了学生们的好评。

《中国古代智慧与现代生活》课程建设中还强调以下"四个结合":

(1)语言与文化的结合。本课程是全英文授课课程,除了哲学原典中的文本用汉字展示、汉语朗读之外,所有的讲授和文字都是英文,学生的课堂讨论和课程论文都需要全程用英文。所以对部分学生来说,本课程是学习英语的一个好机会。

而课程中引用的《论语》《道德经》这类哲学著作,学生们平时在汉语课和文化课中也很难有机会接触到,本课程中的英文翻译和老师的现场解释,可以帮助学生们更好地理解艰深抽象的文言文语义和用法,所以本课程对学生的汉语学习也有帮助。

本课程并非以语言学习为目标,而是以语言为工具、为载体来学习中国文化。通过两种语言的转换和互文,学生真正学习到的是中国文化在国际语境中的呈现,如上文提到的"Hehism(和)""Gentleman(君子)""TCM(中医)",学生得以接触和练习更多描述中国文化尤其是中国传统文化的学术英语,帮助他们更好地深度理解原本障碍重重的中国哲学思想。

(2)中国与世界的结合。本课程有意识地引入了国际化的视野,不单介绍中国文化,也加入了与其他文化的比较。比如介绍中国的世界观时,不仅介绍了中国的"天圆地方"模型,也介绍了北欧的"世界树"模型和印度的龟驮"碟形世界"模型。通过不同文化中世界模型的比较,来发现中国"天圆地方"世界观带来的民族精神特色和思维特点,以及这种世界观对当今中国带来的持续影响。

(3)传统与现代的结合。本课程大量引用了传统的哲学经典著作文本,同时结合了大量现代社会与生活的案例,让学生直观感受到中国古代智慧并不是过时的、僵死的、只尘封在过去的古董,这些经受住时间考验的思想在现代社会依然闪烁着智慧的光芒,依然充满活力,对我们的人生、对未来的世界富有指导意义。

（4）国家层面与个人层面的结合。在选取现代生活中的案例时，我们有意识地在各个层面上进行选取。如果都是宏观的国家层面的案例，离学生的日常生活太远，显得高高在上，没有共鸣，政治宣传的意味太浓，容易引起反感；如果都是日常生活中的案例又显得琐碎肤浅，无法帮助学生提升思想高度。所以我们兼顾了宏观与微观、国家与个人，帮助学生在国家、社会、个人等多个层面去多维立体地观察分析中国古代智慧在现代中国的运用与影响。

四、《中国古代智慧与现代生活》课程建设的三大亮点

（一）日常实践

在课程设置中，我们有"Chinese Wisdom Today"的实践环节，每节课的最后会播放一个微课视频，内容是跟下一课主题有关的三种经典哲学文本。视频中老师会对三种文本进行简单的解释和举例，学生可以任选一种，在接下来的一周时间里亲身实践，或完成调查问卷或搜集案例，或撰写实践报告或录制实践视频，在下一次课上进行分享和交流。比较受欢迎的实践作业是练习太极拳，调查中国大学生的恋爱观，以自己的方式向父母尽孝等。这些实践活动帮助学生在日常生活中亲身体验中国的价值观和思维方式，沉浸式体验式教学把遥远的中国古代智慧与他们的个人生活紧密联系在了一起，激发了学生的学习兴趣，加深了他们对中国传统文化的理解。值得一提的是，并不是所有的体验和实践都会带来积极的感受，学生也会提出一些疑问和批评意见，在开放平等、互相尊重的气氛中进行课堂讨论和交流，这样的实践与分享不仅让大家对中国文化的理解更多元化、更个性化，也培养了学生的批判性思维，取得了良好的教学效果。

（二）质疑与回应

在《中国古代智慧与现代生活》课程中，老师的讲授与学生的讨论分享课时比达到1：1，是以学生为中心的课堂教学。在氛围宽松的课堂上，学生有充分的时间分享个人的感受与想法，提出问题，与老师和同学们进行多方探讨。有一次讲到中国人"自强不息"的民族精神，我用了精卫填海、夸父追日和愚公移山的神话故事来说明。有学生提出疑惑："老师，夸父最后死了也没追

上太阳,他明明失败了呀,为什么中国人还当他是英雄?"学生们听了也意见不一,纷纷谈了自己的看法。最后,我也谈了我的理解:首先,夸父不是为了自己,而是为集体利益牺牲自己,这种无私奉献的精神是中国人非常崇敬的;其次,追逐太阳看起来是不可能完成的任务,很可能会失败,可他却充满信心和希望地行动起来,不问结果,只去做,这种"知其不可为而为之",在绝境中依然保持希望和信心的精神,正是中国人能够在数千年中,面对重重危机和苦难,却依然屹立于世界民族之林的原因。如果知道结果不好就放弃,那太功利了。正是中国人有夸父的精神,有愚公精神,愿意为一个伟大的目标,一代一代奋斗到生命的最后一刻,这种永不放弃、坚持到底、薪火相传的精神支撑起了中华民族,塑造了中华文明。同学们陷入了一阵沉默,认真地思考着。这样的教学案例还有很多,对同一事件的理解差异会引起文化碰撞,而平等而深入的交流可以让我们有机会从不同的角度去思考,有助于增进了解,消除误解。很多学生都表示,这样频繁而深入的讨论在其他课堂上是比较少见的,这也是吸引他们选修这门课程的原因。

(三)面向未来

《中国古代智慧与现代生活》是一门为未来培养全球化人才的课程。其教学视野扩展到全球范围;其教学理念强调思辨与实践综合能力的培养;其教学模式为以学生为中心;其教学内容选取历久弥新、适用度广的思想精髓;其教学方法侧重于师生主题讨论以及学生实践与心得分享;其教学手段则充分利用了互联网新技术,不仅制作了微课视频与喜马拉雅 APP 教学资料专辑,还从线下课堂扩展到在线学习平台,享受互联网+时代的教学便利。在"一带一路"倡议带动全球新一轮发展的背景下,《中国古代智慧与现代生活》课程将与时俱新,不断适应新要求,紧跟新趋势,成为一门始终面向未来的中国文化课程。

五、结论

《中国古代智慧与现代生活》(全英文授课)是一门面向国际学生的中国文化课程。在本课程中,我们有意识地将中国古代智慧与现代生活,尤其是当今中国国家策略结合起来,从国家的高度、哲学的厚度、世界多元文化的广度来帮助国际学生深入把握一个前进中的中国及其内在的行动逻辑与精神动因。

通过这门课的实践,我们发现,面对国际学生的文化课程可以进行课程思政教育,必须进行课程思政教育,也善于进行课程思政教育。好的课程思政应力求用学生感兴趣的方式,用他们熟悉的生活场景和事件,从小处着眼,从实际出发,从文化的相似点引入,循序渐进,不急不躁。教学过程中,教师应做到不强加于人,欢迎提问与质疑,尊重建议与批评,以平和客观、不卑不亢的态度向国际学生讲述中国古代的智慧,讲述古老文明对当今世界以及明日人类社会的影响。本课程的教学实践证明,将课程思政融入中国文化课程是一条势在必行、大有可为的中国文化课程发展路径。

参考文献

[1]　陈莹. 国际汉语文化与文化教学[M]. 北京:高等教育出版社,2013.

[2]　冯友兰. 中国哲学简史(英汉对照)[M]. 北京:外语教学与研究出版社,2015.

[3]　闫涵玉. "一带一路"倡议下汉语国际教育专业发展探究[M]//姚喜明,等. "一带一路"背景下的汉语国际教育. 上海:上海大学出版社, 2019:49—52.

[4]　叶朗,朱良志. 中国文化读本[M]. 北京:外语教学与研究出版社,2016.

[5]　赵启正. 向世界传播"和主义"[J]. 公共外交季刊,2015(2).

[6]　中国一带一路网. "一带一路"五周年,16个国家智库专家这样评价[EB/OL]. http://mini. eastday. com/a/180922053748075 - 3. html,2018 - 09 - 22.

[7]　中国一带一路网. 已同中国签订共建"一带一路"合作文件的国家一览[EB/OL]. https://www. yidaiyilu. gov. cn/gbjg/gbgk/77073. htm,2019 - 04 - 12.

[8]　周鑫宇. 中国故事怎么讲[M]. 北京:五洲传播出版社,2017.

作者简介: 顾琛,上海大学国际教育学院。

"一带一路"倡议下孔子学院的文化活动传播

——以泰国宋卡王子大学普吉孔子学院为例

◎ 谷立娟

摘 要：本文以宋卡王子大学普吉孔子学院的学生为调查对象，通过第一手的反馈，深入了解普吉孔院的文化活动传播情况，结合文化传播与语言教学的相关理论，总结普吉孔子学院在文化活动传播方面的成功经验，探讨在文化活动传播过程中遇到的一些困难和问题，分析当前孔子学院文化活动传播功能与"一带一路"建设需求的差距，并提出有针对性的意见和建议。

关键词：一带一路；泰国；文化活动传播

一、引言

"一带一路"是习近平总书记在中亚和东南亚国家访问期间的系列讲话中提出的"丝绸之路经济带"和"21世纪海上丝绸之路"的简称，李克强总理(2015)在2014年3月5日的政府工作报告中也指出要抓紧规划建设"丝绸之路经济带"和"21世纪海上丝绸之路"，将其上升为一项国家战略。

中国与"一带一路"沿线国家都秉持共建共赢共识的理念。"一带一路"包含"五通"，其中"民心相通"是"一带一路"的社会根基和民意支撑。只有当人民心心相通，"一带一路"建设的各项工作才有可能得以平稳、顺利地推进。能够联结人民心灵的是蕴含跨越国界、超越时空的人文影响力，正如习近平总书记(2017)

在中国共产党的十九大报告中指出，加强中外人文交流，以我为主、兼收并蓄。在与世界交流交往的过程中，注重传播能力的全面提升，让中国故事用世界的语言向全球各国展示一个真实、立体、全面的中国，这正是中国文化软实力的体现。

泰国位于亚洲东南，紧邻中国，是"一带一路"建设的重要支点国家。泰国与中国有着悠久的友好往来的历史，近年来，中泰两国的双边关系不断增强，中泰两国在经济、文化等各个领域的交流合作都随着"一带一路"倡议而逐步深化和拓宽。泰国农业大学经济学家乌提蓬认为，"一带一路"倡议是推动全球化发展的重要举措，不仅能够增进中泰两国经贸关系，带动人文交流，而且可以助推泰国相关政策加快落地（张志文，2018）。在中国综合国力不断提高以及全球化影响的日益扩大、加深的大背景下，中华文化正以其独特的魅力和丰富的文化内涵吸引着越来越多的泰国人民。泰国教育部已经把汉语纳入泰国国民教育体系，目前泰国拥有 12 所孔子学院和 11 所孔子课堂，共有 3 000 多所学校开设了汉语课程，学习汉语的人数达到了 80 多万。尤其是作为我国语言、文化"走出去"的名片，泰国的孔子学院为中泰语言和文化的交流，发展中泰友好关系，促进世界多元文化发展，构建和谐世界做出了重要的贡献。

二、宋卡王子大学普吉孔子学院的总体发展概况

（一）宋卡王子大学普吉孔子学院概况

宋卡王子大学普吉孔子学院（以下简称"普吉孔院"）是由中国国家汉语国际推广领导小组办公室（汉办）批准、泰国宋卡王子大学普吉分校与中国上海大学合作共建的非营利性教育机构，于 2006 年 12 月 24 日揭牌成立（上海大学校报，2008）。普吉孔院位于世界旅游胜地普吉岛，依靠优越的地理位置，结合合作大学的学科特点，在汉办总部发展规划指引及中泰合作高校的领导下，以"致力于汉语教学、文化传播和教育交流，打造旅游、商务汉语特色孔院，促进中国相关学术研究的发展"为办学宗旨。普吉孔院总部位于普吉，下设董里及素吻他尼两个分部，共有 23 个教学点和汉语考试分考点，服务范围涵盖泰南六府（普吉、董里、素吻、童颂、甲米与春蓬），其承担的职责主要有汉语教学、汉语师资培训和汉语水平考试承办等。普吉孔院积极践行"一带一路"倡议，不断加强泰南地区汉语教学和文化交流，秉承"立足大学，服务社区；适应需求，融合发展"的原则，不仅推动宋卡王子大学三大校区开展多层次汉语教学，

举办多种形式的文化活动,还对接当地企业经济,积极发展旅游商务汉语特色,在泰国南部产生了积极的品牌和规模效应。普吉孔院于2010年与2016年荣获"全球先进孔子学院称号",2017年荣获"汉语考试优秀奖",2019年荣获2018—2019"汉语考试优秀考点"奖项,受到当地大学、政府和民众的一致认可。

(二)宋卡王子大学普吉孔子学院文化活动传播现状

普吉孔院与合作院校、中外机构和当地各级政府合作,积极组织文化传播活动,每年举办形式多样的文化活动百余场。学院举办了各类传统节日庆祝、专题文化讲座、文艺演出、展览、"汉语桥"比赛与体验营等文化传播活动,促进了中泰文化交流,拓展了汉语学习的平台,大大提高了本地民众对汉语和中国文化的认知。2018年,普吉孔子学院成功举办文化活动112场,活动形式含中国文化体验营(33场)、孔子学院日系列活动(4场)、系列学术讲座(14场)、中国传统节日庆祝活动(11场)、展览(14场)、竞赛(6场)、文艺演出(9场),吸引超12万人次参加。2019年1月至10月31日,普吉孔院成功举办文化活动76场,活动形式包括中国文化体验营(38场)、展览(7场)、文艺演出(8场)、文理科学术讲座(11场)、竞赛(9场)、其他活动(3场)等,吸引92 535人次参加。

(1)学术讲座、研讨会与展览。普吉孔院积极促进文化研究与传播,从国内邀请了各个领域的专家到普吉孔院为泰国师生及孔院教师开展讲座及研讨会。2018年—2019年9月,共计开展20余场,内容涉及影视、汉字、文学、民间手工艺、美食、当代中国经济现象等多个领域,从中国社会、中国文化的各个层次、领域的不同角度切入,为汉语学习者打开了新的视角。致敬经典,融入潮流,努力弘扬传统文化的同时,也向泰国学生展现当代中国的文化,加深了学生对中国文化的理解,丰富了中国的形象。

(2)周年庆、传统节日庆祝。普吉孔院主动融入当地社区,积极参与学校、政府和社区举办的年度盛典。普吉孔院在2018—2019年参与了普吉市"复古还昔"旅游文化节、芭东市嘉年华、卡图市国际文化节、普吉九皇斋节、宋卡王子大学新年晚会、公益活动等,借助文化节等平台让民众了解并喜爱中国文化,加深中泰两国文化交流与合作,助力中华文化传承。

(3)中国文化体验类活动。普吉孔院积极与各中小学校、机构合作,每年举办约30场中国文化体验活动,内容包括手工、茶艺、书法、舞蹈、太极拳等,为学生提供了与中华文化亲密接触的机会,使泰国学生了解中华文化的独特风貌。

(4)竞赛类活动。普吉孔院每年都组织形式多样的汉语学习竞赛,包括泰南地区大学生"汉语桥"选拔赛、汉字输入大赛、中文歌曲大赛、汉语才艺大赛、绘画比赛等,为学生提供了展示自我的平台,增强学生学好汉语的信心,也有助于学习者深入了解中国,架起了中泰文化交流的平台。

三、宋卡王子大学普吉孔子学院相关调查问卷分析

笔者于 2019 年 5 月 1 日—10 日,对普吉孔院的 112 名学习者进行了问卷调查,问卷包括学习者参加文化活动的相关情况以及对中国文化的了解程度等内容,问题形式包括单项选择、多项选择与填空,以此对影响中国文化活动传播效果的各项因素进行调查,并进行相关参数的定量分析。

(一)调查对象基本信息

如图 3-1,此调查问卷对象都是宋卡王子大学普吉、素叻、董里三个分校的学生,年级主要分布在大二和大三,占所有学习者的 87.5%。根据学习者的年龄分布(填空)的统计结果,学习者年龄分布在 19—23 岁,其中 19—21 岁居多,如图 3-2。

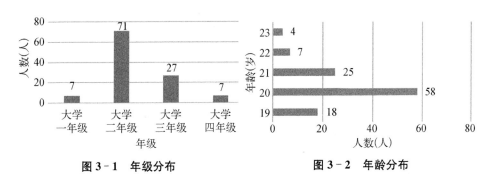

图 3-1　年级分布　　　　　图 3-2　年龄分布

根据统计结果,家庭成员有中国文化背景的不在少数,其中 21 名学生的家庭成员都有中国文化背景(包括学习者的爷爷、奶奶、爸爸等),占汉语学习者总人数的 18.8%,如图 3-3。海外华人和中国各民族人民一样是中国文化的传播者,众所周知,泰国是华人数目第二大国,普吉岛也是一个华人众多的旅游城市,并且当地华人都比较注重中国文化的传承,他们是将中国文化推广到泰国的重要桥梁。图 3-4 显示学习者大部分都有宗教信仰,信仰佛教与伊斯兰教的学生居多,占总数的 97%。佛教是泰国代代相传的传统宗教,也是泰国人的生活重心,据统计,信仰佛教的人约占泰国人口的 95%。

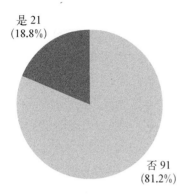

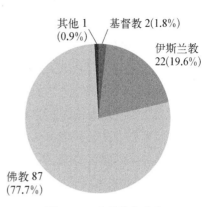

图3-3　家庭成员中是否有中国文化背景　　　图3-4　宗教信仰分布

（二）学生参加中国文化活动情况调查

通过调查，112名调查对象中，34％的学生参加过普吉孔子学院举办的文化活动，66％的学习者未参加过，如图3-5。据了解，未参加过的学生主要是由于汉语水平不够、没有机会参加、不知道有比赛或表演等，这或许是因为学习者的汉语水平大多数都是HSK三级及以下，所以对自己的汉语水平缺乏信心，怯于参加诸类活动，也和孔子学院对文化活动前期宣传工作不到位有关。

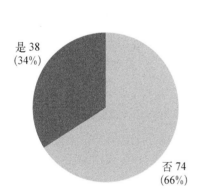

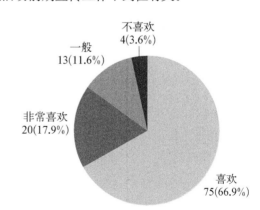

图3-5　是否参与过孔子学院举办　　　图3-6　是否喜欢孔子学院举办的
　　　　的中文比赛或表演　　　　　　　　　　　中文比赛或表演

关于学生是否喜欢孔子学院举办的中文比赛或表演的问题，选择"非常喜欢"和"喜欢"的学生比例高达84.8％。可能是由于泰国学校比较重视学生的业余生活，泰国学生大多性格活泼开朗，多才多艺，能歌善舞，动手能力很强，所以组织的中文比赛或表演得到了较好的反馈。据了解，学生选择"一般"或者"不喜欢"大都因为没有参加过这类活动,所以对此不了解。

根据"喜欢孔子学院举办的以下哪种形式的文化活动(多选)"的统计结果(见图3-7)得知,选项共被累计选择139次,其中"文化体验"占总次数的45.3%;其次,"文化交流"(主要方式为用展板做汇报,交流心得)占总次数的36%;"文化比赛或表演"与"文化讲座"分别占总选择次数的9.4%和7.9%。文化体验是普吉孔院经常举办、学生喜闻乐见的一种文化活动形式,形式多样,包括制作中国结、剪纸、茶艺、民乐等众多项目,学生可以亲自感知、体验中国文化,加深对中国文化的理解。选择运用展板交流学习心得的学生较多,这种文化形式契合泰国学生善于艺术创作、动手能力强的特点,深受泰国学生的喜爱,该方式也是泰国传统的教学方法之一,展示的形式更容易被学生接受。

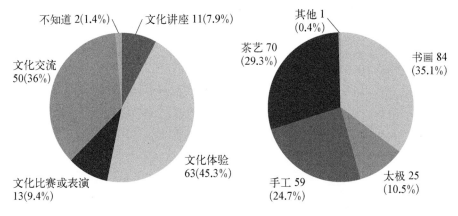

图3-7 喜欢孔子学院举办的以下哪种　　图3-8 感兴趣的中华才艺
　　　　形式的文化活动

中华才艺是中华文化的重要组成部分,也是中华文化传播的一个"敲门砖"。书画、太极、手工、茶艺都是具有中国特色的才艺,也在文化体验活动中最常见。随着中国国际地位的不断提高,泰国学生也对中华才艺表现出极高兴趣。112名学生,选项共被选择239次,平均每个学生至少有两门感兴趣的中华才艺。其中,书画、茶艺、手工被选次数都相对较高,据笔者在泰国一年的工作生活观察,这可能与泰国学校比较注重学生的动手能力有关,所以学生的学习兴趣也与他们的个性发展息息相关。

据统计(见图3-9),89名学生在参加普吉孔院举办的文化活动后,对中国文化更感兴趣了,45名学生认为文化活动提高了汉语水平,34名学生会与家人、朋友分享自己了解的中国文化,35名学生表示还想参加孔院举办的文化活动。高达95.8%的学生对孔院举办的文化活动持积极态度,文化活动不仅使参与者感受到中国文化的魅力,也激发了其学习汉语的兴趣。

谈及中国文化的代表元素,如图3-10,在学习者眼里,最能代表中国的是万里长城,其次是孔子和熊猫。但是在节庆(春节)、建筑(北京天安门)、曲艺(中华武术和京剧)方面,泰国学生对其认知明显低于国内民众,进一步反映了学生的汉语水平影响着其对相关文化知识的

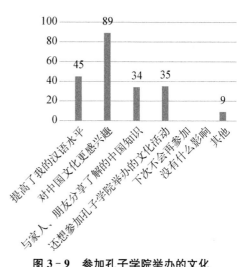

图3-9 参加孔子学院举办的文化活动后的想法

掌握,学习者(初、中级水平学生居多)对中国文化的了解还处于基本认知阶段,缺乏深层次的了解,这说明普吉孔院开展的文化活动仍处于较为浅显、表层的好奇阶段。此外,该孔院基本以中国优秀传统文化为主要传播内容,对当下的中国社会的发展和当代价值理念的介绍极少。因此,普吉孔院需要不断创新民族文化的形式和内容,打好文化输出的人文牌,才能更好地实现文化"走出去"(郭大伟,2019)。

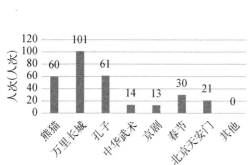

图3-10 什么最能代表中国

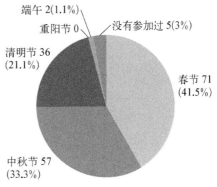

图3-11 参加过孔子学院举办的哪个节日的文化活动

针对学习者参加过的节日类文化活动的调查(见图3-11),41.5%的学生参加过普吉孔院举办的春节的文化活动,33.3%的学生参加过中秋节的文化

活动,21.1%的学生参加过清明节的文化活动,1.2%的同学参加过端午节的文化活动,3%的同学没有参加过孔院举办的文化活动。从数据得知,春节作为中国最大的传统节日,得到了较好的传播效果,另外,中秋节的文化活动也取得了一定的规模和成效。由于其他节日参与率较低,有必要加强其传播、普及活动,让泰国学生全面了解中国传统节日文化及其蕴含的文化内涵。

四、泰国孔子学院文化传播活动存在的问题

(一) 教师文化传播认知不足

文化活动的组织者是活动的中心之一,文化活动的成功与否和组织者的素质和工作技能密切相关。普吉孔子学院的教师大部分来自普通志愿者,虽然在赴任前经过汉办培训和普吉孔院的岗前培训,但其文化传播认知还需进一步提升,他们大都缺乏专门的中华才艺训练,音乐、舞蹈、绘画、书法等一些常规才艺对他们来说也是一个不小的挑战。此外,由于一部分志愿者来自非汉语国际教育专业,在专业知识方面较为薄弱,对汉语教学和文化传播缺乏相应认知。

(二) 受众范围有限

普吉孔院除了在本校或为其他学校举办文化营和讲座,还受邀参加当地政府和社区举办的年度盛典。但在社区文化活动的举办上,普吉孔院还缺乏一定的主动性,活动的开展被动依托政府与社区,没有充分结合泰国的旅游特色,主动走进大众,零距离贴合当地居民。讲座相对于其他形式的文化活动来说,受众群体较少。以表4.1为例,2018—2019学年三个校区共举办不同主题的讲座共12场,讲座活动的参与对象基本都是在校大学生与学者,没有吸引对中国文化感兴趣的人前来参加,不利于增加知名度与提升品牌效应。

表 4.1　普吉孔院 2018—2019 学年举办讲座活动统计表

时　间	讲　座　主　题	活　动　观　众
2018 年 7 月 25 日	"中国影视传媒现状评析"学术讲座	国际研究学院中文专业的泰国大学生以及孔院汉语教师共 60 余人

续　表

时　间	讲　座　主　题	活　动　观　众
2018 年 8 月 9 日	中华传统戏曲讲座（普吉孔院）	普吉中学校长柯赛博士、普吉中学孔子课堂中方负责人罗建平、泰方负责人谢宝树、普吉孔子学院公派教师与志愿者以及普吉中学的师生们共 180 人
2018 年 8 月 22 日	中国电影明星讲座（普吉孔院）	国际研究学院中文专业的泰国大学生和校外来宾共 50 余人
2018 年 10 月 25 日	电影周活动（素叻校区）	宋卡王子大学素叻校区近 500 名学生
2018 年 11 月 14 日	东方奇幻电影讲座（普吉总部）	宋卡王子大学普吉分校各学院的教授学者、国际研究学院中国研究专业方向的学生等共 60 余人
2018 年 11 月 27 日	亚洲电影关于海派文化讲座、"香港漫画 IP 改编电影的创作经验谈"、海派艺术的前世今生讲座	中国、泰国、马来西亚等地的 10 位电影人
2019 年 1 月 25 日	学术讲座"水墨画教学与实践"	蒙他朗中学的 50 余名高中生
2019 年 1 月 28 日	"首饰——第二皮肤"讲座	宋卡王子大学国际研究学院学生 30 名
2019 年 1 月 28 日	"青瓷之后"学术讲座	宋卡王子大学国际研究学院学生 30 名
2019 年 1 月 30 日	"漆艺——东方的话语"讲座（普吉孔院董里校区）	宋卡王子大学学生 20 名、萨帕拉齐妮学校中学生 50 余名
2019 年 2 月 14 日	"莫言小说创作与中国民间文学"讲座（普吉孔院）	宋卡王子大学国际研究学院中文专业泰国学生与普吉孔院教师 40 余人
2019 年 2 月 16 日	"中式面点教学"讲座与体验活动（普吉孔院）	BBVC 学校师生 100 余人

（三）活动主题单一

活动主题在文化活动中占有重要地位,丰富的主题可以吸引更多的民众参加。普吉孔院的活动覆盖面较广,包括剪纸、书法、中国结、游戏、美食、围棋、中医、民乐等,但活动体验项目基本上不缺"老三样":中国结、书法、剪纸,虽然这类项目简单易学,但活动内容不够新颖,缺乏创新,导致学习者的学习兴趣降低；其次，活动传播内容欠深入。中国五千年文化源远流长、璀璨辉煌，有其独特的人文内涵，普吉孔院的文化活动虽广受欢迎，泰国民众出于对中国文化的好奇都愿积极参与，然而由于活动过于注重形式，对中国文化的理解往往只停留在浅层面，对项目中包含的"自强不息""天人合一"等文化内涵挖掘得不够深入，活动没有融合泰国本土的中国文化独特的优势；最后，普吉孔院举办的文化活动主题主要以传统文化为主，缺乏对中国当代文化的解读，这样做势必导致泰国民众对中国文化产生刻板印象。

（四）宣传力度不够

普吉孔院举办的文化活动获得了广大泰国和国内媒体的高度评价与认可，这说明文化活动的后期宣传比较到位。但调查结果显示，大多数学生没有参与过孔子学院举办的中文比赛或表演，其主要原因是汉语水平不够、没有机会参加、不知道有比赛或表演，这说明孔院的前期宣传还缺乏力度，没能充分利用现代网络技术对受众人群进行针对性宣传，导致参与人数偏少。

五、提升泰国孔子学院中国文化传播活动的对策

（一）与本土文化相结合

《孔子学院发展规划》（2013）指出：教学和文化活动应注重与本土文化相结合，克服话语体系和文化差异带来的障碍，探索外国人易于接受的教授汉语和介绍中国文化的方式。活动前了解学习者对哪些文化活动感兴趣，再对症下药，确定活动内容，也可以让学习者自主了解相关文化知识，再带着兴趣探索中国文化，使学习者的印象更加深刻。根据表 4.1 对 2018—2019 年普吉孔院举办的 20 余场讲座活动的统计来看，讲座内容丰富多样，从中国社会、文化等多个领域为学习者打开了理解中国的视角，为学习者展示了不断更新的中国文化，丰富了中国的形象。对外汉语教学中的文化原则之一是要有代表性，所谓有代表的文化，就是指中国的主流文化、当代的文化和有一定的文化教养人身上所反映的文化（刘珣，2000：141—142）。孔院应提前调查了解泰国学习者感兴趣的讲座内容，充分挖掘学生的兴趣点。专家讲座内容应尽量结合学生的交际需要与专业需求，深入浅出，多与学生互动，减少学生对汉语的畏难情绪。讲座前教师最好告诉学生讲座相关内容，鼓励学生进行预习与思考，

使讲座达到事半功倍的效果,增强中国文化的吸引力,使中国文化更好地走出国门。活动中,可以结合泰国本土文化习俗,探索泰国人喜闻乐见的活动形式。例如,泰国有茶歇的习惯,可提前准备精致的茶歇,增加泰国民众的认同感;在文化体验项目中增添泰国元素,如剪纸、国画等所描绘的对象可以是大象、椰子树等,而不仅仅局限于熊猫、"春"等中国传统文化元素,以此激起泰国民众的更多兴趣。随着"一带一路"倡议的推进,泰国成为国内民众旅游的热门目的国,旅游业在泰国的支柱地位日益加强,活动还可以利用该资源优势,增加一些文化体验活动,促使学习者与中国游客进行互动,加深对中国文化的了解。

另外,普吉孔院可整合当地华人华侨资源,加强与各侨团的联系。泰国是中国的近邻,也是华人华侨的聚居地,华人华侨是"一带一路"文化传播中不可或缺的重要力量,其对中国文化更有认同感,身上有着传播中国文化的使命感。2019年2月20日,福州公所第五次与普吉孔院联手举办了深入社区的元宵灯会文化活动,让普吉民众感受到了中国魅力,并取得圆满成功,成功助推了中泰文化交流。

（二）校区之间均衡发展

竞赛类活动在普吉孔院引发了热烈反响,为学生提供了展示自我的平台,增强了学生学好汉语的信心,也有效提升了孔院的影响力,推动了汉语教育事业的发展,所以竞赛类活动应该继续加大力度推广。根据表5.1对2018—2019学年普吉孔院举办的竞赛活动的统计,素叻分部参与的竞赛类活动较少,为了增强各校区间文化活动的均衡发展,素叻校区在活动方面可借鉴其他两个校区的经验,积极推广比赛。此外,普吉孔院举办的中国最美服饰大赛、文化体验活动、中秋节晚会等活动令人印象深刻,其中文化体验营活动与泰国学生动手能力强的特点有机结合,发挥了学生的自身优势;中国歌曲大赛影响力较大,受众面较广;三行情诗形式不断创新,增加了趣味性。孔院各校区之间应该经常开展交流研讨会,取长补短,协调发展。

表 5.1　2018—2019 学年普吉孔院举办的竞赛活动统计表

时　　间	主办校区	竞　赛　名　称
2018 年 9 月 17 日	董里校区	"中秋如画"DIY 创意大赛
2018 年 9 月 29 日	普吉校区	第六届泰南地区大、中学生汉字输入大赛 第十届泰南地区大、中学生中文歌曲大赛

续　表

时　　间	主办校区	竞　赛　名　称
2018 年 10 月 15—30 日	董里校区	第三届旅游汉语视频大赛
2018 年 11 月 8 日	董里分部	硬笔书法大赛
2018 年 11 月 17 日	董里分部	第三届"歌舞青春"汉语才艺大赛
2018 年 11 月 15—30 日	董里分部	"我眼中的魅力中国"绘画大赛
2019 年 4 月 3 日	董里分部	"为你读诗"诗歌朗诵大赛
2019 年 5 月 18 日	普吉总部	中泰双语三行情书原创大赛

（三）文化活动融合汉语知识

文化是教授语言的最好工具，成功的文化活动可以提升学习者对中国文化的兴趣和认可度，进而增强其汉语学习动机，因此孔子学院在举办文化活动时要以语言推广为出发点和落脚点，使语言教学与文化活动互相促进，持续发展（郑珊珊，2010）。素攀分部在泰帕密中学举办中华文化体验营活动是践行这一点的典型代表。活动中，教师将五步拳与汉语身体部位、方位词教学进行巧妙结合，"左手""右手"等词汇的学习为五步拳动作的展示奠定了基础，更便于学生学习与操作。整个体验活动反响热烈，激发了学生学习汉语和了解中国文化的兴趣，达到寓教于乐的教学目的。受这次文化活动的启发，普吉孔院应继续把汉语知识融入文化传播活动中，提升文化传播效果。

（四）媒体宣传加强力度

在信息技术高速发展的今天，媒体宣传无处不在，泰国孔子学院要想扩大中国文化的传播效果，媒体报道不可或缺。

在活动前期，普吉孔院在选定文化内容后，应通过媒体广播、张贴海报、发宣传单、Facebook 公告等方式，告知受众活动主题、内容、时间、地点等信息，尤其要加强网络资源的利用，完善普吉孔院 Facebook 官方主页、抖音 Tiktok 等学生常用的新媒体平台，保证众多汉语学习者以最便捷高效的方式及时获得活动资讯，将汉语热带来的热潮顺利转换为涓涓细流，从而实现长远可持续发展。

在后期宣传方面,普吉孔院在举办规模较大的文化活动后,积极联系泰国报纸及电视台进行宣传报道,扩大了在当地社区的影响力,获得了广大泰国人民和国内媒体的高度评价与认可。2019年,普吉孔院举办了十余场重大活动,得到国内外多达20家媒体累计283次的宣传报道,孔子学院总部转载多达21次。2019年普吉孔院微信公众号荣获"全球孔子学院传播效果第一名"的荣誉,这为我们提供了以下成功的经验:首先,强调趣味性。普吉孔院在每次文化活动后都会撰写新闻稿进行文化宣传,新闻题目结合了当下青年人喜欢的"热词",且内容多样有趣,采用文字与图片、视频相结合的方式,并穿插文化活动过程中的一些小故事,吸引观众注意力,还将泰国民众参与活动后的一些反馈写进新闻稿,拉近和民众的距离;其次,注重时效性。孔院的公众号更新及时,一般在举办考试、竞赛等活动当晚就会推送图文并茂的报道;此外,注重推广。除了高频次的公众号推送之外,志愿者教师积极将活动报道转发至朋友圈或向学生们进行宣传,加强了活动的传播效果。

强化"互联网+"传播思维,充分利用线上传播途径对中国文化的传播具有重要的意义(程静、高雪岩,2017)。普吉孔院不仅重视传统媒体,还在数字化信息化道路上不断探索创新。自2017年以来,普吉孔院考虑到泰国人使用社交媒体的习惯,开设了孔院Facebook官方主页、Line官方账号、Youtube、泰国版抖音Tiktok频道等线上媒介,充分利用新媒体进行汉语教学与文化传播活动的宣传工作,开创了中泰双语三行情书、为你读诗、旅游汉语视频等一系列创新项目,取得了良好的文化宣传效果。普吉孔院还需不断提升业务水平,积极打造全方位、多层次、宽领域的媒体宣传,努力营造良好的舆论氛围。

六、结语

时至今日,孔子学院已经拥有10余年的海外建设基础与经验。"一带一路"建设积极促进了沿线国家多个层面的相互交流,也为新时代的汉语国际传播赋予了新的使命。孔子学院是"一带一路"沿线的新地标,孔子学院在未来的发展方向上必须向"一带一路"建设目标看齐,充分做好新时期孔子学院建设的调研与规划,积极有效地融入"一带一路"建设大潮,互相借力,融合发展。开展汉语教学和组织文化传播活动是全球孔子学院共同的宗旨,但是不同国家、地域、文化背景下的孔子学院应该以地方的需求为导向,设置定位明确、特色鲜明的教学模式和传播策略。孔子学院并不只是校园教育的衍生,也不应被视为单纯的语言教学机构,它理应承担起服务社会的重大责任,只有这样孔子学院才能获得源源不断的活力。

习近平总书记自党的十八大以来对继承中华优秀传统文化发表了一系列重要讲话,他指出,文化因交流而多彩,文化因互鉴而丰富。文明交流互鉴,是推动人类文明进步和世界和平发展的重要动力(包美霞、薛广源,2019)。作为汉语推广和文化交流的平台,泰国的孔子学院积极响应文化强国建设,弘扬中华文化,讲好中国故事。

泰国普吉孔院在师资队伍、受众范围、活动主题和活动宣传上既有优势也有不足,需要我们研究出适合泰国普吉孔子学院的文化活动传播对策,使其完善具有特色的文化活动传播模式,帮助学生更好地学习汉语,增强其学习汉语的兴趣,提升其汉语学习的效率,从而能进行有效的汉语交际。让孔子学院成为泰国民众学习汉语言文化、了解当代中国的重要场所,这也有助于增进中泰两国人民关系,扩大文化传播受众面。

参考文献

[1]　包美霞,薛广源.文明因交流互鉴而丰富多彩.[N]中国青年网.2019 - 6 - 8.

[2]　程静,高雪岩.融媒体时代孔子学院交流传播方式的创新构想[J].新闻研究导刊,2017,8(12):276.

[3]　郭大伟."一带一路"与民族文化"走出去"探讨[J].文物鉴定与鉴赏,2019(12):148—149.

[4]　教育部.孔子学院发展规划(2012—2020年)正式发布[EB/OL].http://www.hanban.edu.cn/article/2013 - 02/28/content_486129.htm.(2013 - 02 - 28)[2016 - 03 - 02].

[5]　李克强.政府工作报告[EB/OL].http://www.gov.cn/guowuyuan/2014 - 03/14/content_2638989.htm,2015 - 3 - 14.

[6]　刘珣.对外汉语教育学引论[M].北京:北京语言大学出版社,2000:141.

[7]　上海学校报.以语言为纽带搭建中泰文化交流平台——记载我校与宋卡王子大学合作办学的普吉孔子学院[EB/OL].http://shdx.cuepa.cn/show_more.php?doc_id=68727.2010 - 05 - 20.

[8]　习近平.决胜全面建成小康社会 夺取新时代中国特色社会主义伟大胜利——在中国共产党第十九次全国代表大会上的报告[EB/OL].http://www.gov.cn/zhuanti/2017 - 10/27/content_5234876.htm,2017 - 10 - 27.

[9]　张会.孔子学院文化活动设计与反思[J].云南师范大学学报(对外汉语教学与研究

版),2014,12(05):6—12.

[10]　张志文.一带一路,为泰国发展战略添活力[N].人民日报.2018-1-1(3).

[11]　郑珊珊.浅谈如何使文化活动成为孔子学院可持续发展的保障[J].科教文汇(上旬刊),2011(01):71—75.

作者简介: 谷立娟,上海大学国际教育学院。

汉语国际教育国别研究

越南胡志明市华裔学生
汉语学习动机调研

◎ 张少云　韩燕珊

摘　要：本文以胡志明市华人学生为调查对象，通过问卷与访谈形式对学生的汉语学习动机及其影响因素进行研究。发现当地学生的内在兴趣动机最强，职业发展动机次之，其他是环境条件动机和他人影响动机。针对当地汉语教学存在的学生课业重、压力大，教师教材缺乏，教学体系混乱，教学质量不高等问题，本文分别从教学内容、方法与手段，师生关系与课堂管理方面提出保护和激发学生学习动机的教学措施，以提升胡志明市汉语教学的质量与效果。

关键词：胡志明市；华人学生；汉语学习；动机

一、引言

随着中国综合国力的提升，"汉语热"在世界范围兴起，汉语作为第二语言/外语教学呈现出一个显著变化：华侨、华裔子弟汉语学习的"回归"（吴勇毅，2009）。1991年越南胡志明市教育部制定了有助于保留当地华人语言文化的政策，把汉语视为本地文化的一个重要组成部分。许多越南华人子弟出于身份及文化的认同，成为汉语学习群体中的一员。但是越语和汉语双重学业的压力，导致学生焦虑紧张，学习成绩不理想，部分毕业生找不到合适的工作。有些家长不再要求孩子学习汉语，没有长辈的督促引导，孩子们开始忽视汉语，转而选择其他比较实用的外语，社会上已出现华人不会说汉语、对中华文化逐渐疏离的现象。另外,当地汉语教学存在师资、教材缺乏,教学方法与设施落后,教学体系不完善等问题,阻碍着汉语教学健康、良性的发展。为此,有必要对学生的学习动机进行全面考察。作为一种非智力因素,动机在预测语言学习效果的学习者因素中仅次于学能,占据第二位,是决定学习成败的关键因素。

关于动机对二语学习的影响有很多实证研究,其中包括对华裔学生汉语学习动机的研究。吴建玲(1996)通过对来自亚洲、欧洲、美洲、大洋洲的100名华裔学生汉语学习动机的调查,发现华裔学生对中国文化的兴趣是其学习汉语的主要动机之一。王爱平(2000)、夏明菊(2003)、李海鸥(2009)、朱小玲(2016)等学者对不同地域、不同语言环境下华裔汉语学习者动机类型、影响学习动机的变量及相关因素、保护与激发学习动机的方法与对策进行了论述分析。盛继艳(2012)、潘慧婷(2014)、牟蕾(2014)等学者对不同阶段的华裔汉语学习者习得、动机研究进行了整理与述评。笔者发现近年来关于越南汉语教学研究的文献资料数量不多,已有成果多集中在汉语教育现状的调查分析以及历史文化等方面,如黎玉容(2010)、裴雪贞(2011)、何洁仪(2013)、杜明方(2015)的研究。而针对越南学生汉语学习动机的研究仅搜索到两篇,一是王恩界等人(2013)对汉语学习动机、策略与汉语水平的关系进行了调查分析,另一是丁氏黄兰(2014)以胡志明市两所大学汉语学习者的学习动机为研究对象,探讨了华裔与非华裔学生、汉语专业与非汉语专业学生学习动机的异同。研究结果显示,华裔学生更倾向于融入型学习动机,非华裔学生更多表现出工具型学习动机。

关于越南华裔学生的汉语学习动机,前人并未展开广泛而深入的研究。胡志明市是越南华人居住最多的城市,华人学习汉语成为一种必需。只有明确学生的学习动机,以学生为中心,有的放矢,因材施教,才能达到理想的教学效果。本文主要参考 Dornyei 和 Csizer (2005)和丁安琪(2010)学习动机的分类研究,在"重要他人影响动机""内在兴趣动机""职业发展动机"三类的基础上增加了"教学环境条件动机"。通过问卷调查与访谈的方法进行研究,试图全面地分析越南胡志明市华裔学生汉语学习动机及其影响因素,并针对存在的问题,从教学内容与方法、教学技术与手段、师生关系和课堂管理等方面,提出培养和激发学生学习动机的策略。希望本研究有助于改善当地的汉语教学质量,以吸引更多的华裔学习者参与其中,共同促进华人群体中国语言文化的传承与发展。

二、问卷及分析

(一)问卷设计说明

本研究调查对象均为华人,来自胡志明市启秀华文中心初中生及师范大学中文系大学生。学生集中在 15—18 岁和 18 岁以上两个年龄段。共发放问卷 170 份,回收 160 份,回收率为 94%,其中有效问卷 158 份,有效率达 98%。调查问卷分为三个部分:

一是学生的基本信息:问题 1—6,包括性别、年龄、家庭祖籍、学习汉语时长、HSK 成绩等。

二是学习动机类型以及影响因素:问题 7 有 11 道选题,从上述四个不同的角度考察分析华裔学生的汉语学习动机类型。问题 8 有 9 道单选题,考察动机影响因素。

三是考察学生的汉语学习情况:问题 9—18,共 10 道多选题。包括使用汉语普通话频率、课外汉语学习方式、是否与中国人交流、教材使用反馈、自我学习评价以及对学校的教学建议等情况。

(二)问卷数据分析

1. 学生基本情况分析

有效问卷中,男生有 60 人,占 38%,女生 98 人,占 62%,女生人数高于男生。18 岁以上年龄段的学生共 90 人,占比 57%,其次是 15—18 岁年龄段的共 68 人,占比 43%。学生祖籍人数最多的是广东人,为 58%;潮州人占总数的 20%,海南人和福建人各占 9%,其余 4% 是客家人和其他来源。华文中心的学生都会说粤语,师范大学的学生主要用越南语交流。汉语学习三年以上的共 85 人,占比 54%;学习一到三年的共 39 人,占比 25%;其余 21% 的学生学习时间不到一年。学习时间长短与学习动机强弱成正相关。158 人中只有42 人,占 27% 的学生参加过 HSK,其中通过 6 级的 5 人,通过 5 级的 9 人,其余 28 人通过 4 级。中国高校录取留学生的标准是通过 HSK4 级,因此该级别考生人数最多(见图 2 - 1—图 2 - 3)。

2. 动机分类分析

问卷主要从重要他人影响动机、内在兴趣动机、职业发展动机、教学环境

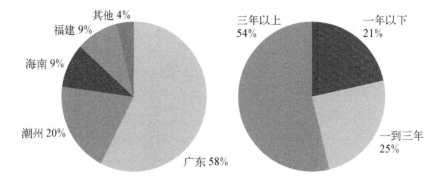

图 2-1　祖籍分布　　　　　　图 2-2　汉语学习时间

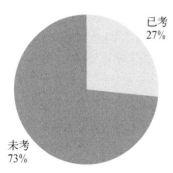

图 2-3　HSK 考试情况

条件动机四个角度进行调查分析。重要他人影响动机是指学生受到父母、朋友等人的影响而选择学习汉语;内在兴趣动机是指学生因为对中国语言文化等方面感兴趣而选择学习汉语;职业发展动机是指学生因自己的工作或专业跟中国或汉语相关而选择学习汉语;教学环境条件动机包括师生关系、教学方法、学习费用、学校的课内外活动等因素,共计 11 道选题。具体动机分类及统计结果见图 2-4。

汉语学习动机

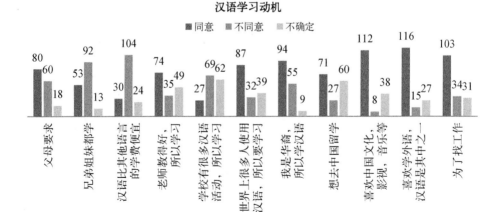

图 2-4　华人学生汉语学习动机分类统计(单位:人)

(1)重要他人影响动机。调查显示,学生因父母要求而学习汉语的有 80 人,占总数的 51%。从该数据可看出,胡志明市的华人比较重视孩子的汉语教育。无论居住在哪里,华人都希望能保留和传承自己的民族语言和传统文化,而胡志明市的华文学校刚好能满足家长的期望,孩子在学习越南语的同时能兼顾学习汉语。该项选择不同意的人数为 60 人,占 38％,其余不确定是否因为父母的意愿而学习汉语的学生占 11％。接受调查的学生中 57％ 是成年人,所以一部分学习者并不是因为父母的要求而学习汉语,该群体在后面几项问题中表达出自己学习汉语的动机。调查显示,同意由于受到家里兄弟姐妹的引导而学习汉语的学生有 53 人,只占总数的 34％;不同意的学生共 92 人,占 58％;剩下 8％ 的学生表示不确定。从上面两组数据可以看出,因父母要求而学习汉语的人数比受兄弟姐妹影响而学习的多出 17 个百分点,说明胡志明市的华人学生比较听从父母的意见,这也从某种程度上反映出华人子女孝顺父母的传统美德。

（2）内在兴趣动机。调查显示,有 116 人对外语学习的喜爱和需求程度较高,占总数的 73％。生长在国际化的时代背景下,学生从初中开始就意识到学习外语的重要性和必要性。掌握一门外语意味着有更多选择就业的机遇。而身为华裔,跟非华人学生相比,他们学习汉语具有优势,因此比较喜欢选择汉语作为外语选修课。因为喜欢而学习,这是最好的学习动机。从顺从父母的被动型学习转变成自愿选择的主动型学习,学生会认真地制定好学习目标,愿意付出大量的时间和精力,认真对待和完成学业。

调查显示,有 112 人因喜欢中国文化、影视、音乐而选择学习汉语,占总数的 71％。这是因为华人学生从小就在中国文化圈中浸润长大,所接触的电视剧、电影、音乐等媒体都带有中华民族的文化色彩。越南电视台每年夏天都播放中国经典的电视剧,如《西游记》《水浒传》,学生从小就耳濡目染,看着中国经典作品长大,对其中的历史文化知识产生了兴趣,而且培养了浓厚的情感。因为喜欢中国文化所以更想了解其丰富的内涵,学习动机非常强烈。

调查显示,94 人选择"因为我是华裔,所以要学习汉语",占总数的 59％。这说明当地华人学生对自己祖籍的认同感比较强,都意识到华人学习汉语的必要性。学生都是在胡志明市土生土长的一代人,汉语对他们来说,是含有母语基因的第二语言,学生的汉语学习动机是源自对自身种族身份的认同感。

调查显示,有 71 人表示愿意去中国留学,占总数的 45％。这里情况有点复杂,有一部分学生咨询过 HSK 考试与留学中国的信息,也有学生意愿去中国留学,但是经济条件有限,对奖学金申请情况也不了解,而且学生也没有多余的时间去关注留学信息。据了解,中方高校每年都来胡志明市举办招生宣传会,但是因奖学金名额有限,对学生而言,去中国留学并不是一件轻而易举的事情。大一学生担心去中国留学语言方面会存在障碍,跟不上中国高校的课程进度,还要考虑毕业后的就业问题等,上述因素导致了选择留学为学习动机的人数在该部分中占比最低。

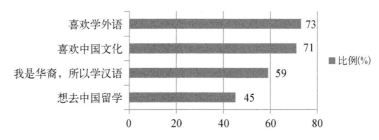

图 2-5　内在兴趣学习动机同意率分析

（3）职业发展动机。调查显示,有65％的学生表示为了找工作,所以要学习汉语。随着经济的发展,越来越多中资企业来越南投资,对汉语人才的需求量也随之增长。胡志明市为全国经济最发达,国际化特色最明显的城市,想在这里找到一份高薪工作,学生必须掌握汉语、英语等语言。对华人学生来说,学习汉语比非华人学生有更多优势。努力学习并掌握好汉语,为以后的就业做好准备,是大部分学生选择的动机。

（4）教学环境条件动机。在胡志明市的外语学习机构中,学习汉语的费用比英语、日语、韩语等外语便宜,但是调查显示,有104人表示并不是因为学费便宜而选择学习汉语,占总数的66％;认为学费高低能影响学习动机的只有30人,占19％。可见,学费并不直接影响华人学生的汉语学习动机。

有74人,约47％的学生认为老师的教学风格、教学方法、言行举止对学习动机产生积极影响。实习期间,笔者观察到两所学校的师生关系都比较好。老师会考虑到学生水平的差异,用汉语与越南语讲解课文,也会给口语较差的学生更多的练习机会。在一些初级班里,老师还特别注意学生书写汉字的笔画、笔顺等基本情况。学生因受到老师的特别关注而更有学习动机,进步更快。但也有部分学生表示,教师发音不标准,教学方法单调,师生缺乏互动,存在距离感,课堂气氛紧张,甚至有疑问时也不敢向老师提问等。31％的学生对老师的教学方法是否影响到学习汉语的选择表示不确定。

随着中国经济实力的发展与国际地位的提升,汉语受到越来越多学习者的青睐。调查显示,55％的华人学生认为世界上使用汉语的人数之多使他们更有学习动机,这个比例明显高于其他因素。学生表示,掌握了汉语听说读写的技能,就能比较容易地成为国际化的青年,融入世界发展的潮流中。

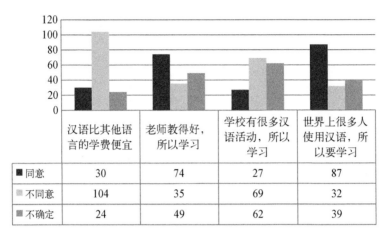

	汉语比其他语言的学费便宜	老师教得好,所以学习	学校有很多汉语活动,所以学习	世界上很多人使用汉语,所以要学习
■同意	30	74	27	87
■不同意	104	35	69	32
■不确定	24	49	62	39

图 2-6　教学环境条件动机分析(单位:人)

通过上面的调查分析,笔者基本掌握了学生学习动机的不同类型。总体而言,胡志明市华人学生汉语学习动机最强的属于内在兴趣动机,其次是为了工作而学习汉语的职业发展动机,再次是教学环境条件动机,最后是重要他人影响动机。

动机是一个动态概念,随着时间、环境、过程的变化而变化。动机可以被激发,也可能会丧失,这取决于个人如何对实施行动需要付出的努力做出评估(赵杨,2015:220)。那么影响学习动机的因素有哪些?笔者将从学习成绩、任务难易度、就业前景、父母、老师和同学等方面重点考查影响学生学习动机的因素。具体内容如下:

从表 2.1 的数据可以看出,影响学习动机最大的因素是教学环境中的生生关系(Q8.7)。71%的受调查者认为,同学之间如果关系融洽,互帮互助,一起探讨学习问题,分享汉语的乐趣,学习动机会加强;反之,如果每天感觉气氛紧张,孤立无援,就会感到无聊,因而失去兴趣和动力。因此同学之间相处得越好,学习效率会越高,学习动机也就越强;第二是来自父母的支持,63%的学生表示同意;第三是来自老师的鼓励,61%的学生表示同意。Q8.1 是关于考试成绩是否会影响学习动机,82%的学生表示不同意。Q8.2 和 Q8.3 是汉字与口语学习的困难是否会影响学习动机,分别有 66%和 80%的学生表示不同意。Q8.4 是就业前景是否会影响学习动机,87%的学生表示不同意。可见,这几项外部因素的变化基本上没有影响到学生的学习动机,因为他们出于兴趣和好感而选择学习汉语,愿意花费时间和精力去探索汉语言文化的魅力。这说明内在兴趣学习动机起了决定作用。

表 2.1　影响学习动机的因素

问题	内　　容	同意(人)	比率(%)	不同意(人)	比率(%)
Q8.1	考试成绩不理想,学习动机消减	28	18	130	82
Q8.2	汉字难写难记,学习动机消减	54	34	104	66
Q8.3	没有人练习口语,学习动机消减	31	20	127	80
Q8.4	不知道是否能找到工作,学习动机消减	20	13	138	87
Q8.5	父母一直给予支持,学习动机加强	99	63	59	37
Q8.6	老师经常关心鼓励,学习动机加强	96	61	62	39
Q8.7	同学间关系和谐,互帮互助,学习动机加强	112	71	46	29
Q8.8	想到中国见偶像,学习动机加强	56	35	102	65

3. 学生学习情况

问卷第三部分考查学生的汉语学习情况,涉及普通话使用频率、学习难点、课外练习方式、教材使用反馈、自我学习评价以及对学校的教学建议等,共10 道多选题。

结果显示,认为汉字书写能力在几项技能中难度最大的,有 100 人,占比63%。其次是听力,48 人,占比 30%,第三是口语,41 人,占比 26%(见图 2-7)。在学生希望提高的内容与技能方面,排名第一的是写作,有 84 人,占比 53%,这与上面的难度调查相吻合,因为写作能力是以汉字书写为基础的。第二是词汇量,有 71 人,占比 45%,学生希望在汉语学习的过程中,通过阅读汉语书籍、观看华语影视剧等渠道进一步提高汉语词汇量,满足日益增长的学习兴趣与需求。第三是发音,有 69 人,占比 44%(见图 2-8)。其中,声母中的平舌音 zi/ci/si 和翘舌音 zhi/chi/shi 发音难度最大,38% 的学生选择该项,原因包括越语中没有类似音,本地教师语音不够标准,学生受到广东方言影响。其次是声调,30% 的学生选择该项,主要体现在一声和四声混淆、轻声、儿化的发音问题。虽然越语也是声调语言,但是越语声调比汉语声调更复杂,而且调域调值也存在差异。

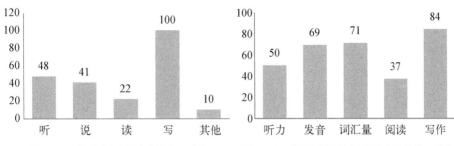

图 2-7 汉语学习难点(单位:人)　　图 2-8 需要改善的汉语技能(单位:人)

课外练习方式中有 129 人选择看中国电视剧、电影和听华语歌曲,占比82%,位居第一。学习汉语对学生而言已经成为一种习惯和乐趣,汉语以不同的载体和渠道更轻易地进入了华人学生的日常生活中,他们关注中国的影视娱乐文化,同学之间常常讨论喜欢的角色人物,背诵一些经典台词。另外影视剧里的历史故事、服饰风格、饮食习惯和诗歌都成为学生汉语的新载体。其次,有 68 人,即 43%的学生表示愿意通过网络资源学习汉语,现在互联上有很多学习软件、交流群、中国各高校名师教学视频等,而且多数为免费资源,方便学生在业余时间自主学习。此外,跟亲友说汉语、阅读中文书籍也是学生练习汉语的方式(见图 2-9)。关于教材质量的评价,只有 23%的学生认为教材质量很好,42%的学生认为现用教材质量一般,其他学生表示学校选用的汉语教材存在内容陈旧,与现实生活脱节,对学生没有吸引力,以及词汇量较多,超出学生的学习范围和接受能力(见图 2-10)。

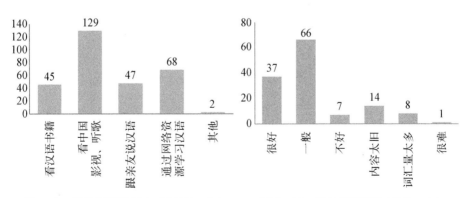

图 2-9 课外汉语练习方式(单位:人)　　图 2-10 教材质量评价(单位:人)

改进学校汉语教学质量方面,有 78 人,约 50%的学生建议多开设口语课程或提供练习口语的机会,提高学生的汉语交际能力;有 77 人,约 49%的学生建议多观看视频,加强听力训练;有 72 人,约 46% 的学生建议多安排一些中国老师,结合学生各方面的需求进行教学;有 52 人,约 33% 的学生建议多组织课堂活动或游戏。学生提出的另外两项建议是增加书法课和安排答疑时间。

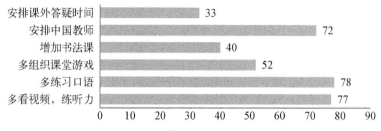

图 2-11 改善汉语课程的建议(单位:人)

三、访谈及分析

为了深入了解胡志明市华人学生的学习动机以及影响学习动机的因素,笔者还对师生分别进行了访谈。学生访谈从学习动机类型、动机变化、学习策略与途径及毕业打算等方面进行;教师访谈主要是掌握教师对学生汉语学习动机类型的了解程度,以及有哪些提高学生学习动机的实施措施。

(一)学生访谈情况

笔者从胡志明市师范大学与启秀华文中心的华人学生班级中,各选出两名学生进行访谈,最后对六份(A—F)比较完整的访谈数据进行了整理分析。结果如下:

表 3.1 受访学生基本信息

	年龄(岁)	性　别	班　　级	学习动机类型
受访学生 A	20	男	初中三,晚班	内在兴趣动机
受访学生 B	17	女	高中一,晚班	重要他人影响动机
受访学生 C	18	女	大学一年级	内在兴趣动机
受访学生 D	16	女	初中三,晚班	重要他人影响动机
受访学生 E	22	男	高中一,晚班	职业发展动机
受访学生 F	18	女	大学一年级	内在兴趣动机

受访学生 A、C、F 的动机类型属内在兴趣动机,他们从小就受到汉语言文化的熏陶,对汉语言文化产生了认同感。平时喜欢看中国电影、戏剧、小说,听华语歌曲,跟中国朋友在网上交流等,他们非常期待能融入目的语的生活中。他们不会因为学习成绩不理想、上课路远耗时或家人不理解等原因而放弃汉语学习。相反,他们会积极克服困难,主动寻求有益的学习途径和方法,维持和激发汉语学习动机,努力提高汉语水平。受访学生 B、D 是重要他人影响动机,他们开始学习汉语是出于父母的意愿和要求,在学习过程中遇到各种各样的问题,但是在老师或家人的鼓励帮助下,他们不断获得新的知识与技能,对汉语学习越来越有信心和成就感。从最初的被动学习到主动寻找汉语学习的乐趣,充分运用汉语去交流,这个转变就是学习动机不断得到强化的体现。受访学生 E 的情况比较复杂,最初学习汉语是出于父母的要求,后来因为学业紧张,压力大,放弃了汉语学习。工作之后发现虽然学过几年汉语,也有一定的汉语沟通能力,但是随着公司业务的拓展,自身掌握的汉语已经无法满足工作的需求。只有不断提高汉语水平,才能促进工作效率和业绩,得到公司领导的认可,在职场上获得更多进修与提升的机会。可见,他的动机类型是职业发展动机。

(二)教师访谈情况

学生汉语学习动机不仅与个人内在兴趣或家庭成员有关,很大程度上也受到教师的影响。上面对动机影响因素的调查中有 61% 的学生认同教师对学习动机的作用(见表 2.1)。作为教师,会存在认识的误区,他们常常过度关注学生的动机而忽视了自身的动机。研究证明,学生动机与教师动机有着密不可分的关联(Dörnyei、Otto,1998)。教师动机与教师对学生潜能的总体预期紧密相关。这种预期不仅影响教师行为和各种事件,而且影响学生的自我评价、学习热情度和成就感。为此,笔者在胡志明市各华文中心和师范大学对四位汉语教师进行了访谈,内容包括对教学动机的阐述、对学习动机的认识、对学习动机的培养、对学习策略的指导、对学生的期待等方面。

教学动机阐述:认为当老师是一个非常稳定的不错的职业,希望能把更多有趣的汉语故事教授给更多学生。汉语教师具有较强的保护传承当地华人文化传统与美德的使命感,能给华人子弟树立良好的家庭和民族观,让其意识到本民族语言学习的重要性和实用性。

学习动机认识:学生学习汉语的动机不同,老师们基本认同,源自对汉语言文化喜爱的内在兴趣动机属最强动机。但同时也指出,一方面越南教育部的改革使汉语教学从教材选用到课时安排等都受到审批的限制;另一方面汉语课受到越南语、其他外语课和各种辅导班的挤压,可能导致学生汉语学习动机的减弱,造成学习汉语的华人子弟数量日趋减少的情况。

学习动机培养:教师们教学经验丰富,他们懂得如何运用最简单易懂的汉语来授课,设计丰富有趣的课堂活动与练习,营造轻松愉快的课堂气氛。分享在中国工作或旅游的经历,介绍中国的风土人情特色。推荐简洁版的历史文章、节日典故、中国传统饮食等材料供学生课外继续学习探讨,增加汉语的兴趣点。

学习策略指导:给学生设定目标,每周要看一篇短文,上课时跟大家分享读后感。推荐华文报刊里的优秀文章,或者有趣的中国电视剧,为学生提供课外阅读练习汉语的机会。在 facebook 上建立汉语交流群,让学生随时学习交流,有问必答。

对学生的期待:教师们希望学生能选择正确的学习途径,抓紧时间努力学习,在日常生活中找到汉语学习的乐趣,培养对中国文化的热爱,维持良好的学习动机。懂得珍惜和维护华人语言文化的重要性,保持和发扬优良的传统美德,关注各项文化活动的意义,不辜负父母和老师的期望。

四、激发和培养学生学习动机的措施

激发和培养学生学习的动机,可以从不同层面进行。宏观层面需要学校领导的助力支持,如调整教学大纲及课程安排,更新教材方案,提供更丰富实用的汉语教材,创建良好的教学环境与设施等。教学方面首先应从学生对汉语的兴趣入手,也就是把学生热衷的中国文化的各方面知识与元素融入课堂教学设计中,使汉语课更值得期待和向往;其次要改善传统的教学方法与手段,适当地组织课堂活动,提高教学效率;最后通过师生互动,生生互动,营造积极良性的学习环境与氛围,综合激发学生的学习动机。

(一)以有趣的文化元素和话题激发学习动机

汉语课堂教学应遵循"以学生为中心"的原则,改变传统的教师"满堂灌"的教学模式。教师需了解学生汉语学习的动机与需求。胡志明市华人学生热爱汉语,有较强的民族认同感,内在兴趣动机是他们学习汉语的最强动机。教师在完成教学大纲任务的基础上，可适当选择中国历史民俗、传统文化、社会话题等内容介绍给学生，通过组织有效的课堂活动吸引学生，进一步激发与培养内在兴趣动机。

例如在语文课中，教师可以结合教材内容，引导学生进行中越文学作品的比较分析：越南文学作品与中国文学作品有哪些相同点？在同一历史时期的作家一般都选择什么主题和内容进行创作？对越南语文课介绍的中国作家及作品，有哪些学习感想和收获可以交流分享？这些讨论不但能激发学生对汉语以及中国文学的兴趣，而且能结合越南语课程的知识点进行训练，温故而知新。教师可以给学生推荐有趣的文章、影视剧、传统节日、名胜古迹等带有中国元素的学习材料，引导学生有效利用学习渠道和资源，避免受到不实或不良网络信息的负面影响。教师也可以多分享一些自己的留学经历、对现代中国的印象、年轻人的生活等给学生，帮助学生熟悉真实的开放的中国。

通过各种话题的介绍讨论，教师把学习的主动权和话语权交给学生，一方面可以促进学生把更多的时间精力投入到学习当中，快速提高汉语水平及交际能力；另一方面可以逐步培养学生对中越两国民族心理、文化传统等的认知与理解，最大限度地激发培养学生的学习动机。

（二）以丰富的教学方法与手段维持学习动机

常言道"授人以鱼不如授人以渔"，将这句话真正运用到教学中，既能保证教学任务的时间安排，又能激发学生的学习动机。因课堂时间有限，教师在讲解知识时应注意教学方法的实用性和启发性。虽然学生表示对中国历史知识和传统节日故事等方面感兴趣，但是教师要考虑全班学生的听课能力和对知识的期待，避免过多地"讲故事"。教师备课中应将语言材料中的关键内容如成语、惯用语、历史典故等提炼出来，要求学生课前查阅资料或在推荐的网站上进行相关知识的准备，课中教师通过简明的讲解介绍，帮助学生加深对背景知识或语言点的理解掌握，然后根据教学内容的类型特点，组织角色扮演、同桌学习、小组讨论、脚本创作、展示汇报等多样的课堂活动，以教师的正确引导促进学生的自主学习能力。

胡志明市目前的汉语教学现状存在多媒体技术与设备短缺的问题，不是每个班级都备有电脑和投影仪。教师可以了解学生使用智能手机的情况，建立班级的学习微信群、Facebook 群，让学生在课后时间能多使用汉语进行交流。微信软件可以接收到更多中国媒体的报道，帮助学生逐步形成阅读汉语新闻的习惯,这样不但能提高阅读能力,还能增加学生对现代中国社会各方面的了解。

同时要加强微信群的管理,有时老师因工作繁忙不能第一时间在群里回复学生提出的问题,可以安排周末一小时的群聊答疑时间,以弥补这个方面学校工作的不足。教师也可以指定班长或班委担任群主,让学生参与管理与分享。例如,根据学习内容设计小型问卷,实施调查后反馈;根据传统节日安排中国文化分享角,简单地讲述一个文化知识点;还可以按照胡志明市一年两次的 HSK 考试节点,给学生分享考试经验,以及如何掌握更多词语、如何快速阅读等问题。

(三)以有效的课堂互动与管理强化学习动机

掌握一门外语本来就不容易,胡志明市的华人学生还面临双语学习的各种压力,因此显得更加困难。我们应该设法营造轻松友好的汉语课堂,让学生把学习汉语当成愉快的体验,这样才能有效地激发学习动机,提高教学效果。

作为教师,首先要爱岗敬业,以身作则。上课时要精神饱满,富有激情,把对课文内容的理解认同,以及热爱汉语的正能量传递给学生,把教学当作既愉悦又有意义的事情来做,这样师生才能心意相通,在良好的课堂氛围中互动合作,完成教学。教师要密切关注课堂反馈,及时调整教学节奏。学生感到困惑时,可以通过提问检查他们知识掌握的情况,再次讲解学习重难点。学生出现分心或乏累时,讲个笑话,唱唱歌,或穿插一些课堂小游戏,活跃一下气氛,让学生在学习的全程都融入课堂环节中。教师要做到对学生一视同仁,公平公正,赏罚明确。多关心学生的学习困难,对学生的进步和良好表现应及时鼓励和赞扬。批评学生时也要注意态度和语气,不要伤害学生的自尊心,以免影响学生的学习兴趣。

同学之间应该建立团结友善、互帮互助的关系,这也是学生们最为看重的影响学习动机的因素,内在兴趣动机强的学生会通过传帮带感染到身边的同学。为了促进学生之间的良好关系,教师可以按照课文内容设计课堂游戏,让学生边玩边学,无论是哪个年龄段的学生都能参与进来。游戏过程就是同学之间增进了解和互相学习的机会。教师也可以多组织小组活动,分组时适当考虑学生的汉语水平和学习能力的差异,比如,把成绩较好的学生跟成绩较弱的学生分在一组,让他们合作学习,共同提高。另一方面培养学生的集体荣誉感和责任心,为了一起完成小组任务,大家不能随便缺课,不能敷衍了事,必须保持良好的学习态度和动机,认真投入,对小组活动做出贡献。

参考文献

[1] 丁安琪.汉语作为第二语言学习者研究[M].北京:世界图书出版公司,2010.

[2] 丁安琪.来华留学生汉语学习动机强度变化分析[J].语言教学与研究,2014(05):18—25.

[3] 丁氏黄兰,单韵鸣.胡志明市大学生汉语学习动机调查研究——兼论对越南汉语推广的启示[J].海外华文教育,2016(05):668—675.

[4] 杜明方.越南胡志明市华人与非华人汉语教育现状调查[D].南京师范大学,2015.

[5] 何洁仪.越南胡志明市华人华文教学发展与现状[D].广西大学,2013.

[6] 黄志媛.革新开放后越南胡志明市华文学校教学现状的调查——以福中外语中心为个案[D].广西民族大学,2016.

[7] 黎玉容.越南华人华文教育现状考察[D].华中师范大学,2010.

[8] 李海鸥.印尼泰国潮籍华裔留学生学习汉语调查——基于中山大学国际汉语学院2008学年度第二学期的调查[J].汕头大学学报(哲学社会科学版),2009(6):73—80.

[9] 牟蕾.华裔汉语学习者学习动机研究述评[J].文教资料,2014(18):46—48.

[10] 潘慧婷.华裔学生汉语学习动机研究现状概述[J].学语文,2014(1):63—64.

[11] 裴雪贞.越南胡志明市华人教育现状[D].广西大学,2011.

[12] 盛继艳.华裔学生汉语习得研究的现状与思考[J].语言教学与研究,2012(4):46—52.

[13] 王爱平.东南亚华裔学生的文化认同与汉语学习动机[J].华侨大学学报(哲学社会科学版),2000(03):67—71.

[14] 王恩界,武玉香篙,范氏清平.汉语学习动机、策略与汉语水平的关系研究——基于对越南汉语学习者的调查[J].扬州大学学报(高教研究版),2013(3):74—78.

[15] 吴建玲.对100名华裔学生语言文化动机对汉语学习情况的调查[J].语言教学与研究,1996(4):122—132.

[16] 吴勇毅.汉语作为第二语言/外语教学模式的演变与发展[J].华东师范大学学报(哲学社会科学版),2009(2):89—93.

[17] 夏明菊.华裔学生汉语学习动机分析[J].乌鲁木齐成人教育学院学报,2003(4):46—47+54.

[18] 肖雍玉.美国第二代华裔青少年汉语学习研究——以美国尼斯奥查德高中为例[D].四川师范大学,2017.

[19] 赵杨.第二语言习得[M].北京:外语教学与研究出版社,2015.

[20] 朱小玲. 印尼慈育大学中文系华裔学生汉语学习动机研究[D]. 上海师范大学,2016.

[21] Dörnyei Z & I Otto. Motivation in Action: A Process Model of L2 Motivation[J]. Working Papers in Applied Linguistics. London: Thames Valley University,1998.

[22] Kata Csizér & Zoltán Dörnyei. The Internal Structure of Language Learning Motivation and its Relationship with Language Choice and Learning Effort [J]. The Modern Language Journal, 2005(19).

[23] Skehan P. Individual Differences in Second-Language Learning [M]. London: Edward Arnold, 1989.

作者简介:张少云,上海大学国际教育学院副教授。研究方向:汉语国际教育、第二语言习得、教师教育等。

韩燕珊,上海大学社会学院博士研究生。研究方向:汉语国际教育、民俗文化。

云南省外国留学生汉语修辞
学习状况调查

◎ 李　艳

摘　要：作为国家面向西南开放的桥头堡，云南省外国留学生具有数量多、国别多样、学习形式多样等特点。本文通过问卷和语料收集从口语和书面语两个层面对留学生的汉语积极修辞认知和运用状况进行调查，分析了自欧美国家的留学生和南亚、东南亚国家留学生在修辞认知和学习效果上存在的差异性，帮助汉语教师检验留学生的汉语实际运用能力，为总结对外汉语修辞教学法提供参考。

关键词：留学生；修辞；认知；使用

近年来，随着云南高校教育"走出去"步伐加快，省内各高校在加大与周边国家教育合作力度、扩大留学生招收规模、增强云南教育影响力等方面持续取得新的进展。全省 68 所高校都与东南亚国家开展了不同程度的教育交流合作，与 50 多个国家、地区和教育组织建立了教育合作关系，建立了 12 所孔子学院（课堂）和 62 个小语种公共外语教研室。近年来，接受外国留学生人数超过 22 万人。云南在与东盟、南亚国家在教育合作方面的区位优势和资源优势受到越来越多留学生的青睐。每年在我省学习的长短期留学生中，约有 60％来自周边国家。

随着留学生人数的增加，他们的汉语学习能力和使用水平也逐渐引起学界关注。针对对外汉语修辞教学需要理论探索与教学实践相结合的现实，我们以部分云南省高校留学生为调查对象进行了一次汉语修辞认知与使用状况的调查分析。

一、对外汉语修辞教学研究现状

对外汉语修辞教学研究越来越受到人们的重视。前期一些学者讨论了对外汉语修辞教学的地位和意义等问题。如杨德峰(2001)从听说读写几个方面论证了留学生在语言运用上对修辞知识(包括积极修辞和消极修辞)的需要。肖莉(2004)认为必要的修辞教学可以使学生了解写作修辞的基本知识,使学生了解,掌握词法、句法、篇章建构的修辞原则,特别是语体知识,这是提高他们习作水平的一条有效途径。吴迪(2006)从积极修辞和消极修辞两方面论述了修辞教学对学生理解、运用语言的重要意义和作用。

有些学者将关注点放在修辞教学与文化教学的关系等领域。谭汝为(2002)指出,汉语修辞是汉文化的主要组成部分之一,"汉文化对汉语修辞的影响和制约作用"这一跨文化言语交际的问题必须在修辞实践中才能得到最直接的体现。如辞格误用是修辞问题也是文化问题,礼貌用语失当是修辞问题也是文化问题。很多学者都认为汉语修辞不仅是汉语运用不可分割的一部分,也是汉语文化不可分割的一部分。两者的研究在很大程度上形成了你中有我、我中有你的局面。

近年来,越来越多的学者从宏观走向微观,对具体的修辞教学策略的关注日益增多。如于宏梅(2004)分析了留学生作文中出现的词语、句式、辞格、篇章方面的修辞偏误现象。董明、桂弘(2006)以《读写课本》《桥梁》《博雅汉语》等权威教材的语句为例,说明词语理解、语义信息、语法信息和语段学习的理解都离不开修辞知识。陈光磊(2006)提出听说读技能训练、语用本体结构要素教学、功能文化项目教学与语用修辞教学相结合,加强语言、文化特点对比,分阶段、分层次修辞教学等建议。王泽英(2011)认为,在修辞教学过程中,教师应该把学习者带入到真实的目的语学习环境中,采取寓教于乐的方式,充分展开课堂交际活动才有利于学生修辞的学习。翟璨(2015)以 HSK 考试作文为语料进行统计,发现泰国留学生的辞格掌握不佳,使用种类比较少,使用的偏误率也比较高。殷梦婷(2015)对《中级汉语精读教程》等三部对外汉语教材的辞格进行了量化统计,发现教材中辞格种类普遍较少,仅有 14 种辞格,辞格的分布也不均衡,编排也不合理。

总之,学界对对外汉语修辞教学的关注,在 21 世纪初出现了一次热潮,但是近年来研究成果有所减少。不论是从教学方法的总结还是第二语言习得规律等角度进行的挖掘都需要进一步深入,强调"以修辞为纲的对外汉语教学理念"(陈汝东,2004),借鉴汉语本体研究成果,寻求新的研究范式和理论工具的支撑。

二、云南省外国留学生修辞认知状况调查

在云南各高校学习的留学生主要来自越南、泰国、老挝、缅甸等周边国家,留学生学习汉语的目的主要是攻读中国大学的学位,毕业后凭借自身的语言优势和中国文凭,回国就业,有学业和就业的双重压力。受母语的影响,这些来自东南亚的留学生在汉语语音、汉字、语法方面的学习没有太多的障碍,一般在1~2年的语言学习后就可以进入大学本科的专业学习。尽管东南亚留学生在学习汉语1~2年后就可以用汉语与中国人进行交流,甚至能够与中国学生坐在同一个课堂接受同样的教学内容,但是就汉语修辞学习而言,他们的确面临一些来自语言本身和文化差异的问题。

而云南各高校中的欧美留学生学习汉语的原因主要是个人兴趣和爱好,基本没有学业和就业的压力。受母语的影响,这些来自欧美的留学生在学习汉语语音的声调方面有一定的困难,汉字学习对他们也是一个难点,但语法方面的学习没有太多的障碍,就汉语修辞学习而言,排除汉字造成的障碍之外,他们只面临一些来自文化差异的问题。总体而言,不论留学生来自哪个国家,有着怎样不同的文化背景,修辞学习在某种程度都反映出了他们的汉语学习的程度和汉语使用水平。

(一)调查目的和调查对象

如前文所述,在目前阶段的对外汉语教学中,修辞教学没有受到足够的重视。初级阶段的对外汉语教学中,几乎不出现修辞,授课教师基本都忽略修辞这个概念;中级阶段的对外汉语教学中,零星出现修辞,在不影响理解的情况下,教师也不做详细解释;高级阶段的对外汉语教学出现很多修辞例句,教师会做一定的讲解。基于修辞教学在对外汉语教学中这样的现状,我们在云南几所高校中,主要针对东南亚留学生开展了修辞学习问卷调查,以了解留学生对于修辞学习的态度和学习效果。

我们对云南财经大学、云南师范大学和云南民族大学学习汉语时间1~5

年的 60 名留学生发放问卷,调查他们对比喻、借代、比拟、移就四种修辞手法的认知程度。收回有效问卷 57 份。调查对象基本信息如下:

表 2.1　调查对象基本情况表

国　别	人数	性　　别	学习汉语时间(年)
越　南	34	男20人　女14人	5 年 6 人;4 年 12 人;3 年 2 人;1 年 14 人
缅　甸	6	男3人　女3人	3 年半 3 人;3 年 1 人;2 年 2 人
老　挝	7	男5人　女2人	5 年 1 人;4 年 1 人;3 年 3 人;2 年 2 人
泰　国	6	男0人　女6人	3 年 3 人;1.5 年 1 人;1 年 2 人
加拿大	1	女	0.5 年
巴　西	1	女	2 年
土耳其	1	男	1 年
拉脱维亚	1	女	1 年

(二)调查内容分析

调查问卷由两大部分组成:一是在你的母语中有下面类似的表达方式吗?(结果见表 2.2)请回答有(请举例)、没有或者不知道。此部分由比喻(5个句子)、借代(5个句子)、比拟(5个句子)和移就(5个句子)组成。例句在字词和理解上都有一定的难度;二是请分析下列高级汉语教学课本中的修辞例句(结果见表 3)。此部分由 8 个句子组成,要求填写问卷者写出例句的意思,并指出其修辞手法。

调查总体印象如下:(1)几乎所有学生都不知道移就这种修辞手法,但是个别学生在阅读示例之后能够从新的例句中判断出移就的修辞手法(50 份调查中有 4 份正确答案;获得正确答案的调查对象学习汉语时间都超过 4 年)。(2)学习汉语时间不到 2 年的东南亚留学生能够读懂问卷调查中的例句,但很难区分比喻、比拟、借代的区别。(3)学习汉语时间为 1 年的欧美留学生很难读懂问卷调查中的例句,需要英语翻译。(4)对于移就这种修辞手法,欧美留学生的理解大大好于东南亚留学生。(5)对修辞手法中涉及的文化因素,来自东南亚的留学生更容易理解,而来自欧美的留学生则难以理解这些修辞中所引用的动物或植物的寓意。

问卷调查具体结果如下:

表 2.2　母语中类似修辞格情况表　　　　　　单位：人

修辞格	有	没有	不知道	原　　因
比喻	200	55	30	文化背景不一致，表述不同；无法读懂例句
借代	191	60	34	文化背景不一致，表述不同；无法读懂例句
比拟	187	50	48	文化背景不一致，表述不同；无法读懂例句
移就	105	64	116	文化背景不一致，表述不同；无法读懂例句

表 2.3　高级汉语教学课本中的修辞情况表　　　　　单位：人

修　辞　格	句子意思理解正确	修辞手法判断正确
比喻	62	60
借代	40	36
比拟	44	32
移就	4	12

（三）调查结果的分析

通过问卷调查结果、与留学生访谈以及教学和生活中与留学生的日常交往，我们发现留学生在修辞学习中共同存在的问题如下：

（1）受汉语词汇量的影响，不能完全读懂带有修辞手法的语句。问卷调查中第一部分很多例句的答案是"不知道"，第二部分的例句释义很多是空白或者理解错误。

（2）由于文化背景的差异，读懂语句，但是不明白语句的意思。例如：我的心就像翻倒了五味瓶。学生理解为：心碎。但是汉语中的意思是：人生充满酸甜苦辣咸，五味俱全。所以正确理解应该是：心情复杂。

（3）不能感受、领略到汉语修辞的精练、传神。例如问卷调查第二部分中的移就修辞手法例句几乎没有被识别出来，学生没有领略到把人的感觉"懒洋洋"移就到没有生命的"筷子"身上的传神。

东南亚留学生在修辞学习中的主要问题是：

（1）对不同修辞格概念的把握不够准确，容易混淆比喻、比拟、借代、夸张几大修辞手法。例如"李娜身上有许多闪光的东西"中借代的修辞手法被误认为是比喻。

（2）容易理解带有动物或植物寓意的修辞手法。例如，"胆小如鼠""狗咬狗"在越南语中有类似的概念,表达为"胆小如兔""狗咬猫";"她的大眼睛又黑又亮,像秋天里成熟的黑葡萄"在越南语中表述为"像龙眼核儿",在缅甸语中表述为"像鹿眼睛"。

（3）对于移就的修辞手法难以理解,但是母语中有类似的表达法,本能地会使用,虽然没有上升到理论的高度。

从问卷调查来看,东南亚留学生在修辞学习中的共同趋势是:学习汉语时间越长,对修辞格的认识、理解、把握越好,汉语表达水平越高;从性别上看,在修辞学习过程中,女生的领悟力和表达能力略高于男生;从国别来看,在学习汉语时间相同的基础上横向比较,对修辞学习领悟力最好的是缅甸学生,泰国、老挝学生次之,越南学生整体比较差（问卷调查中错误最多,空白最多）。由于调查本身的设计目的及其他限制条件,本文未能对造成差异的原因做进一步分析比较。

欧美留学生在修辞学习中的主要问题是:

（1）不认识汉字,汉语词汇量有限,因此无法读懂汉语语句,需要借助外力（别人的翻译、解释）才能完成问卷调查。

（2）文化背景不同,不能理解修辞格中喻体的应用。例如,"胆小如鼠",在英语国家文化中,老鼠是聪明的象征,和胆小无关。

（3）对移就这种修辞格,容易理解,判断准确,也会使用,但是不知道其名称。

（4）对于比喻和比拟的区别不是很清楚。

调查结论:留学生修辞学习受到其母语和本土文化、学习汉语时间长短、性别的影响,学习汉语时间越长,理解和应用修辞的能力越高,汉语水平也就越高。反之,修辞学习可以促进和深化留学生的汉语学习,帮助其大幅度地提高汉语水平。

三、留学生书面语常用修辞方法调查分析

（一）调查统计数据

根据对《云南美丽了我的梦——留学生眼中的云南》前100页的文章的整理,现统计出其中出现的常见的八种修辞方法如下:

（1）比喻32次。根据事物的相似点,用具体的、浅显的、熟知的事物

来说明抽象的、深奥的、生疏的事物,即为打比方。作用:能将表达的内容说得生动具体形象,给人以鲜明深刻的印象,用浅显常见的事物对深奥生疏的事物解说,帮助人深入理解。比喻的三种类型:明喻、暗喻和借喻。

(2)比拟24次。把人当物写或把物当人写的一种修辞方法,前者称之为拟物,后者称之为拟人。

(3)借代13次。不直接把所要说的事物名称说出来,而用跟它有关系的另一种事物名称代替它的修辞手法。

(4)移就11次。把修饰形容甲事物的词语拿来修饰形容乙事物,也称"形容词转用",形象生动,传递强烈的情感信息。

(5)夸张9次。对事物的性质、特征等故意地夸张或缩小。作用:提示事物本质,烘托气氛,加强渲染力,引起联想效果。

(6)排比7次。把结构相同或相似、语气一致、意思相关联的句子或成分排列在一起。作用:增强语言气氛,加强表达效果。

(7)对偶2次。字数相等、结构形式相同、意义对称的一对短语或句子,表达两个相对或相近的意思。作用:整齐匀称,节奏感强,高度概括,易于记忆,有音乐美感。

(8)设问1次。为了引起别人的注意,故意先提出问题,然后自己回答。作用:提醒人们思考,有的为了突出某些内容。

(二)调查结果分析

(1)留学生在写作中表现的修辞能力要强于汉语口语表达中修辞的使用能力。这跟书面语言的间接性表达特点有关。

(2)在众多修辞表达方式中,比喻的使用率最高,其次是比拟、借代、移就等在各个语言中普遍存在的修辞方式。这一结果再次验证了我们以移就为例对认知性辞格所作的相关研究。人类思维是有共通性的,表现在语言表达方式以及各种语言中都普遍存在的修辞方式上。

(3)但是学生对汉语中独有的修辞方式几乎不会使用,在本书前100页内容中没有发现汉语独特的对偶、回环等修辞表达方式。一方面,学生受母语或第一语言的影响,接受汉语特有的表达方式的确比较困难;另一方面同时也说明对外汉语教师在教学实践中对修辞教学的忽视。

四、结语

　　语言类型学的研究表明,语言的差异来自各个民族观察世界的视角不同,表现在语言里的参数有所不同。就语言本体表达方式来说,各个民族在基本认知方式上有共通性,但是观察世界的视角有所区别。比如,汉语形容人的眼睛亮,通常说"眼睛像两颗黑葡萄",而越南留学生倾向于说"像玻璃球",欧美国家的留学生则比喻成"blue sky(蓝色的天空)""deep sea(深海)"等。

　　就理解能力而言,说英语的留学生对修辞现象的理解能力要远远强于东南亚国家留学生。我们选取的样本中,受学生实际情况所限,无法找到汉语水平完全相当的留学生,几位说英语的留学生学习时间普遍短于东南亚国家留学生,汉语水平也有较大差距,但是在实际调查中,他们对修辞方法的理解水平却恰恰相反。造成这一差异的原因应是多方面的,语言本体表达方式不同、民族思维方式不同、生活环境不同、个体差异等,都对汉语理解水平造成影响。

　　从教学的角度来说,对外汉语教学要全面培养学生听、说、读、写的基本技能,这些技能都以必要的汉语知识为前导。对外汉语教师在教学实践中对修辞教学重视不够,往往不能提供给学生足够的信息及举一反三的汉语思维训练,学生在看到没有接触过的例句或表达方式比较灵活的例句时,接受能力较差。对外汉语教师应正确认识修辞教学的意义,把修辞教学的趣味性和实际生活的生动性融为一体,构建修辞教学的"金字塔",与听、说、读、写四个技能相结合,采取多种多样的语感训练形式,促进学生语言素质的提高。

参考文献

[1]　陈光磊. 对外汉语的语用修辞教学[J]. 修辞学习,2006(2):6—10.

[2]　陈汝东. 简论以修辞为纲的对外汉语教学理念[J]. 云南师范大学学报(对外汉语教学与研究版)[J],2004(02):31—36.

[3]　董明,桂弘. 谈对外汉语修辞的教学[J]. 语言文字应用. 2006(S2):143—147.

[4]　谭汝为. 论汉语修辞与汉文化的关系[J]. 毕节师范高等专科学校学报,2002(04):1—5.

[5]　王泽英. 对外汉语教学的修辞教学实施策略[J]. 华章,2011(34).

[6]　吴迪. 对外汉语中的修辞教学[J]. 渤海大学学报(哲学社会科学版),2006(3):41—43.

[7]　伍皓,邹平,何侃主编. 云南美丽了我的梦[M].昆明:云南人民出版社,2010.

［8］ 肖莉.修辞学在对外汉语教学中的地位与作用[J].修辞学习,2004(5):74.

［9］ 杨德峰.试论修辞教学在对外汉语教学中的地位[J].修辞学习,2001(6):28—29.

［10］ 殷梦婷.对外汉语教材中修辞格调查与教学研究——以中级汉语综合课为例[D].
辽宁师范大学,2015.

［11］ 于宏梅.对外汉语写作教学中的修辞教学[J].乐山师范学院学报,2004(6):
133—137.

［12］ 翟璨.基于HSK动态作文语料库泰国留学生写作中的修辞格使用情况分析及教学
建议[D].云南师范大学,2015.

作者简介:李艳,云南财经大学工商学院。

基于泰国语言政策的汉语教师
志愿者本土化培训研究

——以泰国南部汉语中心为例

◎ 沈　禽

摘　要：近年来，随着泰国学习汉语的人数增多，汉语教学质量问题却日益凸显。这就要求我们要加强对汉语教师志愿者的培训，让志愿者更快速地适应当地生活，融入当地的汉语教学与推广工作，缩短本土化进程。本文首先分析了目前志愿者岗前培训的情况以及课程安排，通过调查问卷的形式，了解汉语教师志愿者对岗前培训课程的真实反馈。其次对泰国南部六所汉语中心的领导、学生、老师进行调查，搜集汉语教师志愿者在泰国遇到的各种问题，并提出相应建议。最后针对这些问题，以泰国语言政策为指导，做出适合赴泰汉语教师志愿者的培训大纲，并以甲米汉语中心的汉语教师志愿者为对象，对其进行了以新培训大纲为内容的培训，随后进行了为期两个月的观察，搜集这些志愿者对新大纲培训的反馈与建议，总结出有效的"本土化"培训总体策略。

关键词：泰国语言政策；泰国汉语教师志愿者；泰国汉语教学；师资培训

一、引言

　　近年来，泰国对汉语越来越重视，为了提高汉语教学质量，泰国教育部已经三次更新汉语语言政策。语言政策决定了语言教学的方向和深度，对汉语教学具有指导性的意义。作为在泰汉语教学的中坚力量,汉语教师志愿者被赋予厚望,但其在实际教学过程中也暴露出不了解所在国国情、缺乏课堂管理能力等一系列问题,这就要求我们加强岗前和岗中培训,特别是在培训中以泰国语言政策为指导,有针对性地设计培训课程,改进培训方式,以便让志愿者更加快速地适应当地生活,融入当地的汉语教学与推广工作,缩短本土化进程。

关于语言政策方面的研究,较多文献都针对某一国家的语言政策进行调查分析。พิชัยแก้วบุตร อธิปัตย์ นิตย์นรา(2017)指出泰国国家政策对汉语教学的支持,极大地影响了中学的汉语教学的推广和发展。因此汉语语言政策以及学校中的汉语教学变得越来越有必要。

在国家汉办开展"国际汉语教师中国志愿者计划"这个项目之前,关于国际汉语教师培训等方面的研究著作和论文都不是特别多。

关于汉语师资培训的本土化的研究,大都是关于汉语教师志愿者培训的内容。姜丽萍、李俊芬(2012)通过对海外汉语教师群体的特征分析,在对目前海外汉语教师培训工作进行检视的基础上,以海外汉语教师"本土化"培训模式为切入点,从培训理念、方式、课程、体制几个方面进行了探究。

关于赴泰国汉语教师志愿者培训整体研究,最初对赴泰汉语教师志愿者培训进行研究的是吴应辉(2007)。他对泰国 170 名汉语教师志愿者进行问卷调查和个别访谈,并且还对泰国教育部相关官员进行了访谈调查,得出了泰国志愿者项目获得了众多志愿者的真心支持等结论,并对该项目中存在的一些缺点提出了相应的建议。金莹(2013)基于汉语国际推广的新形势,通过问卷的形式进行了详细调查,在分析培训课程的安排及赴任后志愿者们在教学与生活中遇到的困难的基础上,剖析了现行赴泰汉语教师志愿者培训工作中依然存在的问题,并且针对这些问题提出了建议和意见。

关于志愿者教师在岗培训的研究比较少,潘霄宇(2017)分析了赴泰海外汉语志愿者在岗培训的情况及模式,为汉语教师志愿者队伍建设、教学质量的提高,以及汉语国际教育事业的推广提出建议。赵忾(2017)通过多种分析法,对 2016 年参加岗中培训的 77 位赴泰国汉语教师志愿者进行全面详细的调查,并提出了 4 条针对性的建议:① 要根据志愿者需求设置在岗培训的内容;② 实行多位一体的培训方式;③ 将培训对象细化,深入到"级别化、校别化"层面;④ 加强资金支持以增强培训周期稳定性。

二、问卷及分析

(一) 问卷设计说明

本研究调查对象包括 55 名基教委下属的六所汉语中心的志愿者、1 137 名的学习汉语的学生和 75 名的本土汉语教师。通过调查,发现汉语教师志愿者存在的问题,将之与岗前培训课程内容进行对比,最后结合国家汉办《汉语教师志愿者培训大纲》的要求,对汉语教师志愿者培训提出相关的建议,设计出有效的岗前培训内容。

(二) 问卷分析

1. 汉语教师志愿者对汉办组织岗前培训的反馈

有效问卷中,男性有 1 人,占 1.85%,女性有 54 人,占 98.15%,女性人数高于男性。问卷内容主要有:对 55 名赴泰南汉语教师志愿者的岗前培训意见的调查问卷,对工作满意度与遇到问题的调查问卷,以及有关 15 名赴泰南汉语教师志愿者培训与其任教后遇到的问题的访谈。

通过表 2.1 调查结果显示,大部分志愿者教师对岗前培训的课程安排较满意,而且觉得岗前培训的内容基本能运用在工作中,能解决工作中所遇到的一些问题。但是还有少数志愿者教师觉得课程目标不太符合工作和个人发展需要,最明显是 2.33% 的志愿者认为在课程内容缺乏实用性。由此可以看出,岗前培训的内容还是存在些许问题的。

表 2.1　汉语教师志愿者对汉办组织岗前培训的反馈①　　单位: %

评 估 标 准	比 例				
培 训 效 果	5分	4分	3分	2分	1分
1	课程目标是否符合我的工作和个人发展需要	23.26	48.84	18.16	9.30	0
2	课程内容实用性强	30.23	39.53	20.93	6.98	2.33

① 本文表中的 5 分代表"非常好",4 分代表"很好",3 分代表"好",2 分代表"一般",1 分代表"差"。

续　表

评　估　标　准	比　　例				
培　训　效　果	5分	4分	3分	2分	1分
3	课程内容清晰明确,易于理解	37.21	44.19	16.28	2.33	0
4	课程内容新颖	18.60	41.86	23.26	16.28	0
5	课程内容是否切合实际,便于应用	27.91	37.21	20.93	13.95	0
6	本次培训收获很大	41.86	34.88	13.95	9.30	0
7	接受培训后的知识水平有所提高	25.58	44.19	25.58	4.65	0
8	本次培训对工作有帮助,有启发	37.21	39.53	13.95	9.30	0

2. 志愿者对赴任工作的反馈

为了了解汉语教师志愿者的工作情况,笔者通过对55名赴泰南汉语教师志愿者对工作满意度与遇到的问题进行调查,具体情况见表2.2。

表 2.2　赴泰南汉语教师志愿者对于任教工作满意度情况　单位:％

评　估　标　准	满　意　度　占　比				
基　本　情　况	5分	4分	3分	2分	1分
1	当我工作完成得不错时,同事们会给予一定的反馈(如:夸奖)	23.64	47.27	25.45	1.82	1.82
2	我的同事会为我提供工作信息	38.18	47.27	12.73	1.82	0
3	无论何时,我的同事都乐于帮助我	41.82	40.00	18.18	0	0
4	当我遇到失望的时候,我的同事会帮助我	30.91	49.09	20.00	0	0
5	当我遇到个人问题时,我的同事会帮助我	38.18	47.27	14.55	0	0
6	学校希望我尽可能多地关注工作,不管是否下班	20.00	20.00	47.27	9.09	3.64
7	学校希望我们花在工作上的时间跟精力越多越好	10.91	30.91	30.91	23.64	3.64
8	学校鼓励我加班加点地工作	3.64	12.73	30.91	36.36	16.36
心　理　状　态	5分	4分	3分	2分	1分
9	在结果不确定的情况下,我通常会认定是最好的结果	16.36	27.27	47.27	9.09	0

续 表

评 估 标 准	满意度占比				
心 理 状 态	5分	4分	3分	2分	1分
10 我很容易就能放松下来	10.91	43.64	32.73	12.73	0
11 我和我的同事们相处很愉快	32.73	52.73	12.73	1.82	0
12 我喜欢让自己忙碌起来	18.18	47.27	30.91	3.64	0
13 我不太容易感到心烦	10.91	32.73	40.00	12.73	3.64
14 我几乎不指望会有好事发生在我身上	5.45	1.82	34.55	29.09	29.09
15 我很想我的家	10.91	30.91	50.91	5.45	1.82
16 每次遇到不顺心的事,我就会想家	3.64	29.09	47.27	16.36	3.64
17 即使工作中遇到许多困难,责任繁重,我仍能专心工作	20.00	43.64	25.45	10.91	0
工 作 情 况	5分	4分	3分	2分	1分
18 我好像总是没有足够的时间完成我的工作	1.82	10.91	25.45	56.36	5.45
19 在工作时,我常常会感到筋疲力尽	3.64	7.27	45.45	36.36	7.27
20 我经常同时承担很多项工作任务	9.09	20.00	49.09	18.18	3.64
21 在工作中,我可以自主决定工作内容	18.18	47.27	23.64	10.91	0
22 我可以自己决定如何完成我的工作	23.64	56.36	16.36	1.82	1.82
23 我可以决定自己的休息时间	7.27	34.55	30.91	16.36	10.91
24 我的工作让我发挥我的技能和能力	12.73	56.36	29.09	1.82	0
25 在任教学校,有机会发挥自身所具备的才艺	7.27	49.06	32.73	10.91	0
26 我很喜欢我的工作,不会放弃这份工作	9.09	60.00	25.45	5.45	0
27 我对生活感到满意是因为我的工作使我觉得自身价值得到体现	16.36	58.18	20.00	5.45	0
个 人 满 意 度	5分	4分	3分	2分	1分
28 我很乐意推荐我朋友做这个工作	21.82	54.55	20.00	3.64	0
29 总的来说,我对自己现在的这个工作感到很满意	25.45	60.00	12.73	1.82	0
30 我的生活大多数方面都接近于我的理想	7.27	52.73	36.36	3.64	0

续　表

评　估　标　准		满　意　度　占　比				
个 人 满 意 度		5分	4分	3分	2分	1分
31	我的生活的环境条件很优越	7.27	36.36	47.27	9.09	0
32	我对我的生活感到满意	12.73	50.91	27.27	9.09	0
33	我会寻找其他工作机会	0	47.27	34.55	16.36	1.82
34	每天工作结束后,我感到很筋疲力尽	3.64	16.36	45.45	29.09	5.45
35	我向我的朋友们夸奖我的学校是一个值得为之工作的组织	14.55	49.09	27.27	9.09	0
36	我可以很骄傲地告诉别人我是这个学校中的一员	34.55	49.09	14.55	1.82	0
37	我真的很高兴被派到这个学校工作	29.09	52.73	16.36	1.82	0
38	通常,我知道我跟同事们有些想法不一致	3.64	24.24	50.91	14.55	3.64
39	我同事认可我的工作	10.91	65.45	23.64	0	0
40	我和同事们的工作关系很和谐	29.09	56.36	12.73	1.82	0

　　通过调查问卷调查志愿者教师对任教工作的满意度,问卷设计内容分成四个方面,具体内容如下:

　　(1) 基本情况。泰方同事对志愿者的反馈比较好,在工作中互相帮助,可是志愿者对工作要求不高,认为完成自己的教学任务就可以了,而且大部分的志愿者教师也不想增加工作量。

　　(2) 心理态度。志愿者的心态总体来说比较好,适应能力比较强,有生活目标,工作态度积极。可是也有一些志愿者心态不是很好,部分不能轻易放松下来。此外,还有一些志愿者有不幸福的感觉。

　　(3) 工作情况。调查结果发现很多志愿者教师觉得上班时间已经足够完成工作,工作量不大,不会让志愿者感到筋疲力尽,在工作中有自由,可以自主决定工作内容、工作方式,在工作中可以发挥自己的技能和能力,很喜欢现在的工作。可是也有少部分的志愿者觉得不满意,不喜欢这份工作,没有感到自由和幸福。但有一点大家的想法比较一致的就是休息时间,因为在泰国没有午睡,志愿者教师都觉得不习惯。

　　(4) 个人满意度。调查发现很多志愿者觉得这份工作值得推荐给更多的朋友,对生活的大多数方面都很满意,但是生活环境还不够理想。志愿者满意的是生活和当下的工作。但是跟同事的关系还是存在不一致的看法。虽然志愿者觉得这份工作很好,但是有47.27%的志愿者想寻找其他工作。

3. 泰国学生对汉语教师志愿者个方面的满意度情况

为了了解学生对志愿者教师各个方面的满意度,问卷设计成四个方面:教师表现方面、教学内容方面、教学方式方面与教师品德方面。调查问卷结果发现,学生总体上对志愿者教师比较满意(见表2.3)。

表2.3　泰国学生对汉语教师志愿者的满意度情况　　　单位:%

评 估 标 准	满意度占比				
	5分	4分	3分	2分	1分
教 师 表 现 方 面					
1　本学科教师的专业知识水平和能力	64.47	30.52	4.49	0.18	0.35
2　教师能否遵守社会公德和职业道德	58.58	39.92	5.72	0.62	0.18
3　教师的言行举止文明,着装得体	59.01	31.93	7.48	1.41	0.18
4　教师是否认真备课,按时上、下课,不擅自离开教室	65.61	27.53	6.16	0.62	0.09
5　教师分析、解决问题的能力和提高学生学习兴趣的能力	42.3	39.4	15.74	2.11	0.44
教 学 内 容 方 面					
6　教学内容是否新颖,有吸引力	45.03	40.02	12.84	2.02	0.09
7　教学内容是否适应授课班级的能力水平	48.02	39.31	10.55	1.93	0.18
教 学 方 式 方 面					
8　教师能否运用不同的教学方法调动学生的积极性	41.78	39.4	15.57	3.08	0.18
9　教师授课时是否组织学生开展学习活动,并归纳总结知识	40.63	38.79	16.71	3.25	0.62
10　教师授课时能否启发学生思考和调动学习积极性,拓展新知识	43.18	37.03	16.71	2.81	0.26
11　教师能否营造良好的学习环境,使学生提高学习兴趣	40.99	33.60	19.88	5.01	0.53
12　教师课堂组织的能力和调动学生的学习积极性	41.69	36.68	14.41	3.25	0.97

续 表

	评 估 标 准	满 意 度 占 比				
		5分	4分	3分	2分	1分
教 学 方 式 方 面						
13	在教学过程中,教师能否熟练地运用多媒体教学设备给学生展示多样的授课内容	44.5	36.41	16.09	2.55	0.44
14	教师使用多媒体教学设备能否给学生带来很好的学习效果	49.52	35.18	12.75	2.11	0.44
15	教师在教学方面有没有运用其他先进的多媒体教学设备	49.34	33.33	13.10	3.34	0.88
教 师 品 德 方 面						
16	注意学生的行为	57.08	34.30	7.12	1.23	0.26
17	和学生亲近	65.17	26.30	6.95	1.50	0.09
18	对学生平等和公平	63.24	27.62	7.30	1.50	0.35
19	讲课时还补充道德知识	40.72	38.70	17.24	2.73	0.62
20	是学生的好榜样	59.63	30.52	8.44	1.23	0.18
21	对待学生有耐心	67.11	23.48	7.04	1.58	0.79
22	不缺课	78.01	17.68	3.96	0.35	0
23	有缺课会给学生补课	55.41	31.49	9.76	2.11	1.23

综上可看出,学生对志愿者教师的工作很满意,但要注意泰国人习惯不给老师评价太低。学生对志愿者教师本人的满意度很高,对教学和教学内容满意度为一般,而且也有小部分的学生对志愿者教师不满意。这表示部分学生感到志愿者教师的教学方法还没达到要求,准备的课程内容不够丰富,教学方法也不够吸引人,课堂活动还不能调动学生的积极性。同时笔者也分析了不同汉语中心的调查结果,发现结果几乎一样,那就表示在南部片区学生对志愿者教师的反馈差不多。

为了了解汉语本土教师对志愿者的满意程度,笔者设计出两份问卷。本问卷注重志愿者教师本人能力和教学能力,调查结果具体见表2.4。

从调查结果看,本土教师对志愿者教师的教学方面比较满意,特别是志愿者自身素质。在教学技巧方面满意度为一般,本土教师指出志愿者缺少教学

表2.4　泰国本土教师对汉语教师志愿者本人能力与教学能力的满意度情况

单位：%

评 估 标 准	满意度占比				
	5分	4分	3分	2分	1分
教 师 方 面					
1　教师的教学设计和教学检查方法	22.5	57.5	20.0	0	0
2　本学科教师的专业知识水平和能力	32.5	52.5	15.0	0	0
3　教师能否遵守社会公德和职业道德	42.5	40.0	17.5	0	0
4　教师的言行举止文明,着装得体	35.0	50.0	15.0	0	0
5　教师是否认真进行课前准备,按时上课、下课,不擅自离开教室	35.0	47.5	17.5	0	0
6　教师分析、解决问题的能力和提高学生学习兴趣的能力	25.0	50.0	22.5	2.5	0
教 学 内 容 方 面					
7　教学内容是否新颖,有吸引力	10.0	52.5	37.5	0	0
8　教学内容是否具有实用性	20.0	52.5	27.5	0	0
9　教学内容是否适应授课班级的能力水平	12.5	57.5	27.5	2.5	0
教 学 方 式 方 面					
10　教师能否按照教案进行授课	15.0	70.0	15.0	0	0
11　教师能否运用不同的教学方法调动学生的积极性	15.0	50.0	35.0	0	0
12　教师授课时是否组织学生开展学习活动,归纳总结知识	22.5	50.0	27.5	0	0
13　教师授课时能否启发学生思考和调动学习兴趣,扩展新知识	15.0	55.0	30.0	0	0
14　教师能否营造良好的学习环境,使学生提高学习兴趣	22.5	42.5	35.0	0	0
15　教师课堂组织的能力和调动学生的学习积极性	27.5	45.0	27.5	0	0
16　在教学过程中,教师能否熟练地使用多媒体教学设备给学生展示多样的授课内容	12.5	55.0	32.5	0	0
17　教师使用多媒体教学设备能否给学生带来很好的学习效果	15.0	57.5	27.5	0	0
18　教师在教学方面有没有运用其他先进的多媒体教学设备	17.5	52.5	27.5	2.5	0

经验,在这方面的工作效果还不是很好,课程内容安排与使用教学设备方面也是如此。

4. 本土教师眼中志愿者的工作和生活情况

表 2.5　泰国本土教师对汉语教师志愿者的工作与生活的满意度情况

单位:%

评 估 标 准		满 意 度 占 比				
		5分	4分	3分	2分	1分
工　作　方　面						
1	对工作充满热情	40.00	44.00	13.33	2.67	0
2	热心帮助同事	48.00	42.67	8.00	1.33	0
3	了解任教学校的文化背景	26.67	45.33	24.00	4.00	0
4	礼貌和尊重	53.33	38.67	6.67	1.33	0
5	尊重同事	50.67	42.67	5.33	1.33	0
6	工作努力、认真	40.00	46.67	9.33	1.33	2.67
7	准时有时间观念	44.00	41.33	6.67	8.00	0
8	遵守学校的规则	49.33	42.67	6.67	1.33	0
9	有志愿奉献精神	37.33	49.33	12.00	1.33	0
10	了解泰国的教学制度	21.33	44.00	25.33	9.33	0
传　达　知　识　方　面						
11	知识传达明确程度	24.00	52.00	20.00	1.33	2.67
12	营造教学氛围	21.33	52.00	22.67	1.33	0
13	教学内容齐全	30.67	46.67	17.33	2.67	0
14	学生教学参与度	28.00	56.00	12.00	1.33	2.67
15	备课认真	34.67	42.67	16.00	4.00	2.60
16	逐步教导,并清楚地解释问题	28.00	45.33	21.33	4.00	1.33
17	为了让学生更深理解,经常举例子	32.00	41.33	21.33	4.00	1.33
18	有教材	29.33	44.00	20.00	4.00	2.67
19	在教学过程中有学习测试	24.00	49.33	22.67	2.67	1.33
20	课堂管理	14.67	24.00	46.67	12.00	2.67
生　活　方　面						
21	社会参与	34.67	40.00	24.00	0	1.33

续　表

	评 估 标 准	满 意 度 占 比				
		5分	4分	3分	2分	1分
生　活　方　面						
22	尊敬与配合责任老师	45.33	40.00	14.67	0	0
23	生活适应能力	38.67	41.33	18.67	1.33	0
24	学习新事物的热情	38.67	34.67	24.00	1.33	0
25	与周围人互动	32.00	38.67	25.33	4.00	0
26	有做事准则	29.33	56.00	12.00	2.67	0
27	关心学生和同事	30.67	53.33	13.33	1.33	1.33
28	奉献感	34.67	46.67	16.00	1.33	1.33
29	自我责任	33.33	53.33	12.00	1.33	0

从调查问卷结果可以看出,在工作方面,大部分的本土教师对志愿者教师的工作态度比较满意,但是也有少部分不太满意,特别是在了解泰国的教学制度这一方面,还有特别不满意的。传授知识方面是为了了解志愿者的教学工作的情况,这方面的调查结果有明显的不太满意,而且包括特别不满意。在课堂管理的方面,不只是本土教师不太满意,志愿者教师也知道自己存在这个问题。故笔者认为如果在岗前培训时志愿者知道该怎么管好泰国学生,这样工作效果会更好。其他方面大都是因为志愿者缺乏教学经验,可是这方面通过慢慢练习会有所好转,而且如果志愿者提前知道泰国学生学习的真实情况,可以提前准备适合泰国学生的教学方案。在生活方面,本土教师是比较满意的,但是从问卷中可以看出本土教师还是希望志愿者与周围的人多互动,以便认识新朋友,让志愿者的生活更有意思,不会感到孤独,来学校工作也会觉得开心、幸福。

三、访谈及分析

为了对志愿者各个方面有更深了解,笔者还通过访谈收集了一手信息,包括志愿者教师对岗前培训的想法、志愿者教师在赴任期间遇到的问题、学生对志愿者教师的建议、汉语本土教师对志愿者教师的意见等。

（一）志愿者对岗前培训的建议

志愿者们觉得在岗前培训中对他们帮助最大的课程内容是泰语课、课堂管理、教学技巧；对他们帮助不大的是汉语本体知识与中国文化知识。大部分志愿者认为岗前培训内容中缺少与赴任国相关的课程，如赴任国国情、泰国文化与实际生活、文化冲突、教学方法、学生的实际课堂表现、跨文化交际能力、泰语知识、课堂管理等。此外，汉语教师志愿者还针对岗前培训提出了需要改进的建议，他们认为汉办需要加长培训时间，加强基础泰语的培训以及跨文化交际内容的培训，加强对赴任国文化的教育，增强跨文化交际能力。除此之外，因为赴任工作不止教学，因此他们希望多一些关于如何组织文化活动等方面的讲解，多增加一些泰国人的穿着礼仪和生活习惯的内容。

（二）志愿者赴任期间遇到的问题

（1）学生。因语言不通无法很好沟通。学生没有学习动机，汉语水平参差不齐。学生比较懒散，上课不认真听课，爱说话，偷偷玩手机。学生调皮捣蛋，课堂出勤率不高，课堂纪律混乱，注意力无法集中，学习不努力，不配合教学工作。学生自律能力太差，时间观念也比较差，有时无法完成布置的课后作业。

（2）人际问题。最大的问题也是语言不通，有些本土教师汉语水平不高，无法顺利沟通，导致很多的事情表达不清或表达错误，工作交接出现问题。跨文化交际的困难包括，因生活背景不同产生文化差异，有时生活习惯、处事方式不同会产生一些误会。饮食习惯、作息习惯不一样，也会带来一定麻烦。

（3）学校管理制度问题。汉语教师数量少，压力较大。学校活动很多，有效教学时间不足，而且学生有活动，老师不能及时得到消息，管理弹性太大。有些平时不怎么学习的学生最后学校都会让通过考试。

（4）文化差异问题：工作观念、工作方式不同。泰国工作时间弹性大，老师们工作节奏相对较慢。中午没有午休，下午容易感到没有精神，需要调节自身作息。泰国学生寓教于乐。泰国教育有平时分，与中国教育不同。

（5）自身问题。最大的问题是赴任国语言问题，一是不能清楚表达自己的要求；二是教学经验不足，上课形式较单一，讲课的过程中不能很好地引起学生的兴趣，不能有效控制课堂。专业技能不足，专业知识须更新。课堂情绪管理不太好，对学生不够严格。

（6）在日常生活中自己遇到的问题：最大的问题还是语言不通。交通不便,日常出行和采购不方便。因为泰国是热带国家,小动物比较多,蚊虫、蟑螂、蝎子等可怕的动物太多,要注意杀虫和防蚊虫叮咬。

(三)学生对志愿者的建议

(1)语言沟通问题。因为老师不会说泰语,所以有些简单的课堂用语也无法沟通,学生听不懂老师的指令,不能完成老师指示的任务,有时候双方理解不一样,达不到预期的教学目的。

(2)教学问题。老师上课讲课速度很快,有的声音太小,而且使用的词汇难度比较大。学生跟不上,听不懂,感到学习没有成就感,不想学习。老师的教学方法很枯燥,没有吸引力,让学生感到无聊,因此慢慢失去了学习的兴趣。

(3)课堂管理问题。因为泰国学生很活泼,调皮难管,志愿者教师无法控制课堂气氛。老师只注重汉语水平比较好的学生,让学生感到老师偏心,因此学生会不想学汉语。

(4)学生对志愿者教师的要求。首先学生希望志愿者教师会说一点泰语,这样可以解决语言沟通问题;其次希望遇到很容易亲近的志愿者教师,这样让学生对汉语课感兴趣,想上课;再次改进教学法,设计更多的教学方法,可以采用游戏法,设计文化活动,采用的课程内容具有实用性,可以应用在日常生活中;最后希望志愿者教师对学生很严格,这样才可以管得住不太听话很调皮的学生。

(四)本土教师对志愿者教师的建议

(1)语言不通。很难跟学生或者其他老师交流,甚至可能产生误会。泰国教学制度的不太稳定会使中国老师工作效率低下。对于泰方中方的理解不一致,中国老师不习惯提问,因此自己做会容易出现错误。中国老师适应能力差,不接受改变。志愿者教师有时候用词太重,缺乏耐心。

(2)课堂管理。管理不好课堂纪律,做不到一视同仁,让学生感到不平等。本土教师和学生可以经常交流,课堂上发生什么事学生都会来告诉本土教师,而志愿者教师不能解决课堂上的突发事情。

(3)教学方面。没有教学经验、技巧,教学没有层次,设计的课堂教学内容不适合泰国学生,老师很优秀,可是不能传播知识,还得要依靠泰方老师。上课时没有自信,会使学生厌学,对汉语不感兴趣。

(4)其他方面。缺乏志愿者精神、工作热情。有的志愿者教师是非教育专业的,所以不具备教师工作的基本技能。有些志愿者不太理解各地的风俗习惯,很难适应当地的生活。很少主动与周围人打交道,也很少参与学校的活动。

四、对泰国汉语教师志愿者的本土化培训实施及效果反馈

笔者通过调查问卷、访谈以及课堂观摩等方式,对比分析了岗前培训的《汉语教师志愿者培训大纲》的课程内容后,发现志愿者培训还缺乏对"泰国教育制度、泰国学生学习的真实情况、怎么管理好泰国学生、泰国人的工作风格、志愿者教师的主要任务"的内容的了解,此外要加长赴任国语言的教学课时,补充有关心理学内容。针对这些问题,笔者在泰国语言政策的指导下试提出如下的符合汉语教学情况的培训内容:

(一) 了解泰国教育制度

(1) 汉语课程普遍分为两种:必修课(专业班)与选修课(选修班)。现在汉办指定新的要求:接收志愿者项目的学校,汉语课程的课时不少于 2 节/周,如果不符合汉办的要求,汉办将不派遣志愿者到任教学校。

(2) 汉语课程安排的教学模式是团队教学,本土教师与志愿者教师一起上课。在每一门课上志愿者教师和本土教师一起安排课程内容、学生成绩评定方式。一般来说选修班 2 节/周,包括汉语本土教师一节课,志愿者教师一节课。专业班课时安排不固定,对志愿者教师来说一般课时安排是每个班 2—3 节/周。专业班的教学由志愿者教师单独上课,因为学生汉语水平比选修班的学生好,不需本土教师辅助,但是本土教师会偶尔查看上课情况。

(3) 测试与评估系统。在第三部分笔者已提及有关泰国中学的评分制度和汉语课按照教育部指定的系统评分。一般汉语课有两种课型:必修课和选修课,两种课型的分数安排均为满分 100 分。(见表 4.1)

考试分数由成绩决定。最终的成绩由期中考试和期末考试几个部分组成,并非只由期末考试决定。志愿者教师和本土教师一起出试卷。志愿者教师按照自己负责的教学内容设计一半的试卷,本土教师也根据自己上课的内容设计一半的试卷,两份合在一起为一份完整的汉语考试试卷。一般每种分数的安排是一人一半。由于志愿者教师不太懂这部分工作,也导致了一些不必要的麻烦。本土教师特别希望志愿者教师先了解这些情况。平时分是按照学生平时上课的各方面表现而来的,如课堂表现、作业、练习、考勤等。

表 4.1　泰国中学测试与评估系统分数表

汉语教学评分制度						
课　型	百　分　点(%)					
必修课	考　试		平　时　分			
	50		50			
	期中考试	期末考试	期中前	期中后	期末前	期末后
	20	30	10	10	15	15
选修课	考　试		平　时　分			
	40		60			
	期中考试	期末考试	期中前	期中后	期末前	期末后
	20	20	15	15	15	15

(二)了解泰国学生学习的真实情况

泰国中学生个性特点:泰国中学生个性较特殊,跟中国中学生不同。不同的年龄阶段情况有差异,故笔者将对不同的学习阶段分开介绍。

初中生的个性特点:泰国初中生一般在 11—16 岁。初一的学生,刚开始接触新学校、新朋友、新老师,会对学校的所有方面都有新鲜感。学生学习比较认真。但因为年龄还小,在课堂上会一直说话,注意力不集中,不过不会乱走。因为学生们都很怕老师,比较听老师的话,所以此阶段教师应严格管理。初二的学生在学校里公认最难管,不仅志愿者教师,本土教师也觉得很头疼。初二的学生,已经入校一年了,他们不喜欢上课。初三的学生要准备高中入学考试,对学习比较认真,怕不能毕业,但是也会存在爱说话、玩手机的状态。一般初中生比较怕严厉的老师,老师要对此阶段的学生很严厉才能完成教学任务。

高中生的个性特点:泰国高中生一般都在 15—19 岁。这一阶段他们的身心发展趋于成熟,与社会接触面更广。高中生比较注重友谊关系,以自己情绪为主,固执、狡猾、冲动、懒惰、没有学习动机,不太怕老师,特别是外国老师。

泰国中学生的学习课堂特点:泰国学生喜欢轻松的学习氛围,不喜欢压力太大;喜欢小组学习,一起学习、聊天、玩游戏,在课堂上一边学习,一边聊天。泰国学生喜欢动手,手工能力比较强。老师要利用这个优势布置学生的学习任务,发展学生学习汉语的能力。学生课堂表现十分活跃,因为泰国学生喜欢活动、游戏,如果老师安排有趣的课堂活动,他们会很积极地参与,但会存在吵闹的状态。泰国学生喜欢比赛,老师可以在课堂上设计比赛活动。老师应该利用学生的特性,鼓励学生参加汉语教学活动,让学生对汉语慢慢感兴趣,并且调动学生的积极性与热情。泰国学生最大的特点是他们不爱学习但是很注重分数,很怕被老师扣分,老师可以合理利用这个特点,让学生努力认真学习。

(三)课堂管理方案

对于如何管理好泰国学生,上面笔者已经提到泰国学生的课堂学习特点,泰国学生不爱学习但是非常注重分数,"扣分"是对学生的课堂管理最有效的方法。笔者通过一些本土教师对课堂上遇到比较普遍的几个问题,提出如下的解决方法:

对于学生迟到,初次上课老师要跟学生提出迟到的相应惩罚。比如学生可以迟到5分钟,但如果超过5分钟老师会扣平时分。这样迟到的人数会慢慢变少。

对于学生不交作业,老师要规定好交作业的时间。如果有学生不交作业,将扣除此次作业的平时分,并告诉他们如果想通过这门课,下次的作业要准时交。

对于学生在课堂上吵闹,老师上课声音要大,或者可以利用麦克风辅助。泰国教育部规定老师不能打学生,但是老师可以拿教棍进课堂,学生吵闹不听话时可以用教棍敲打课桌以示警告,表现很生气的样子,学生会安静下来。如果有一些学生不听课,老师可以走到他们的身旁,敲敲他们的桌子。老师上课的时候要多在教室里走动,不能一直坐在桌子前或者站在讲台处。

对于学生不专心学习,教师可以利用泰国学生比较注重友谊、喜欢小组学习这一点安排教学。跟本土教师商量重新安排学生的座位,指定汉语水平好的学生跟汉语水平较差、不专心学习的学生坐在一起,如果后者有学习进步会给双方加分数,如果没有进步,会扣分。这样汉语水平不好而且不专心学习的学生怕影响到朋友的分数,会慢慢地变得更加努力。

因为语言不通的问题,志愿者教师不能用泰语表达自己的要求,学生的汉语水平还没达到能理解老师要表达的程度,可以找本土教师帮助翻译。泰国学生比较习惯严格的老师,志愿者教师也要学会对学生很严,但是要学会转换好角色：在课堂上是比较严的老师，下课了以后是比较很容易接近的老师，这样容易与学生建立师生关系。

（四）了解泰国人的工作风格

泰国中学在工作方面弹性比较大。比如说学校通知明天要进行一些活动，可能今天下午或者明天早上老师们才知道。

泰国学校办事程序多，过程慢且复杂。比如说要报销有关志愿者教师的费用，要准备很多材料，而且要花大概1个月的时间才能完成。

泰国老师喜欢主动帮忙、有积极性的人。中国人做事分工明确，但是泰国人喜欢互相帮助，看人心意。

泰国老师喜欢认真工作、认真教书的志愿者教师。因为泰国老师工作量很大，如果志愿者教师主动备课，认真工作，向泰国老师询问、请教有关教学的问题，会增加泰国老师对志愿者老师的信任。

泰国老师喜欢有贡献精神的汉语教师志愿者。因为汉语教学活动很多，尤其是各种汉语比赛，泰国老师希望志愿者教师会主动提供准备方式，牺牲休息时间给学生排练。

泰国人尊重长者，每次见到其他老师要向老师们打招呼，听长者话。

泰国人对志愿者教师有一些要求：志愿者进行角色转换：国内是学生，在泰国是老师，不再是总被人照顾，应该有主动性，要有独立能力，不是有什么问题就一定要学校给解决，要学会先自己解决。

（五）了解志愿者的主要任务

志愿者的主要任务一般有两个：一是汉语教学。这个任务是按照志愿者的课程安排的，志愿者教师要完成自己所负责的课程；二是排练比赛。每年泰国有很多汉语教学比赛，尤其在八月份大概有四五场比赛，每场比赛有相同的比赛项目，也有不同的比赛项目。

五、结论

泰国语言政策中，汉语地位逐年提高，在汉语国际教育逐步推广的大背景下，教师队伍建设问题作为"三教"的基本问题，成为专家们关注和研究的重点。在中国经济发展和国际影响力提升的背景下，汉语在全球语言中的地位和影响也随之提高,汉语教师志愿者俨然已成为中坚力量。赴泰汉语教师志愿者项目自实施至今已有十余年之久,汉语在泰国的影响不断深入,因此泰方对汉语教师志愿者的综合能力提出了更高的要求。赴泰国汉语教师志愿者岗前培训自2003年始,已有16年历史,但仍存在不少问题,尤其是在符合泰国语言政策的"本土化"方面。只有明白赴任国的汉语语言政策和具有真实性和针对性的"本土化"知识,汉语教师志愿者才能更快地适应赴任国的汉语教育氛围,融入汉语的教学与推广工作中。泰方已经注意到这些问题,但是因为预算有限,而且汉语教师志愿者抵达泰国时已临近赴任学校的教学时间,如果举行"本土化"岗中培训的话,会影响到工作时间。笔者在泰国有过五年汉语教师志愿者负责老师的经验,也看到了志愿者教师存在的各种问题,因此选择对此进行研究。笔者认为解决此问题最好的方法是基于泰国语言政策来改进岗前培训的课程内容。

在研究中笔者发现,如果只看岗前培训的课程内容大纲的安排,所有的课程都已经安排得很周全,涉及赴任国的各个方面的知识。但是深入研究以后发现岗前培训课程的内容对赴任国很多真实情况的培训还不到位,缺失很多方面的内容。比如,泰国语言政策、泰国教育制度(课型、教学模式、测试与评估系统)、泰国学生学习的真实情况(中学生的个性特点以及课堂学习特点)、对泰国学生的课堂管理方案、处理学生不合适行为的方法、泰国人的工作风格、汉语教师志愿者的主要任务、文化背景等。除了缺乏赴任国的很多真实情况内容,岗前培训课时安排要加上赴任国语言的培训时间,补充有关心理学的内容。

自从事教师行业以来,笔者在汉语教学中遇到了很多问题,不管是教师、教材、学习者、还是汉语教育策略等方面,都有很多的不足。现笔者学习汉语国际教育专业,研究领域和学习范围有密切的关系,在研究的过程中也遇到了一些问题,如:第一,相关汉语教学策略与汉语中心进行培训情况的资料要通过泰国教育部申请参考资料,申请过程漫长复杂;第二,上网查阅和收集资料有一定的困难,因为在中国有很多泰国网站无法使用,这影响到相关资料的收集;第三,时间和距离问题,笔者不能对南部六所汉语中心的所有老师进行访谈,只能在每所抽出两三位老师;第四,预算问题,笔者不能给南部六所汉语中心的所有汉语教师志愿者进行培训,只能在甲米汉语中心进行培训;第五,本土汉语教师汉语能力有限,笔者不能直接用汉语进行访谈,为了能得到比较深入的意见只能用泰语进行访谈,这些问题也限制了本文的研究质量。

　　笔者希望本文提出的培训策略能够帮助到赴泰国汉语教师志愿者,让他们在任教期间能够幸福快乐地工作,使泰国的汉语教学质量越来越好,泰国学生的汉语水平越来越高,并让泰国的各级领导、老师以及学生对这些汉语教师志愿者有更好的评价,从而让中泰两国的关系更加密切。

参考文献

[1] 常凌霄.泰国中学汉语教师志愿者培训模式分析[D].中央民族大学,2012.

[2] 桂晶晶.对泰汉语教师志愿者培训研究[D].广西大学,2014.

[3] 江傲霜,吴应辉,傅康.泰国汉语教师志愿者教学情况调查对志愿者培训工作的启示[J].民族教育研究,2011,22(05):85—90.

[4] 江傲霜.赴泰(菲)汉语教师志愿者培训课程考察探析[J].汉语国际传播研究,2013(01):147—157+221.

[5] 江傲霜,吴应辉.泰国汉语教师志愿者教学适应能力探析[J].华文教学与研究,2012(01):60—66.

[6] 姜丽萍.海外汉语教师"本土化"培训模式探究[C]//汉语国际教育人才培养理论研究.中央广播电视大学对外汉语教学中心,2011:10.

[7] 金莹.赴泰汉语教师志愿者培训工作调查分析[D].华中科技大学,2013.

[8] 李凌艳.汉语国际推广背景下海外汉语教学师资问题的分析与思考[J].语言文字应用,2006(S1):75—81.

[9] 林浩业.浅谈泰国汉语教学现状及其对汉语教师的要求[J].湖北广播电视大学学报,2007(11):97—98.

[10] 潘霄宇.赴泰国职校汉语教师志愿者在岗培训模式研究[D].辽宁大学,2017.

[11] 吴应辉,郭骄阳.泰国汉语教学志愿者项目调查报告[J].云南师范大学学报(对外汉语教学与研究版),2007(01):8—11.

[12] 颜芳芳.赴泰志愿者对课程的实际需求与岗前培训课程内容对比分析[D].暨南大学,2014.

[13] 杨慧.基于志愿者需求的赴泰国际汉语教师岗前培训研究[D].广东外语外贸大学,2015.

[14] 刘珣.关于汉语教师培训的几个问题[J].世界汉语教学,1996(02):100—105.

[15] 张新生.《国际汉语教师标准》和汉语外语师资培训本土化[J].国际汉语,2014(00):47—51+121.

[16] 周小兵.海外汉语师资的队伍建设[J].云南师范大学学报(对外汉语教学与研究版),2007(05):9—10.

[17] 赵忟.对赴泰汉语教师志愿者岗前培训的建议——以2016年北京语言大学培训为

例[J].黑龙江教育(理论与实践),2017(Z2)：29—31.

[18] **ภูวกร ฉัตรบำรุงสุข** ศูนย์จีนศึกษา สถาบันเอเชีย จุฬาลงกรณ์มหาวิทยาลัย. (2551). **การเรียนการสอนภาษาจีนใน ประเทศไทย: ระดับประถมศึกษาและมัธยมศึกษา.** กรุงเทพฯ: หจก. ศรีบูรณ์คอมพิวเตอร์-การพิมพ์.

[19] **พิชัย แก้วบุตร1 อธิปัตย์ นิตย์นรา2.**(2559).สภาพและแนวทางการพัฒนาการเรียนการสอนภาษาจีนในโรงเรียนรัฐบาล.การประชุมวิชาการระดับชาติมหาวิทยาลัยราชภัฏภูเก็ต ครั้งที่ 8 "การวิจัยและพัฒนานวัตกรรมอย่างยั่งยืนสู่โลกาภิวัตน์".

作者简介：沈乔，上海大学国际教育学院。

土耳其伊斯坦布尔地区汉语
学习者去动机因素调查研究

◎ 徐顺锦

摘 要:本文通过对 135 名土耳其伊斯坦布尔地区汉语学习者进行问卷调查并对其中 12 人进行随机访谈,试图了解这些汉语学习者去动机的现状,然后运用 SPSS23.0 对调查数据进行探索性因子分析。研究发现,土耳其伊斯坦布尔地区学生汉语学习去动机主要受自我因子和环境因子的影响,其中自我因子所占比例是最大的。而在其他去动机因素研究中占比较高的教师因子反而在此次研究中不明显。最后在此调查分析的基础之上,针对主要去动机因素,提出了相应的改善方案。

关键词:去动机;伊斯坦布尔地区汉语学习者;影响因素

一、研究背景

土耳其共和国位于亚洲西部,地跨欧亚大陆,总人口数达 8 000 万人。随着中国国际影响力的日益增强,以及"一带一路"合作倡议的推广,中土两国的贸易、经济、文化方面的交流日益频繁,越来越多的土耳其人开始学习汉语。而伊斯坦布尔是土耳其第一大城市,常住人口达 1 500 多万人,占土耳其总人口的 18.75%。同时也是土耳其汉语推广的热门城市。在土耳其共有 4 家孔子学院,其中的 3 家都设在了伊斯坦布尔。近几年,随着伊斯坦布尔汉语教学的兴起,一些教学上的问题也随之凸显出来。就以海峡大学孔子学院为例,可以很明显地发现不少学生的学习热情从刚开始的兴趣盎然逐渐变成了敷衍了事,随即出现了学习成绩下降、汉语水平难以提升、迟到、缺课等现象,以至于最后放弃学习汉语。在数据上则表现为汉语学习人数在极为显著地逐级减少。例如,海峡大学孔子学院 2018 年秋季学期的零基础 101 班共有注册学生57 人,到了 2019 年春季学期进阶班 102 班则只剩下 26 人,学员流失率足有54.4％。这是汉语教学过程中,特别是海外汉语教学,时常会遇到的一个棘手的问题——学生的去动机现象。那么,到底是什么因素直接或间接导致了伊斯坦布尔地区汉语学习者的学习动机下降？现阶段土耳其汉语教学需要解决这个问题,因为如果想要在土耳其进一步扩大汉语教学范围和影响力,我们不仅要吸引更多的土耳其学生来学习汉语,还要留住已经在学习汉语的学生,借此培养出更多的高端汉语人才。因此,笔者借在伊斯坦布尔海峡孔院任教之便,针对此种现象展开了调查研究,以期回答如下几个问题:① 伊斯坦布尔地区汉语学习者去动机的因素有哪些？② 哪些因素对学习者产生的影响最大？③ 针对这些因素,又有哪些措施可以有效减少或降低学习者的去动机？

(一) 去动机的概念

去动机(demotivation),在国内也有些研究者将其称为"动机缺失""动机削弱""动机减退""负动机"等。Dörnyei(2001b)在前人研究的基础上认为,研究者们多在探讨二语动机的积极影响,却忽略了动机消极的一面。去动机因素不仅不能加强学习者学习行为,而且会使学习行为处于负面状态。随后他对去动机的定义进行了描述:去动机是指学习者曾经有强烈的动机,但是因为某些外部因素的影响失去了这种兴趣和投入。不过,随着研究的深入,有些研究者(Falout & Maruyama,2004；Sakai & Kikuchi,2009 等)发现学习者的内在因素(缺乏自信心、缺少内在兴趣等)也会导致其学习动机下降。因此,去动机应是内外部因素共同作用的结果。因此在本研究中,将"去动机"定义为:汉语学习者因为某些外部或内部的因素而表现出对汉语学习的不积极和低投入的行为。

(二) 汉语学习者去动机研究现状

对语言学习去动机因素的探究是语言学习动机研究过程中产生的一个课题,不少国内外的研究者,如 Oxfod（1998）、Dörnyei（2001）、Falout & Maruyama(2004)、Trang & Baldauf(2008)、梁良（2008）、刘宏刚（2009）等皆以调查问卷的形式对二语学习者的去动机因素进行了细致的探索。不过,以汉语作为第二语言的去动机研究并不多见,我们以研究对象是否在目的语环境为标准将其大致分为两类:一类是在目的语环境下针对来华留学生的去动机研究,如李晨楠(2011)、俞玮奇(2013)、颜俐(2015)、张蔚(2016)、周颖(2018)、高银花(2018)、吴思娜 & 王童瑶(2019)等;另一类是在非目的语环境下针对该国别的汉语学习者的去动机研究,如崔广莹(2013)、吉祥(2017)、李双君(2019)等。

在目的语环境下针对来华留学生的去动机研究中,李晨楠(2011)通过对三校148名外国留学生的汉语学习去动机因素调查发现:考试因素和教师因素是学习者去动机最大的原因。而俞玮奇(2013)更细致地分析了209名来华留学生的汉语学习去动机因素,发现"对汉语学习的负面态度""教学环境""自信心减退""教材和学习内容""教师"依次是造成来华留学生汉语学习去动机的前五种因素。他还发现不同语言、不同国别地区学生的去动机因素之间存在显著差异,日韩留学生的去动机因素强度要显著高于欧美留学生。因此便有研究者针对不同国家和地区的来华留学生进行去动机因素研究,如颜俐(2015)对48名马达加斯加在华留学生进行调查发现"成就感和自信心减退""师生关系""思念家乡"以及"教师的教学能力和方法"是导致马达加斯加留学生汉语学习动机减退的前四种影响因素,而周颖(2018)对134名中亚留学生进行问卷调查发现外部因素是导致中亚留学生汉语学习去动机的主要因素,其中影响力最大的是教师因素。但总的来说,由于来华留学生学习动机较强,去动机现象并不明显,关于不同国家地区的留学生去动机因素的研究结论之间的差别不大,总体的应用价值并不高。

而在非目的语环境下的汉语学习者去动机因素研究则相对较少,其中崔广莹(2013)对87名克罗地亚汉语学习者进行问卷调查发现汉语学习去动机主要受教师、学生和教学环境三种因素的影响,其中教师因素所占比例最大。吉祥(2017)则是对140位蒙古国科技大学的汉语学习者进行了问卷调查,发现蒙古学生汉语学习去动机是一个非常复杂且多变的过程。而李双君(2019)对95位匈牙利汉语学习者所做的问卷调查发现学习者因素和环境因素对学习者的去动机影响较大。通过对比可以发现,不同的国家由于整体的汉语教学环境的不同,其汉语学习者的主要去动机因素也存在着较大差异。

二、研究设计

（一）研究对象

现伊斯坦布尔地区共有中文教学点 17 个（2019 年），其中大学 9 所，高中 5 所，小学 2 所，汉语培训学校 1 所。由此可发现，大学生和高中生依旧是伊斯坦布尔地区汉语学习的主体。据此，本次研究对象的主体为大学生和高中生。我们对以上中文教学点中的海峡大学孔子学院（Confucius Institute at Bogazici University）、奥坎高中（Okan High School）发放了纸质问卷，道乌斯大学（Doğus University）、伊斯坦布尔阿依登大学（Istanbul Aydın University）、伊斯坦伊大学（Istinye University）发放了电子问卷，总共回收有效问卷 135 份。此外，还随机选取了 12 名学生进行了访谈。

（二）研究方法

本次研究的主要方法为定量的问卷调查和定性的访谈。问卷的设计参考了前人的研究（李晨楠，2011；崔广莹，2013；高银花，2018），囊括了教学方法、教学风格、教学环境、教学管理、教学设备、教师语言、教材、学习者自身等诸多方面，共 26 个题项，采用了 Likert 五级量表，从强烈不同意（1）到强烈同意（5）。而访谈的内容主要围绕以下 3 个方面：

① 请说说，最近有没有遇到过什么事情让你不想学习汉语？

② 你觉得让你不想学习汉语的主要原因是什么？

③ 对汉语学习过程中遇到的这些状况和困难，你有什么好的方法或建议吗？

此外，为了进一步增强此次研究结果的信度和弄清去动机产生的各个因素之间的相关性，首先对收集而来的数据进行了 KMO 测度和 Bartlett 球体检验，以确定该数据是可以做因子分析的。结果显示 KMO 值为 0.752（＞0.7），Bartlett 球体检验显著（.000），说明该问卷的数据是适合进行因子分析的。接着参考了前人的研究成果（Kim，2011；崔广莹，2013），再结合旋转因子矩阵所得出的各个因子负荷量和共同性，对所有题项进行自然分类，得出了三个主要的影响因子，并根据因子之间的相关性，分别将其命名为自我因子、环境因子和教师因子。并在随后对这三个主要影响因子进行的信度检验中得出,这三者的信度区间为 0.737—0.812(具有相当信度),其总体信度为 0.881(具有良好信度),可用于之后的研究之中。(见表 2.1)

表 2.1 影响因子信度分析结果

Cronbach's Alpha	学 生	环 境	教 师	总 体
相关度	0.788	0.737	0.812	0.881
项目数(个)	12	5	9	26

而在这三个主要影响因子之中,自我因子包含了学生的学习态度(1、20、23、26)、学习策略(20、22、25)、学习兴趣(16、17)、学习期望(2、4、21)以及对教师的评价(19);环境因素可以细分为教学设置(24)、教学设施(5)、教学管理(3、6)和教材(18);教师因素中的 9 个题项则主要涉及了教师的教学语言(8、9)、教学方法(10、12、13)、教学能力(7)、教学态度(14、15)和教学内容(11)。

三、数据分析及结果

表 3.1 是对调查问卷 26 个题项按照所归因子和平均值降序排布的描述性统计。其中"其他事情使我没有时间学习汉语"(26)、"汉语太难学了"(1)、"缺少固定的汉语老师"(6)、"课程设置不合理"(24)、"考试不能反映我的水平"(21)这五项的均值是最高的,其中前两项的均值都高于 3.00,可以看作是受试者去动机产生的最主要的原因。而对于其他一些均值低于 2.00 的题项,本文将不作为重点来讨论。

表 3.1 各题项按平均值降序排布描述统计

题 项	均值	标准差	题 项	均值	标准差	题 项	均值	标准差
学生 Q26	3.770	1.118	学生 Q22	2.160	1.126	环境 Q5	1.850	0.978
学生 Q1	3.120	0.849	环境 Q18	2.050	1.201	教师 Q11	1.810	0.950
环境 Q6	2.920	1.292	学生 Q16	1.940	0.952	学生 Q2	1.770	0.941
环境 Q24	2.780	1.203	学生 Q4	1.900	0.990	环境 Q3	1.750	0.914
学生 Q21	2.720	1.173	教师 Q9	1.890	0.941	学生 Q17	1.740	0.872
学生 Q20	2.390	1.127	学生 Q23	1.890	1.109	学生 Q19	1.580	0.878
学生 Q25	2.250	1.201	教师 Q12	1.860	0.899	教师 Q13	1.570	0.832

续　表

题　项	均值	标准差	题　项	均值	标准差	题　项	均值	标准差
教师 Q15	1.570	0.856	教师 Q14	1.349	0.655	教师 Q8	1.060	0.239
教师 Q10	1.360	0.542	教师 Q7	1.290	0.556			

　　根据上文所做的因子归类,对表 3.1 中三个主要因子的均值做进一步的描述分析,发现它们分别为 2.46(自我因子)、2.27(环境因子)、1.53(教师因子),三者各自所占比例依次为 39.3%、36.3%、24.4%。根据 Dörnyei (2001a:143)在其专著《动机:教学与研究中》指出的,"去动机在二语学习过程中是一种显著的现象,教师因素在去动机现象中起着相当重要的影响作用",将上述三个主要因子归类为教师因素和非教师因素两大类。结果显示,非教师因素在去动机中所占的比例 75.6%明显高于教师因素的 24.4%,这表明伊斯坦布尔地区汉语学习者去动机的主要原因是出在非教师因素上,其中自我因子的影响最大,而教师因子的影响反而是最小的。

　　这一结果同 Oxford(1998)、Dömyei(1998)、Arai(2004)、崔广莹(2013)等人的结论并不一致,他们认为教师因子是去动机产生的主要原因。不过,从他们各自研究中教师因子的占比来看(见表 3.2),其占比并不固定,也不具有绝对的优势,且其中变量很大,不易控制。如果教师的样本量小,则可能因为个别教师而导致实验结果出现极大的偏差。且 Falout & Maruyama(2004)通过调查对比分析了低水平学习者和高水平学习者英语学习去动机因素之间的差异,结果显示低水平学习者更倾向于将去动机因素归于自我因子,而高水平学习者更倾向将其归于教师因子。本次研究对象大多为低水平学习者,验证了Falout 等的观点。

表 3.2　国内外同类实验中教师因子占比表　　　　　　　单位:%

	Dömyei (1998)	Arai (2004)	Trang & Baldauf (2007)	崔广莹 (2013)	本次实验
教师因子	55	46.7	38	52.3	24.4

　　如果再根据动机理论框架将三个主要因子归为内部因素和外部因素两大类。调查数据则显示为外部因素 60.7%,内部因素 39.3%。这表明对于伊斯坦布尔地区的汉语学习者而言,即便教师因子影响是最小的,产生去动机的主要原因还是来自外部因素。而这一结果同 Tang & Baldauf(2007)和李双君

(2019)的调查结果基本一致(见表 3.3),不过同 Arai(2004)和崔广莹(2013)的研究结果相比,外部因素与内部因素之间的差距却没有显得过于悬殊。这说明,虽然语言学习者普遍认为影响他们去动机的最主要原因来自外部因素,但不同地区、不同语言、不同群体的具体情况会略显不同。因此对于伊斯坦布尔地区汉语学习者而言,虽然外部因素还是主要因素,但内部因素同样也是不可忽视的。

表 3.3　国内外同类实验中去动机内外因素占比表　　　单位：%

	Arai 2004	Trang & Baldauf 2007	崔广莹 2013	李双君 2019	本次实验
内部因素	3.8	36	27.1	36.3	39.3
外部因素	96.2	64	72.9	63.7	60.7

四、影响因素讨论

通过上一小节的数据分析发现,将本次调查研究结果与国内外同类实验(Dörnyei,1998;Trang & Baldauf,2007;崔广莹,2013)进行横向对比,可呈现出两个具有差异性的特点：① 教师因子对去动机的影响是最小的;② 自我因子对去动机的影响所占比例最大,以及一个显著性特点;③ 去动机主要受外部因素的影响。

(一)教师因子

在与教师因子相关的 9 个题项中,其均值都不超过 2.0,标准差也都小于1,均表明伊斯坦布尔地区汉语学习者普遍认为自身去动机的原因不出在教师身上。通过访谈则进一步验证了该结果：12 名受访学生均对自己的汉语老师很满意,表示与其他语言课堂相比,汉语课堂的氛围显得轻松活泼,老师不仅注重学生在课堂上的口语锻炼,而且在课后也十分关心学生的汉语学习情况。还有部分学生更是表示自己的汉语老师是最棒的汉语老师,是自己遇到过的最好的中国人。由此可看出,伊斯坦布尔地区的汉语学习者对自己的汉语老师有很强的认可感,同时汉语老师也很受学生的欢迎和喜爱。

至于,Krishnan & Pathan(2013)两人所归纳出的"教师过于重视语法,过于提倡死记硬背"和"课堂上只顾独自讲课、跟学生没有互动反馈"这两个因素极大可能会降低学生二语学习动机的影响因子,及崔广莹(2013)同样提到的"教师花在讲解语法上的时间太长""教师讲义用的是晦涩难懂的语言""无法听懂教师的语言""教师普通话不标准"等这些导致学生去动机的教师因子,在调查数据中均没有凸显。由此可见在本次调查覆盖范围内的伊斯坦布尔地区5所中文教学点中的12名汉语教师均未明显出现以上所指的这些问题。

不难看出崔广莹(2013)指出的汉语教师以教师为中心的教学模式,重语法和阅读、轻听说能力的教学风格,及个人素质不达标、教学能力不强、对待学生的态度含蓄等这些影响学习者汉语学习去动机的问题已然得到了极大的改善。随着国际汉语教师培养体系的逐渐完善,汉语教师的教学模式、教学风格得到了较大改善,个人素质和教学能力都得到了较大提升。另外,在对待学生的态度上,汉语老师也往往能和学生培养出良好的师生关系,对学生取得进步时的表扬可以说一点都不"吝啬"。这些好的变化在本次调查中得到了良好的反馈,因此教师因子反而成为对去动机影响最小的因子。

(二)自我因子

在12项与自我因子相关的项目中,"其他事情使我没有时间学习汉语"(26),均值高达3.770,居于榜首,可以看作是学生去动机的最大原因。在受访的12名学生中,有9名学生皆表示自身原本对汉语很感兴趣,但总是受到诸如自己的专业、其他课程、课外活动、考试、工作或其他事情的影响,而没有时间也没有办法专心学习汉语,导致汉语进步不明显,没有达到自己的预期,最终逐渐失去学习汉语的兴趣。还有学生表示,有时候往往自己下定决心要努力学习汉语,却又常常碰到其他更为重要的事情如期中测试或期末考试急需自己去处理,往往半途而废,等自己有足够的时间了汉语课却结束了,自己又很难独立学习,所以总是受到各种因素的影响。

另外,通过问卷,也可看出不少学生反映了"汉语太难学了"(2)这一问题,其均值为3.120,排在了第二位,不可小视。从访谈中了解,汉语太难学很大程度上可归因于汉字太难学。部分学生反映,学习汉语就像同时在学习两门语言——拼音和汉字,常常会弄不清楚两者之间的联系。土耳其语用的又是表音的拉丁字母,意音分离的汉字在学生看来就像是一幅来自遥远东方的神秘壁画,不明其意。这让他们对汉字的学习产生了一种畏难的心理,慢慢失去了兴趣,到最后有些学生还出现了老师一讲到与汉字相关的内容就会自动屏蔽的举动。这种直接放弃学习汉字的行为会使学生的汉语水平很难得到有效的提高,对学生汉语的再学习和学习的动机都会产生负面的影响。

上述的两个问题,其根源很大程度可归咎于学生学习汉语的态度(指学习者对汉语及对与汉语相关的社会文化和使用价值的态度)上。在伊斯坦布尔17个中文教学点中,只有奥坎大学和伊斯坦布尔大学设有中文专业,汉语课是专业课、必修课,其他15个教学点的汉语课都是选修课。有些学生是出于自身的兴趣选修汉语,而有些学生可能是抱着混学分或是汉语课比较容易过的心态选修了汉语课。这表明伊斯坦布尔地区汉语学习者总体而言汉语学习动机就不强,而且对汉语学习也没有足够重视。所以每当遇到其他事情,都会不自主地把学习汉语往后推,也一直抽不出时间来认真学习汉语。这一情况使学习者的汉语水平很难有很大的提高,也间接导致了学习者觉得自己的汉语进步得很慢(20),达不到自己的预期(21),汉语很难学,特别是在需要花费很多时间去机械操练的汉字上。不过,短期内很难着手去改变这一现状,本文只能通过学生反馈出的一些具体问题,提出相应的建议和改善方案。

首先,针对伊斯坦布尔地区汉语学习者学习动机不强,在学习态度上对汉语学习还不够重视这一主观问题,要让学习者,特别是初、中级的汉语学习者相信一定的汉语水平会给他们带来实际的好处,让他们有动力继续学习以达到该水平。具体可从以下几点入手:(1)现今中国政府对国外汉语学习者有诸多优惠政策,如孔子学院奖学金、中国政府奖学金、地方政府奖学金、各大高校的独立奖学金和暑期夏令营项目等,在伊斯坦布尔还特设有"中国总领事奖学金",不过调查发现并不是所有学生都了解这些奖学金项目。因此,在学期初,便可在课堂上或是全校范围内开一个宣讲会,向学生详尽地介绍这些奖学金政策,让他们尽早了解到学习汉语、通过 HSK3 级考试、取得优异的汉语成绩可以给自己带来的诸多实际好处,提高他们对汉语学习的重视程度。另外,还有一年一度的"汉语桥"世界大学生中文比赛,获胜者不仅可以免费去中国,有的还被邀请参加中国的电视节目,这对部分学生也是不小的吸引。(2)随着中国高等教育质量的稳步提升,去中国留学也逐渐成为土耳其学生的选择之一。不过相比于欧美高校,土耳其学生对中国高校的具体情况和对国际学生的奖学金政策及待遇条件还不够了解。因此,同样可以开设宣讲会,介绍中国的一些知名高校及其重点研究领域,或是一些国际留学项目,如北大的燕京学堂、清华的苏世民学院等,还有一些优异的待遇条件,可以让土耳其学生对中国高校有初步的了解,并觉得去中国留学也会有很好的自我发展和深造可能,由此增强他们汉语继续学习和提高自己汉语水平的动力。(3)近几年,随着中土经济交流的频繁,越来越多的中国企业在伊斯坦布尔落户,比如华为、小米、阿里巴巴、中国工商银行等。进入这些中国企业工作对于土耳其学生来说同样是很好的机会与发展。因此,可以同这些企业进行合作协商,每年推荐固定数额的学生进入中国企业实习。这会在很大程度上提高学生汉语学习的动力,并为他们以后的发展提供帮助。

其次,关于学生反映的没有时间学习汉语这个客观问题。有的学生是因为专业课冲突,而有的学生是因为工作、考试、课外活动等一些因素。因此,可以选择避开这些学生繁忙的时段开设汉语课。比如海峡大学孔子学院就设有周末汉语班,那些由于专业课冲突而不能选修汉语课的学生就可以先上周末班,然后下学期再选修汉语课,如此便不会落下进度,且能保持对汉语学习的兴趣。另外根据部分学生反馈,可尝试开设暑期班,让学生有足够的时间用于汉语学习,并可以在短期内使汉语水平得到集中、突破的提升。

最后,针对学生汉字难学的问题。首先要消除的就是学生对汉字的畏难心理,增加汉字学习的趣味性,将练习与游戏作为汉字教学的主体,让学生从游戏中学到汉字。同时,也不强求学生一定要学汉字,因为对于部分学生而言,具备基础的汉语沟通能力即可,强求学生学习汉字有时会适得其反。另外,在教学之初就要强调汉字的重要性,先大体介绍汉字的结构和构字方法,让学生对汉字的构造有个基本的认识。不要一味追求"字量",而是让学生先掌握最为基础的汉字,从认识到会写,并最大限度地提高字词的复现率。此外,对于不想学汉字的学生还可以采用"认写分流、多认少写"的汉字教学方针,让这些学生也能有效地认读汉字。

（三）环境因子

在本次调查研究中,伊斯坦布尔地区的汉语学习者同样认为导致他们去动机产生的主要原因是来自外部因素的影响。而在外部因素中,环境因子所占的总比例达 36.3%,主要体现在缺少固定的老师(6)和课程设置不合理(24)这两点上。

其中缺少固定的老师的主要原因在于缺少本土汉语教师,而孔子学院外派汉语教师志愿者的任期往往只有一年,公派教师也只有两年。教师的更换及流动无疑会对学生的汉语学习造成一定的影响。特别是从上文教师因子的探讨中可发现,大部分汉语教师都很受学生的认可和喜爱。所以当受学生欢迎的汉语老师离任,新的老师又未与学生建立起良好关系的话,学生的学习动力便会很容易受到影响。针对此种状况,一来可以鼓励汉语教师志愿者和公派教师留任,多多体验赴任国的风土人情;二是加大土耳其本土汉语教师的培养,鼓励对汉语教学感兴趣的土耳其学生申请孔子学院奖学金,到中国学习汉语国际教育专业,然后回国教授汉语,使汉语教学在土耳其有良好的成长土壤。

课程设置的合理与否也直接关系到学生的学习效果及积极性。调查显示,课程设置不合理(24)的均值为 2.78。在访谈中,有 8 位学生提到希望开设口语课,从而有更多的时间锻炼自己的口语。6 位学生表示对中国文化课感兴趣,希望能够了解更多的中国文化。还有 3 位学生想学习太极。对于零基础的学生而言,开设口语课或听力课无疑是有必要的。特别是对于在海外学习汉语的学生,他们平时并没有很多的机会说汉语,那么在课堂上说汉语的时间就显得异常珍贵,而专门的口语课可以极大地增加学生说汉语的时间。另外,从学生对中国文化课的诉求中可看出学生对中国文化的兴趣。现阶段,大部分学生对中国文化的了解仅是通过老师课堂上零碎补充的一些内容,并不全面,也不成系统。如果有一门专门的文化课可以向学生全面又系统地介绍中国的文化,无疑可以加深学生对中国及中国文化的了解,并在一定程度上降低学生的去动机。太极课的开设也是如此。因此,教学管理者可以根据教学点的师资力量和学生的汉语水平,适当地将口语课、文化课和太极课之类的课堂纳入课程的设置中去,增加课程丰富性同时也可以吸引更多的学生来学习汉语。如果师资不足,也可以展开相应的活动。比如口语课可以设计成汉语角或中国社团,将汉语学习者组织起来,定期举行活动,参与活动的学生围绕着一个主题用汉语进行阐述和交谈,也可以邀请中国人加入讨论,以达到口语练习的目的;文化课则可以开展一些文化讲座,举办文化活动,或是组织中国文化知识竞赛等,如 2018 年海峡大学校孔子学院承办的"伊斯坦布尔地区首届中国文化知识竞赛"就取得了不错的反响,让学生自发地去了解一些中国文化的知识。

五、结语

本次调查研究发现伊斯坦布尔地区汉语学习者产生去动机的主要因素为自我因子和环境因子,要降低或消除这些去动机的影响,一方面需要利用一些现有的有利的外在因素,如奖学金、暑期夏令营、中国留学、中国企业实习机会等提高学生对汉语的重视程度,让他们感受到汉语的实用效应;另一方面则是要从教学条件和教学环境上为学生营造良好的汉语学习环境,如设置暑期班、将口语课和文化课纳入课程设置、开展相应的教学活动等。最后,希望本研究能够为世界其他地区的汉语教学提供一些参考、帮助和启示。

参考文献

[1] 崔广莹.克罗地亚汉语学习者去动机因素调查研究[J].语言教学与研究,2013(5):19—26.

[2] 高银花.在华韩国留学生汉语学习动机与去动机调查研究[D].北京第二外国语学院,2018.

[3] 李晨楠.对外汉语教学中的学生去动机化调查[D].复旦大学,2011.

[4] 李双君.非目的语环境下匈牙利大学生汉语学习者动机减退影响因素研究[D].北京外国语大学,2019.

[5] 梁良.大学英语课堂中的动机削弱初探[J].天津工程师范学院学报,2008(3):75—78.

[6] 刘宏刚.外语教学中的负动机研究:回顾与反思[J].语言学研究,2009(8):184—194.

[7] 吴思娜,王童瑶.东亚及东南亚本科留学生汉语学习动机削弱的调查研究[J].国际汉语教学研究,2019(01):85—91.

[8] 颜例.关于马达加斯加在华留学生汉语学习动机减退原因的研究报告——以江西师范大学为例[D].江西师范大学,2015.

[9] 俞玮奇.来华留学生汉语学习动机减退的影响因素研究[J].语言教学与研究,2013(03):24—31.

[10] 张蔚.来华留学生汉语学习动机减退研究[D].华东师范大学,2016.

[11] 周颖.中亚留学生汉语学习动机减退的影响因素研究[J].通化师范学院学报,2018,39(01):138—144.

[12] Arai K. What "Demotivates" Language Learners: Qualitative Study on Demotivational Factors and Learners' Reactions[J]. Bulletin of Toyo Gakuwn University, 2004(12): 39 - 47.

[13] Dörnyei Z. Teaching and Researching: Motivation[M]. Harlow: Longman, 2001, 143.

[14] Dörnyei Z. New Themes and Approaches in Second Language Motivation Research[J]. Annual Review of Applied Linguistics, 2001(1): 43 - 59.

[15] Falout J & M Maruyama. A Comparative Study of Proficiency and Learner

Demotivation[J]. The Language Teacher, 2004, 28(8): 3 - 9.

[16] Kim T. Korean Elementary School Student's English Learning Demotivation: A Comparative Survey Study[J]. Asia Pacific Education, 2011(12): 1 - 11.

[17] Krishnan D & Z Pathan. Investigating Demotivation in Learning English: An Extension to Sakai and Kikuchi's (2009) Framework[J]. Advances in Language and Literary Studies, 2013(2): 124 - 131.

[18] Oxford R L. The Unraveling Tapestry: Teacher and Course Characteristics Associated with Demotivation in the Language Classroom [M]. Seattle, WA: the TESOL' 98 Congress, 1998.

[19] Sakai H & K Kikuchi. An Analysis of Demotivators in the EFL Classroom[J]. System, 2008(1): 57 - 69.

[20] Trang T & Baldauf Jr. Demotivation: Understanding Resistance to English Language Learning — The Case of Vietnamese Students[J]. The Journal or Asia TEFL, 2007(1): 79 - 105.

[21] Ulziitogtokh Demberel(吉祥). 蒙古国汉语学习者学习动机减退问题研究——以蒙古国科技大学为例[D]. 浙江大学,2019.

作者简介: 徐顺锦,上海大学/土耳其海峡大学孔子学院。

从法国中文教材看中国文化教学现状

——以詹森·德萨伊中学中文国际班为例

◎ 王陈欣

摘　要：中文国际班是法国国际汉语教育的重要组成部分。截至 2019 年 8 月，法国中文国际班已经走过了十个年头，虽然法国中文国际班取得了一定成果，但是学界对它的调查与研究还处于起步阶段。本文运用课堂观察、问卷调查和访谈的方式对詹森·德萨伊中学（下文简称詹森中学）初中中文国际班的汉语教材进行了调查，发现有些中国文化教学内容不能客观、全面地反映当代中国现状。本文围绕该校中国文化教学重传统、轻当代的现象进行分析研究，指出其背后的原因及问题，并提出相关的意见和建议。

关键词：法国汉语教学；中文国际班；中国当代文化教学；汉语教材

一、前言

　　法国国民教育部与中国教育部于 2008 年合作设立了中文国际班（Section Internationale de Chinois）。中文国际班将汉语作为第一外语教授。同年 9 月，孔子学院总部派遣 12 名国际汉语教师赴法，在 8 个学区的 13 所学校的中文国际班开展教学工作，学生人数 144 名。[①] 2017 年 9 月，孔子学院总部派遣 80 名国际汉语教师，在法国 13 个学区、70 所学校的中文国际班开展教学工作，学生人数 7 000 余名。

---

　　① 数据参见中国驻法国使馆教育处. http：//www. france. lxgz. org. cn，2017.

中文国际班教学大纲由法国国民教育部汉语总督学组织汉语教师代表统一编写，每年更新。目前，中文国际班的课程设置分为小学、初中、高中三个阶段。中文国际班旨在培养汉语精英，使法国学生掌握扎实的中国语言基础和深入的中国文化知识。法国中文国际班不配备统一的汉语教材。（白乐桑、张丽，2008）詹森·德萨伊中学（以下简称詹森中学）中文课程的所有七本汉语教材均由汉语教师根据《2017—2018 学年中文国际班教学大纲》（以下简称《大纲》）要求以及教学对象的实际情况独立编写。

孔子学院总部每年向法国中文国际班派遣国际汉语教师（公派教师）。公派教师的任期一般为 2—4 年。国内各大高校法语系硕士毕业生以及法国国际汉语教师志愿者均可以申请公派教师岗位。法国国民教育部汉语总督学与各学区汉语督学每年都会对公派教师进行考核，并根据考核结果进行岗位调整。

2017—2018 学年，詹森中学在 6e（初一）、5e（初二）、4e（初三）、3e（初四）、2e（高一）、1ère（高二）、Terminale（高三）这 7 个年级开设了 10 个中文国际班，学生人数 250 名。初中 4 个年级共开设 7 个中文国际班，学生人数 165 名，占中文国际班学生总人数的 66％。初一、初二、初三每个年级设有 2 个中文国际班：一个高起点班和一个低起点班；初四设有一个高起点班。高起点班的学生家中有华裔亲属，平时在家中操练汉语的机会较多；低起点班的学生没有华裔亲属，平时在家中操练汉语的机会较少；同一年级的高起点班学生的汉语水平相比低起点班学生要高。

二、围绕詹森中学中国文化教学的现状调查

在经过詹森中学所有主讲教师的允许后，笔者对收集的 2017—2018 学年该校初中中文国际班的所有汉语教材进行了调查和整理。初中 4 个年级 7 位主讲教师均采用自编教材，主讲教师的教材编写方法均为从《你说呢》《你说吧》《你说呀》《中文》等法国本土教材以及中国现代文学中选取的部分内容，并根据教学目标进行相应改编，最终形成中文国际班教材。以 6e11（初一）为例，6e11 汉语教材整理汇总如表 2.1 所示。

整理完成后，笔者请该校汉语教师对笔者整理形成的材料进行校对和完善。

表 2.1　6e11 汉语教材整理汇总表

序号	文化符号	类别	教学内容	阐释意义之一
1	《咏雪》	古诗	泛读:《咏雪》 清代郑板桥	中国古诗中数字的虚指
2	《咏鹅》	古诗	泛读:《咏鹅》 唐代骆宾王	中国古诗的韵律
3	《山村咏怀》	古诗	泛读:《山村咏怀》 宋代邵雍	中国古诗中数字的虚指与中国古诗的韵律
4	熊猫	其他	精读:《圆梦的故事》	中国国宝
5	升旗仪式	其他	泛读:《中国小学生的一日生活》	中国当代校园生活
6	广播操	其他	泛读:《中国小学生的一日生活》	中国校园生活
7	眼保健操	其他	泛读:《中国小学生的一日生活》	中国校园生活
8	五星红旗	其他	精读:《颜色与国旗》	中国国家象征
9	中国红	其他	精读:《颜色与国旗》	中国人对红色的偏爱
10	偏旁部首	其他	体验:认读汉字	汉字的构字法
11	《中华人民共和国国歌》	歌曲	学唱:《中华人民共和国国歌》	中国国家象征
12	《北京欢迎你》	歌曲	学唱:《北京欢迎你》	中国歌曲
13	算盘	体验	实践课:算盘	中国古代算数的一种工具
14	剪纸	体验	实践课:剪桃花	中国古人表现对称性的一种形式
15	数学儿歌	儿歌	泛读:《数字儿歌14首》	中文韵律
16	九九乘法表	其他	精读:《九九乘法表》	韵律

笔者现将詹森中学初中中文国际班的调查情况简要呈现如下:

6e11(初一)学生年龄在 11—12 岁之间。在 2017—2018 学年,该班学生学唱了 2 首中文歌曲(如《北京欢迎你》),开展了 2 次中国文化体验活动(如剪纸),学习了 3 首古诗(如《咏雪》)以及其他 7 种中国文化知识。

6e12(初一)学生年龄在 11—12 岁之间。在 2017—2018 学年,该班学生学唱了 1 首中文歌曲(如《童年》),开展了 4 次文化体验活动(如制作香囊),学习了成语故事《坐井观天》、10个典故(如《后羿射日》)、2首古诗(如《元日》)、3位文化名人的背景知识(如王安石)、14首数字儿歌(如《数蛤蟆》),以及其他21种中国文化知识。

5e11(初二)学生年龄在12—13岁之间。在2017—2018学年,该班学生学习了屈原的背景故事,学唱了3首中文歌曲(如《龙的传人》)以及其他32种中国文化知识。

5e12(初二)学生年龄在12—13岁之间,属于高起点班。在2017—2018学年,该班学生开展了2次文化体验活动(如《剪纸》),学习了7部古典名著节选(如《道德经》)、6位文化名人的背景知识(如老子)、6个典故(如《塞翁失马》)、5首古诗(如《山村咏怀》)、当代文学节选《草房子》《妈妈喜欢吃鱼头》以及其他4种中国文化知识。

4e11(初三)学生年龄在13—14岁之间。在2017—2018学年,该班学生观看了1部中国电影《洋妞来我家》,学唱了5首中文歌曲(如《小苹果》),学习了典故《年的传说》以及其他26种中国文化知识。

4e12(初三)学生年龄在13—14岁之间,属于高起点班。在2017—2018学年,该班学生开展了1次文化体验活动《手抄报》,观看了1部电影《刮痧》,学习了《三国演义》节选、古诗《村居》、6位文化名人的背景知识(如李白)、6部当代文学节选(如《我的理想家庭》)以及其他13种中国文化知识。

3e12(初四)学生年龄在14—15岁之间,属于高起点班。在2017—2018学年期间,该班学生学唱了3首中文歌曲(如《不为谁而做的歌》)、观看了13部中国电影(如《春蚕》),学习了古典名著节选《山海经》、宋词《水调歌头·明月几时有》、4个典故(如《大禹治水》)、2首现代诗(如《乡愁》)、3首古诗(如《静夜思》)、16部当代文学节选(如《匆匆》)、17位文化名人的背景故事(如齐白石)以及其他43种中国文化知识。

调查显示,2017—2018学年法国詹森中学初中中文国际班没有配备统一的汉语教材,所有汉语课程的教材均由汉语教师根据《2017—2018学年中文国际班初中教学大纲》(以下简称《大纲》)要求以及教学对象的实际情况自主编写。《大纲》存在两个特点:①《大纲》重视中国文化教学;②《大纲》没有根据学生水平给出指导。

白乐桑、张丽(2008)认为:《大纲》在制订过程中以《欧洲语言共同参考框架》为重要参照。《欧洲语言共同参考框架》将文化作为重要的能力,但却没有给出能力分级标准,这是该框架的重要欠缺之一。笔者认为:《大纲》重视文化教学,但是对这些教学内容没有进行分级,这虽然给予了汉语教师在选取教材和开展相关教学活动时充分的自由,但是也导致了国际汉语教师在开展中国文化教学活动时各自为政、标准不一。

三、围绕詹森中学中国文化教学的现状研究

(一)詹森中学的中国文化教学重传统,轻当代

表 3.1　詹森中学初中中文国际班汉语教材中的中国文化知识数量统计表

单位:种

班　级	中国传统文化	中国当代文化
6e11	6	10
6e12	36	6
5e11	29	7
5e12	28	5
4e11	25	8
4e12	23	7
3e12	52	45
总　计	199	88

从表 3.1 中我们可知,该校初中中文国际班的汉语教材中出现的中国传统文化知识(199 种)远多于中国当代文化知识(88 种)。除了 6e11 以外,其他班级的汉语教材中的中国传统文化均多于中国当代文化知识。

笔者认为出现上述现象的原因包括以下两点:

(1)《大纲》重传统,轻当代。《大纲》中,古代传说、成语故事等内容均属于中国传统文化。法国汉语教师选择的教学内容必须符合《大纲》的相关要求,所以他们在围绕古代传说、成语故事等内容开展教学活动时会出现重传统、轻当代的倾向。另外,相比中国当代文化,中国传统文化更易于开展教学设计。

(2)相比中国当代文化,法国学生对中国传统文化认同感更高。笔者认为法国汉语教学目前存在着一种恶性循环:《大纲》重传统、轻当代;汉语教师重传统、轻当代;汉语教学活动重传统、轻当代;法国学生重传统、轻当代。《大

纲》重传统、轻当代的特点,导致汉语教师在开展教学设计时也出现了这种倾向性;汉语教材中出现的中国传统文化远远多于中国当代文化;相关教学活动中涉及的中国传统文化也远远多于中国当代文化。这些现象最终导致了法国学生对中国传统文化的认同感较高,对中国当代文化的认同感较低。虽然法国国民教育部每年都会参考汉语教师的意见和法国学生的学习需求对《大纲》进行调整,但是如今在法国,汉语教师和学生对中国文化均持有重传统、轻当代的认识,这必然导致《大纲》重传统、轻文化的特点将会继续突出。

为了解决上述问题,笔者提出以下两点建议:

(1) 增加围绕中国当代文化开展的相关教学活动。笔者通过调查问卷收集了 2017—2018 学年法国国际汉语教师志愿者关于是否有必要将中国新四大发明(支付宝、网购、共享单车、中国高铁)加入初中汉语课堂教学的相关意见。如图 3-1 所示,有 84.38% 的被调查者认为有必要将其加入。

第8题:
您认为是否有必要将中国"新四大发明"加入到法国初中汉语课堂教学中? [单选题]

选项	小计	比例
有必要	54	84.38%
没有必要	8	12.5%
其他 [详细]	2	3.13%
本题有效填写人次	64	

图 3-1 调查结果

笔者认为法国初中汉语课堂应增加中国当代文化教学活动。2017 年中国高考全国语文卷作文题中出现了 12 个"中国关键词":一带一路、大熊猫、广场舞、中华美食、长城、共享单车、京剧、空气污染、美丽乡村、食品安全、高铁、移动支付。作文要求学生从中选择两三个关键词来呈现你所认识的中国,写一篇文章帮助外国青年读懂中国。① 笔者认为其中"一带一路"等 9 个中国当代文化关键词有助于法国学生提高对中国当代文化的认同感,建议法国汉语教师围绕上述内容,针对教学对象的不同特点,开展有针对性的教学活动。

(2) 丰富中国当代文化教学形式。笔者认为中国当代文化教学不应局限于课堂,建议汉语教师组织学生观看中国当代文化主题展览,参观由中国驻法国使馆教育处等官方机构组织的中国当代文化主题活动,编排以中国当代文化为主题的节目等。詹森中学中文国际班 4e、3e 的学生每年都有机会前往中国北京和中国台湾交流学习,这也是一种围绕中国当代文化展开的教学活动。

---

① 参见 2017 年中国高考全国语文卷 1 卷,高考必刷卷:十年真题(语文),北京:开明出版社,2018.

（二）詹森中学的有些中国教学内容不能客观、全面地反映当代中国

调查显示,2017—2018 学年詹森中学初中中文国际班的汉语教材中共出现了 88 种中国当代文化知识。但笔者认为,其中《马燕日记》等 4 种中国当代文化知识不能客观、全面地展现当代中国现状。

笔者认为这本 2002 年出版的日记里描绘的内容已不能客观、全面地展现当代中国现状。日记中反映出了当时中国农村儿童失学在家等情况,但是随着近年来中国的不断发展,这些情况已经得到了很大改善;当代中国的农村教育与 2002 年相比已经发生了巨大改变。

党的十九大报告(2017)提出乡村振兴战略,推动城乡义务教育一体化发展,高度重视农村义务教育,努力让每个孩子都能享有公平而有质量的教育。《中国农村教育发展报告 2017》(2007)显示：2016 年,全国共有教学点 9.84万个,较 2012 年增加 2.86 万个,增长了 40.97％,其中,乡村教学点有 8.68 万所,较 2012 年增加了 2.43 万所,占教学点总数的 88.21％。我国县域义务教育均衡发展有序推进。

上述政策和报告证实：长期以来,中国一直重视农村教育建设,当代中国的农村教育也得到了很大的发展。但遗憾的是,笔者在课堂观察中发现：在围绕《马燕日记》开展的相关教学活动中,汉语教师把当代中国的农村教育完全等同于 2002 年当时的中国农村教育,在教学过程中只强调了中国农村教育存在的问题,没有对中国政府针对这些问题采取的积极、有效的措施进行补充说明。这种教学设计导致法国学生错误地认为像马燕这样的农村失学儿童在当代中国仍然具有代表性,中国失学儿童比例仍然很高,中国政府没有采取有效措施应对农村教育问题等。笔者就此问题询问过法国学生,他们均表示当代中国的农村教育存在很大的问题,农村失学儿童较多、政府不作为的现象比较突出。笔者当场进行了解释,但是法国学生更认可自己老师对当代中国的介绍。

笔者认为出现上述现象的原因包括以下两点：

(1)《大纲》中有关中国当代文化的内容没有进行及时调整。《马燕日记》于 2006 年被收录进《大纲》,到目前为止《大纲》未对其进行过调整。这个内容仍然是中文国际班学生必须学习的中国当代文化。

(2) 法国初中本土汉语教师有培养学生批判性思维的传统。2018 年 3 月5 日,中国驻法国使馆教育处组织旅法教育者举办交流协会论坛,笔者受邀出

席并发表了主旨演讲。在演讲中,笔者指出了《大纲》中的《马燕日记》不能客观、全面反映当代中国现状,建议法国国民教育部进行调整。令笔者惊讶的是,当场就有一位法国本土汉语教师对笔者的观点表示了质疑。她提出:在法国初中开展中国当代文化教学的目的是为了培养学生的批判性思维。《马燕日记》能够反映当代中国面临的许多问题,有利于汉语教师培养学生的批判性思维。论坛结束以后,笔者也询问了其他几位法国本土汉语教师,发现这一认识在法国本土汉语教师中具有普遍性。

笔者认为培养批判性思维是为了提高学生的独立、理性的思考能力,而不是围绕不客观、不全面的材料进行主观地批评。而且,《大纲》并没有要求或建议汉语教师通过《马燕日记》来培养学生的批判性思维,这是法国本土汉语教师自发形成的一种教学传统。法国本土汉语教师选择的中国当代文化不能客观、全面地反映当代中国现状;学生在进行了相关的中国当代文化学习后,对当代中国形成了不客观、不全面的认识。

为了解决上述问题,笔者提出以下三点建议:

(1)调整《大纲》中的中国当代文化相关内容。笔者建议法国国民教育部每年都应调整《大纲》中的中国当代文化知识,确保这些教学内容能够客观、全面地反映当代中国现状。例如:笔者在建议 2018—2019 学年的《大纲》中增加《中国农村教育发展报告》。

(2)在《大纲》中对《马燕日记》进行补充说明。如果法国国民教育部决定在《大纲》中保留《马燕日记》,那么笔者建议《大纲》就汉语教师应如何围绕该中国当代文化开展教学活动进行说明。例如:虽然《马燕日记》反映出了中国教育资源分配不均、社会发展不平衡现象,但是学生更应该了解中国在解决中国农村教育问题时采取的积极有效的措施、中国当代农村教育取得的进步和发展等内容;在教学设计中,汉语教师可参考《中国农村教育发展报告》。

(3)提高法国初中本土汉语教师对当代中国认识的客观性和全面性。笔者建议法国初中本土汉语教师增加对当代中国认识的客观性和全面性,多关注当代中国的建设和发展。当代中国确实存在着一些问题,但是中国从来没有回避过这些问题,也没有否认过这些问题,而是寻求方法积极应对。而且通过中国人民的共同努力,当代中国面临的问题都处于逐步解决的进程中,法国本土汉语教师应就此达成共识。同时,笔者也建议中国有关部门(国家汉办和中国驻法国使馆教育处)对这一问题引起重视,在汉语教学的相关培训和论坛中自上而下地引导法国本土教师加强对当代中国现状的认识。中国有关部门也应为法国汉语本土教师提供更多了解当代中国的渠道和有关中国当代文化的教学资料。

四、结论

通过调查,笔者发现詹森中学初中中文国际班的中国文化教学重传统,轻当代。出现该现象的原因包括:《大纲》重传统、轻当代;相比中国当代文化,法国学生对中国传统文化认同感更高等。这一现象导致了法国汉语教师重传统、轻当代,法国学生重传统、轻当代,《大纲》重传统、轻当代的恶性循环,不利于法国汉语教学的良性发展。针对这个问题,笔者提出了两点建议:(1)增加中国当代文化教学活动;(2)丰富中国当代文化教学形式。

另外,詹森中学初中中文国际班有些汉语教师选择的中国当代文化不能客观、全面地反映当代中国现状。出现这一现象的原因包括:对《大纲》中有关中国当代文化的内容没有进行及时调整;法国本土汉语教师有培养初中学生批判性思维的传统等。这一现象导致了法国学生虽然经过了多年的汉语学习,但是仍然无法客观、全面地认识当代中国现状。针对这个问题,笔者提出了三点建议:(1)调整《大纲》中的中国当代文化相关内容;(2)在《大纲》中对《马燕日记》进行补充说明;(3)提高法国本土汉语教师对当代中国认识的客观性和全面性。

可喜的是,笔者的调查研究和建议引起了詹森中学中文国际班和法国国民教育部的重视。在本文的调查研究基础上,詹森中学初中中文国际班已经着手对其汉语教材进行调整;法国汉语总督学也已邀请詹森中学秦老师一起参与新学年《大纲》的修订工作。笔者也已与秦老师分享了自己关于《大纲》修订的意见和建议。笔者相信,在各方的努力下,本文提出的相关问题会得到重视和解决,法国中文国际班会得到更好的建设和发展。

参考文献

[1] 白乐桑,廖敏.法国汉语评估及教学划时代的飞跃——论 2013 法国外语高考改革对国际汉语教学的巨大推动[J].华文教学与研究,2013(4):4—10.

[2] 白乐桑,张丽.《欧洲语言共同参考框架》新理念对汉语教学的启示与推动——处于抉择关头的汉语教学[J].世界汉语教学,2008(3):58—73＋3.

[3] 白乐桑.法国汉语教学的现状、教学标准及其学科建设[J].世界汉语教学学会通讯,

2013(2)：11—17.

［4］ 白乐桑.由法国汉语教学发展审视"汉语热"增长危机[J].国际汉语教学研究,2014
(4)：05—06.

［5］ 东北师范大学中国农村教育发展研究院.中国农村发展报告 2017［EB/OL］.
http：//www.xinhuanet.com//food/2017 - 07/25/c_1121374418.htm,2017.

［6］ 决胜全面建成小康社会,夺取新时代中国特色社会主义伟大胜利——在中国共产
党第十九次全国代表大会上的报告［EB/OL］.http：//cpc.people.com.cn/n1/
2017/1028/c64094 - 29613660.html,2017.

［7］ 李泉.对外汉语教材通论[M].北京：商务印书馆,2012.

［8］ 刘珣.新一代对外汉语教材的展望——再谈汉语教材的编写原则[J].世界汉语教
学,1994(1)：58—67.

［9］ 姚文丽.对外汉语教材编写中的文化原则[J].文学教育(中),2013(9)：57.

［10］ 俞文虹,白乐桑.从中法对比视角探索国际汉语教师"国别化"培养思路[J].国际汉
语教育,2011(4)：8—13 + 97.

［11］ 俞文虹.法国汉语教材文化因素的探讨[J].国际汉语教学动态与研究,2008(2)：
78—85.

［12］ 赵贤州.教材编写散论[J].世界汉语教学,1987(1)：46—49.

附件

2017—2018 赴法国际汉语教师志愿者调查问卷

任期＿＿＿＿＿＿＿＿＿＿＿＿＿＿＿

教授班级＿＿＿＿＿＿＿＿＿＿＿＿＿＿

调查背景：

1. 国家汉办在赴法志愿者培训期间提供了三本教材：《快乐汉语》《HSK 标准
教程》《长城汉语》。

2. 国家汉办在赴法志愿者培训期间开设了当代中国国情与中华文化的培训,
主要由专家讲座与志愿者小组制作展示视频两部分组成。

问题：

1. 请问您开展国际汉语教学工作期间,主要使用什么教材？（可多选）

   A.《你说呀》　　B.《你说呢》　　C.《你说吧》　　D.《轻松学中文》

E. 其他

2. 请问您认为：汉办在培训期间提供的教材是否能够满足志愿者赴法开展国际汉语教学工作的实际需要？

　　A. 完全满足　　B. 基本满足　　C. 基本不满足　　D. 完全不满足

3. 在汉办培训期间，您推荐将哪些教材纳入培训使用教材中？

　　A.《你说呀》　　B.《你说呢》　　C.《你说吧》　　D.《轻松学中文》

　　E. 其他

4. 请问您认为：汉办开设的当代中国国情与中华文化培训，是否能够满足志愿者赴法开展国际汉语教学工作的实际需要？

　　A. 完全满足　　B. 基本满足　　C. 基本不满足　　D. 完全不满足

5. 请问您认为：下列有关当代中国国情与中华文化的培训方式中，哪一种更能满足志愿者赴法开展国际汉语教学工作的实际需要？（可多选）

　　A. 研讨会　　　　　　　　B. 小组报告（中法结合）

　　C. 主题讲座　　　　　　　D. 案例分析

　　E. 小组视频展示

6. 您认为是否有必要将"新四大发明"等当代中国符号加入法国初中课堂教学中？

　　A. 有必要　　B. 没有必要

7. 能否请您针对国家汉办赴法志愿者培训中的教材选择提一条意见或建议？

_____赴法_____

8. 能否请您针对国家汉办志愿者培训中的当代中国国情与中华文化课程提一条意见或建议？

_____

感谢您对法国国际汉语教学调查与研究工作的支持！

作者简介：王陈欣，上海外国语大学。

泰国私立学校汉语师资实证调查研究
——以 Maryvit School 为例

◎ 熊雨凡

摘 要：随着中国综合国力的提升,以及"一带一路"合作倡议的推行,越来越多的外国人对汉语及中国历史文化产生兴趣,学习汉语成为一种需求和选择。泰国是东南亚地区汉语教育发展较早且最好的国家。但已有文献中对泰国私立学校汉语师资状况的研究成果较少,因此这是泰国汉语教育进一步发展的一个重要突破口。本文主要通过对赴泰私立学校任教的中国籍教师的问卷调查、一对一访谈以及邮件回访等方式,对泰国私立学校汉语师资情况进行实证调查。研究发现,泰国私立学校汉语师资存在着流动性大、门槛低以及待遇低等突出问题。为此,本文从中方、泰方和汉语教师自身三个方面提出师资发展的针对性建议:中方加强汉语教师培训、协助培养本土教师、建立教学监督体系;泰方二次培训汉语师资、制定汉语师资体系、规范汉语教材;汉语教师积极探索,提高教学管理能力及综合素质。希望本文能为泰国汉语师资的建设与发展提供思路与参考。

关键词：泰国汉语教育;私立学校;师资力量

一、泰国汉语教学概述

(一) 泰国的教育体制

泰国的教育体制分为普通教育、成人教育和职业教育三大类。普通教育分为学前教育、基础教育和高等教育。从性质角度划分,有公立和私立两种。本文的调查对象就是在基础教育阶段的私立学校的汉语教师。

据1992年的《教育法》,泰国进行了教育管理体制改革,形成了"教育部—学区—学校"的三级基础教育管理模式,而私立学校不属于学区管辖,面向全国招生;大学中的师范类专业改为五年制,四年本科学习,一年师范培训;对北部贫困家庭的孩子予以教育支持,建立教育基金会等,这些改革举措促进了泰国教育全民化发展的趋势。(李继星,2004)

(二)泰国的汉语教育发展历程

泰国汉语教育起源早,发展历经曲折,现主要可分为三个阶段:

第一阶段(1909—1945年):快速发展与严重打击。20世纪初,华人大规模移民泰国,除此之外,泰国人民受中国资产阶级改良和革命思想影响,使得在泰华人兴办汉语课堂成为势头。1909年,华人在泰国创办华益学校。这是在泰华文教育的初端。(李峰,2010)当时泰国政府对汉语教育的态度是"自由发展",因此,这段时期汉语在泰取得了很大程度的发展。在抗战时期,汉语教育遭受严重打击,泰国政府推行亲日排华政策,禁止汉语教育发展。其间,华校被强制关闭,无一生存,但汉语教育仍顽强生存着,由学校教育转为家庭教育。

第二阶段(1945—1991年):曲折生存与日渐式微。这一时期汉语教育的政策限制非常严格,因为从1947年起,泰国政府推行反共政策。极端管理的政策导致泰国的汉语发展断层几十年,严重削弱了汉语在泰国的地位。

第三阶段(1992年至今):迅速恢复与持续发展。随着改革开放的发展,中国的经济实力和国际地位日益提高,中泰贸易关系发展迅速,发展至今,中国已成为泰国主要贸易伙伴之一,中国亦成为泰国最大的游客来源国。随着两国人民交往日益密切,汉语已成为泰国人想要且需要学会的语言。自2003年起,中国每年向泰国输送大量汉语教师,与泰国政府合作培养长期留泰的汉语教学人才,合编适合泰国人学习的汉语教材等,这一系列措施都极大地促进了汉语在泰国的快速发展,并且进一步加深了中泰合作的友好关系,实现了互利互赢。

(三)泰国的汉语师资现状

吴建平(2012)在《泰国汉语教育与汉语推广现状、问题及对策》一文中指出:"泰国师资成分复杂、数量明显不足、教学水平良莠不齐。"总的来说,泰国的汉语师资组成部分可以分为输入型教师和本土型教师。

输入型教师由国家汉办、侨办派出的中国籍汉语志愿者教师、公派汉语教师和少数非科班出身留泰谋生的华人教师组成。志愿者型教师主要从国内各高校应届本科毕业生和在读研究生中选拔,年龄趋向年轻化,虽有扎实的汉语本体专业知识,但教学经验、跨文化交际意识不足以及不会讲泰语等问题影响了教学水平;公派汉语教师较志愿者教师而言,具有更丰富的教学、管理能力,有较多的海外教学经历以及较强的跨文化交际意识,此类公派教师数量少,教学质量高;少数留泰谋生的华人教师由于半路出家,缺乏教学经验以及对汉语专业知识不太熟悉,教学水平较低。

本土型教师由泰国高校中文系毕业生、从中国留学归来的学生、学校选派参加汉语教师培训的教师、老一代泰国华人华侨组成。年轻的泰国毕业生转业者很多,主要因为工资待遇不高,不愿长期从事在校汉语教学工作;而老一辈的泰籍教师语音普遍不标准,汉语教学水平不高。

总的来说,泰国师资在质量上参差不齐,教学水平有待提高;在数量上流动性大,难以形成完整的汉语师资体系;在结构上教师构成成分复杂多变,这是阻碍汉语教学在泰国深入发展的关键因素。

二、泰国私立学校汉语师资实证调查研究

本次泰国私立学校汉语师资实证调查研究的内容主要分为教师任教学校概况、教材使用情况、教学情况以及师资培训这四大部分。实证调查的意义在于通过对 Maryvit School 这个学校汉语师资的介绍,来了解泰国私立学校汉语师资的大致情况。

(一) 调查设计

(1) 调查对象。此次调查的主要对象是我校 19 位赴泰进行汉语教学的毕业生。选取这 19 位毕业生的主要目的是调查我校毕业生赴泰私立学校教学的基本情况,获得一手资料。他们进行教学工作的学校是位于泰国春武里府的大型连锁国际学校 Maryvit School,19 位教师分别被分配到幼儿园、小学和初中进行教学,学前教育和基础教育一体化,该校在泰国私立中小学中具有代表性,可反映泰国私立中小学师资的基本情况。

(2) 调查时间。发放问卷调查的时间为 2018 年 1 月 4 日—31 日,进行一

对一访谈或通过电子邮箱进行开放式问答的时间为 2018 年 1 月—4 月。

（3）调查方式。通过给教师发放问卷、针对某些开放性问题对教师进行面对面或邮件的一对一访谈，获取了相关的数据资料。本次问卷共发放了 30 份，实际回收了 23 份，有效率达到了 76.7%。在回答的教师不记名的情况下，向汉语教师声明此次调查数据不会用作他途，消除了教师心中的顾虑，保证了本次收集的调查数据和材料的可信度和真实性。访谈法主要用于本研究的问卷设计环节，本文在文献整理的基础上初步设计出针对个人、学校、教材、教育及师资培训五方面的题项，对赴泰教师进行面对面或邮件的一对一访谈，访谈主要围绕"你了解的泰国私立学校现状""泰国私立学校汉语教学使用哪几种教材效果较好""谈谈你认为有效的课堂教学活动及策略""你认为师资培训可以从哪几个方面改善"等问题进行，根据访谈结果对本研究的问题进行完善，以提高量表的内容效度。

（4）调查目的。通过调查、一对一访谈及邮件回访，收集分析数据，结合汉语教师在教学中遇到的实际问题进行实证调查，客观反映泰国私立中小学汉语师资的基本情况，厘清问题所在，从而提出具体可行的建议，为汉语在泰国更深入地推广贡献绵薄之力。

（5）调查内容。本次调查问卷的内容主要分为教师任教学校概况、教材使用情况、教学情况以及师资培训这四大部分。任教学校概况有 11 道题；教材使用情况有 5 道题；教学情况有 6 道题；师资培训有 5 道题，另外还有一道对泰国汉语教育的建议的开放性问答题。

（6）调查题型。问卷共有 28 道题目，分为四部分，均用中文作答。有单项选择、多项选择以及开放性问题这三大类型。

（7）整理数据。对反馈的问卷首先进行次数处理；按照不同题型从统计中进行百分比分析。选择题是根据选择答案的选项计算百分比；开放性问题由笔者先归纳，再按照出现次数多少进行排序统计。

（二）调查数据分析与总结

1. 学校中文课程的类型

需要注意的是，课程类型为一个多项选择题，不具有排他性。中文课程的类型包含听力、口语、阅读、写作、综合课以及教师们反映"没有分类，老师自己决定课型"。36.8%的教师反映汉语课程在他们所任教的学校是选修课，多达 63.2%的教师反映汉语是必修课。其中，68.4%的教师选择了"没有分类，老师决定课程类型"这一项;47.4%的教师选择了综合课;各有5.3%的教师选择了写作、口语、听力和阅读。由数据可知(见图2-1),所统计的学校的汉语课程受开设历史长短、客观条件限制以及课程系统还不完善等因素影响,并不能像英文在泰国那样分类清晰,甚至有任教老师反映课型是由老师的能力决定,而非学生的真正需求。

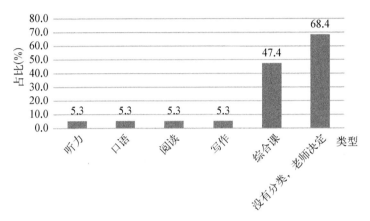

图2-1　学校中文课程的类型

2. 教师任教年级

在调查的教师中,有34.8%的人在幼儿园任教,43.5%的人在小学任教,21.7%的人在初中任教。

3. 任教学校汉语教师现状

根据调查显示,所在学校的泰籍教师较少,甚至不如中籍教师多。这从侧面反映了泰国私立学校的汉语教师职位对泰国本土人吸引不大。其中,69.6%的中籍教师来自校方招聘,在校方招聘的教师中,又有39.1%的教师来自社会汉语推广机构的推荐,这与私立学校的性质不无关系,26.1%的中籍教师来自国家汉办志愿者,只有4.4%来自国家汉办孔子学院公派教师。由此可见,私立学校的师资质量和公立学校相比更加良莠不齐。深入调查发现,中籍教师与泰籍教师的交流比较少。由图2-2可知,31.6%的中籍教师反映与泰

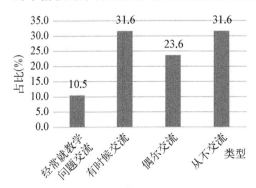

图2-2　任教学校汉语教师现状

籍教师"从不交流";26.3%的教师表示"偶尔交流";只有10.5%的教师表示"经常就教学问题交流",据调查对象所言,造成交流较少的主要原因是语言不通。泰籍教师的英语和中文沟通水平都比较低,而中籍教师的泰文基础几乎为零。因此,作为汉语教师,掌握任教国家的目的语是非常重要的,语言明显会影响工作和生活质量。

4. 学校对汉语的态度

17.4%的教师表示校方对汉语的态度为"非常支持",40%的教师表示校方对汉语的态度为"比较重视",只有4.4%的教师认为校方"不重视"汉语的发展。学校对汉语教学支持的具体措施具体体现为:开设课程的学习时间长、教具准备比较充分、举办中文诗歌朗诵比赛、晨会用中文演讲,更会用带有中国文化的图案装饰课堂,给教师提成式的薪资,这些都提高了教师积极性和工作质量。

5. 使用教材情况

通过对教师的访问得知,私立学校教材存在的主要问题是并无指定教材(40%),教材主要由教师来定。但教师流动性大,如果没有统一的课本或者教学大纲来限制所教内容,教师中极易出现断层或重复教学内容的现象,这导致教学工作停滞不前;有25.3%的老师反映用的是《快乐汉语》,30.7%的老师反映用的是《开心词典》,5.3%的老师反映是学校自编的教材或者教学大纲。而且,所用教材主要由新加坡教育部出版,泰国本土编的教材占少数且不统一。52.6%的教师认为现有的教材适合学生的水平,47.4%的教师认为现有教材不适合学生的水平。我们认为,目前泰国汉语教材亟待解决的问题就是泰国教育部编写适合泰国中小学学生使用的教材,并尽可能规范统一,使其有利于建立完善的教学体系。

一名优秀的汉语国际教师需要对教材、学生都了如指掌,这样才能获得更好的课堂教学成果。47.7%的教师选择"熟悉1—3种教材",5.3%的教师选择"熟悉3—5种教材",10.5%的教师选择熟悉"6—8种教材",还有36.9%的教师认为自己"不清楚教材"。

6. 教师的教学情况

课堂,是学生学习的场所,即教书育人的最直接渠道。教师在课堂上的教学情况能最直接影响学生获得知识的效果,是师资质量的最直接体现。

根据调查对象反映,学校汉语教师普遍较少,课时量大,周课时普遍在12—20节之间,18节最为普遍。

调查发现(见表 2.1),53%的教师课堂用语是中、英、泰三语混合;21%的教师的课堂用语是中、英文混合;26%的教师的课堂用语是中、泰文混合。从数据中我们可以得知,海外教汉语并非掌握中文或英文就没问题了,比如在泰国,泰语零基础对课堂和海外生活的阻碍都是非常大的。这要求对外汉语教师对任教国的语言要有所了解,至少对日常用语和课堂用语有较强的听说能力。

表 2.1　课堂用语情况统计

课堂用语	中英泰混合	中英文混合	中泰文混合
使用百分比(%)	53	21	26

除了课堂环节,有 5.3%的教师组织了汉语训练营,21%的教师组织了汉语知识竞赛,16%的教师鼓励学生成立汉语兴趣小组。还有教师别出心裁地让学生表演中文话剧。课下,教师和学生的关系都非常融洽,泰国的学生十分尊敬和喜欢老师,教师反映他们也会私下对汉语基础较弱的学生进行补习,带着学生去市场用中文购物,在游乐园教学生用中文说动物的名字,教学生唱汉语歌曲等,这些活动都受到了泰国学生的欢迎,适合他们好动活泼的天性,并且激发了他们对汉语的兴趣。

至于教师对学校的汉语课程安排是否满意这个问题,大家普遍都希望学校的课程安排能够更加科学合理一些。有些教师认为"课程安排太过随意,不固定";有些教师认为"课型太单一";还有些教师认为"汉语课堂没有专门的作业本是限制学生汉语发展的重要原因"。教师们认为,科学安排汉语课型和课时,增加教师的薪酬并且实行奖励政策是留住教师,让汉语可持续发展的重要条件。

7. 教师对教学培训的看法

教师培训的本质和目的是教师自身的发展。汉语教师培训需要重视教师实践、学习和反思的结合。虽然私立中小学的汉语教师受变动因素影响更大,但提高师资质量也刻不容缓。

所有参与调查的教师在去泰国之前都参与了汉语教学的培训。其中在中国参与培训的人数占 64.7%,在泰国参与培训的人数占 31.6%,在泰国与中国都参与培训的人只占 3.7%。由数据可知,在泰国举行教师培训的难度要大于在中国。但是,不管是在中国还是泰国,教师培训都是十分有必要的,特别是进行了一段时间后,教学急需反思和解决实际教学中出现的问题,这需要在泰国举行有规模、有质量的教师培训。

参加培训的教师中,36.9％的教师认为在培训中所学的知识在实际中"运用了大部分",而有 57.9％的教师认为"只运用了一半",5.3％的教师认为"几乎没用"。通过此组数据的反馈,可见培训的效果没有达到教师的预期,需要改进。

继续深入调查发现,有 73.7％的教师希望能增加有关"汉语剪

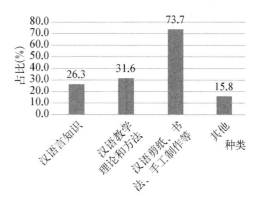

图 2-3 教师希望增加的课程和培训

纸、书画、手工制作等"方面的培训课程,这从侧面反映了泰国学生对中国文化非常感兴趣,他们的动手能力很强,因此剪纸课、书法课、太极课等都十分吸引泰国学生,这是让学生能够最直观感受中华文化魅力的方法。有 31.6％的教师希望能加强"汉语教学理论"的学习。有 26.3％的教师认为最想得到"汉语言知识"方面的培训,笔者认为,这要分成两个方面来看:针对非汉语国际教育科班出身的教师来说,多学习汉语言知识是非常有必要的,并且从中也可以提高自己的汉语教学水平;而对于科班出身的教师来说,因为其在本科和研究生阶段对于汉语言知识的学习已经比较深入,可以把重点放在课堂管理

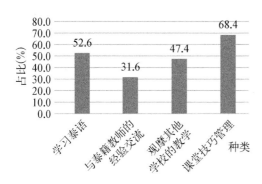

图 2-4 汉语教师希望获得的帮助

能力和教学技巧的提高上。还有 15.8％的教师认为对于儿童心理的掌握、课堂管理能力以及泰语方面的培训是最迫切需要的。

值得注意的是,对"除了培训外,教师最迫切想得到怎么样的帮助来提高教学水平?"这道多选题,有 68.4％的教师都不约而同地选择了"课堂管理技巧",这与泰国学生天性好动、课堂气氛过于活跃有直接联系;有 52.6％的教师认为"学习泰语"对于在泰国任教是非常重要的;47.4％的教师认为需要"观摩其他学校的教学",以获取更先进的教学技巧;31.6％的教师认为"与泰籍教师的经验交流"比较重要,因为他们更熟悉泰国学生的特点,有助于课堂管理。

三、对泰国汉语教学的反思和建议

通过本次调查,我们发现目前泰国私立学校的汉语师资相对于公立学校来说,有着更为明显的问题:师资质量普遍不高、数量严重紧缺、教师待遇低下等。解决这些问题需要中泰双方共同努力:我国要做好选拔教师、任前培训以及建立完善的教学监督体系等工作;泰国方面要善于利用中国输送的师资力量,合理分配,二次培训,制定完善的汉语教学体系和规范汉语教材使用现状。此外,汉语教师自身更需要提高综合素质,增强跨文化交际意识,提高适应能力,认真备课,勤于反思,总结课堂经验,重视汉语教学培训。以下是针对调查反映的问题提出的相关建议。

(一)中方培训汉语教师、协助培养本土教师、建立教学监督体系

第一,制定科学、针对性强的汉语国际教师的选拔标准。现有的汉语教师志愿者的申请条件主要包含:良好的政治和业务素养、心理素质和适应能力,优秀的专业素养和年龄可适。[①] 随着汉语推广形式在全世界的深入发展,仅仅靠派遣志愿者到相应国家是不够的。教师的选拔应更系统、更针对性。

第二,做好赴教的任前培训。现已有的任前培训时间一般为 3 个月,300—600 课时。培训内容包括汉语教师志愿服务精神与要求、汉语教学技能与课堂管理、汉语教材与网络资源的利用、教学观摩与实践、当代中国国情、中华文化、中华才艺、能力拓展、涉外教育、跨文化交际、国别赴任指导、赴任国语言等。孔子学院总部/国家汉办将根据志愿者候选人培训平时成绩和结业考试成绩确定志愿者人选。[②] 笔者认为,为了使教师能够更好地适应泰国工作和生活环境,我们必须有针对性地进行培训。据赴泰教师反映,泰语的熟练程度是阻碍课堂教学的重要因素之一。因此加强泰语能力的培训是非常有必要的,应重点培训泰语的听说技能,掌握泰语的课堂用语,使赴泰教师能够更好更快地适应泰国的生活和教学工作。

第三,通过中国汉办专业培养汉语教师的优势,积极同泰国政府合作,协助培养泰国本土汉语教师是泰国汉语教育蓬勃发展的根本动力。对泰籍汉语

---

① 信息参见中国汉办官网,http://www.hanban.edu.cn/volunteers/node_9654.htm.
② 信息参见中国汉办官网,http://www.hanban.edu.cn/volunteers/node_9654.htm.

教师进行培训,主要从汉语本位知识、汉语发音以及汉语教学特点来深入展开。通过对泰籍教师的培训,可使汉语在泰国可持续地、系统地高效发展。

第四,建立完善的汉语教学监督体系。中国汉办将志愿者派往泰国任教,抵达泰国后的教学工作由泰方负责管理,中方不直接参与管理,这导致中方无法直接参与汉语教师监督与改善方案。因此,建议中国汉办可建立一套海外汉语教师教学监督体系,如建立教师任教基本情况的数据系统,要求每个赴泰教师及时更新自己的工作及生活信息。这样不仅能及时得到汉语教师在教学工作上的反馈,也能及时解决汉语教师在海外遇到的生活上的问题,为汉语教师提供便利。

(二)泰方二次培训汉语师资、制定汉语师资体系、规范汉语教材

第一,制定科学的志愿者或校方招聘教师的选拔标准。本次调研反映了泰国私立学校的汉语教师与公立学校的汉语教师相比,最大的不同在于私立学校中的中国籍汉语教师主要来自校方招聘(69.6%),其中,来自社会汉语推广机构的教师占比 39.2%;而公立学校中国籍汉语教师的来源主要是汉办或侨办派出的汉语志愿者或者少数经验丰富的汉语公派教师。就教学经验、学历资质以及专业素养而言,私立学校的汉语师资略逊一筹,因为私立学校属于自负盈亏的教育机构,利益驱动导致选拔汉语教师的标准不高(急缺人才,有即上岗)。教师待遇不高致使教师流动性大,缺乏完善的汉语师资体系。建议私立学校的汉语招聘可以效仿汉办志愿者的选拔标准,并且根据任教学校,有针对性地制定更科学、更系统、更规范和更接地气的汉语教师选拔标准。

第二,任教学校亟待提高任教老师的工资待遇及福利标准,为准备长期定居在泰国的优秀中文教师提供食宿补贴、交通补贴等福利政策,教师生活得有尊严才是能长期任教的根本原因。对于那些优秀的在泰汉语教师而言,很多人离开岗位的主要原因是工资低、课时压力大或有更好的就业机会。

第三,组织汉语教师二次培训。调查中部分汉语教师认为培训的作用不大,不能实地应用。比如泰语培训的要求不高,但在中小学任教需要一定的泰语水平才能与当地师生正常交往。泰方需要总结经验教训,因地适宜地策划在职培训,注重培训的实用性。对汉语课堂教学在实际中遇到的问题和困难进行针对性的培训,真正解决汉语教师的实际教学困难。并且,需要定时追踪在培训后,汉语教师教学能力是否提升以及经验积累的情况,使培训的内容真正能为教师所用。

第四,泰方学校需要规范汉语教材和建立完善的汉语教学体系。现在限制泰国汉语教育深入发展的主要原因除了师资质量不高、数量紧缺外,还有汉语教材不规范、汉语教学体系不完整等。政府方面应制定统一的汉语教学大纲,编写适合泰国学生学习的汉语教材,逐步建立汉语教学体系,这对汉语教师进行系统性教学有重大意义。

(三)汉语教师积极提高综合素质

第一,提高跨文化交际能力,主动向泰籍教师请教学校的基本情况,尽快适应工作环境。缩短文化休克周期,熟悉学生的汉语水平、汉语课程设置以及教学环境等。

第二,认真备课,灵活教学,努力提高自身教学水平和课堂管理能力。好的备课是课堂成功的一半。根据学生的实际情况备课,需怀着认真敬业的态度,向其他教师虚心请教了解学生上课的特点,选择最适合学生的教学方法,因材施教。比如,利用泰国学生动手能力强的特点设置课堂汉语游戏,提升学生对汉语的兴趣。在泰国教学,课堂管理能力也非常重要,汉语教师应有意识地培养自身的课堂管理能力,提高教学水平。

第三,积极参加汉语教学培训,主动学习汉语教学相关知识,增强自己的核心竞争力。作为一个代表中国形象的汉语教师,我们需要树立终身学习的意识,主动参加教学培训,阅读相关书籍增强自己的核心竞争力,增强任教学校对汉语教师的好感,从而以自己的微薄之力为泰国汉语教育的发展做出贡献。

四、结语

自此,随着泰国汉语教学的蓬勃发展,汉语师资的缺乏成为制约汉语深入推广的最重要因素之一。如何在进一步扩大对外汉语教师数量的同时保证师资质量,如何稳定汉语师资在泰国进一步发展,如稳定汉办志愿者教师队伍、培训泰国本土化教师等,都是值得中泰政府以及汉语教师自身思考、解决的问题。

本文以泰国 Maryvit School 的中国籍汉语教师为主要调查对象,意在调查私立学校的汉语师资现状及问题。从调查可知,泰国私立学校汉语师资存在的普遍问题有:汉语教师数量少、课时量多;相对于国立学校,私立学校的教师待遇较低、教师流动性强、教学质量低、教师课堂管理能力欠缺和任教国语言生疏。针对这些问题,我们从中方、泰方以及教师自身三方面提出建议来协力解决:中方做好选拔培训汉语师资、协助培养本土教师、建立完善的教学监督体系等工作;泰方对汉语教师进行二次培训,培养本土化汉语师资,建立完善的汉语师资体系以及规范汉语教材等;汉语教师需尽快适应泰国的工作和生活,认真教学,积极参加汉语教学培训,不断提高自身的教学能力,树立终身学习的意识,成为一名优秀的国际汉语教师。

通过中泰双方以及汉语教师的多方面努力,我们将能在泰国建立起一支优秀的海外汉语教师队伍,并且能高效率地培养泰国本土化的汉语教师,促进泰国汉语教育的蓬勃发展。

参考文献

[1] 陈记运.泰国汉语教学现状[J].世界汉语教学,2006(3):128—132.

[2] 陈坤源.泰国中小学本土汉语教师专业发展中的问题与对策研究——以曼谷为例[D].中央民族大学,2012.

[3] 陈小慧.面向泰国华校的汉语教学研究——现状调查和教案设计[D].华中师范大学,2014.

[4] 陈艳艺.泰国汉语师资现状及对策研究[J].东南亚纵横,2013(8):65—70.

[5] 冯淑伟.泰国东北部汉语教学师资现状调查研究[D].广西民族大学,2013.

[6] 黄丽玮.泰国华文教育的历史与现状研究——以中等教育阶段为例[D].广西民族大学,2014.

[7] 黄耀东.东南亚华文教育现状和出路[J].东南亚纵横,2010(1):73—77.

[8] 李峰.泰国汉语教育的历史、现状及展望[J].国外社会科学,2010(3):114—118.

[9] 李继星.泰国基础教育改革考察报告[J].外国中小学教育,2004(4):15—19.

[10] 李谋.泰国华文教育的现状与前瞻[J].南洋问题研究,2005(3):59—65+90.

[11] 苏琪.泰国国立中学汉语师资现状调查及研究[D].暨南大学,2009.

[12] 尉万传.泰国华文教育若干问题管窥[J].云南师范大学学报(对外汉语教学与研究版),2007(2):80—82.

[13] 吴建平.泰国汉语教育与汉语推广现状、问题及对策[J].集美大学学报(教育科学版),2012(2):59—63.

[14] 吴琼,李创鑫.泰国华语及华语教育现状[J].华文教学与研究,2001(4):1—4.

[15] 向炬纬.泰国师范类大学本土汉语师资培养研究[D].山东大学,2010.

[16] 翟冠平,叶桂郴.东南亚"一带一路"沿线国家华文教育研究——以泰国华文教育为

例[J].桂林航天工业学院学报,2016(4):564—567.

[17] 钟舟海,肖静.面向定向培养对外汉语教学人才刍议——以对泰汉语教学为例[J].语文学刊,2010(10):4+14.

[18] Siriwan Worrachaiyut(韦丽娟).泰国汉语教育政策及其实施研究[D].华东师范大学,2012.

[19] Sun Y P. Homological Culture Idea in International Chinese Education: a Case Study of Chinese Education in Thailand[J]. Journal of Eastern Liaoning University (Social Sciences), 2016.

[20] Wang L L. Chinese Education in Thailand and the Global Spread of Chinese Language and Culture[J]. Southeast Asian Affairs, 2015.

[21] Zhou H Y. Brief Introduction on Current Education in Chinese Language in Thailand [J]. Journal of Suzhou Teachers College, 2003.

附件

调 查 问 卷

一、教师基本情况

1. 您的性别(　　)

   A. 男　　　　　　B. 女

2. 您所在的学校是(　　)

   A. 幼儿园　　　B. 小学　　　　　C. 中学　　　　D. 大学

二、学校方面

1. 您所在的学校是(　　)

   A. 幼儿园　　　B. 小学　　　　　C. 中学　　　　D. 大学

2. 贵校开设中文多长时间:(　　)

   A. 第一年　　　B. 第二年　　　　C. 第三年　　　D. 三到五年

   E. 五年以上

3. 中文课的性质:(　　)

   A. 选修　　　　B. 必修

4. 学校给中文课程开设了哪些科目?(可多选)(　　)

A. 听力　　　　B. 口语　　　　C. 阅读　　　　D. 写作

E. 综合课　　　F. 其他课

5. 您的学校有几位中文老师？泰国籍的几位？中国教师几位？

6. 您与泰籍中文教师：（　　　）

A. 经常就教学问题交流　　　　B. 有时候交流

C. 偶尔交流　　　　　　　　　D. 从不交流

7. 您所在学校的中国籍教师的来源是（　　　）

A. 国家汉办孔子学院教师　　　B. 国家汉办志愿者

C. 校方招聘

8. 您所在学校的汉教志愿者的来源是（　　　）

A. 汉办志愿者　　　　　　　　B. 社会汉语推广机构推荐

C. 校方招聘

9. 您所在学校校方对汉语的态度是（　　　）

A. 相当重视　　　　　　　　　B. 比较重视

C. 一般　　　　　　　　　　　D. 不重视

10. 您所在学校的汉语师资的主要问题为（　　　）

A. 中国教师数量太少，教学任务重

B. 缺乏教学经验，不能驾驭课堂

C. 缺乏汉语教学理论与方法

D. 其他

11. 学校对中文的具体支持有哪些？（请列举三项）（　　　）

三、关于教材使用情况

1. 您现在使用什么教材？（开放性问题）（　　　）

2. 教材的来源：（　　　）

A. 学校统一购买　　　　　　　B. 泰国教育部和中国赠送

C. 借用孔子学院　　　　　　　D. 其他

3. 教材是（　　　）

A. 泰国人写的　　　　　　　　B. 中国内地写的

C. 中国台湾写的　　　　　　　D. 学校老师自编

E. 其他

4. 您对现有教材的评价是（　　　）

A. 非常适合学生水平　　　　B. 适合

C. 不适合学生使用

5. 您还熟悉多少种其他汉语教材?(　　)

A. 不清楚　　　B. 1—3 种　　　C. 3—5 种　　　D. 6—8 种

四、教学情况

1. 您所在学校的汉语课程安排_____

2. 您上课的课堂用语是什么?(　　)

A. 中英泰混合　　　　　　　B. 中英文混合

C. 中泰文混合

3. 除了课堂教学外,您还给学生上过什么形式和内容的汉语课?(开放性问题)

_____

4. 除了上课外,您还要完成什么教学任务?(　　)

A. 汉语训练营　　　　　　　B. 组织汉语知识竞赛等活动

C. 汉语兴趣小组　　　　　　D. 其他

5. 您对目前学校安排是否满意,有何改进意见?

_____

五、关于师资培训

1. 您参加过关于汉语教学的师资培训吗?(　　)

A. 参加过　　　B. 没有

2. 您参加培训的地点是(　　)

A. 中国　　　B. 泰国　　　C. 中国和泰国

3. 您认为培训所学的知识在实际中(　　)

A. 全部运用　　　　　　　　B. 运用大部分

C. 运用一半　　　　　　　　　　　　　　D. 几乎没用

4. 您觉得您最需要参加什么类型的培训?(　　)

A. 汉语言知识(包括拼音、汉字、语法等知识)

B. 汉语教学理论和方法

C. 汉语剪纸、书画、手工制作等

D. 其他

5. 除了培训之外,您最迫切需要得到的是(　　)

　　A. 学习泰语　　　　　　　　　B. 与泰籍教师的经验交流

　　C. 观摩其他学校的教学　　　　D. 课堂管理技巧

　　E. 其他＿＿＿＿＿

作者简介：熊雨凡,上海大学国际教育学院。

以"X＋鬼"为例分析词法能产性对东南亚留学生词汇习得的影响

——一项基于语料库的词法能产性量化研究

◎ 杨　立

摘　要：学界对于词法的能产性是否会对留学生的词汇习得产生影响还没有定论。基于"BCC北京语言大学现代汉语语料库"，我们尝试对汉语中类词缀"鬼"内部派生的能产性进行量化研究，根据前置语素的词性分可为"N＋鬼""A＋鬼""V＋鬼"。研究结果表明"N＋鬼"派生的能产性最高，"A＋鬼"派生的能产性次之，"V＋鬼"派生的能产性最低。此外，以"V＋鬼"的派生为例，本文进一步考察了"单音节V＋鬼""述补V＋鬼""述宾V＋鬼"的能产性差异，计算发现"述补V＋鬼"的能产性最高，"述宾V＋鬼"的能产性次之，"单音节V＋鬼"的能产性最低。将此结果与"北京语言大学HSK动态作文语料库"中日本、韩国、缅甸、马来西亚留学生使用类后缀"鬼"的情况进行对比，发现"V＋鬼"的使用次数最高，"A＋鬼"的使用情况次之，且"单音节V＋鬼"的使用次数出现1次、"述宾V＋鬼"的使用次数出现3次，但未出现"述补V＋鬼"的结构。通过以上"V＋鬼"三级词法范畴的数据，笔者提出一个基本假设：对于词法能产性较高的派生词，东南亚留学生使用情况较多，习得情况较好，而对于词法能产性较低的派生词，东南亚留学生使用的情况较少，习得情况较差。

关键词：词法能产性；"鬼"类词缀；语料库；词汇习得

一、引言

东南亚文化圈中,鬼是封建迷信和宗教的产物,同样也是禁忌的话题。而汉语的"鬼"同样具有浓厚的封建色彩和丰富的文化内涵,两种文化对于鬼的解读各有不同。随着语义空间的拓展,"鬼"逐渐语法化,成为汉语的类词缀。"鬼"根据前置语素可划分出不同的词法模式,而不同词法模式的词法能产性也不尽相同。二语学习者在遇到生词时常常会利用构词规则或构词线索来猜测词义,因此词法能产性的高低是否会对留学生词汇的习得产生影响同样也值得研究。汉语词汇的构成具有一定的规则,例如"赌鬼""酒鬼""毒鬼"等表示对具有某种特点以及不良嗜好的人的蔑称。通过掌握构词规则,二语学习者在遇到生词时往往会利用构词规则来猜测词义,理解生词。在对外汉语词汇教学中,能产性较高的词缀或类词缀能够帮助学习者根据已有的构词法知识类推猜词构词,有利于学习者词汇量的扩大(张未然,2015)。

本文将借助语料库对汉语"鬼"派生构词的能产性进行量化研究,试图探讨词法能产性与词汇习得之间的关系。首先分析对"X+鬼"内部的词法能产性差异进行量化统计;其次,以"V+鬼"为例,进一步分析同一词法范畴内部从短语结构划分出的不同词法模式的能产性差异;最后统计 HSK 动态作文语料库中留学生使用"X+鬼"的情况,将统计结果与上述的统计结果进行对比分析。

二、研究思路及方法

本文为量化研究,通过 BCC 语料库计算类后缀"鬼"内部派生的各类能产性系数,具体操作步骤如下:(1)统计 Hapaxes[①],记为 n_1;(2)统计各类鬼类后缀词频总和,记为 N;(3)统计各类鬼类后缀构词总数;(4)根据 Baayen & Lieber(1992)提出的 $P = n_1/N$ 公式计算 n_1 在 N 中所占比例,即可得出鬼类后缀内部的各类能产性系数,并进行排序。在 HSK 动态作文语料库中按"词语搭配"检索"鬼"作为类后缀的语料,按照不同词法模式进行分类,并对照能产性排序,分析能产性系数与词汇习得之间的关系。

---

① 语料中出现频次为 1 的词语数量。

三、类后缀"鬼"内部的词法能产性差异

首先计算"X+鬼"内部的词法能产性系数,"鬼"的次级词法范畴可分为"N+鬼""A+鬼""V+鬼"。具体操作方法为:(1) 在 BCC 语料库中依次检索"N+鬼""A+鬼"和"V+鬼",仅保留词语;(2)用 Excel 软件统计 Hapaxes 的数量(n_1)与词频总和(N);(3)根据 Baayen&Lieber(1992)提出的 $P=n_1/N$ 公式计算 n_1 在 N 中所占比例计算出能产性系数。例如"N+鬼"在语料库中出现了 7 504 次,其中出现了一次的词共有 80 个,那么"N+鬼"的能产性系数为 0.011。

统计结果如表 3.1 所示:

表 3.1 类后缀"鬼"内部的词法能产性差异

次级词法范畴	n_1(个)	词频总和 N(个)	构词总数 N_1(个)	$P=n_1/N$
N+鬼	80	7 504	215	0.010 7
A+鬼	55	11 228	204	0.004 9
V+鬼	43	13 202	130	0.003 3

根据表 3.1 的统计结果显示,"N+鬼""A+鬼"和"V+鬼"的能产性系数分别为 0.011、0.005 和 0.003。由此可见"N+鬼"的能产性系数最高,"V+鬼"的能产性系数最低。

此外,Baayen(1992)指出,确定一个词法加工过程的能产性,除了计算其能产性系数之外,还必须考察其所构成词语的数量,两者互为补充。这一能产性被称为"总体能产性"(global productivity)。因此,综合这三类词法加工类型的能产性系数及构词数量,我们可以得出类后缀"鬼"内部的词法能产性的排序,如表 3.2 所示:

表 3.2 类后缀"鬼"的内部词法能产性排序

次级词法范畴	构词总数 N_1(个)	能产性排序
N+鬼	215	1
A+鬼	204	2
V+鬼	130	3

综合以上统计结果,我们可以得出结论:在类后缀"鬼"的派生中,"N＋鬼"与"A＋鬼"的派生相对能产,构词能力丰富,而"V＋鬼"的派生相对不能产。类后缀"鬼"的内部词法能产性排序依次为 $P_{N+鬼} > P_{A+鬼} > P_{V+鬼}$。

"N＋鬼"根据前置语素的不同可分为"物＋鬼"(如"酒鬼、毒鬼"),"职业、爱好＋鬼"(如"诗鬼、商鬼、赌鬼"),"空间＋鬼"(如"内鬼、番鬼")。"A＋鬼"可分为"外形特征＋鬼"(如"黑鬼、肥鬼、丑鬼"),"状态＋鬼"(如"胆小鬼、懒鬼、势利鬼"),"V＋鬼"可分为"行为动作＋鬼"(如"捣蛋鬼、讨债鬼、贪吃鬼")。这些以"鬼"为类后缀的词为表示对人轻蔑的称呼或对人的昵称。

以上统计结果考察了类后缀"鬼"内部的词法能产性差异,那么对于"鬼"同一词法范畴内部的词法模式是否也存在差异呢?下面将以"V＋鬼"为例,从短语结构划分的角度进一步分析能产性的内部差异。

四、"V＋鬼"内部的词法能产性差异

根据在 BCC 语料库中检索出的"V＋鬼"的词,按照短语结构的不同,三级词法范畴可划分为"单音节 V＋鬼""述补 V＋鬼"和"述宾 V＋鬼";其后分别统计语料中三级词法范畴中 Hapaxes 的数量(n_1')、词频总数(N')及义构词总数(N_1)。最后根据 $P = n_1/N$ 公式计算。

表 4.1　"V＋鬼"内部的词法能产性差异

三级词法范畴	举例	n_1'(个)	N'(个)	N_1(个)	$P = n_1/N$	能产性排序
单音节 V＋鬼	死鬼	4	2 339	20	0.001 7	3
述补 V＋鬼	饿死鬼	15	1 937	53	0.007 7	1
述宾 V＋鬼	吸血鬼	21	8 912	60	0.002 3	2

根据表 4.1 的统计结果,能产性最高的为"述补 V＋鬼",其次为"述宾 V＋鬼","单音节 V＋鬼"的能产性最低。这说明即使在同一词法范畴内的派生词,受前置语素的结构影响,也会存在内部的能产性差异。

五、词法能产性对东南亚留学生词汇习得的影响

在对外汉语词汇教学中,词汇能产性的高低是否会对学生词汇的习得产

生影响呢？本文对 HSK 动态作文语料库中东南亚留学生使用类后缀"鬼"的情况进行了统计。首先在 HSK 动态作文语料库中按"词语搭配"检索"鬼"，删除多余的句子，只保留作为类后缀的词语。然后，按照词性和短语结构进行分类，并对照能产性系数表进行排序。统计情况如下：

表 5.1　HSK 动态作文语料库中"鬼"的使用情况

序号	国　家	词　语	次级词法范畴	三级词法范畴	词法能产性排序
1	马来西亚	爱哭鬼	V＋鬼	述宾 V＋鬼	2
2	缅　甸	饿鬼	V＋鬼	单音节 V＋鬼	3
3	马来西亚	爱哭鬼	V＋鬼	述宾 V＋鬼	2
4	韩　国	自私鬼	A＋鬼		2
5	日　本	吝啬鬼	A＋鬼		2
6	韩　国	讨债鬼	V＋鬼	述宾 V＋鬼	2

　　根据表 5.1 的统计结果，由于语料的数量较少，"鬼"作为类后缀出现的次数仅有 6 次，其中"A＋鬼"出现了 2 次，"V＋鬼"出现了 4 次。由于"V＋鬼"出现的次数较多，本节从"V＋鬼"内部的词法能产性差异入手，试图对词汇能产性的高低与学生词汇的习得之间的关系提出基本假设。从上表可知"单音节 V＋鬼"出现了 1 次，"述宾 V＋鬼"出现了 3 次，但没有出现"述补 V＋鬼"的结构。出现这种情况的原因有两点：一是受语料库的限制，无法做出详尽的统计，所以未能统计到有关"述补 V＋鬼"结构的语料；二是"述补 V＋鬼"结构的短语本身具有复杂性，例如：饿死鬼、淹死鬼，就学生目前的汉语水平还无法掌握这类短语。基于以上两点原因，本节在分析东南亚留学生"V＋鬼"三级词法范畴的使用情况时，无法将"述补 V＋鬼"的能产性考虑在内，这也是本文的不足之处。

　　根据已知的"V＋鬼"三级词法范畴的数据："单音节 V＋鬼"1 次、"述宾 V＋鬼"3 次，本节试图提出一个基本假设：对于词法能产性较高的派生词，东南亚留学生使用情况较多，习得情况较好，而对于词法能产性较低的派生词，东南亚留学生使用的情况较少，习得情况较差。

六、结语

　　本文对类后缀"鬼"内部的词法能产性进行了量化研究，经统计得出了能产性的差异，$P_{N+鬼} > P_{A+鬼} > P_{V+鬼}$。通过对"V＋鬼"派生构词的进一步研究，发现同一词法范畴内的派生词，受前置语素的结构影响，也会存在内部的能产性差异，"述补 V＋鬼"的能产性最高，"述宾 V＋鬼"次之，"单音节 V＋鬼"的能产性最低。根据 HSK 动态作文语料库中"V＋鬼"三级词法范畴的数据。由此，本文提出假设：对于词法能产性较高的派生词，东南亚留学生使用情况较多，习得情况较好，而对于词法能产性较低的派生词，东南亚留学生使用的情况较少，习得情况较差。

　　本文的量化研究针对类后缀"鬼"的派生构词，未来还需借助语料库对汉语中占绝对优势的复合构词的能产性进行进一步探索。此外，本文仅通过语料库的方式对词法的能产性与留学生习得之间的关系提出了基本假设，未来还需要通过实证研究证明这一假设。

参考文献

［1］　张未然. 基于语料库的汉语词法能产性量化研究——以"儿、子、性、化、家"的派生为例［J］. 云南师范大学学报（对外汉语教学与研究版）. 2015，13（4）：62—67.

［2］　Baayen H. Quantitative aspects of morphological productivity［M］//Geert Boojj & Jaap van Marle（eds）. Year Book of Morphology 1991. Dordrecht：Kluwer，1992：109‒149.

作者简介：杨立，澳门科技大学国际学院。

土耳其教育体制及汉语教学状况调研

◎ 陈晓兰

摘　要：当代土耳其的教育政策与土耳其的现代化进程有着密切的关系,土耳其的教育宗旨、语言文字改革以及一系列的教育制度建设都旨在服务于现代土耳其的社会文化建设、土耳其的公民教育。土耳其汉学的历史和现状与欧美汉学有着很大的差别,在起源之初就表现出鲜明的官方色彩和民族特色,20世纪四五十年代开始将文学、哲学纳入研究视野,集中于中国古典诗歌、民俗学及少数民族文学的研究。土耳其有5所大学开设了汉语专业,安卡拉大学汉学系是土耳其汉学的摇篮,为土耳其培养了一批汉学家。2008年起,汉语被正式列为公立高中和中小学外语选修课程,有20多所学校开设了中文选修课,4所孔子学院相继设立。

关键词：土耳其;教育体制;土耳其汉学;汉语教学

一、土耳其的教育宗旨、教育体制与语言文字改革

当代土耳其教育政策的历史渊源可追溯到19世纪土耳其的急遽变革与20世纪20年代土耳其共和国的诞生及凯末尔所推行的一系列社会改造计划。

奥斯曼帝国的衰落与近代欧洲的崛起有着密切的关系。19世纪的土耳其遭遇了与近代中国相似的处境,内忧外患,国家、社会动荡不安,传统政治、经济制度衰微,国家处于内与外、传统与现代的激烈冲突之中,国家的现代化进程也深受西方影响,如在西方启蒙思想和法国大革命的意识形态影

响下,探讨现代西方自由、民主与早期伊斯兰教政治理念之间的一致性问题,西方宪政制度的引入等。1876 年,土耳其颁布宪法,立宪君主政体建立,但是君主立宪制政府无以解决国家面临的巨大的经济与政治危机,帝国末期的历史充满了叛乱、起义、镇压。20 世纪初,民族解放运动此起彼伏。1923 年土耳其共和国诞生,确定安卡拉为首都,安纳托利亚被视为土耳其民族的祖国和家园。共和国宪法规定:说土耳其语、信仰伊斯兰教成为土耳其民族的特定标志。

土耳其共和国要求土耳其教育必须承担起教育新土耳其国民的义务,教育要为国家的统一和现代化服务,应该采用土耳其语以摆脱阿拉伯语的束缚,促进国家的发展,语言文字改革势在必行。1928 年 5 月,土耳其大国民议会通过了使用国际通用数字的法律。1928 年 11 月,大国民议会通过了采用拉丁字母的法律,即用土耳其-罗马字母取代阿拉伯和波斯字母,作为土耳其语的书写形式。1932 年 7 月,土耳其语言协会成立,强调土耳其语是人类最悠久的语言,协会着力推广土耳其语,并号召民众使用土耳其语做礼拜。土耳其语言协会和文学界是这场语言文字改革最大的推动者。文化改革中的这一重大举措,标志着土耳其共和国与奥斯曼帝国意识形态和文化传统的彻底决裂,意图使土耳其人从奥斯曼的表达方式中和东方中世纪文化中解放出来,极大地推动了教育的普及。

教育的世俗化和去宗教化也是共和国初期的主导精神,认为学校应该培养热爱土耳其民族的公民,而不是培养伊斯兰教徒。1924 年颁布的《教育统一法》对于教育制度和管理做出结构性调整,宗教基金会下属的宗教学校被关闭,所有的教育及科研机构统一归属于"国民教育部"。20 世纪 40 年代,伊斯兰教是否进入教育体系的问题再度引发争论,至 1949 年,部分机构恢复宗教教育。20 世纪 80 年代,新的教育改革将伊斯兰教重新纳入教学大纲,并在初、中等教育中引入义务宗教教育,《宪法》规定宗教文化课和伦理课为中小学必修课。但是,早在土耳其共和国诞生之初确定的传统:教育的去奥斯曼帝国化(反对经院式的僵化教育)和教育的现代化(西化,传授西方现代科学、技术、思想、学科、语言),是其教育改革和教育现代化的主导性精神,这一精神一直延续到当代。

土耳其共和国诞生之初,法律规定教育必须统一在国家的控制之下,认为这有利于培养具有同样精神并达成思想统一的公民,这一思想直接体现在其教育行政体制和管理政策上。1926 年,土耳其颁布教育机构相关法令,调整教育系统管理架构,以法律形式确认了中央一级的"教育教导委员会"和各级地方教育行政组织中的"教育教导处"在教育行政机构中的决策地位。各级行政教育机构拥有对各级教育的领导权和监管权。1961 年,《宪法》确定大学拥有管理和学术的自主权,教授拥有很高的威望和权力,大学的这种自治权延续到 20 世纪 80 年代。1981 年颁布的《高等教育法》,对高等教育的结构和运作进行了调整,涉及教育目标、教育机构的结构、运行、权力和责任等,并设立"高等教育委员会"和"大学校际委员会"。"高等教育委员会"由共和国总统、部长、国家教育部和大学委员会任命的成员组成,作为行政机构,根据《宪法》行驶规划、组织、管理和监督高等教育,负责管理高等教育机构和高等教育相关行政事务。大学校长由总统根据教育委员会提供的候选人任命,院长由教育委员会任命,系主任由校长任命。"大学校际委员会"是学术机构,负责协调各大学的教学、科研和出版活动,对教育机构进行评估,向高等教育委员会和大学提供咨询、建议等。

2011 年颁布的《国民教育部组织机构与职责相关法》对土耳其共和国国民教育部的组织架构、各下属职能部门的内部结构和职责做出了调整,确立了现行的教育行政体制：教育行政组织分为中央、省、县三级。中央"国民教育部"统一领导、监督全国教育事业,其权力范围包括确定各级各类教育目标和课程内容、编订教科书、管理学校教师和管理人员、制定教育预算、管理教育经费等。"国民教育部"的下属行政组织包括"中央机关""地方行政组织""国外机构"和其他"相关机构"。"中央机关"中的"教育教导委员会"是最高决策机构,其职责在于规划教育体系、规定教育课程、制定教学大纲、编写并审核、修订国民教育部其他机构编写的教科书等。该委员会由代表各教育阶段的一位主席和十位委员组成,委员会成员必须拥有十年以上的教学或学校管理经验。土耳其全国各省、县都设有"国民教育局",在各行政区域内行使组织、领导、管理教育事务的职责。省、县各级"国民教育局",既受同级政府行政长官（省长或县长）领导,又受上级教育行政机构——中央"国民教育部"和省级"国民教育局"领导。中央"国民教育部"设有国外教育行政机构,如在国外设立教育代表处,调研国际教育、教学状况,保障国际间的文化协定顺利实施,负责管理国外的土耳其公民、侨民子女及土耳其留学生的教育事务,向国外派遣教授土耳其语和土耳其文化课的教师等。

二、土耳其汉学及汉语教育

1935 年,在国父凯末尔的倡导下,安卡拉大学创办了土耳其第一个汉学系,这在土耳其汉学发展史上具有里程碑的意义。应凯末尔之邀,德国突厥学家葛·玛丽(原名安娜玛丽·冯·加班)赴安卡拉大学文史地理学院任教,并帮助筹建汉学系。葛·玛丽在古代突厥语、回鹘文及新疆历史、宗教、文化、美术研究领域享誉世界。她于1926—1934年间刊布了6卷本的《古代突厥语吐鲁番文献研究》。她曾于1931年访问北京,着重回鹘文《玄奘传》的研究,并于1935年发表了《回鹘文〈玄奘传〉第五卷研究》。葛·玛丽于1935—1937年间任教于安卡拉大学,她离任后,另一位德国汉学家沃尔夫拉姆·艾伯哈接替其位置。艾伯哈在中国历史、中国民俗、民间文学及中国少数民族研究领域成果丰硕,著有《中国北方邻族》《古汉语语法简要》《中国历史》《汉学入门》等。艾伯哈在土耳其工作十年,为土耳其汉学的发展和汉语教育奠定了深厚的基础,为土耳其培养了一批本土汉学家,拓宽了土耳其汉学研究领域,除了以突厥语和少数民族历史文化为研究核心外,还拓展到古代汉语、中国文学、汉族民间文学领域。艾伯哈于1948年离开土耳其,他的继任者是土耳其本土的第一位汉学家穆德勒,主要从事中国哲学、文学和中亚突厥史的研究,并首次将《论语》《诗经文集》《中国诗歌精华》翻译成土耳其文。综上,土耳其的汉学研究传统包括两个学科:史学,集中于中亚政治文化史、突厥史、新疆历史、文化、宗教,利用汉籍开展相关领域的研究,将汉籍中的突厥史文献翻译成土耳其语;文学,集中于古典诗歌和民间文学。当然两个学科并非泾渭分明。土耳其本土汉学家欧钢侧重于中国文化和中亚突厥史研究,出版了土耳其第一本研究专著《孔子》。图莱·凯卡马克以唐代诗歌为论题,撰写博士论文《唐诗的诗性写作与土耳其语言词典的比较研究》,集中于中土语言关系与诗歌形式的深入研究。安卡拉大学汉学系不仅是土耳其汉学研究的基地,培养了一批汉学家,而且也为土耳其各行业培养了汉语人才,土耳其汉语教师和其他行业的汉语人才多为安卡拉大学汉学系的毕业生。

土耳其有5所大学开设了汉语专业:一是安卡拉大学(公立),设有汉语言文学本、硕学位授予点,有土耳其籍教授、副教授及助理教授数名。二是埃尔吉耶斯大学(公立),位于开塞利,与武汉大学、上海外国语大学建立了合作关系。1998年设立中文本科专业,隶属东方语言文学系,2000学年开始招生,开设课程有必修课程中文语音、语法、汉字、口语、土耳其语、土耳其历史、第二外语和选修课中国文化、中国历史、中国文学。拥有汉语方向硕士学位授予权。三是法提赫大学(私立),位于伊斯坦布尔,于1996在文理学院下设中文系,并与中国西北师范大学合作,由国家汉办公派汉语教师和本土汉语教师任教。但2013年起停止招生,据说,2016年被政府关闭。四是奥坎大学(私立),位于伊斯坦布尔,在文理学院翻译研究系下设汉语翻译和口译专业,其汉语口译专业为土耳其实力最强者。2013年由北京语言大学与奥坎大学合作创办孔子学院。五是伊斯坦布尔大学,该大学是土耳其历史最悠久的大学,其前身是1827年成立的第一所西式高等教育机构——伊斯坦布尔医学院,1900年成立伊斯坦布尔科学院,是当时土耳其唯一的大学,1933年关闭科学院,建立伊斯坦布尔大学。该大学的汉语语言文学专业设立于2009年,隶属文学院东亚语言和文学系。因此,伊斯坦布尔已有三所大学设有汉语专业,以培养学生流利使用汉语,了解中国文化、文学、哲学、历史等为教学目标。

20世纪90年代开始,土耳其出现了学习汉语的热潮。2004年,土耳其国民教育部决定把汉语作为中小学第二外国语备选语种,第一外语为英语;2005年将汉语列入职业高中外语选修课程;2008年起批准汉语正式列入公立高中和中小学外语选修课程。在6万多所中小学中,有20多所开设了中文选修课,这些学校主要分布在安卡拉和伊斯坦布尔地区,以私立为主,所开设的汉语课程大都受到孔院的支持,师资以本土教师为主,但存在着师资不足、教材脱离本土文化等问题。

土耳其目前有4所孔子学院:中东技术大学孔院(安卡拉),是土耳其第一所孔院,2008年10月揭牌,合作方为厦门大学。海峡大学孔院(伊斯坦布尔),2009年成立,合作方是上海大学。奥坎大学孔子学院(伊斯坦布尔),2013年成立,合作方为北京语言大学,是目前孔院合作院校中唯一设有汉语本科专业的大学。晔迪特派大学(伊斯坦布尔),2016年成立,合作方为南开大学。

海峡大学前身为1863成立的罗伯特学院,该学院是美国在海外建立的第一所美式高等教育机构。美国著名教育史家、比较教育学家、哥伦比亚大学师范学院教授保罗·孟禄(Paul Monroe)曾于1932—1935年间担任罗伯特学院院长。1971年罗伯特学院托管理事会将该校区移交给土耳其政府并由此建立公立海峡大学。海峡大学是欧洲大学联盟成员,并且长期保持着与美国的合作关系,1998年开始,海峡大学工学院的所有专业都得到美国工程与技术认证委员会认证。海峡大学拥有1 000多名教职员工、学生1万多名,其中本科生9 000多名,研究生2 500多名。研究生教育包括:生物医药工程学、环境科学、理工和社会学等。海峡大学非常强调国际交流与合作及交叉学科的发展,其学校建制以研究为主体,重视学术研究和研究生培养,发展定位是世界级研究型大学，并致力于在地中海地区发挥作用。学校设有艺术与科学院、经济和管理科学学院、教育学院、应用学科学院、外国语学院、工学院。其知名校友有前总理比伦特·埃杰维特，1944 年毕业于罗伯特学院文学专业，1944—1946 年入安卡拉大学研修英国语言文学。1974 年至 2002 年间曾先后 5 次任土耳其总理。他也被称为作家，曾翻译了泰戈尔的诗集《吉檀迦利》《飞鸟集》和艾略特的剧本《鸡尾酒会》。土耳其共和国第一位女总理坦苏·奇莱尔，1967 年毕业于罗伯特学院经济系，后赴美国攻读硕士、博士学位，后回母校海峡大学任教，并于 1980 年晋升为经济学教授。诺贝尔文学奖得主奥尔罕·帕穆克也曾就读于罗伯特学院，女作家沙尔达·奥兹坎毕业于海峡大学心理学专业，第一部作品《失落的玫瑰》成为世界级畅销书。

海峡大学孔院成立于 2008 年，2009 年开始正式授课，2010 年时任中共中央政治局常委的李长春为海峡孔院揭牌。十年来海峡孔院致力于汉语教学、文化交流及学术合作，成为上海大学与海峡大学合作交流的重要媒介。上海大学土耳其研究中心、中土论坛，已经成为上海大学与海峡大学学术合作交流的重要平台。

在汉语教学方面，海峡大学开设了初级、中级和高级的学分课程、中国文化阅读课程，并为海峡大学员工免费开设中国语言和文化课（如初中级汉语周末课、太极、书法、厨艺、歌唱等兴趣课），全年有 200 余名大学生在海峡大学注册选修汉语学分课程。海峡大学孔院与其他学校、机构合作，支持伊斯坦布尔 6 个教学点的汉语教学，共有 1100 名学生选修汉语课程。除此之外，海峡孔院也开设各类特色汉语课程以适应所在地区对于汉语的需要，如为伊斯坦布尔警察开设中文培训班等。正如海峡孔院土方院长阿尔祖·奥兹图克门（Arzu Öztürkmen）教授所言：海峡孔院在汉语教学、文化分享、教育与文化交流、学科合作方面取得了显著的成绩，为海峡大学乃至土耳其其他大学的师生提供了与中国师生交流的机会，使他们能够到中国继续与中国有关的学业和研究，并在毕业后从事与中国有关的工作。而一年一度的"中土论坛"（China-Turkey Forum）不仅为两校中土经济、社会、国际关系问题的学术讨论提供了通道，而且受到伊斯坦布尔公众的广泛关注。

三、结语

孔子学院章程第一条开宗明义，阐明了孔子学院的宗旨及其肩负的使命：

适应世界各国(地区)人民对汉语学习的需要,增进世界各国(地区)人民对中国语言文化的了解,加强中国与世界各国教育文化交流合作,发展中国与外国的友好关系,促进世界多元文化发展,构建和谐世界。从汉语学习——了解中国文化——加强文教合作——发展中外友谊——促进世界多元文化到构建和谐世界,以汉语/文化教育为地基,使中国文化成为世界多元文化之有机组成部分,在世界话语体系中占有一席之地,为世界和谐做贡献的层层递进的关系,体现了汉语国际教育所肩负的使命。孔子学院经过 15 年的发展,在 150多个国家的 500 多所孔院和 1 100 多个孔子课堂,开设了数以万计的语言课程,举办了数以万计的文化活动,形成了孔子学院特有的一套表述话语,向不同区域、不同国家的人民言说中国、表述中国。如何在已有的基础上,深耕细作、加强内涵建设,是汉语国际教育未来工作的重心之所在,也是挑战之所在。

参考文献

[1]　[土]阿尤布·撒勒塔史,杨晨.1935 年以来的土耳其汉学研究[J].西亚非洲,2014(02):149—157.

[2]　[土]欧钢.土耳其的高等教育及其对汉学的研究[J].宁夏社会科学,1988(05):85—87.

[3]　[土]悉纳·阿克辛.土耳其的崛起[M].吴奇俊,刘春燕,译.北京:社会科学文献出版社,2017.

[4]　哈安全.土耳其通史[M].上海:上海社会科学院出版社,2014.

[5]　韩智敏.土耳其教育行政体制探析[J].教育教学论坛,2014(49):127—128.

[6]　刘军,王亚克.土耳其教育体制与汉语国际教育研究[J].云南师范大学学报,2019,17(03):62—71.

[7]　苗福光.土耳其汉学研究与孔子学院发展现状[J].阿拉伯世界研究,2014(02):111—120.

[8]　王亚克,刘军.土耳其中小学汉语教学发展问题研究[J].海外华文教育,2018(04):94—102.

作者简介:陈晓兰,文学博士,上海大学文学院中文系教授,博士生导师,研究方向:比较文学、中外文学/文化关系、中西城市文化与文学。

"一带一路"背景下尼泊尔汉语
国际教育发展思路探析

◎ 何　懿

摘　要：尼泊尔汉语国际教育历经艰辛已走过数十载，成果丰硕，建树良多，但发展中亦有不平衡与诸多困难。在办学理念、办学条件及师资、教材、教法等方面首都地区与外省、孔子学院与大学中文系、孔子课堂与各地中小学都有自己的特色，也有各自亟待解决的困难和问题。中国"一带一路"建设的兴起与蓬勃发展，为尼泊尔及南亚地区国家带来了新的发展机遇，迎来新的发展空间，中国与尼泊尔等南亚国家携手共建，共同繁荣，汉语国际教育亦能在崭新的发展策略与空间下走向更加辉煌的明天。

关键词：尼泊尔；汉语国际教育；"一带一路"；师资；教材；教法；办学条件

一、"一带一路"背景综述

（一）何为"一带一路"？

"一带一路"是"丝绸之路经济带"和"21世纪海上丝绸之路"的简称。"一带一路"贯穿欧亚大陆，东边连接亚太经济圈，西边进入欧洲经济圈。无论是发展经济、改善民生，还是应对危机、加快调整，许多沿线国家同中国有着共同的利益。历史上，陆上丝绸之路和海上丝绸之路就是我国同中亚、东南亚、南亚、西亚、东非、欧洲经贸和文化交流的大通道，"一带一路"倡议是对古丝绸之路的传承和提升，获得了广泛的认同。

（二）"一带一路"倡议的缘起和发展

1．"一带一路"倡议的缘起

2013 年 9 月，中国国家主席习近平在哈萨克斯坦纳扎尔巴耶夫大学发表演讲，倡议共同建设"丝绸之路经济带"，以点带面，从线到片，逐步形成区域大合作。

10 月 3 日，习近平主席又在印尼国会发表演说，倡议中国与印尼共同建设 21 世纪"海上丝绸之路"；而在此前一天，习近平主席在同印尼总统苏西诺会谈中，倡议成立亚洲基础设施投资银行，为包括东盟在内的亚洲国家基础设施建设服务。至此，中国向世界公开宣示了"一带一路"的倡议。

2．"一带一路"倡议的发展

2014 年 5 月 21 日，习近平主席在上海亚信峰会做主旨发言时指出：中国将同各国一道，加快推进"丝绸之路经济带"和"21 世纪海上丝绸之路"建设，尽早启动亚洲基础设施投资银行。

10 月 24 日，21 个亚投行意向成员国在北京签署亚投行《筹建备忘录》。11 月 8 日，在加强互联互通伙伴关系对话会上，习近平主席提出了"一带一路"第一步的核心内容，包括：以交通设施为突破口，优先部署中国同邻国的铁路、公路项目，实现亚洲的互联互通。中国向世界宣告，中国将出资 400 亿美元成立"丝路基金"。11 月召开的 APEC 峰会上，互联互通内容被写进《亚太经合组织推动实现亚太自贸区北京路线图》和《亚太经合组织互联互通蓝图》两个文件里，这使"一带一路"有了国际社会认可的性质。12 月底，"丝路基金"完成工商注册，中国主导的"一带一路"倡议的两大金融工具平台已经形成。

2015 年 3 月，中国发改委、外交部和商务部共同发布了《推动共建丝绸之路经济带和 21 世纪海上丝绸之路的愿景与行动》的文件，这个号召举国参与"一带一路"建设的文件，使得中国进入了"一带一路"的时代。

（三）"一带一路"沿线国家有哪些？

"一带一路"横贯欧亚大陆、西太平洋和印度洋，以中国为辐射中心，西北可达波罗的海三国（立陶宛、拉脱维亚、爱沙尼亚），东北到达俄罗斯和蒙古，西南延至埃及和也门，东南可至印度尼西亚，辐射的国家范围广泛，是当今世界上跨度最长、发展潜力最好的经济大走廊。根据现有文献研究的关于"一带一路"沿线国家所作的分类及沿线国家对中国倡议的回应及其政策意向，可以将这片广大区域从地理上界定为东南亚、南亚、中亚、西亚、中东和中东欧地区的64 个国家(未含中国)，沿线涉及上海合作组织、东南亚国家联盟、南亚国家联盟、欧亚经济联盟、独联体经济联盟、欧盟和海湾合作委员会等多个区域性经济组织的成员。"一带一路"沿线 64 个国家的人口总量为 30.8 亿，约占全球总人口的 44％；GDP 总规模达到 12.8 万亿美元，占全球经济总量的 17％。

尼泊尔位于喜马拉雅山脉南麓，北与我国西藏自治区相接，是南亚地区"一带一路"沿线国家。

二、尼泊尔汉语国际教育的兴起及发展历程

(一) 尼泊尔汉语国际教育的兴起

1. 尼泊尔公立大学的汉语培训

尼泊尔的汉语国际教育兴起于 20 世纪 60 年代，只是那时候还没有明确的国际汉语教育的理念，只是汉语教学。1961 年，在中尼建交、两国关系日益密切的时代背景下，尼泊尔最著名的公立大学——特里布文大学中文系所属的国际语言学院开设了汉语课程，主要面对社会招生，属于语言培训性质，由中国政府派遣的汉语教师任教至今。

2. 尼泊尔加德满都大学孔子学院

2007 年 6 月，加德满都大学孔子学院成立，这是由国家汉办/孔子学院总部指导和支持，河北经贸大学、尼泊尔加德满都大学合作开展的项目，以教授中国语言、传播中华文化、培养汉语师资、组织汉语水平考试、编写汉语教材、促进中尼文化交流为目的。

3. 尼泊尔孔子课堂

2009 年 8 月，尼泊尔—中国人民友好联络委员会广播孔子课堂 (CRI 广播孔子课堂) 成立，由尼泊尔—中国人民友好联络委员会和中国国际广播电台合作办学；2011 年 11 月，LRI 国际学校孔子课堂成立，由北京国际汉语学院、北京第八十中学和尼泊尔 LR 国际学校合作建立，这是第一个在尼泊尔中小学独立设置的孔子课堂。

4. 尼泊尔普通中小学的汉语教学

2005 年 8 月,国家汉办/孔子学院总部派遣 21 名志愿者教师赴尼,在 17 所中学和 1 所语言培训机构从事汉语教学。

5. 社会语言培训机构的汉语教学

尼泊尔加德满都有许多语言培训机构,教学对象主要是成人和在读大学生,针对英语和日语的培训最为常见,随着"汉语热"的升温,汉语培训也逐步发展起来。

6. 其他领域的汉语教学

由于中尼两国经贸的迅速发展,赴尼旅游中国游客的增多,尼泊尔商人和导游汉语学习的需求和热情日益高涨,但是他们比较忙,没有时间去培训机构专门学习汉语,于是出现了"口传面授式"的汉语学习方式;还有藏胞聚集区为在尼泊尔生活的藏民开设的汉语短期培训班,多由懂汉语的藏胞担任;部分藏传佛教寺院也开设汉语课程,教学对象是在寺院学习的喇嘛,一般由懂汉语且有教学经验的喇嘛担任汉语教师;"10＋2"性质的学院(College),有志愿者老师任教,为学生开设选修性质的汉语课。

(二) 尼泊尔汉语国际教育的发展

1. 尼泊尔公立大学——特里布文大学国际语言学院

开展汉语教学最早的公立大学——特里布文大学国际语言学院已有中文系,每年国家汉办都会通过公开选拔考试,根据尼泊尔汉语教学的需要,选派汉语教师到该大学任教。此外,还有数名尼泊尔本土汉语教师参与汉语教学和文化活动,他们付出了艰辛的努力,为尼泊尔培养了大批精通汉语和中国文化的人才,并在历届"中国大使杯汉语大赛"成人组中名列前茅,展现了尼泊尔汉语学习者的水平和才华。

2. 尼泊尔加德满都大学孔子学院

作为尼泊尔唯一的孔子学院,自 2007 年成立至今,该孔子学院已有中方教师和志愿者 17 人,专用办公室 300 平米,有教室、图书馆、微机室、文化体验室、孔子学院网站等硬件设施。孔院下设 4 个孔子课堂,14 个教学点,2016 年有注册学生 2 200 人,开办本科生汉语必修和选修课、研究生汉语选修课、成人汉语培训班、军队总部军官汉语班、本土汉语教师培训班和中小学汉语课等不同层次的课程。

孔子学院也积极开展各种文化项目,2016 年共举办各类文化活动 50 多场,参加人数达 2 万人,包括举办中国文化节、组织文艺演出、举办汉语教材展览、文化讲座和研讨会、庆祝孔子学院日、组织"大学生汉语桥"和尼泊尔"中国好声音"活动、举办赴华夏令营和考察团等。

2016 年,孔子学院在尼泊尔电视台和网络上同步播出《电视初级汉语》,受众达 60 万人,辐射南亚地区。续集《导游汉语》和尼泊尔"中国好声音"中文歌唱比赛也在电视台播出,影响深远。孔子学院以其优异的教学质量、丰富多彩的学术和文化活动吸引了越来越多的尼泊尔汉语学习者,成为增进中尼两国经济、贸易、教育、文化等方面交流与合作的重要桥梁。

3. CRI 广播孔子课堂和 LRI 国际学校孔子课堂

CRI 广播孔子课堂由志愿者老师任教,有两个小型的汉语图书馆、两个中小学汉语教学点、1 个针对成人开设的汉语语言培训中心,并在隶属奥地利萨尔茨堡应用科技大学的尼泊尔旅游和酒店管理学院开设汉语课程。CRI 依托中国国际广播电台的媒体优势,将汉语教学与广播节目制作结合起来,借助广播媒体宣传汉语教学并组织各种中国文化活动,受到当地广播听众和汉语学习者的欢迎。LRI 国际学校孔子课堂由公派教师和志愿者任教,大约有 2 000 名学生,是当地规模较大的私立学校。2005 年 8 月学校就申请了志愿者教师,开设了汉语课程,校方负责人曾多次来中国就开展合作与交流项目洽谈,并选派教师到中国进修汉语,支持汉语教学项目的开展。

4. 普通中小学汉语教学的发展

尼泊尔普通中小学的汉语教学已有 13 年,全国有 12 个县的 20 个市镇共 72 所中小学开设了汉语课程,其中以私立学校居多。现有 2.3 万名中小学生学习汉语,以 3 至 7 年级学生为主。这些学校主要集中在加德满都谷地及周边的卡夫县,北部邻近中国樟木口岸的辛杜帕尔乔克县,著名的旅游城市博克拉、奇特旺,蓝毗尼附近的拜拉瓦和布德沃尔,东部发展区的孙萨里县、莫朗县和贾帕县等。中小学生是尼泊尔汉语学习的主力军。

5. 社会语言培训机构汉语教学的现状

尼泊尔加德满都市区有许多开设汉语课程的培训机构,规模大小不一,教学水平也参差不齐,大部分只有一间教室,有的只在广告宣传上标明有汉语课程,招来学生就临时找懂汉语的尼泊尔本土人士来上课,极不规范。规模最大、设施也较齐备的有两所:一为中国信息中心(Chinese Information Center),由中尼贸易与投资促进会开办,不仅开设汉语课程,也负责承办与中国相关的各种文化贸易活动。2006 年起,每年都申请志愿者教师任教,生源稳定,有小型图书馆,采用的汉语教材为《汉语会话 301 句》;二为尼泊尔世界语言和计算机学院(Universal Language Institute),2006 年 11 月申请志愿者教师并开设汉语课程,2006 年 12 月成为汉语水平考试考点,主要负责举办 HSK、HSKK、YCT 等国家汉办组织的标准化汉语考试。

6. 其他领域汉语教学的情况

一为商人的"口传面授式"汉语学习,这是同行之间互相请教或在与中国人的贸易中学习汉语。由于经济利益的驱动,这些学习者目的明确,兴趣极高,特别重视口语学习。二为藏民聚集区和寺院开设的汉语课程。寺院的汉语课程一般都受到重视,有些采用新加坡出版的汉语课程,学生汉语读写能力比较强。三是"10+2"性质的学院选修汉语课程,学生专注于主修的专业课,汉语的学习热情不高,出勤率低,学习效果不佳。

三、尼泊尔及尼泊尔汉语国际教育面临的机遇与挑战

(一)"一带一路"倡议实施后南亚地区特别是尼泊尔将迎来什么样的发展机遇?

尼泊尔地处南亚地区,是"一带一路"建设推进的重点区域之一。复旦大学"一带一路"研究中心主任、南亚研究中心主任张家栋认为,"一带一路"在南亚有三种推进类型:一是全方位推进型,比如中巴经济走廊里包含瓜达尔港、卡西姆港燃煤电站、喀喇昆仑公路二期改扩建工程等一系列项目;二是重大项目推进型,比如斯里兰卡的科伦坡港口城项目;三是民营企业推进型,比如中国的小米、华为等企业在印度市场占据较大份额。全国政协委员、中联部原副部长、察哈尔学会国际咨询委员艾平认为,重要的是"一带一路"的互联互通性,中国改革开放 30 多年的重要经验之一就是基础设施建设先行,要在"五通"的基础上开展国际合作,助力解决发展中国家面临的发展难题。

那么南亚地区,特别是尼泊尔人士对"一带一路"建设的推进是何看法呢?

2017 年 4 月 18 日至 19 日在四川南充举行的"'一带一路'与南亚:信任与合作"国际学术研讨会上,来自中国、印度、巴基斯坦、尼泊尔、斯里兰卡的 40 多位专家,围绕"南亚在'一带一路'中的地位和作用""南亚国家对'一带一路'的态度和认知""中国与南亚合作""中印关系的挑战与应对"等议题,进行了坦率深入的交流。"由中国提出的一带一路倡议正越来越被世界关注",尼

泊尔特里布文大学学者希兰亚·拉尔·什雷斯塔说：“一带一路具有前瞻性，有着远大的发展前途”，斯里兰卡企业界人士、独立学者莎妮莉·瓦达充满期待；“‘一带一路’建设会惠及南亚国家”，北京大学巴基斯坦研究中心访问学者古拉姆·阿里指出；“‘一带一路’通过陆海两路连接亚洲、欧洲、非洲，沿线国家肯定都会受益。鉴于尼泊尔的地理位置，尼泊尔可以成为连接中印两国的桥梁，助力‘一带一路’在南亚的建设”，尼泊尔 Muldhar 新闻网站主编罗桑·卡德加表示。

中尼之间有哪些合作项目？

作为山水相连的友好邻邦，中尼在“一带一路”倡议框架内加速推进基础设施互联互通、灾后重建、经贸投资等多领域务实合作，进一步加强两国陆路和航空联系，改善中尼间陆路交通基础设施；签署了关于在“一带一路”倡议下开展合作的谅解备忘录，尼泊尔政府代表团也参加了首届“一带一路”国际合作高峰论坛；连接广东、西藏和尼泊尔的新的公路和铁路运输服务已正式开通，2016 年 12 月，首批日用品、电子产品等中国商品通过首列粤藏中南亚班列和公路运输，穿越喜马拉雅山脉，从广州运抵尼泊尔首都加德满都，成为自2005 年中尼友好高速公路建成以来最大的货物运输；而中尼跨喜马拉雅通道建设将与中巴经济走廊、孟中印缅经济走廊一起，串联起喜马拉雅山脉两侧十国(中国、缅甸、南亚八国)，释放本地区经贸合作潜力，形成真正意义上的“跨喜马拉雅经济增长高地”。尼泊尔总理奥利在参加“2018 中国—尼泊尔商务论坛”接受尼泊尔国家通讯社采访时称：中国国家主席习近平已经阐明将铁路修到加德满都的愿景，即开通通往加德满都的铁路服务；尼中双方在北京就货物运输达成了协议，当尼泊尔北部一些地区向全国其他地区供应货物面临困难时，尼泊尔曾暂时使用西藏公路；中国公司承建的尼泊尔第二个国际机场——博克拉国际机场正在建设中，该项目进展非常顺利，远超预期。2019年 4 月 24 日至 5 月 2 日，应国家主席习近平邀请，尼泊尔总统比迪亚·德维·班达里对中国进行国事访问并出席了第二届“一带一路”国际合作高峰论坛和 2019 年北京世界园艺博览会开幕式。中尼双方共同签署了有关经贸合作的三项双边合作框架协议。尼泊尔总统班达里代表尼泊尔对“一带一路”倡议作出坚定承诺，将加快中尼跨越喜马拉雅立体互联互通网络以及连接尼泊尔东部山区和特莱平原的柯西走廊、连接中国和印度的卡里甘达吉走廊和尼泊尔远西部的卡纳里走廊等三大南北走廊的建设。

(二)"一带一路"倡议将为尼泊尔汉语国际教育带来哪些发展机遇?

1. 社会反响

新华社记者周盛平在《"一带一路"东风吹进尼泊尔"中国城"》中写道:走在尼泊尔首都加德满都市中心的旅游集散地泰米尔狭窄的街道上,中文标语遍布——"黄河清真拉面饭馆""宇扬国际物流""九鼎源宾馆""亚洲探险"……俨然一座"中国城"。尼泊尔时任总理奥利访问中国以后,寻找商机的中国人多了。在泰米尔,做文化生意的中国人逐渐多起来,中文培训机构等如雨后春笋般出现,大部分学员是想与中国做生意的尼泊尔商人、旅游业从业人员等,还有来自不丹、印度、澳大利亚等国的学员学习汉语。在泰米尔附近的新知图尼泊尔书局也一直在办中文培训班,这些中文培训机构和孔子学院、孔子课堂、大学的中文系一起增加了尼泊尔人对中国文化的认知和了解,促进了中国文化在尼泊尔的繁荣。

2. 南亚师资班项目:为尼泊尔汉语国际教育增添活力,助推助燃

(1)南亚师资班项目的设立。为高度对接国家"一带一路"倡议,扩大中国与南亚各国之间的人文交流,推进南亚各国汉语教师本土化建设,孔子学院总部/国家汉办设立了孔子学院奖学金南亚国家汉语师资班项目,面向孟加拉、尼泊尔、巴基斯坦、斯里兰卡、阿富汗、马尔代夫、印度等 7 国申请者,招收类别为:汉语国际教育硕士、短期汉语强化培训(一学年/一学期)和汉语国际教育本科、预科+本科(1+4)。该项目是在国家"一带一路"框架下,促进中华文化对外交流、加强汉语国际传播的工作重点之一。

(2)项目的实施:该项目从 2016 年开始实施。河北经贸大学受孔子学院总部/国家汉办的委托,自 2017 年开始承担尼泊尔南亚国家汉语师资的招收和培养任务。目前已有 2017 级、2018 级两届学生在校学习。2017 年 9 月,河北经贸大学迎来首批短期汉语强化培训(一学年)学生 3 名,汉语国际教育预科+本科(1+4)项目学生 32 名。

(三)尼泊尔汉语国际教育将面临的挑战

1. 汉语教师存在的问题

师资是培养人才的关键,尼泊尔汉语教师队伍多为志愿者老师,他们年轻、充满热情,多为对外汉语专业毕业,有一定的理论功底,但缺乏足够的教学

经验,教学方法单一,课堂气氛不够活跃,多用英文解释,不利于学生学习汉语;他们管理能力薄弱,无法掌控课堂;且1至2年一轮换,频繁的更替必然带来教学进度无法保证、教学内容的重复讲解等问题,这都给汉语教学的发展带来不利的影响。

2. 教材的使用和编写

教材是学生学习、教师教学的重要依据,教材的优劣直接影响到学生学习成绩和教师的教学效果。尼泊尔普通中小学学生数量多,汉语教材稀缺,90%以上的学生没有使用过汉语教材,现有的部分教材需要循环使用,多是放在图书馆里供学生参阅,课堂上学生都是靠抄写笔记来学习的,影响了听课效果和教学进度;汉办配备的教材,因风俗习惯、宗教信仰等文化的差异,部分内容与当地的风俗习惯相悖,适用性比较差,且没有尼泊尔语注释,学生掌握起来有难度;而汉语教师或志愿者自编的教材,因教材编写者的学识修为、专业水平的局限,所编写的教材虽适合本土风俗习惯,较符合学生的兴趣,但教材本身的系统性、科学性比较差,课后习题较少,注释不规范,学生掌握所学知识后不能进行巩固练习,不利于学生长远的学习。

3. 汉语学习者的兴趣与学习动机

尼泊尔的汉语学习者多为3至6年级的学生,年龄比较小,活泼好动,自制力差,学习目的不明确,学习动机多来自教师的鼓励,受教师上课的方式及对汉语教师的喜爱程度的影响。

4. 当地学校对汉语课的重视程度及汉语课程的安排

尼泊尔普通中小学及一些学院的汉语课程性质是选修课,汉语成绩通常不计入考试系统;每个中小学的汉语课程设置不相同,有些学校不同年级汉语课程的设置也不一致;且学习汉语的时间也很少,每周一次或两次汉语课,无法巩固学习成果。每间学校一般只有1至2位志愿者老师,规模大的学校老师多些,但课时量也多,最多每周达到50节。

5. 教学设施及交通条件

尼泊尔许多地区特别是巴勒比斯等偏远贫困的地区,学校基础设施极为简陋,只能提供教室、黑板、马克笔、粉笔等简单的教学场所和教辅工具,也没有志愿者老师办公、备课的办公室。尼泊尔的地形以山地为主,尤其是巴勒比斯所在的北部地区,道路大多数为盘山公路,路边就是悬崖峭壁,交通非常不便。志愿者老师出行选择当地的大巴车,车内环境特别差,一般都会严重超载,有时车厢内还会有羊、鸡、鸭等动物,到首都加德满都需要4至5小时的车程。

6. 当地学校给志愿者老师的待遇和住宿等安排

尼泊尔的志愿者老师在尼泊尔特别是外省比较偏僻的地方,条件特别艰苦。有的地区志愿者老师只有一间 9 平方米的房间,厨房设在房间内,只有一张床、一张桌子、一把椅子及厨房用具,卫生间与别人合用。

四、如何抓住机遇、迎接挑战,做好汉语国际教育工作?

(一)抓住机遇,办好南亚国家汉语师资班

"南亚国家汉语师资班项目"学历生学制为五年,即一年语言进修+四年本科。2017 年,河北经贸大学受国家汉办/孔子学院委托,负责尼泊尔国南亚师资的培养。学校领导高度重视,积极与合作方院校沟通交流,在教学管理、学生生活等各方面给予很大的支持;国际教育学院措施到位,关心其生活,教导其学习,使其生活愉快、健康积极。

2017 年 9 月,新学期伊始,第一批南亚师资班预科+本科 32 名学生抵达石家庄,国际教育学院即安排辅导员老师到机场迎接,并为学生办理注册、保险、居留许可等手续,还安排了迎新晚会、参观科技馆和博物馆,熟悉市区和校园,帮助学生尽快融入中国的学习和生活。遵照孔子学院总部师资处的要求,结合实际情况,修改完善了《河北经贸大学来华留学生公寓管理规定》《河北经贸大学来华留学生请销假制度》等各项规章制度,明确分工,细化规则,落实到位。并定期召开南亚师资班学生专题班会,就法律法规、安全防范、签证办理、HSK 考试、生活费发放等方面的问题及时传达、沟通、交流,确保南亚师资班学生学有所得、学有所获,顺利完成学业。学校特别关注南亚师资班学生心理健康,举办心理辅导讲座,进行心理问题排查,定期观察和跟踪,及时疏导,解决各种隐形危机,缓解学生心理压力,使其在华的学习和生活更积极健康。根据南亚师资班和其他留学生实际情况,制定了《河北经贸大学国际教育学院来华留学生突发事件应急预案》《河北经贸大学国际教育学院三级相应预案》等制度,加强协调,有效处理各种突发事件。

针对南亚师资班学生的特点和实际情况,学校重新修订了培养方案,成立了专门的教学和后勤保障团队,加强教学指导,特别是强化了 HSK 和 HSKK 考前辅导,改进教学方法。在学校和学院的共同努力下,学生身心愉悦,学习勤奋努力,在 2017—2018 学年的期中和期末考试中,成绩优良,除一人因交通

事故受伤无法参加 HSKK 考试外,所有学生都通过了考试,取得优异的成绩,并顺利通过了孔子学院总部的年度评审。

学校积极组织南亚师资班学生开展各种丰富多彩的文化活动,感知中国、了解中国。响应孔子学院总部号召,国际教育学院组织学生们"走近燕赵古城,感知中国文化",到河北省武强和吴桥进行文化体验,他们参观中国年画,观看杂技表演;结合中国传统节庆,学校组织学生迎中秋、过端午、庆元旦,学生们聆听讲解、观看表演、亲自参与、体验、感知中国传统文化;庆祝全球孔院日、辞旧岁迎新春,学校举办了"五洲共此时"文艺晚会,学生们组成小乐队,作为开场节目登台,女生还表演了尼泊尔舞蹈,他们与中国学生同台演唱,增进了友谊,文化的碰撞与交融在晚会中得到凸显。学校还积极支持学生参加学校运动会及学校的各项活动和比赛,与中国学生同台竞技,加深理解,增进友谊,也给学生们提供了施展才华的空间和舞台。

2019 年 4 月,我们对南亚师资项目学生进行了问卷调查,调查显示:90%的学生来华前汉语水平是零起点,经过一年的努力学习,学生达到 HSK 四级的水平,在汉语听说读写方面都取得了明显的进步,50%的学生能听懂课程内容的百分之九十,50%的学生能听懂课程的百分之六十;学生都能借助字词典和老师的帮助阅读生词和课文,书写 300 至 500 字的短文,优秀的学生能写千字文;词汇量达到 1 000 至 1 500 个,优秀学生达到 2 000 个;他们对学校的住宿条件、校园环境和运动设施等方面都非常满意,也结交了许多中国朋友,能用微信和支付宝,会在网上购物,习惯了在中国的生活。很多学生利用假期去了中国的北京、天津、西安以及河北周边的城市,对中国及中国人民有了接触和了解。他们普遍认为中国交通便利、生活安定、教育发达,希望自己的家人和朋友能来中国旅游、参观和学习,同时也对学校课程的设置、教学实践活动的安排提出了自己的建议。

2018—2019 学年度,我校继续承办该项目,第二批南亚师资班学生已到校学习。随着项目的不断完善,申请人数的不断增加,将有可能形成可持续发展的态势以及相当规模的政治效益和社会效益。

(二)推动尼泊尔研究中心的中尼经济文化交流工作

2014 年 7 月 16 日,河北经贸大学成立中国首家专门从事尼泊尔研究的学术机构——尼泊尔研究中心,该中心是教育部备案的国别和区域研究中心,致力于研究和介绍尼泊尔的政治、经济、文化、教育和历史,加深中尼两国人民的相互了解。尼泊尔联邦民主共和国驻华大使马赫什·库马尔·马斯基(Dr. Mahesh Kumar Maskey)出席并为尼泊尔研究中心揭牌,河北经贸大学校长纪良纲表示,尼泊尔研究中心成立后将主要致力于研究和介绍尼泊尔的文化、教育、政治和经济,它必将成为中尼两国人民交流的桥梁。2007年,河北经贸大学与尼泊尔加德满都大学共同建立了河北省第一所孔子学院,尼泊尔研究中心是该校在中尼双方业已存在的交流基础上建立的中国第一个尼泊尔国别研究机构,加德满都大学孔子学院和尼泊尔研究中心的成立都是尼中友谊和合作的优良传统的延续。

尼泊尔研究中心成立后,致力于研究和推介尼泊尔的文化、教育、政治和经济,建立了微信公众平台,发表文章,开展学术研究。2018年10月12日至13日,尼泊尔研究中心承办的"新时代中尼'一带一路'合作国际学术论坛"在河北省石家庄市河北经贸大学举办,尼泊尔驻华大使里拉·马尼·鲍德尔先生、尼泊尔加德满都大学校长苏博德·夏马教授在开幕式上讲话。论坛聚焦新时代"一带一路"倡议下的中尼合作,深入探讨两国在政治、经济、文化、教育等方面的合作与交流,提出具有可操作性的思路和建议,推进"一带一路"倡议在尼泊尔落地生根,加深中尼两国的相互了解和交流,助力"一带一路"倡议在尼泊尔加速落实,促进中尼两国共同发展。2019年5月20日,尼泊尔研究中心在石家庄金圆大厦举办中尼经济文化交流研讨会。这些论坛和研讨会的举办必将产生积极的影响,促进两国人民特别是青年之间的交流和理解。

(三)充分发挥各方优势,解决面临的困难和问题

尼泊尔汉语国际教育要发展,就要不惧困难,迎接挑战,充分发挥各方优势,逐步解决目前所面临的问题。

1. 本土教师和志愿者教师的培训和指导

本土教师短缺的问题,可通过以下方法来解决:第一,孔子学院举办短期汉语师资培训班,针对本土教师教学实际,解决他们面临的教学教法等问题,这样针对性比较强,实际效果好;第二,选拔优秀本土教师到中国大学学习进修,时效性强;第三,南亚国家师资项目的实施,将加快本土汉语师资培养的步伐,并从根本上解决汉语师资短缺的问题。

汉语教师志愿者素质的提高和培训的问题,可考虑以下途径:第一,针对志愿者出国教学中面临的问题,高校对外汉语、汉语国际教育等专业在教学培养方案上要做适度的调整,并加大教学实操能力的培养和教学实习的力度;第

二,孔子学院总部在每年的志愿者选拔、培训等环节上要加大教学教法、课堂教学管理等实际操作能力的培训;第三,志愿者赴任后,孔子学院和志愿者负责机构要加大岗中培训力度和对志愿者的教学督查和指导工作,帮助他们改进教学方法,提高教学质量。

2. 教材的使用和编写

教材短缺是尼泊尔汉语教学面临的大问题,针对这个问题,研究尼泊尔汉语教学的学者提出了诸多改进措施:学校印刷影印版教材给学生使用;志愿者之家印刷教材赠送给学校发给学生;买下常用教材的版权在尼泊尔当地工厂印刷,再以合理的价格购买,以赠书形式给学校;举办公益活动,号召商家企业募捐,筹集款项购买教材等。这些措施都切合尼泊尔实际情况,合情合理,可以尝试。除此之外,孔子学院总部组织经验丰富的专家学者,并给予资金和技术上的支持,编写符合当地实际情况的本土教材,也是可行的举措。而随着"一带一路"建设的深入开展,信息高速的开通和相连,网络教学的开展,将对教材的编写和使用有新的冲击和突破,也将带来新的变革和创新。

3. 学生学习动机和兴趣的提高及学习时间的安排

教学环节要得以顺利进行,学生是关键。针对尼泊尔学习者多为中小学学生、年龄小、学习动机不明确、自我管理能力差等特点,志愿者老师要掌握学生心理和生理特点,及时调整教学手段,采取多种方式激发学生学习兴趣;针对尼泊尔学校汉语课多为选修课和兴趣课,学习时间少、课程设置不合理等情况,志愿者领队要帮助志愿者老师与所任教学校沟通,促使学校合理安排学生学习时间,调整课程设置;针对部分学校校长重文化活动轻汉语教学的问题,志愿者领队要积极沟通协调,并采取奖惩措施,促使学校把汉语教学与开展文化活动有机结合起来。随着中国"一带一路"建设的不断深入,中尼两国之间各种项目的开展,汉语人才的需求量将越来越大,尼泊尔社会和人民对汉语学习的重视程度也将逐步提高,必将对学校、对家长、对学生产生积极的影响。

4. 改善教学条件,提高志愿者生活待遇,保障汉语教学顺利开展

尼泊尔80%的人口从事农业生产,山地众多,属于经济不发达且贫穷落后的地区,志愿者老师的生活环境和教学条件都非常艰苦,在远离首都的外省及偏僻的山区条件就更加艰难。孔子学院总部、派出学校及孔子学院和志愿者之家要关心志愿者,积极想办法尽量改善志愿者的生活和工作条件,使其安心教学。措施有三:第一,孔子学院总部要提高在艰苦地区工作的志愿者老师的待遇,使其有经济能力改善生活条件;第二,志愿者领队老师在志愿者赴任之前要

考察了解开展汉语教学项目学校的承办能力,是否能为志愿者提供必需的生活和工作条件,达不到条件的就不能承担这个项目,不能接收志愿者老师;第三,要建立行之有效的考评机制,对志愿者和所任教学校进行考核和监督,发现问题及时解决,如有困难及时帮助,保证汉语教学的顺利进行和项目的有效运行。

2018年4月11日,尼泊尔教育部长吉列拉贾·马尼·波哈雷尔公布了尼泊尔教育领域未来五年的改革路线图,提出了改革的十项要点,改革方案中承诺为所有学校提供高速互联网服务,还要为贫困地区的儿童设立奖学金计划以及在地方创建电子图书馆和电子学习中心等。2019年4月,尼泊尔总统班达里表示:共建"一带一路"是历史性倡议,已经具有全球性重要影响,将为尼泊尔经济发展,尤其是基础设施建设开启崭新的大门,也为尼中合作搭建了很好的平台,伴随着互联互通的加强,贸易、投资、旅游和人与人之间的关系都将迎来历史性机遇。

我们坚信,在"一带一路"建设不断深入,中尼两国友好邻邦关系不断密切的时代大背景下,文化交流、人文合作也将达到新的高度,尼泊尔汉语国际教育的发展必将迎来光辉灿烂的明天!

参考文献

［1］ 张玲艳.尼泊尔汉语教学现状探析［J］.当代继续教育,2014(04).

［2］ 曹元龙."一带一路"建设惠及南亚发展［N］.光明日报,2017-04-21.

［3］ 蓝建学."一带一路"倡议在南亚:进展、挑战及方向［J］.印度洋经济体研究,2017(4).

［4］ 林民旺."一带一路"建设在南亚定位、进展及前景［J］.当代世界与社会主义,2017(4).

［5］ 周盛平."一带一路"东风吹进尼泊尔"中国城"［EB/OL］.新华网,2016-08-24.

［6］ 尼泊尔教育部长公布教育领域未来五年改革路线图［N］.新兴尼泊尔报,2018-04-11.

［7］ 尼泊尔总统班达里:"一带一路"将为尼泊尔经济发展开启崭新的大门［EB/OL］.国际在线,2019-04-28.

［8］ 尼泊尔总统首次正式访华与中尼"一带一路"合作［EB/OL］.观察者网,2019-04-24.

［9］ 尼泊尔总统:建议积极推动"一带一路"倡议发展 造福全世界［EB/OL］.中新网,2019-04-19.

作者简介:何懿,河北经贸大学教授,文学硕士,河北大学汉语国际教育专业硕士生导师。

汉语与汉语文化传播

试论汉语国际教育课堂中的
节气文化教学

◎ 常　峻　江雪园

摘　要： "二十四节气——中国人通过观察太阳周年运动而形成的时间知识体系及其实践"被列入联合国教科文组织人类非物质文化遗产代表作名录,表明中国的节气文化得到了国际的认可。在"一带一路"文化交流与传播大背景下,将内涵丰富的节气文化引入汉语国际教育课堂,对汉语言文化交流与传播是很有价值的。本文阐述节气文化作为汉语国际教育中文化教学资源的重要性及可行性,分析总结可选入汉语国际教育课堂的二十四节气文化教学资源,深入挖掘节气文化中的教学元素,如气象与时令节俗、中医与养生知识、人文与自然观念、生命意识与价值观念等,并以冬至节气为案例设计可运用的教学内容。

关键词： 汉语国际教育；节气文化；冬至

一、引言

　　文化的发展离不开互相交流、理解与欣赏。文化交流促进人们互通有无,增进文化多元化发展。"一带一路"倡议致力于建设人类命运共同体,促进世界多元文化交流、互鉴与发展,也是世界了解中国文化的一个窗口。如何建立全方位、多渠道、深层次的合作机制,是"一带一路"文化交流与传播面临的重大课题,也成为汉语国际教育新的发展契机和历史担当。中国历史悠久,具有博大精深的传统文化体系,语言、书法、音乐、武术、曲艺、棋类、节日、民俗等传统文化是中国先民智慧的结晶,无不闪耀着独特的光辉。其中二十四节气是中国古代历法的重要组成部分,代表中国科学史上的光辉成就,被称为中国的"第五大发明"(陈勤建,2017)。同时,它也是中国人日常生活、生产中的日用文化,深刻地影响着中国人的思维方式和行为,蕴含着丰富的中国文化内容。从历史上看,二十四节气早就走向了世界,影响到日本、朝鲜半岛、东南亚。在越南传统历法中,保留了大部分"二十四节气",同时变更了某些节气的时间,使之更加适用于越南的实际情况。目前,越南虽然官方使用阳历,但是在民间还是有部分人使用传统阴历,特别是农民,仍然遵循着节气来安排劳动作息。马来西亚的"二十四节令鼓"是由马来西亚华人发明、以中国传统二十四节气为主要内容的鼓乐表演,2009年成为马来西亚非物质文化遗产。日本的二十四节气也起源于中国,在二十四节气以外,日本还根据本国气候的实际特点,增加了一些独特的节气,被统称为"杂节"。

2016年11月30日,在埃塞俄比亚首都亚的斯亚贝巴联合国非洲经济委员会会议中心,"二十四节气——中国人通过观察太阳周年运动而形成的时间知识体系及其实践"的非物质文化遗产项目通过评审,被列入联合国教科文组织人类非物质文化遗产代表作名录。作为非物质文化遗产的二十四节气文化,更成为人们争相研究的热点话题。关于二十四节气文化的起源、发展演变、文化内涵及价值与意义都有不少论述(郑艳,2017;萧放,2002;杨萍等,2019;安德明,2017;刘宗迪,2017),有基于二十四节气的文创产品设计如插画、服饰设计纹样、书籍装帧设计等将传统节气文化与现代意识融合创新(李雪杰,2017;韩建,2016;尹婷婷、刘微,2015),有运用APP、微博等新媒体方式促进节气文化的传播等研究(方云,2017),均表明节气文化研究的方兴未艾。关于节气文化教育传承方面的研究,主要集中于中小学、幼儿园的校本课程开发和教学实践(王荣荣,2011;张秀英,2018)。在对外汉语教学界,文献中少有关于引入节气文化的研究,对节气专题进行介绍的文化教材也寥寥无几。2018年、2019年出现了5篇研究二十四节气教学的硕士学位论文(贺天凤,2018;李楠,2018;杨曼,2018;宋文婷,2018;王胤羲,2019),探讨节气文化教学的教学方法、教学内容、教材编写与教案设计。二十四节气是非物质文化遗产,在汉语国际教育中对其丰富的教育价值及教育内涵进行挖掘将充实汉语国际教育内容,丰富文化教学手段,从而调动留学生学习中国文化的热情,是非常具有实践意义的。

二、节气文化作为汉语国际教育教学资源的可行性分析

《国际汉语教学通用课程大纲》中指出：国际汉语教学课程的总目标是，使学习者在学习汉语语言知识与技能的同时，进一步强化学习目的，培养自主学习与合作学习的能力，形成有效的学习策略，最终具备语言综合运用能力。语言综合运用能力由语言知识、语言技能、策略、文化意识四方面内容组成。汉语国际教育不仅要培养学生掌握汉语综合运用能力，还要培养学习者具有国际视野和多元文化意识，使学习者理解中国文化在世界多元文化中的地位和作用及对世界文化的贡献。二十四节气作为世界非物质文化遗产，可将其引入汉语国际教育课堂，挖掘其丰富的教学资源。

（一）二十四节气的历史文化价值

泰勒在《原始文化》一书中对文化的定义是：包括知识、信仰、艺术、道德、法律、习俗和任何人作为一名社会成员而获得的能力和习惯在内的复杂整体。（引自程裕祯，2017：2）最能代表本国文化，且其他国家没有的东西，才最具本国特色。二十四节气文化产生于我国古代，逐渐发展演变至今，不仅指导着农业生产，对中国人的衣食住行都有重要影响。因此，二十四节气文化无疑是典型的中国传统文化符号之一。

（1）二十四节气历史悠久。二十四节气由夏商时期开始萌芽，经西周至春秋时期发展演变，在秦汉时期逐渐定型完备，历经两千多年历史，是中国关于自然物候、时间历法以及农事的综合文化知识体系，是中国文化的重要部分。虽然只有简短的二十四个节气名称，但两个字的节气名称却把中国几千年的农耕文明和文化习俗做了高度概括，每一个节气名称都包含着重要的文化底蕴。如"冬至"节气，有"冬至大如年"的说法，冬至作为民间八节之一，旧时颇受重视。

（2）二十四节气与生活关联紧密。二十四节气对我们衣食住行各方面影响巨大。尤其是食俗方面，一些食俗文化流传至今。现代社会中有一些广受大众喜爱的传统食物与二十四节气有着很强的关联性。例如北方冬至吃饺子，南方冬至吃汤圆。北方还有不少地方有在冬至这一天吃羊肉的习俗，冬至过后天气开始进入一年中最冷的时期，中医认为羊肉有滋养补体的功效。秋风一起，胃口大开，在立秋这一天吃各种各样的肉，炖肉、烤肉、红烧肉等，以

"添秋膘"。

（3）二十四节气蕴含着厚重的民族文化积淀。在两千多年的发展和演变中，二十四节气从最初指导农事安排，发展到现在既有脍炙人口的谚语歌谣、优美经典的节气诗词，又有与时令结合的科学中医养生、气象物候变化。例如，《内经》强调要顺应四时以养生，如此才能健康、长寿，反之亦必然受天气影响而生病。此外，还有很多反映节气的书画巨作，如《芒神春牛图》《节气图》《清明上河图》，以及演绎真善美的神话传说。

（二）二十四节气的教育价值

二十四节气很早已被引入我国中小学教学内容，不仅语文，地理、美术、科学、德育等课程也在不断探索二十四节气的教学价值。此外，许多学校也在研发以二十四节气为主题的校本课程。由此可见，二十四节气文化具有丰富的教育价值，如：美学追求、生态观念、诗词谚语赏析、气象物候知识等。

从语言整体的角度来说，无论何种语言都与其所处地域的文化背景有直接关系。汉语也正是由于受到中国传统文化的影响，所以其形式和表达方式各方面都体现了浓重的人文色彩，语言与文化联系紧密。因此，中国传统文化的学习是汉语国际教育的重要内容之一。开展汉语国际教育的最终目的不仅仅是要留学生掌握运用单一的语言知识，更重要的是能够理解语言包含的文化知识，实现跨文化交际，因此不可忽视汉语国际教育中的文化教学。在汉语国际教育中适当地给学生扩展节气文化知识，不仅可以丰富汉语教学的内涵，对提升教学效果和学生的跨文化交际能力也有重要作用。在生活中，学生们也可以更容易理解并融入中国人的生活，品尝中国的节气美食，体验中国的节气习俗。另外，节气文化倡导的养生知识和自然生态观念也有一定的科学性。

三、对外汉语教学中的节气文化教学元素

（一）气象与时令节俗

1. 气象

二十四节气是古代先民在不断地认识自然、顺应自然、改造自然的过程中总结出来的天文历法知识，也是其掌握农事季节、反映气候和物候等气象变化的工具。古代先民将地球绕太阳转一年看作 360 度，节气按度数分布，15 度

为一节气。5天叫做1候,3候为1气,称节气,全年分成72候24节气。二十四节气反映了太阳的周年运动,所以节气在现行公历中的日期基本固定,上半年在6日、21日,下半年在8日、23日,前后相差不过1—2天。二十四节气的分类主要有两种:一种是按时间顺序划分为春夏秋冬四类,每一类6个节气;另一种是按照名称含义分类,一是关于四季变化的,包括二分(春分、秋分)、二至(冬至、夏至)、四立(立春、立夏、立秋、立冬),二是关于气温的,包括小暑、大暑、处暑、小寒、大寒,三是关于降水的,包括雨水、谷雨、白露、寒露、霜降、小雪、大雪,四是关于物候的,包括小满、芒种、惊蛰、清明。为了便于记忆,人们还编出了《二十四节气歌》。

2. 节气民俗

二十四节气形成了众多习俗。节气是中国"传统天文历法、自然物候与社会生活共同融合而创造的文化时间刻度"(萧放,2017:22)。节气民俗不仅包括生活俗、礼仪俗、节日俗、信仰俗、饮食俗、养生俗,还包括农事俗、生产俗、气象俗、物候俗等(沈泓,2011:21)。立春要打春牛,或插上竹枝、万年青以迎春;立夏前后有尝新的习俗,"夏至三庚进伏,进伏逢卯尝新""夏秋之交,稻向未熟,先取其稚穗,扁而晒之,致馈于亲厚,谓之尝新"(于永玉,2013:365)。"尝新"就是采摘刚成熟或快要成熟的新鲜粮食瓜果后煮熟,用来祭天祭祖,然后全家围坐宴饮。立夏尝新节之后,农民们将陆续开镰收割。还有一些重要节气经过和民间文化的结合,已经发展成传统节日,如清明、冬至等,这些节日兼具自然与人文两大内涵。

(二)中医与养生知识

1. 中医

中医是中国古代人民在同疾病作斗争的过程中,通过长期医疗实践逐步形成并发展成的医学理论体系。中医十分重视人与自然环境的关系,《内经》中就有人与天地相应观。中医认为人体是一个有机的整体,人与外界环境也是息息相关的,并提出人类必须掌握自然规律,顺应自然界的变化,保持体内外环境的协调,才能达到预防保健的目的。此外,中医对季节、昼夜、地理环境等对人体产生的影响作了很多论述,其中中医节气思想就是与二十四节气相对应的重要思想理论。国内外学者已经从生理、病理、药理等方面做了大量研究,证明了中医二十四节气这一古老医学思想的科学性。中医认为,人若不适应四时节气变化就很容易感受六淫病邪,继而发生恶寒发热等一系列疾病(方泓,2016)。张仲景在《金匮要略》中以雨水节气为例,列举了与时令不符的反常气候,认为四时节气的变化要有稳定性,有一定的规律可循,四时节气太过或不及都会对机体产生相应的影响,导致疾病的产生。此外,节气不同时,中医治疗也有宜与忌。比如天寒日阴,则人之气血运行不畅,易生痛症,需以温通为法。因此,善补阳者,按其时而温补阳气,或灸或药,都将有事半功倍之卓效。(方泓,2016)《黄帝内经·素问·六元正纪大论篇》说:"用热远热,用温远温,用寒远寒,用凉远凉。"(王庆其,2003:27)古人早已提出了四时节气用药的方法,指出治疗用药必须按四时节气寒热而制定。可见,二十四节气中包含着"中医智慧"。

2. 养生

《内经》强调顺应四时以养生,如此才能健康长寿。现代中医已经形成了"春生阳、夏养阴、秋滋阴、冬补阳"的节气养生原则。根据季节变换和节气交替,对不同节气提出"冬令养生""立春壮胆""惊蛰排毒""立夏养脾胃""芒种补心"等养生原则与方法。我国最早医学经典著作《黄帝内经·素问·四季调神大论》中就精辟地论述了精神调养、起居调养和饮食调养的方法。中医养生最主要的原则是"治未病",按现在语言可以理解为养生保健。如小满节气气温明显升高,雨量也增多,闷热的初夏加上潮湿的天气,就为皮肤病发作提供了条件。因此这时饮食要以"疏风祛湿,清泻血热"为原则,清淡饮食有利于预防皮肤病,如绿豆、丝瓜、黄瓜、胡萝卜、西红柿、山药、鲫鱼等。小满时节由于天气变化,人们也容易感到烦躁不安,此时可多参与一些户外活动,如武术、散步、慢跑、太极拳等。不宜做过于剧烈的运动,大汗淋漓则伤阴也伤阳。

(三)人文与自然观念

二十四节气的产生源于古人对天时的观察,目的是指导人们进行农业生产与生活。从节气诗词歌谣、节庆民俗中可以看出古人对生活和对自然环境的态度。

1. 顺应天时,尊重自然

在我国古代"百业农为先"的农耕社会,土地广阔,气候适宜,先民们妥善利用自然环境所给的各种资源,自给自足。随着农耕经验的积累,生产技术的不断进步,先民们也逐渐认识到农耕的安排离不开岁时节令的规律,由此逐渐产生了二十四节气。《齐民要术·种谷》(贾思勰,1982)说道:"顺天时,量地利,则用力少而成功多,任情返道,劳而无获。"这告诉我们在遵循自然规律、顺应天时的前提下开发自然,不仅可以节省劳力,还会有好的收成。立春是新的一年节气的开始,春天的到来也意味着耕作世界的开始。元代贯云石的《清江引·立春》中,"金钗影摇春燕斜,木抄生春叶。水塘春始波,火候春初热。土牛儿载将春到也"形象生动地描写了热闹的迎春仪式。节气谚语"立春喂春牛,雨水搌粪土,惊蛰河搬开,春分种小麦,清明前后种扁豆",正是先民们在长期的生产劳动中的经验总结。又如清明时节很多地方都有吃青团的食俗,青团里有艾蒿的汁,吃上去味苦,却清热解毒。艾蒿的汁其实类似于青蒿素,是一种效果良好的中药材。小满吃苦菜,因为这个时节开始进入冷热不均的阶段,人体容易出现燥热的情况,而苦菜有清凉的作用。

顺应农时除了不违农时,还有惜时的含义,即珍惜时间,不浪费时间。为了有个好收成,农民们要注意做到不误农时,在开耕的节气便开耕,在播种的节气便播种,"谷雨下谷种,不敢往后等","耽误一节,损失一年"。农时不等人,谁也没有叫"立春""雨水"迟来几天的本领。因此,惜时也逐渐成为中华民族的信念之一。

2. 人伦亲情

中国古人敬天顺时,时节的变化引发了人们内心情感的变化。在特定的节气也会有一系列习俗活动,不同的节气有着不同的活动,带给人们不同的心境。例如立春到来,人们会举行一系列活动迎春,热闹的民俗活动表达了人们对新的一年的美好期盼和祝福。我国古人历来有立春咏诗的传统。宋朝女诗人朱淑贞有《立春》诗,"停杯不饮待春来,和气先春动六街。生菜乍挑宜卷饼,罗幡旋剪称联钗",描写了欢快愉悦的迎春景象。而在清明这样一个怀念故人的节气里,不少诗歌都表现出了诗人对已故亲人的思念。

（四）生命意识与价值观念

诗歌是中国古代重要的文学体裁,虽篇幅常受到限制,但古往今来无数优秀经典作品耐人品味,有限的篇幅却能带给我们无限的思考与想象。我们通过诗作的内容能感受到诗人所描绘的画面和诗人内心的情感色彩。与节气关联的诗歌也有很多,节气诗歌让我们感受到了节气与文学家心情关联的程度,节气有关的物候变化催生了诗人内心的波澜,进而引发了诗人的生命意识及感慨。

在中国先民的心中,春季是新生,"一日之计在于晨,一年之计在于春",春季是种下希望的季节。随着天气逐渐转暖,蛰伏了整个冬季的昆虫们逐渐苏醒,诗歌也呈现出了清新亮丽的色彩。而春日美景也不是永恒的,美好的时光在一天天逝去,诗人们心理上就难免会伤感和失落,加之自己的青春也在一天天地消耗,故而引发人们的"伤春"。"雨霁风光,春分天气,千花百卉争明媚。画梁新燕一双双,玉笼鹦鹉愁孤睡。薜荔依墙,莓苔满地,青楼几处歌声丽。蓦然旧事心上来,无言敛皱眉山翠。"欧阳修的《踏莎行》前半部分描写了美好春分景色,后半部分因想起旧事而微微感伤。清明节气也是我国传统节日清明节,在这一天前后天气大多阴雨连绵,人们也会去给已故亲人扫墓,怀念他们。因此,清明节气的主题是怀念古人,可以看出古人对生命的尊重以及对人文的重视。

如果说春是清寂安宁的,那夏就是绚烂多彩的,空气中弥漫着活跃的生机,农民们也迎来了农忙时节。陆游在描写芒种节气的《时雨》一诗中写道:"时雨及芒种,四野皆插秧。"农民们在节气的指导下安排农事,怕误了农时。秋季到来,喧闹的声音都逐渐归于宁静,绚烂多姿的自然渐渐变成单一的秋色,秋天物候的变化,引发了人们的思考:曾经的美好与繁华转向萧条,时光易逝,生命无常,而自己的理想与抱负还未能实现。节气又如报时一般,提醒人们时间的进程,人们的感慨实质是个体生命与永恒时间的矛盾。随着冬季的到来,自然大地更加寂静,而寂静的背后,古人却能感受到生的到来,生生不息,周而复始地重复着新的希望,正如杜甫《小至》所言,"天时人事日相催,冬至阳生春又来"。

四、节气文化教学内容设计——以"冬至"为例

由于节气知识体系涵盖范围广泛,在进行文化教学时,需要选取适当的教学内容,以合理的教学形式加以实现,既要体现知识性,又要突出趣味性和实践性。本节以"冬至"为例,探讨节气文化教学内容的设计。

冬至节气文化源远流长,蕴含诸多深刻的文化内涵,冬至作为节气与节日结合的二元体,有着丰富的饮食文化、民俗活动、养生传统,还有很多关于冬至的民间传说。在汉语国际教育的课堂上,教师应注重以灵活有趣的方式展示中国传统文化内容,激发学生学习的积极性。而挑选好适宜的教学元素是讲好一堂文化课的首要因素。冬至节气文化教学旨在使学生认识并掌握冬至节气相关生词,了解冬至的气象、食俗、习俗等知识,激发学生探究节气文化的兴趣,同时提高综合汉语表达能力。

（一）制作节气饮食：饺子

将冬至节食俗文化置于冬至节气文化教学中能有效引起学生的学习兴趣。美食制作和品尝活动一直都是学生们乐意参与的，教学环境氛围活跃，可使学生多维度体验冬至传统，加深学生对节日文化的印象和了解。

"天时人事日相催，冬至阳生春又来。"古人认为，冬至是阴阳交割的临界点。从冬至开始，不断生长的阴气终于达到顶峰，阳气也终于停止了销蚀，就要回升。这便是天地间"冬至—阳生"的微妙所在，同时也验证了"物极必反，盛极而衰"的道理。作为阴阳转换的重要时刻，古人十分重视，冬至食俗也大多围绕着顺阳与助阳的方向展开。民间有"冬至不端碗饺子，冻掉耳朵没人管"的谚语。相传"饺子"是由我国古代医圣张仲景发明的。最初他用羊肉、辣椒和一些驱寒药材放在锅里煮熟，捞出来剁碎，用面皮包成像饺子的样子，再下锅里煮熟，做成一种名为驱寒矫耳汤的药物，给当地因天气寒冷而冻烂了耳朵的百姓食用。百姓们吃后，耳朵都治好了。后来，人们每逢冬至便模仿做着吃，逐渐形成了冬至吃饺子的习俗。

（二）传统娱乐游戏：数九

按照中国传统历法计算，从冬至次日开始数起，每九天为一个时段，共有九个"九"，合称"九九"。在整个冬季，这九九八十一天天气较冷，此期过后，天气转暖，大地回春。关于此"数九"习俗的文字记载，最早见于 550 年南北朝时期的《荆楚岁时记》，当时已有数九之俗："俗用冬至日数不清及九九八十一日，为寒尽"。其实"九九歌"的产生和流传由来已久，北方地区流传较为普遍的九九歌是："一九二九不出手，三九四九冰上走。五九六九沿河看柳，七九河开八九雁来，九九加一九，耕牛遍地走。"到了明代，又在士绅阶层中产生发展起来"画九""写九"的习俗，这些习俗使得数九所反映的暖长寒消的情况形象化，不仅是一项科学记录天气变化的实践活动，也是一项有趣的"熬冬"娱乐游戏。"画九"与"写九"统称为"九九消寒图"。

九九消寒图的形式丰富多样，可主要向学生介绍文字九九消寒图和梅花消寒图。

（1）文字九九消寒图。"写九"是清代开始出现的，首先在宫廷内流行起来。选每字九划的九个字，每划代表一天，每字代表一个九，九个字代表九九八十一天。用双钩空心字体画到一张纸上，每过一天，用笔填实一划。然后用笔蘸颜色在这一划上填写阴晴雨雪,或者填充的笔画所用颜色根据当天的天气决定,晴则为红,阴则为蓝,雨则为绿,风则为黄,落雪填白。填完一个字就过了一个九。常用的九个字是"亭前垂柳珍重待春风",这九个字连成一句话,可以看出人们熬冬盼春的急切心情。其他的九个字还有"春前庭柏风送香盈室""雁南飞柳芽茂便是春"等,充分体现了古人的智慧与情趣。

(2)梅花消寒图。"画九"是从冬至这天起,画一枝寒梅,枝上画九朵梅花,每朵梅花九个花瓣,共八十一瓣,代表数九天的八十一天。这种梅花消寒图又称作"雅图",每个花瓣代表一天,每过一天就用颜色染上一瓣,九朵染完,就出了"九",代表九尽春深。《帝京景物略》中就记载了:"日冬至,画素梅一枝,为瓣八十有一,日染一瓣,瓣尽而九九出,则春深矣。曰'九九消寒图'。"

教师可结合现当代颇受年轻人欢迎的手工制作形式,带领学生亲身参与、动手体验制作九九消寒图。例如让学生自制文字版九九消寒图。学生找出九个九笔画的字,连成句子;或设计画成富有个性的消寒图。学生也可开动思维,将消寒图应用于生活的其他方面,比如制作学习汉语的短期计划,若完成了当日目标(分听说读写)即可用不同颜色记录。抑或是消暑图。这些活动为学生展现知识积累和艺术才能提供了机会,可以增强文化活动的参与性,让学生在动手中感悟。

(三)"击鼓传花"习诗词谚语

从古至今,许多与冬至有关的优秀诗词和谚语得以保存和流传,带领学生对其进行赏析,更能帮助他们体会汉语语言表达的魅力,了解冬至文化的发展与内涵。比如"邯郸驿里逢冬至,抱膝灯前影伴身。想得家中夜深坐,还应说着远行人",白居易的《邯郸冬至夜思家》用叙述的语气来描述远客的怀亲之情,语言直率质朴,道出了人们常有的一种生活体验,感情真挚动人,后两句形成一幅想象的画面——家人正围坐在一起过节,正在叨念我这远行之人吧。诗人不从正面说自己如何思家,而从对方着笔,更能牵动读者的感情。如谚语"不到冬至不寒,不至夏至不热""冬至下雨,晴到年底""冬至萝卜夏至姜,适时进食无病痛"等,口语性较强且没有深度,对于留学生来说易于理解。

在冬至文化教学课堂上,可以组织学生进行"击鼓传花"的游戏学习冬至谚语:首先根据学生人数,在PPT上展示多于学生人数的谚语;准备"一朵花"给学生传。然后音乐起,学生传花;音乐停,则拿到花的学生挑选一句谚语,正确读出来并用自己的语言向大家解释。"击鼓传花"的游戏可以调动课

堂氛围,同时让学生发现学习谚语的乐趣所在,激发学习兴趣,丰富语言交际
内容。

五、结语

在共建"一带一路"互联互通网络开展得如火如荼的今天,越来越多人开始学习汉语,想要深入了解中华文化。二十四节气是中国传统文化的典型代表,它穿越历史长河保留至今,并且不断被丰富和发展,可以说是中国传统文化不断传承、创新、发展的具体表现。二十四节气文化贯穿于中国人的衣食住行各个方面,对中国人的价值观念也起了潜移默化的巨大影响。对于汉语学习者来说,二十四节气文化是学习汉语,了解中国生活、文化和价值观的重要内容之一。本文希望通过探讨二十四节气作为汉语国际教育课堂的教学资源,为中国文化教学提供有益的思路和启示。

参考文献

[1] 安德明.从二十四节气看非物质文化遗产的活态性特征[J].民间文化论坛,2017(01):1.

[2] 陈勤建,徐蓓.二十四节气,为何被称为"第五大发明"[N].解放日报,2017-06-23(010).

[3] 方泓.二十四节气中饱含"中医智慧"[N].健康报,2016-12-07(005).

[4] 方云.自媒体环境中的非物质文化遗产保护与传播——以二十四节气为例[J].民间文化论坛,2017(01):21—28.

[5] 贺天凤.基于体演文化教学法的对外汉语节气文化教学设计[D].沈阳大学,2018.

[6] 胡燕,张逸鑫,严昊.二十四节气农耕民俗的误读与认知[J].中国农史,2017,36(06):34—40.

[7] 季中扬.从节气歌谣、谚语看二十四节气的活态传承[J].南京师大学报(社会科学版),2018(02):54—59.

[8] 贾思勰著.齐民要术校释[M].缪启愉,校释.北京:农业出版社,1982.

[9] 孔子学院总部主编.国际汉语教学通用课程大纲[M].北京:外语教学与研究出版社,2009.

[10] 李建萍.从中国古诗词管窥冬至节气文化现象[J].古今农业,2018(01):72—78.

[11] 李楠.节气文化引入中级汉语阅读课课堂的教学研究[D].辽宁师范大学,2018.

[12] 刘宗迪.二十四节气制度的历史及其现代传承[J].文化遗产,2017(02):12—14+

157—158.

[13] 骆志煌.中国古代文化之二十四节气[J].海峡教育研究,2018(02)：49—54.

[14] 沈泓.春分冬至 民间美术中的二十四节气[M].北京：中国广播电视出版社,2011.

[15] 王庆其.内经选读[M].北京：中国中医药出版社,2003.

[16] 王胤羲.对外汉语教学中的二十四节气文化教学研究[D].新疆大学,2019.

[17] 萧放.二十四节气——中国人的自然时间观[M].长沙：湖南教育出版社,2017.

[18] 萧放.中国上古岁时观念论考[J].西北民族研究,2002(02)：85—96.

[19] 徐旺生."二十四节气"在中国产生的原因及现实意义[J].中原文化研究,2017,5
(04)：95—101.

[20] 杨曼.《二十四节气》教材编写与教案设计[D].曲阜师范大学,2018.

[21] 杨萍,王邦中,邓京勉.二十四节气内涵的当代解读[J].气象科技进展,2019,9(02)：
36—38.

[22] 引自程裕祯.中国文化要略[M].4版.北京：外语教学与研究出版社,2017.

[23] 于水玉.趣说中华民族传统节日[M].长春：吉林文史出版社,2013.

[24] 张君.冬至节的文化学解析[J].江汉论坛,1992(03)：63—67.

[25] 郑艳.二十四节气探源[J].民间文化论坛,2017(01)：5—12.

作者简介：常峻,上海大学国际教育学院。

江雪园,上海大学国际教育学院。

基于问题的汉语二语跨
文化交际教学研究*

◎ 赵丽君

摘　要:相对于目前汉语二语教学中语言教学所取得的丰硕成果,汉语跨文化交际教学还比较落后。不少高水平的学习者虽然能说标准流利的汉语,但其跨文化知识和交际能力仍然停留在较低水平,难以在跨文化交际中获得成功。汉语课堂上的跨文化交际教学的主要对象是语言交际相关的文化背景、文化思维和文化策略方面的交际学问和能力。目前,跨文化交际教学存在以下不足:教材"教什么"不够明确和系统;教师教学目标不明确,教学内容不系统,不饱满,针对性不强,师生跨文化交际意识相对薄弱;教学法比较单一,跨文化交际训练不足,文化沟通不够深入和全面,跨文化交际能力培养边缘化。汉语二语教学要真正实现培养跨文化交际能力的目标,首先要重视文化在汉语二语教学中的重要地位和价值,其次要把跨文化交际的研究成果运用到汉语二语教学领域。具体可从以下三方面入手:第一,厘清跨文化交际中的文化范畴和主要内容教学,落实于教材和教案;第二,明确跨文化交际能力不同阶段和不同层级的培养目标、文化知识和具体交际技能,落实于教学与考核;第三,根据跨文化交际能力培养目标对教学模式、方法

---

　*　本文的研究得到大连理工大学国际教育学院教改培育基金项目(项目编号 SIE18TZD2)经费资助(Supported by "the Teaching Funds for the School of International Education at Dalian University of Technology"),后期受到大连理工大学国际教育学院科研培育基金项目经费资助(项目编号:SIE19RYB5)(Supported by "the Research Funds for the School of International Education at Dalian University of Technology")。感谢匿名审稿人提出的宝贵意见。

进行改革,落实于课堂。本文从汉语学习者跨文化交际能力弱这一问题出发,反思汉语二语教学,旨在通过教学理念的转变、教学设计的完善、教学模式方法的改革,切实做到以实际问题为导向、以学生培养为中心,达到更好的汉语国际教育效果。

关键词:汉语二语教学;跨文化交际能力;教材;教师;教学模式

汉语二语教学无论在教学还是科研上都取得了有目共睹的成就,不过它仍然具有很大的提升空间。当广大学者和教师千方百计解决语音、词汇、语法、语篇的教学难题时,发现教学效果还是存在一个不可忽视的缺陷,那就是学习者的跨文化交际能力还有待培养或提高。例如,在中国长期留学的学生,见到老师,一直都用"老师好"的问候语,其他打招呼的方式很少使用。又如,一个在中国毕业的本科留学生,见到老师仍然不知道起立。甚至有些学生刚来中国时彬彬有礼,时间长了反而失了礼节。一些留学生来中国已经很长时间,却交不到中国朋友,社交仍局限于本国人的交际圈。有一些学生对中国文化一直持有"排异"态度,还有的学到一些不良的交际观念和方式。跨文化交际能力直接影响到汉语国际人才的培养质量,也影响到汉语学习者的语言生活。

跨文化交际能力随着汉语水平的提高会有一定程度的习得,但这不是必然的,表现出的差异也很大。这一能力基本按照文化知识的学习、文化接受、文化融入、跨文化交际的顺序形成。从第一关可能就会产生问题,而后面的几个阶段又受到主客观认识、经历、情感等因素的影响。作为教师,首先是对文化知识的教学,而这一工作要从教材开始,因为教材是教学的蓝本。汉语教材在跨文化交际能力培养中占据着重要的地位,决定着文化教学的内容、比重,制约着文化的教学方式、跨文化交际能力的培养方式。

一、汉语教材的跨文化内容

跨文化交际教学存在两种不良倾向:一种是忽视言语能力,只重视跨文化这一方面,语言基础和言语技能基础差,难以实现交际目的;另一种是忽视跨文化言语交际方面,学习者在文化认知、语用知识和跨文化交际方面不足。

后者为主要问题,这与汉语教材关系密切。

汉语教材除了要提供语言教学的知识和素材,还应该是汉文化认知蓝本。截至目前,我们有了汉字大纲、词汇大纲、语法大纲、功能大纲、情景大纲,唯独没有文化大纲。在中国文化"走出去"的大背景下,文化大纲的研制、文化教学体系的构建、中国文化与世界各国文化交流互动态势的重构,已是当务之急。汉语教材在跨文化内容方面可以进行改良。

(一)汉语教材中文化与语言的关系

陈绂曾引用邢福义的"语言是文化的载体,文化是语言的管轨"说明文化与语言的关系。任何一个民族的语言都承载和体现着该民族的文化特色,汉语当然也不例外。也正因为语言与文化的这种密不可分的关系,以语言教学为主要任务的汉语国际教育就势必要包含文化教学的内容与特色。中华民族有着深厚的、绵延几千年的文化传统,内容十分丰富。陈坡认为,在语言教学中应该体现出来的文化内容是多方面的,比如文化产品、文化习俗等,但最应该体现出的是"上层文化",即习总书记在《哲学社会科学工作座谈会上的讲话》(2016)中所提到的"体现了中国人几千年来积累的知识智慧和理性思辨"的"富有特色的思想体系",具体说来,就是蕴含在语言中的中华民族的哲学理念、思维惯式等。他还认为:我们可以举出无数的例子说明在语法、词汇以及记录汉语的汉字中所蕴含的中华文化的特色,如汉语的语序、表达空间位置的顺序等规律法则,众多的"文化词语"以及一般词汇中的深层含义,具有强烈表意特点的汉字的具象形体等。仅就汉字而言,其造字理据,尤其是一些为抽象概念而创制的以形表义的汉字,更是体现了中华文化的特质,显现了我们中华民族的思维特点和深层次的哲学理念(刘利、陈绂等,2019:154)。这些都应该在某种程度上以不同的形式包含在我们的语言教学之中,并以此来指导和丰富我们的文化教学。

然而,目前的汉语教材本身文化内容的体量就微乎其微,又没有大纲要求和指导,对于上层的、语言本身的等不同层面的文化,更是少之又少。若从语言着手进行文化内容建设,正是要从汉语的表义形式(汉字、词汇、语音、语法、语篇)和汉语(字、词、语、文)所表达的内容这两个方面着手,即把语言中的文化分为语言内容和形式两个方面,这是编写汉语二语教材文化内容的两条根本途径。以语法形式和文化内容两条线索来进行教材编修,是可行的办法,可以科学辩证地处理好语言与文化的关系。

(二)汉语教材的文化内容现状

在文化大纲尚未研制出来的情况下,教材中的文化内容如何? 以对外汉语本科系列教材《汉语教程》(杨寄洲,2011:1)第二册为例,该课本的前言几乎未涉及文化教学,只有注释一项提到"注释是对一些语言点和文化背景知识的说明",且亦提到教材中的生词、注释和语法说明"都是为课文服务的",而课文"是课堂教学的主要内容""它是语法和词语的语用场""离开课文,语法将无所依凭",教学的目的是"以语法为指导去学习课文""提高学生听说读写的言语技能和运用汉语进行社会交际的能力"。可见,本教材的编写以语言和言语教学为核心,文化内容为课文涉及的附属、辅助内容。

即便如此,文以载道,课文总是要承载中国、中国人、中国事等内容的,文化内容必然是出现在教材之中的。经过发掘整理,这本教材的文化内容大致有九个方面(详见附录):自然环境、生活、风俗、医学、艺术、社会、观念、语言、交际。尽管教材的编写理念以语言为宗,但是文化内容的体现是方方面面的,问题在于,文化是隐形的,且往往蜻蜓点水,成为语言学习的附庸,师生往往也不注意甚至不知道这里有文化教学的内容。在伴随语言习得的过程中,文化内容的习得是相当有限的。虽然汉语教材多种多样,不过《汉语教程》十分经典,它的编写具有相当的代表性和说服力。

(三)汉语教材文化内容建设

《国际汉语教学通用课程大纲》(2008)前三级的"文化意识"目标与内容之中,文化知识方面的主要包括中国在文化、教育等方面对世界文化的贡献,中国文化、艺术等方面的历史及其对世界文化的贡献,汉语中最常用的成语故事和典故的文化内涵,汉语文化中的社会结构和人际关系如个人、家庭等,中国的交际礼仪与习俗,汉语文化中的语言交际和非语言交际功能等。对照这一标准,汉语作为第二语言的教材在汉语文化的深度、广度、贡献度方面有待进一步开发。应从历史和当代两个角度分析中国文化在世界文化中的价值和贡献,使学生在语言习得之外更能有精神文化上的收获,理解文化学习和语言学习的关系——语言是文化的重要组成部分,因此理解文化的多元性、动态性和相互渗透性,具有一定的跨文化意识和国际视野。此外,对于文化对语言的重要价值,汉语教材体现得不够充分,如其中有关词汇的文化内涵、社会结构、人际关系、交际礼仪与习俗等内容,应由浅入深,展现深层次的观念,使学生了解并理解,从而形成积极的情感,从文化观念、知识、语言、交际行为四方面共同促进语言文化的学习,提高跨文化交际能力。

文化是比语言更高一级的范畴,立足于学生发展的制高点,因此既要看到汉语教材中语言的本体地位,也要看到语言的文化价值。虽然国内外汉语教学有语言环境和教学目标的差异性,但是最终目的是一致的,处理好语言和文化的关系是汉语教材达到更高教育层次和水平的关键因素之一。文化不是语言的附庸,而是语言的内容、意义、价值和力量,没有文化的语言是没有灵魂和魅力的工具。过去汉语教材在语言本体教学上获得了丰富的经验,在此基础上完善文化内容,使之和语言互相促进,是一项进一步提高汉语教学站位、提高汉语教学品质的重要工作。

综上所述,汉语教材可以从以下六方面进行文化内容的建设:第一,对中国在文化、教育、历史等方面所取得的、对世界做出贡献的成就进行总结归纳,整理提炼;第二,对中国社会生活的文化特征进行分析描写;第三,对已有教材的文化内容的时代性、典型性进行反思;第四,对跨文化交际研究成果进行总结梳理,指导汉语教材编写;第五,对以上文化内容进行整合,根据难度等级编入初、中、高级不同阶段的汉语教材;第六,设计文化内容的融入方式,包括如何与语言教学结合、如何呈现、如何发挥作用等。

二、汉语二语教学中的跨文化交际能力培养

跨文化交际能力是在跨文化交际活动中具有强烈的跨文化意识,善于识别文化差异和排除文化干扰并成功地进行交际的能力。对外汉语教学作为一种第二语言的教学,教师与来自不同文化背景的学生交流,进行教学活动,本身即一种典型的跨文化交际活动。留学生来自不同国家,在价值观念、思维方式、生活习惯等方面存在明显差异,不同文化背景下,不可避免地产生各种文化碰撞,在面对这些差异时,由于陌生和不熟悉而产生迷茫、害怕心理,甚至因为无法适应而抗拒、逃避。如果不能在交际过程中排除文化障碍,则会导致交际失败,无法顺利进行教学。走出学校,步入社会、职场,更加需要良好的跨文化交际能力。成为更具国际竞争力的人才不仅需要专业技能、一定的汉语知识,跨文化交际能力更是学生能否实现学习目的、成为汉语人才的关键要素之一。采取有效的途径培养、提高学生的跨文化交际能力是实现汉语教育国际化目标的必要条件。

(一) 跨文化交际能力培养的理论与框架

跨文化交际能力研究起源于美国,经过发展已基本形成"认知—情感—行为"三位一体的研究框架。在这一框架之下,学界提出了侧重点不同的多种跨文化交际能力培养模式。其中对外语教学中的跨文化交际能力培养影响较大的是 Fantini 和 Byram 提出的跨文化交际能力构成的四要素理论,四要素分别是知识、态度、技能和文化批判意识。

该理论认为跨文化交际过程中涉及的知识,不仅应包括社会群体及文化知识,还应包括有关交际过程的知识;态度指对互动文化所具有的好奇、开放、包容、尊重和欣赏的积极正面的态度;技能不仅包括对他国文化进行解释与联系的能力,还包括真实交际中探索文化新层面并与之互动的能力;文化批判意识则指对互动双方文化进行思考、质疑和评价的能力。由于四要素理论是从语言教学和跨文化教育相结合的角度提出的,该模式也强调这四个构成因素必须与语言能力、社会语言能力及语篇能力相结合才能最终形成个体的跨文化交际能力(李彩霞,2017:223—224)。这一理论为汉语二语教学跨文化交际能力培养提供了很好的理论依据和体系框架。

(二) 汉语二语跨文化交际能力的分阶段培养

依据上述理论和框架,按照语言文化习得的一般顺序,可以把汉语课堂的跨文化交际教学分为三个阶段:第一阶段,汉语语言教学中的文化背景教学,用于辅助语言教学,逐步培养学生的跨文化学习意识,这一阶段主要是语言学习初级到中级期间,是伴随语言教学进行的文化教学,文化多数融在语言之中;第二阶段,是汉语教学中包含着的文化思想、思维观念的教学,使学生理解汉语母语者对世界、人生、社会等方面的认识,深入理解汉民族的思维和文化,学习者以此反观汉语言,提高语言理解力、思辨能力和跨文化沟通能力,了解中国人交际方式、习惯、禁忌等,学习跨文化交际策略,通过实操掌握交际技能;第三阶段,进一步加深对汉文化的理解,了解中国传统文化价值观和现代文化观,理解具有一定深度的中国文学作品及其他文化成就,对所学文化具有分析、对比、鉴别的能力,对优秀文化达到一定程度的认同,对非本族文化持宽容态度。

（三）立足实际的汉语二语教学跨文化交际能力培养模式与方法

对国际学生汉语跨文化交际能力的培养，主要有以下三种模式可供选择：

第一种模式是从语言到文化的自下而上模式，以言语交际训练为核心的分项目或综合的跨文化交际训练模式。这种模式较依赖于教材中出现的语言及文化内容。汉语学习者的跨文化交际涉及的言语要素，一是言语的正确性，二是言语的得体性。前者是语言知识和技能教学要解决的问题，后者"不是通过言语技能的训练就能自动获得的，而是必须结合语用规则的教学进行专门的训练才能获得"，这和语用知识、文化知识密切相关。言语交际要根据交际对象、目的和场合的特点对语体、语音形式、词语、句式和应对方式等进行准确选择。言语技能和言语交际技能有机融合，包括言语技能向交际技能延伸、按语用对比言语表达式、不同言语技能和交际技能融合操练等。跨文化交际技能训练涉及的主要内容包括交际范围、场合、对象、话题、语用功能、语言知识技能、语用知识和相关文化知识、交际项目。

第二种是从文化到语言的自上而下模式，即以跨文化交际体系为框架建立的系统培养模式。这种模式以教学大纲为依据，通过课程建设，从意识到实践，全方位、系统化地培养学生跨文化交际能力。如杨盈和庄恩平（2007）以《高等学校英语专业英语教学大纲（2000）》对学生跨文化交际能力的要求为依托，构建了一个由全球意识系统、知识系统、文化调试能力系统和交际实践能力系统共同组成的跨文化交际能力系统模式。全球意识包含跨文化意识和跨文化思维；知识包含知识文化和交际文化；文化调试能力包括跨文化环境中个体的心理调适能力和灵活应变能力两个要素；交际实践能力则包括语言交际能力、非语言交际能力和交际策略能力；四者相互联系，缺一不可。

第三种是以点带面模式，即案例分析式或讲座式的教习模式，通过跨文化交际实例，使学生认识汉外文化的异同，习得跨文化交际知识，掌握一定的跨文化交际技巧。这种模式主要用于外语或二语的专业或选修课程教学。优点是针对性和实践性强，教学收效快，缺点是系统性较差，因为是个案分析，适用范围相对有限。

因汉语二语教学尚未制定文化大纲，第二种模式尚在摸索阶段。从教材、大纲等实际情况出发，目前最适用于汉语二语课堂教学的是第一种模式。

然而使用这种模式教学，跨文化交际能力培养仍然是边缘化的，这种零零星星的交际功能训练，不足以完成跨文化交际能力的培养。因此，在这一基础之上，在没有文化大纲和相应教学蓝本的情况下，教师应在语言教学内容基础上，对词汇、课文、练习的内容进行开发利用，对学生进行文化知识传授、跨文化交际技能训练，这本身就是对教材文化内容的建设，也是对跨文化交际教学的有益探索。在文化知识提炼、传授方面，要透过语言文化现象探索价值观、态度、信仰、感知等文化观念，促进学生跨文化思维的发展。培养学生面对文化差异时的暂缓判断能力，这是学生跨文化意识发展的重要途径。在师资方面，我国文化历史悠久，博大精深，教师要不断加强自身学习，加深对本民族的历史、风俗习惯、价值观、交际规则等文化内涵的认识，构建扎实的跨文化交际教学的知识理论体系，这样才能引导学生了解各国的价值观念、生活习惯，胜任跨文化教学工作。教师要善于发掘教学点，丰富教学的文化内涵。汉语二语教学过程中，除了教材上相关的文化知识，教师可以在教学过程中根据教学需要，挖掘和拓展相关知识，并与学生本民族文化对比，增强学生对于文化多样性的感知，丰富教学的文化内涵。比如在学习去中国人家里做客吃饭的话题时，除了教材上介绍的句式外，教师可以引入中国人吃饭常说的"您慢慢吃"，介绍请客吃饭的习惯，包括到达主人家的时间、饭菜准备的量、菜的种类、主人夹菜、劝酒、敬酒、做客时长、如何结束、如何道别等细节，介绍餐桌上的礼仪和禁忌，如筷子的摆放、不适合的餐桌话题等。同时也请学生谈谈本国请客吃饭需要注意的问题，互相对比，找出各自特征，把握重点差异，之后可作情景演练，帮助学生完成汉文化背景下特定的跨文化交际。

跨文化交际能力训练的主要模式有认知型训练模式和体验型训练模式（祖晓梅，2015：13—14）。体验型训练可归纳为五个步骤：一是与语言的关系处理，将文化有机融入二语教学课堂，自然而又能与语言教学相得益彰；二是选择途径与手段，即是通过词汇、课文或是其他途径，用直观演示、视听输入、话题引导，或是情境设定、文化讨论、角色扮演等进行讲解与操练；三是进行讲解与训练，即通过所选途径和手段，进行文化知识传授，可以是口头讲授，也可以通过视听或阅读，然后互动讨论，明确交际任务重点、难点，进行操练；四是操练效果反思，找出交际偏误，分析偏误成因，查明是文化认知原因，还是交际策略或者语言能力等其他问题，对操练进行评价、修正；五是布置跨文化交际作业，指定课外交际任务，明确要求，对课堂所学进行巩固、拓展、深化。这是跨文化交际训练的基本模式,可发现交际障碍在什么环节,如编码、解码或语境语用。

对于非操练型跨文化交际项目,可采用认知型训练模式,如问题式教学法,让学生对文本中出现的文化现象或文化差异以小组讨论并汇报的形式解析。这样不仅可以激励学生自己查阅、分析资料,同时可锻炼他们的协作、思辨的能力,有利于学生汉语语言能力和跨文化理解力的双重建构。这种方法较适用于中高级水平的汉语学习者,来自不同文化背景的留学生通过与他人分组合作、互动,锻炼与人相处、尊重他人并与他人合作解决冲突的能力,从而提高跨文化交际能力。比如在学习"代沟"这一话题时,可以让学生谈谈自己家庭或本国的代沟现状,演示与长辈或晚辈的沟通障碍、隔阂,分析原因,从不同角度对这一问题展开小组讨论,进行小组报告,开展全班讨论或辩论,对比不同文化背景下代沟问题的差异,做出客观评价,提出解决方案,进行模拟的代际交际演练,布置课外任务。这是对课文在跨文化交际方面的深化和延展,也引导学生将语言学习和生活实际、社会问题、文化观念、时代发展等联系起来,充分发挥教材的语言教学和文化教学价值,培养跨文化交际意识和能力,促进学生思维、语言、思想、文化、能力全面发展。

三、结论及余论

针对目前汉语二语教学存在的不足,对汉语二语跨文化交际教学的认识与实践可总结为三点：第一,跨文化交际能力日益成为业界公认的重要培养目标,目前首先要尽快拟定教学大纲,明确教学目标,拟出教学项目,划定教学范畴,起到引导、规范的作用,使教材编写者、教学设计者和学习者有据可依;第二,跨文化交际能力培养是一个系统工程,而不仅仅是特定的言语交际技能,因此,制定大纲后,还要进行课程设计,教材修订,对学生的考核也应融入跨文化交际的内容;第三,跨文化交际能力是个体在认知、情感和行为三个层面共同发展而成的。汉语课程中若仅仅进行文化知识导入,只是在个体认知层面给予一些文化事实和交际规约的知识性介绍和储备,这是不够的。要推动学生在情感、行为层面发展,还需要大量基于文化知识的对比、分析及反思等体验性的教学活动,通过"分析—反思—再经历"这一循环往复的过程使学生提高跨文化意识,最终获得跨文化交际能力。在教学中,以学生为中心的跨文化体验活动应置于教学过程的核心地位。缺少了具体的跨文化体验活动,静态的文化导入难以促使个体对文化进行深入思考,极容易使个体停留在浅认知层面。因此,除了汉语二语课堂,充分利用第二课堂、课外作业等进行跨文化交际能力培养是十分必要的。

汉语二语跨文化交际教学研究和实践还处于初步探索阶段,科学定位、课程设计、教材编写和课堂教学每个环节不能孤立进行,大纲、教材、教师、教学法各要素要全盘规划。这是教学理念的转变和完善,是关系到汉语人才培养质量和汉语国际教育发展的大事,需要各方的协同努力。相信汉语国际教育培养的人才将不只是会说汉语的外国人,而是能通过汉语与中国人有效交际、了解汉民族思想、理解汉文化、为中国乃至世界所接纳和认可的国际人才。本研究基于汉语二语教学中发现的问题,且尚处于跨文化交际能力培养的教学实践探索过程之中,管窥之见,不免疏漏偏颇,敬请学界同仁批评指正。

参考文献

[1]　毕继万.跨文化交际与第二语言教学[M].北京:北京语言大学出版社,2009.

[2]　国家汉语国际推广领导小组办公室.国际汉语教学通用课程大纲[M].北京:外语教学与研究出版社,2008.

[3]　胡文仲.跨文化交际学概论[M].北京:外语教学与研究出版社,2018.

[4]　李彩霞.东盟视角下英语教学中的汉语国际教育专业学生跨文化交际能力培养模式探讨[J].文教资料,2017(09):223—224+198.

[5]　刘利,陈绂,等.汉语国际教育知识体系的特色与构建——"汉语国际教育知识体系的特色与构建研讨会"观点汇辑[J].世界汉语教学,2019(02):147—165.

[6]　吕必松.语言教育与对外汉语教学[M].北京:外语教学与研究出版社,2005.

[7]　[英]迈克尔·拜拉姆(Michael Byram).跨文化交际与国际汉语教学:英汉对照[M].北京:外语教学与研究出版社,2017.

[8]　王晖.中国文化与跨文化交际[M].北京:商务印书馆,2017.

[9]　扬盈,庄恩平.构建外语教学跨文化交际能力框架[J].外语界,2007(04):13—21+43.

[10]　朱永生,彭增安.多元文化背景下的对外汉语教学[M].上海:学林出版社,2006.

[11]　祖晓梅.跨文化交际[M].北京:外语教学与研究出版社,2015.

附件

《汉语教程》第二册所含文化内容

自然环境	地理	黄河、长江；时差；哈尔滨、海南岛、泰山、西安、敦煌、北京故宫、颐和园、长城；特别行政区香港、开放城市深圳
	气候与生活	暖气、四季、滑冰、滑雪、冰灯冰雕
	城市人口、园林环境	公园：北京和上海；公园活动
	交通	铁路（高铁）、地铁、飞机；城市交通问题（堵车、天气、人为）与对策、发展方向；安全：出行安全（交通安全）、公共安全（机场安检、乘机安全）
生活	生活习惯	早起
	婚姻、事业观	结了婚是否工作
	性别	女性（结了婚是否工作；社会、家庭分工）
	饮食	中餐（北京烤鸭、烤白薯、糖葫芦等北京风味食品）、中国特色食品饺子、中国菜（辣子鸡丁、糖醋鱼）
	建筑	四合院、楼房、现代化建筑与生活
	旅游	避暑、滑冰滑雪、赏红叶；旅游文化（旅行社、旅游团、导游）；出行方式（报团、自由行）；旅游名胜孔庙（孔子的故乡）、哈尔滨冰雕、西安碑林兵马俑、长江三峡、苏杭（上有天堂，下有苏杭）、桂林（桂林山水甲天下）；读万卷书，行万里路
风俗	民风民俗	中国婚礼风俗（红双喜字、红妆、红灯、戴花、西服领带、喜糖、喜酒，喝喜酒、吃喜糖，借代用来表示结婚）；少数民族风俗
	节日与风俗	圣诞节和新年节日风俗，倒贴"福"字、春联
医学	中医	中药、中成药、良药苦口、望闻问切、针灸、按摩
艺术	音乐	民族歌曲《在那遥远的地方》、古典音乐、现代钢琴协奏曲《黄河》、小提琴协奏曲《梁祝》
	表演	京剧（唱腔、动作、脸谱、服装）；相声
	文学	中文小说、鲁迅、《药》《祝福》、对联、神话故事《牛郎织女》
	中国书画	红梅图

续　表

社会	制度	考试(分制);改革开放
	历史	古代、近代、现代、当代;改革开放;毛泽东、邓小平、徐悲鸿(画家)、郭沫若(文学家、历史学家)
观念	观念、思想、态度	行为与运气、迷信;敬业负责的工作态度、严于律己、严肃认真的学习态度(不能马马虎虎);坚持到底,坚持就是胜利;相信自己;世上无难事,只怕有心人;人民警察为人民、有困难找警察;岁寒三友;吉利数字
语言	成语、俗语	成语典故"田忌赛马""南辕北辙""画蛇添足";俗语"好借好还,再借不难""在家靠父母、出门靠朋友""笑一笑,十年少""六六大顺"
	修辞	比喻(炒鱿鱼);谐音(倒贴福字、数字谐音)
交际	预约拜访	事先打招呼
	转达问候	代 A 向 B 问好
	待客	包饺子;"快进屋里坐吧";"不进去了";"我送送你";"慢走";"欢迎你们常来玩儿"
	尊敬	礼让(给老师让座)
	道歉	迟到道歉
	告假(请假)	……可以吗?
	探望病人	"去医院好点儿了吗? 吃东西怎么样? 不用着急,要听大夫的话,好了再出院";"我们该走了,你好好休息吧";"谢谢你们来看我";"你快回去吧,小心别着凉"
	点餐	来一个……
	称赞与应答	称赞("画得真好,写得很漂亮!");自谦式回答("哪里,您过奖了!")
	其他交际观念、规矩	互帮互学;宴会上的规矩(上座、敬酒、鱼头、大量饭菜待客、干杯、"感情有,茶当酒")

作者简介: 赵丽君,大连理工大学国际教育学院。

汉语国际教育硕士《中华文化与传播》课程内容体系建设初探

◎ 张丽华

摘　要：《中华文化与传播》是汉语国际教育硕士专业的学位核心课程。本文认为,该课程的课程体系应至少涵盖三个模块：一是中华文化传播的历史与现状,该模块探索中华文化国际传播的历史经验与现实条件；二是中华文化知识,该模块挖掘中华传统文化与当代文化的世界价值,为全球化贡献中国智慧；三是文化传播技能,该模块着力培养学生中华文化传播的实践力。为实现教学目标,本课程将采用翻转课堂、合作学习、案例学习、校园采访等教学方法与教学实践活动。

关键词：汉语国际教育硕士；中华文化与传播；课程内容

一、引言

截至 2018 年 7 月,汉语国际教育专业学位研究生培养院校共有 110 所,按照全日制汉语国际教育硕士专业学位研究生指导性培养方案的规定,《中华文化与传播》课程是该专业的学位核心课程。[①] 由此看来,110 所高校都将为汉语国际教育硕士(以下简称汉硕)开设《中华文化与传播》课程,并将其作为学生的专业必修课。但培养方案并没有对该课程的课程体系做出具体规定。据笔者初步调查,各个院校对该课程的课程体系要求是比较宽松的,任课教师

[①] 所引数据及培养方案文件均来自全国汉语国际教育专业学位研究生教育指导委员会网站,网址为：http://jzw.ecnucpp.com。

大都根据自己的专业所长确定教学重点,或侧重中华文化知识,或侧重传播学。孙宜学(2006:22)指出:"中华文化国际传播是通过研究中华文化在国际范围内传播的历史、方法、问题与对策,探寻中华文化国际化的规律,构建相关理论,并通过实践加以验证的一项战略性的文化强国国策。"根据这一中华文化国际传播新形势,并结合多年的教学实践,笔者认为《中华文化与传播》课程的课程体系应至少涵盖三个模块:一是中华文化传播的历史与现状,该模块探索中华文化国际传播的历史经验与现实条件;二是中华文化知识,该模块挖掘中华传统文化与当代文化的世界价值,为全球化贡献中国智慧;三是文化传播技能,该模块着力培养学生中华文化传播的实践力及用中国话语解释当代中国社会的能力。下面将对各个模块所包含的教学内容与教学方法进行详细论述。

二、在历史与现实的思考中探索中华文化国际传播的规律与途径

总结经验,离不开对历史与现实的回顾与总结。因此,本课程有必要回顾中华文化国际传播的历史,并对国内外文化传播的现状进行总结。这部分内容包括四个主要方面:一是历史上中华文化传播的途径与特点,主要是丝绸之路;二是外国人眼中的中国,包括中国国家形象的历史变迁及全球化背景下国家形象的建构;三是全球化背景下各国文化传播的情况、可资借鉴的策略与经验;四是孔子学院建设的成就与瓶颈。

在古代,丝绸之路在文化交流、商业贸易往来、民族迁徙融合、政治交往等方面发挥了极其重要的作用。它不仅是横跨欧亚大陆的贸易之路,也是文化交流、技术传播、思想交融和友好往来之路,是多种文明相互交流的大通道。在教学中,我们应注意引导学生挖掘古代丝路精神,启发学生体会我国政府提出的"一带一路"倡议对互惠互利、合作共赢的丝路精神的传承与发扬。互惠互利、合作共赢不仅适用于经贸合作,同样也适用于文化传播。在教学中,我们要向学生反复强调文化传播中的"他者"立场观念,即从接受者的立场出发评估自己的文化传播行为,文化传播不是单向度的灌输与宣传,而是文化的交流、文明的互鉴。这样的教学可以使中外学生产生不同的共鸣。对中国学生而言,可以加深他们对"一带一路"倡议的理解,从而提高解说"一带一路"倡议的外宣能力;对留学生来说,则可以提高他们对"一带一路"倡议的认同感,积极投身于这项伟大事业。

国家形象是一个国家精神文明的重要展示,是文化传播与"实力"的重要载体。为此,我国有关部门非常重视对中国国家形象的调查与研究,自 2012 年至今,已经连续数年不间断地对中国国家形象进行大规模的全球调查,得到了较为准确、全面的数据与结论。本课程以 2012—2018 年的《中国国家形象全球调查报告》为素材,要求学生从整体形象、政治形象、经济形象、文化形象、国民形象等五个方面分析中国国家形象的变化,引导学生针对中国国家形象中的积极与消极方面,讨论作为汉语教师该如何进行文化传播。然后,要求学生继续查阅相关专业资料,对讨论所形成的结论进行再评估、再完善。这个不断加深、循环的学习过程,对学生总结中华文化对外传播的重点、途径和方法有非常重要的意义。

众所周知,中国开办孔子学院的做法受到了西方发达国家在海外设立文化推广机构的启发,如法国的法语联盟、意大利的但丁学院、英国的英国文化协会、德国的歌德学院及西班牙的塞万提斯学院等。这类机构以语言推广、教育和文化交流活动等为主要工作内容,着力展现自己国家和民族的文化特性、文化魅力,促进本国与世界其他国家的交流与对话,在提升自己国家的文化影响力方面扮演着极其重要的角色。他山之石,可以攻玉。我们有必要向学生介绍这些机构的运行机制、管理模式、主要任务等,促使学生思考这些机构能为己所用的成熟经验和做法,同时还能提升学生对孔子学院性质与使命的认识。

毋庸置疑,孔子学院在世界各地的创办在提升中国国家形象、增强中国"软实力"方面已发挥了巨大作用,但孔子学院在文化传播活动中也形成了一些固化的观念与做法,急需创新。正如学者所言,目前的对外文化传播存在着专注于古代文化、专注于器物文化、专注于个性文化的做法,这产生了文化传播遥远化、浅表化、碎片化的弊端。这些新情况都应让学生知晓,引导他们对这些问题进行思考与讨论,积极建言献策,这对锻炼学生思维是非常有好处的。

总之,这一模块的学习旨在引导学生从国家战略角度出发,反省自己的文化传播行为,摸索中华文化国际传播的规律,更加胜任文化传播使者的重任。

三、夯实中华文化知识基础,挖掘中华文化的世界价值

杨越明等 2016 年所做的《外国人对中国文化认知与意愿》大型跨国调查

显示，在中国文化“走出去”倡议的推动下，多国民众对中国文化的认知度增加，同时带动好感度的提升。但在对中国文化符号的认知度进行调查时发现，有78.4%的受访者对于中国文化的整体认知水平处于初级阶段。可以说，我们十多年的文化国际传播工作已初见成效，使外国人看到了中国文化的冰山一角，但对深藏于海面之下的冰山主体还知之甚少。杨越明在对后续的外国民众对中华文化的接触意愿进行调查时发现，有48.9%的人表示愿意了解中国哲学观念。这说明，我们今后的文化国际传播工作重点将是如何挖掘中华传统文化的深层内涵，采用适宜受众接受的方式，将中华文化国际传播引向深入。

就汉硕专业的《中华文化与传播》课程而言，课堂授课的重点将是帮助学生领会中国传统文化的内涵与精髓，深化学生对中华文化的体认与理解，从而具备灵活阐释中华文化的能力。根据文化分层理论，文化中的物质文化、行为文化属于显性文化，好比冰山一角，比如建筑、饮食、艺术、语言等；对文化起决定作用的精神文化则属于隐性文化，好比隐藏于水下的冰山主体，包括宇宙观、思维方式、价值观等。要想把握中华文化的内涵与精髓，我们必须深入到中华精神文化内核中去。为此，我们选择了中国人的宇宙观、认识论与思维方式、社会价值观、家庭价值观等四个专题进行提纲挈领式的启发式教学。在教学中，我们避免从理论到理论的枯燥讲解，而是遵循以文化现象激活理论的原则，激发学生跨文化传播的文化观察力与敏感度，鼓励他们观察、体会文化现象，以更生活化、更亲切、更深刻的方式进行跨文化传播。

以中国人的社会价值观的教学为例。中华文化社群优先于个人，和谐优先于冲突的价值取向，导致中国人对于外部世界的文化、政治的基本观念是：文化高于种族，天下高于国家。天下主义是中国人最高的社会理想与追求，这一终极社会价值观如不能辅以鲜活的事例，会给人以虚无、空洞之感。于是，在引出这一价值观之前，我们先抛出了一个问题：为什么欧洲大陆的面积与中国相当，但却存在着近50个国家？欧亚大陆是人类文明演进的重要舞台，回顾中国和欧洲的历史，都存在着各民族之间冲突不断、战争频发的历史阶段。然而，最终的结果却是欧洲分裂、小国林立，中国融合、成为一国，这两种完全不同的历史演进过程，其原因非常耐人寻味。这一问题的提出，引发了学生极大的思考兴趣。接下来我们再对中国传统的天下主义与西方主导的国家主义进行对比解释。欧洲国家林立源于其“民族国家”概念，这一概念的基础便是西方个人至上的价值观；而中国古代从不以地域、种族来区分己类与异类,只要接受中华文化,都可算作中国,即所谓"百姓昭明,协和万邦"。近代以来,西方将"民族国家"概念推行到全球,造就了我们世界目前的样子。应该看到,"民族国家"概念对殖民地人民争取民族独立起到了巨大的推动作用,特别是其所主张的民族国家主权平等原则,是对中国传统天下观的有益补充。但是,我们还应该看到,国家主义所奉行的国家利益至上、贸易保护主义等核心观念与当今全球化的趋势是不相符合的。在当今全球化趋势下,世界已在经济上连成一体,你中有我,我中有你,不可分离;然而,在政治、文化上人类还固步自封,充满了偏见,甚至敌视,这些都是世界局势动荡的深层次原因。因此,中国政府恰逢其时地提出了构建人类命运共同体的主张。这一主张并不排斥国家主义,提倡在谋求本国发展中促进各国共同发展。人类只有一个地球,各国共处一个世界,我们同呼吸,共命运。至此,学生不难得出结论,人类命运共同体主张的提出绝不是偶然的,它就存在于中国的文化基因之中。显然,这一主张是更符合时代潮流的。

四、讲好中国故事,提升中华文化传播实践力

汉硕专业的大部分学生将在就读期间作为汉语国际教师志愿者赴海外实习,承担海外孔子学院的汉语教学及文化传播任务。学生由于缺乏在真实环境中的文化传播经验与技巧,赴海外工作后都要经历较长一段时间的摸索才能胜任工作。本课程的第二个模块实践环节即针对此薄弱之处而设计。这一模块要求学生以中华文化符号、传统手工、饮食、建筑、电影、书法、京剧、绘画等文化项目为例,针对不同传播对象、传播环境设计完整的文化传播策划案,重点培养学生两方面的能力:一是透过文化表象挖掘文化内涵的能力;二是文化活动的策划能力。

如前文所述,目前孔子学院的文化传播活动存在浅表化、碎片化的倾向,看似热热闹闹,实则没有触及人的精神世界。这说明一方面我们对外传播的准备还不充分,在对外传播的理念、方法上还有待提高;另一方面我们在中国文化传播内容的议程设置上,在中国文化整体素养和传统文化修养上的积淀和习得上仍有很大拓展的余地。因此,我们在培养汉语国际教育的专门人才时,应下功夫提升他们的传统文化素养。

以传统手工中国结为例。中国结是人类最古老的手工艺技巧之一,渗透着中华民族特有的文化精髓,文化内涵十分丰富。首先,从中国结的制作方法

来看,中国结看似复杂,其实由一根绳子从头至尾编结而成,千姿百态同出一源。老子说:"道生一,一生二,二生三,三生万物。"中国结"万物归一"的编结方式体现了古老的道家智慧,也是儒家"一以贯之"精神追求的生动体现。同时,盘旋纠结的绳结象征着生命循环往复、永无止境的哲学意蕴。(吴庆利,2011)其次,按照不同寓意,结还可分为很多种,常见的有神灵结、吉祥结及情结。神灵结的造型一般为龙形,通过绳结的变化体现龙神形象,故又称"龙结",龙形结寓意富贵发达、吉祥如意,往往和其他装饰结合构成双龙戏珠、龙凤呈祥等吉祥美丽的图案。还有"吉祥结",寓意吉祥如意、大吉大利,如在佩玉上装饰的"如意结",端午节用五彩丝线编制成绳,挂在小孩脖子上,用以避邪的"长命缕",还有老年人挂在烟袋上的"蝴蝶结"。此外,中国人还把结作为爱情的信物:新婚时使用的"盘长结"寓意一对相爱的人永远相随相依、永不分离。(吴庆利,2011)可以说,每一种中国结的形成或产生都植根于渊博深邃的中华文化,只有把这些丰富的文化内涵讲清楚了,才能使外国受众了解中国人的精神世界,增进中外普通民众的情感沟通与交流。

以小见大、深挖内涵是文化传播策划案要锻炼的一个重要能力,同时也旨在培养学生的文化活动管理能力。

孔子学院每年都要组织很多文化传播活动,每项活动根据其性质、特点都有不同的组织规律与要求,需要组织者有很强的管理能力。很少实际参与项目管理工作的学生仓促间开展工作,难免考虑不周,从而影响文化活动的传播效果。因此,我们有必要在课堂上即对其展开这方面的训练,从因地制宜、本土化、可实施性、效果评估、成本核算等方面锻炼他们的活动管理能力。以编制中国结活动为例,中国结与中国人喜欢缀饰的传统有关。而对于其他民族来说,如果没有这种悬挂缀饰的传统,那么中国结与他们的生活就很难产生交集。因此,要推广中国结及其蕴含的中国文化,除了传授绳结的编制方法、介绍这个绳结被赋予的吉祥含义外,还要提供给人们可以悬挂中国结的地方。这就要求学生仔细、深入地观察当地人的生活,把中国结也就是中国文化与他们的日常生活联系在一起,这才是真正成功的文化传播活动。

五、灵活采用多种教学方法,培养学生自主学习能力

目前,汉硕专业学生的本科专业背景比较复杂,有的并不具备扎实的中国语言文化知识基础。另外,随着汉硕专业招生规模的扩大及外国留学生的加

入,课堂教学环境变得比较复杂,中外学生因差异而产生的不同需求很难在课堂上同时满足。为此,我们在教学方法方面进行了很多大胆的尝试,采用翻转课堂、合作学习、案例学习、校园采访等方式、方法来实现学习目标。

随 MOOC 而诞生的"翻转课堂"教学法强调自主学习、探究性学习、个性化学习、同伴学习,非常适合汉硕专业中外学生混杂的学习环境。我们选择了饮食、建筑、艺术、民俗等四个文化专题,进行了"翻转课堂"的教学实践,具体做法是:课前,将学生按照中外混搭的方式进行分组,每组 4 人,要求每组利用爱课程网的网上课程资源学习相关文化知识,选择自己感兴趣的专题设计一个十分钟的文化教学微课程;课上,学生根据 BOPPPS① 微课程教学法做十分钟的教学演示,教师和其他学生就该生的微课程教学提出修改建议;课下,该生根据教师及同学们的建议修改完善微课程设计,最终形成一个完整的文化教学教案。这一做法可以弥补课堂教学时间的不足,另外,还可使学生根据自己的需求进行自主选择性学习,提高他们学习的积极性。

案例学习则主要应用于文化传播策划案的学习。具体的做法是从往届学生的文化策划案中选取典型性案例进行分析讨论。所谓典型性,是指在成功经验或失败教训两方面非常突出,具有代表性。由于案例的提供者与学生在学术背景、学术水平等各方面相当,反映出的问题具有共通性,所以更受学生欢迎。

在诸多教学活动中,最受学生们欢迎的是校园采访。这项活动采取了合作学习的方式,4 人一组,中外混搭,就中华文化符号、中华饮食文化、中国人的家庭价值观、中国国家形象等主题对在上海大学就读的外国学生进行采访。采访前,教师与学生共同探讨,对各主题的采访问题进行了细化,力求问题简洁易答,又切中肯綮。如,关于中华文化符号,设计的采访问题是:"提到中国,你首先想到的是什么?""关于中国,你最早知道的是什么? 什么时候、怎么知道的?"这些问题可以验证中华文化符号的影响力及外国年轻人接触、了解中国的途径与方法;关于中国人的家庭价值观,则设计了如下问题:"父母应该为孩子攒钱吗?""亲戚找你借钱,你会借给他吗?""在你们国家有男主外女主内的观念吗?"这些问题分别针对中国人重视后代传承、家庭关系中的差序格局、夫妻在家庭中的角色、分工等重要家庭观念。学生们对校园采访活动热情极

---

① BOPPPS 教学法中的"B"是 bridge in,即导入;"O"是 objective,即教学目标;第一个"P"是 pre-assessment,即课前评估;第二个"P"是 participatory activity,即课堂参与;第三个"P"是 post-assessment,即课后评估;"S"是 summary,即课堂总结。

高,制作了生动有趣的视频短片。他们普遍反映,这有助于他们了解外国人的真实想法,为将来要从事的文化传播工作积累了经验。

六、结语

中华对外文化传播是一种愿景:向世界传播深深根植于中国文化传统的和谐理念,传播中国共同发展的声音,把一个客观真实、和平发展的中国介绍给世界,使中国与世界各国互信共赢,世代友好。这一愿景的实现需要全体中国人的共同努力,国际汉语教师则是走在这条路上的先遣队员,他们的文化传播能力尤显重要。希望有更多的教师投身到中华文化传播的研究中来,开创对外文化传播的新局面,早日实现中华文化对外传播的愿景。

参考文献

[1] 陈来.中华文明的价值观与世界观[J].中华文化论坛,2013(3):5—15+189.

[2] 李建军.关于提升中华文化对外传播能力的思考[J].暨南学报(哲学社会科学版),2017(7):119—126.

[3] 石永之.中西文化共铸天下大同——对十九大报告关于构建人类命运共同体的文化阐释[J].周易研究,2018(5):13—20.

[4] 帅颖,沈壮海.西方国家主要对外文化机构的比较与启示[J].江汉论坛,2014(4):136—141.

[5] 孙宜学.中华文化国际传播:途径与方法创新[M].上海:同济大学出版社,2016.

[6] 吴庆利.中国结的文化内涵及美学特征[J].安阳师范学院学报,2011(3):138—140.

[7] 杨越明,藤依舒.十国民众对中国文化的接触意愿与渠道研究——《外国人对中国文化认知与意愿》年度大型跨国调查系列报告之二[J].对外传播,2017(5):30—33.

[8] 张会.孔子学院文化活动设计与反思[J].云南师范大学学报(对外汉语教学与研究版),2014(5):6—12.

[9] 周鑫宇.中国故事怎么讲[M].北京:五洲传播出版社,2017.

作者简介:张丽华,上海大学国际教育学院。

"雨课堂"在国际学生文化课
教学中的应用

——《影视语言与修辞》课程设计与教学总结

◎ 薛媛元

摘　要: "互联网＋"时代对我们提出了智慧化教学改革的要求,将优秀的智慧教学软件"雨课堂"应用于以《影视语言与修辞》为例的汉语国际教育课程之中,是改革尝试之一。该课程分课前、课上、课后三个阶段进行了线上线下混合式教学设计。经由实际教学检验,证明雨课堂能够满足国际学生学习的需要,增加了课堂互动与练习的时间,扩大了课堂容量,提高了学生学习效率,但也存在受客观条件制约大、难以照顾国际学生特殊学习习惯等问题。在汉语国际教育教学中,需要结合国际学生的学习特点和特殊需求,有针对性地打造出适合他们的学习模式。

关键词: 雨课堂;对外汉语;教学设计;影视语言与修辞

在今天的"互联网＋"时代,智慧教学成为现代教育的主要发展方向。为适应时代要求,笔者开设的"影视语言与修辞"课程也使用了智慧教学平台"雨课堂"来辅助教学。"雨课堂"是 2016 年由清华大学和学堂在线共同研发完成并推广使用的智慧教学工具,它借力微信、PowerPoint 两大普及度极高的热门软件,以其强大的功能、便捷的操作、24 小时在线的周到服务以及永久对教师和学生免费的承诺,迅速从雨后春笋般涌现的智慧教学平台中脱颖而出。在短短两年时间里,它进入了全国 1 000 余所高校、53 万余个课堂,开课教师数超过 35 万人,参与师生数超过 498 万人①，成为"互联网＋"时代推进高校课堂智慧化转型的一大利器。借助雨课堂，可以使传统课堂教学中很多有关翻转课堂的构想落到实处。在 2020 年"新冠"肺炎疫情期间，雨课堂除同步签到、预习复习资料上传、PPT 同步、资料分享、随机点名、习题等功能外，更增加了板书、语音、视频等直播功能，真正实现了远程无障碍教学。因此，雨课堂甫一出世，各种相关研讨文章也层出不穷，迄今已有 400 余篇，涉及理工农医文商教育等多个学科。使用者们分享了雨课堂在各种类型课堂上的应用技巧及教改成效，并对其优势及问题都有所探讨。不过若以知网数据来看，雨课堂的使用范围整体还局限于中国学生的课堂之内，较少见到关于雨课堂的海外使用或雨课堂用于国际学生课堂的研究。因此，笔者也期待通过"影视语言与修辞"这一试点课程的教学，测试一下雨课堂在汉语国际教育之中的实际应用效果。

一、《影视语言与修辞》课程的概况与雨课堂的适用性

《影视语言与修辞》课被设定为专业选修课，共 30 课时，每周 2 课时，以期末小论文形式进行考查。本课教学对象为高级以上水平的汉语学习者，教学目的为学生能掌握基本修辞常识，能辨识使用简单的修辞手法，提高阅读理解能力和写作能力，进而增强学生对中国文学和中国文化的学习兴趣和学习信心。

在开设这门课之前，笔者在高级精读课和中国现当代文学课的教学中曾遇到三个较为突出的问题。第一，学生经常会对某些无生词的句子感到费解，而这些句子大多包含有比喻、拟人等修辞格。由于注意力经常停留在语句表面，学生常纠结于"盘子们汇聚一堂，其乐融融"（李晓琪，2006：3）、"这多少有些像本该往脸上抹润肤霜，却偏偏抹了开塞露一样"（李晓琪，2006：57）等非常规语法和超逻辑搭配，无法理解修辞格背后的真实意义。鉴于高级汉语精读课文以及中国现当代文学作品常为张爱玲、王蒙、毕淑敏、刘心武等大家的文学文本，修辞格出现非常频繁，而学生们尚未掌握基本修辞知识，在这一阶段开设本课很有必要；第二，学生对中国电影之热衷与课时之紧俏的矛盾。国际学生经常要求老师在课上放映电影。虽然期中考试之后会有常规电影放映

---

① 以上数据参见清华大学新闻网新闻，《第二届教育部在线教育研究中心智慧教学研讨会暨 2018 雨课堂峰会在清华举行》，网址为 https://news.tsinghua.edu.cn/info/1003/20175.htm。

时间,但远远无法满足他们的观影需求。但语言课上不会有太多时间给学生看电影。因此,开设一门单独的电影选修课的呼声也很高;第三,很多学校的汉语国际教育学院也开设过电影课,陕西师范大学出版社、世界图书出版公司还曾分别在 2005 年和 2014 年出版过两套《看电影学汉语》教材。不过传统电影课通常侧重于听说训练以及文化教学,所选电影也比较老,与当下学生的欣赏口味有一定偏差。

鉴于学生有以上需求,笔者认为开设"影视语言与修辞"这门文化语言交叉型选修课,可以同时解决这些问题,即将影视作品中生活化场景和鲜活语言作为语料,来帮助大家理解常见的修辞手段。之所以未像其他学校那样专门限定电影,是因为电影中口语居多,而大部分修辞格则较多出现于书面语之中,单纯利用电影语料无法全面覆盖修辞知识点,因此又加入了语言相对专业、词汇量和句式更为丰富的纪录片和文化专题片。

而在这门新课的教学过程之中引入雨课堂,除实验意图外,更主要的是由这门课的特殊需求所决定的。首先,本课要求学生观看大量影视作品,而这些无法全部在课堂上呈现给学生,只能展示涉及相关知识点的片段;但若仅观看片段、对前后情节一无所知,又很难理解该片段的内容。因此,理想状态是学生将在课前看完的相关影视作品作为预习,在课堂上第二次观影,专门学习相关段落中的修辞知识。鉴于国际学生在中国的影视网站自行搜索、观看影片有一定困难,而雨课堂预备课件的视频插入功能支持老师找到电影视频后直接分享给学生观看,恰好可以解决这个困难。其次,作为一门需要一定练习来巩固知识点的课程,雨课堂强大的习题功能可以让学生及时进行课上和课后的辅助练习。因此,雨课堂平台对于本课程,具有较强的适用性。

二、基于雨课堂教学平台的《影视语言与修辞》课堂设计

《影视语言与修辞》涉及知识点较多,基本内容分为语音修辞、词语成语活用、句式选择知识,修辞格知识,语体知识三部分内容。由于时间有限,只能选择部分最常见的用法作课堂讲解,故而部分知识需要由学生课下自己学习。在雨课堂的辅助下,《影视语言与修辞》课根据自身特点,课前、课上、课后三个阶段的主要任务分配如下:

课前环节:

(1) 教师以 PPT 形式分享下一课需要的影视作品给同学;

（2）对影视作品中重点段落的重点生词的本义及常用引申义给予解释；

（3）围绕影视作品中下一课的修辞知识点相关段落，设计若干句义理解选择题；

（4）给出几个与修辞知识点相关的例句，提出思考问题。

本阶段学生的主要任务是观看影视作品，并在规定时间之内做完习题，有问题留言给老师；老师的主要任务是查看同学的答题情况，了解学情，并查看同学留言。

课上环节：

课前准备：学生扫码进入课堂。

（1）课前通过雨课堂限时答题，复习上一节课内容。

（2）按课程计划授课，每一个知识点以同学看过的影视片段导入，使用随机点名提问大家的理解；结合预习数据反馈，重点提问未预习同学。

（3）讲解知识点，视情况决定是否再放一影视片段补充说明。

（4）每个知识点结束后，做1—2个习题巩固知识。

这一阶段，学生的任务包括正常听课外、手机签到、接收 PPT、回答课堂习题、有未听懂的部分点击手机上 PPT 的"不懂"按键反馈、产生问题时以弹幕或投稿形式向老师提交问题等；老师的任务包括正常授课、发送限时习题、展示回答情况、发送奖励红包、开启关闭弹幕功能、根据即时反馈进行互动与问题解答等。

课后环节：

（1）教师根据雨课堂反馈的教学数据掌握大家学习情况，并有针对性地设计下一节课前的复习题目；

（2）对"不懂"人数较多的知识点，制作补充讲解 PPT 发给学生；

（3）发送课后练习题给学生，检验学习情况并强化知识点记忆；

（4）对该课主题下课上未作讲解的稍难知识点，制作成 PPT 以拓展内容的形式发给学生，供学有余力的学生阅读自学；

（5）推送一些包含本节修辞知识点的其他影片给学生，供其选择观看。

在这一阶段，学生任务为做好课后练习题、复习本节课所学的知识，对于教师发送的补充讲解、拓展资料和拓展影片，可视自己个人的情况选择学习，不要求全部完成；教师任务是及时查看雨课堂的各项数据反馈，及时帮助学生弥补学习中的薄弱环节，按记忆周期发送复习资料帮助学生加强记忆。

本课属于新开设课程，未完成微课的录制，目前各教学平台上也没有适用于国际学生的汉语修辞慕课资源,故而预习复习环节之中没有微课的引入。微课录制完成之后,复习环节会包含以知识点精华总结为主要内容的微课视频推送。

三、雨课堂在《影视语言与修辞》使用中的优势与问题

2018年春季学期,《影视语言与修辞》进行了第一轮授课。各种原因使这轮授课并未完全实现之前教学设计的全部预想。雨课堂在本门课程中的使用,在展示出了智慧教学平台独特优势的同时也暴露出很多问题,尤其出现了一些预想之外的、一般中国学生课堂上不会出现的问题,鲜明地体现了汉语国际教育教学的特殊性。

首先必须承认,雨课堂的教学优势是有目共睹的。第一,它满足了国际学生尤其是短期班学生希望最高效地利用在华学习时间(包括课外时间)集中学习的需要,利用推送功能向学生提供了大量相关的影视作品及学习资料,节约了搜索时间,同时也增加了课堂互动与练习的时间,扩大了课堂容量,大大提高了学生学习效率。第二,它将手机从课堂的敌人变成了课堂的朋友,在一定程度上减少了学生上课玩手机的概率,而且丰富了课堂互动手段,有助于调动学生学习兴趣,激发学生学习热情。

然而,一些主客观方面的复杂情况,也导致了不少严重影响学习效果的问题的出现。

首先,雨课堂的正常使用有几个硬件要求:第一是电脑系统版本在win10以上,Office版本在2010以上,第二是教室电脑需要联网,第三是学生需要配备智能手机且手机能正常上网,这三个条件缺一不可。那这就要求教室的多媒体端电脑配置版本不能够太低,否则雨课堂电脑端无法正常安装。而网络更是重要问题,它直接影响到课上环节能否实现。在笔者的教学过程中,曾经出现过因网络状况不佳,PPT无法正常上传到雨课堂云端、问题无法送达学生手机、手机答题无法成功提交等技术问题。尤其一些外国学生不喜欢办理中国的手机流量套餐,无法在没有WIFI的环境中上网,以至于完全不能参与课堂互动。这不止是雨课堂的问题,而是一切智慧教学软件的共同问题。它们对客观环境的依赖性较大,稍有变化,智慧平台就会变成"智障平台"。

其次,国际学生有一些习惯与中国学生不同。比如,他们对教师指令的服从性弱于中国学生,有些学生自主风格较强,有自己的学习节奏,习惯在课堂

上常采取半听半自学的方式,他们以老师的授课关键词为线索,可能在某一环节落后于老师授课速度,下一环节又跟上甚至提前于老师进度。这类学生会认为雨课堂以限时答题方式强制学生与老师保持同步,强调老师对课堂的掌控,而没有给予学生足够的自由空间,进而产生抵触心理,不配合扫码、答题等活动,以至于课堂活动无法完全开展。再比如,在遇到拿不准的题目时,中国学生习惯选择一个自己认为可能性比较大的答案,赌 25% 的正确率,而国际学生的习惯则是留空不作答,以空白形式向老师表示这个知识点我还没掌握;但这就会造成一种情况,即遇到有一定难度的题目时,会出现全班作答率不足10% 的局面,以至于教师无法摸清学生的理解难点和偏误点到底在哪里。还有,由于学生们对电影的喜好不同,在预习环节,他们有可能只选择自己喜欢的影视作品进行预习,选做部分习题,导致未预习过的片段在课上出现之后他们会比较茫然,进而失去对该片段及相关知识点的兴趣。另外还有一个比较重要的问题,选修这门课的学生虽然已经到了高级阶段,但仍对汉字不够习惯,在能够避免书写汉字的场合不会去主动书写,而手机答题虽然效率高,却无法针对书写进行训练,学生们最常使用的还是拼音输入法,而且速度比较慢,所以在中国学生课堂上很受欢迎的弹幕、投稿等课堂互动功能,在国际学生中却形同虚设,很少有人使用。

再次,学生对课后作业的概念依然仅停留在习题上,他们认为老师发布的课后资料中,只有习题属于作业,其他的内容并不重要。所以老师发布的大量复习资料、反馈讲解、拓展资料等,都很少有人观看,课后环节的构想大部分没有实现。这一定程度上也是由考查方式决定的,文化类选修课与语言课相比没有那么严格的闭卷笔试,考核方式多为考查,有些学生是为了修满学分才挑感兴趣的课随便听听;而本课程因与影视有关,很多人选课只是为了看电影。考查的考核方式使学生们在心理上先入为主地判定此门课属于较易通过的课程,并未意识到期末作业"选择一部电影并分析其中使用了修辞手法的台词"具有相当的难度,因此对课后复习环节重视不够。部分同学由于对修辞知识的掌握尚未达到运用圆融的程度,试图通过抄袭网络现有资料完成作业,结果未能通过考核,出现挂科情况。

这些问题应该说,一部分的根源在学生身上,还有一部分应归咎于课堂设计不够合理、整体内容偏难。针对以上问题,笔者在第二轮的《影视语言与修辞》课上进行了一些调整。

四、针对上述问题的第二轮课程设计

第一轮的课程设计,归结起来,主要有以下几个不合理处:

(1)对学生接受能力设定过高,安排了过多的课程内容。现行分班考核体系虽以考试成绩为基础,但还是会常常考虑学生的个人意愿而进行调整。但学生在选班之时经常就高不就低,导致所谓高级班的学生实际并未具备与高级班课程水平相当的汉语能力,因此,安排课程内容时应适当降低知识量、放慢课堂速度;

(2)雨课堂应用本质是教学形式的转换而不是内容的变化,而第一轮设计重点放在了课堂容量拓展上,定位有些许偏差,在一定程度上增加了师生负担,易使学生产生疲惫感,第二轮预习课件 PPT 页数应尽量控制在 12 页之内;

(3)课堂互动仍以老师为主导,虽然学生参与机会比传统课堂要多,但这种参与是被牵引的参与,未能彻底发挥学生能动性,所以学生会有被控制的感觉;

(4)上课使用的电影片段过于碎片化,未给学生留下足够深刻的印象;

(5)期末考核方式与平时作业有所脱节,难度提升较大,缺乏循序渐进的过程。

于是,笔者拟将课堂设计调整如下:

内容方面,删掉约三分之一的不常见知识点,重点讲授句式和常见修辞格部分,语体知识仅介绍最基本的类型。

课前环节:

(1)教师制作预习 PPT 介绍下一课的重要修辞知识点;

(2)给出若干与修辞知识点相关的例句;

(3)用 PPT 简介下节课需要播放的影视作品,并将其中重点生词的本义及常用引申义制成 PPT 给予解释;结合电影台词,出若干选择题,并留一个主要探讨话题让大家准备课堂探讨。

课上环节:

课前准备:学生扫码进入课堂。

(1)课前通过雨课堂限时答题,复习上一节课的内容;

(2)让大家就课前预习中的探讨话题发表意见;

（3）尽量完整地播放电影，播放到修辞知识点出现段落时，暂停，向大家提问，让学生探讨修辞背后的真实含义，并就预习知识点进行进一步讲解（若播放纪录片或电视剧 1 集/次，电影 0.5 场/次）；

（4）电影播放完成后回顾每个知识点，并各设计 1—2 个习题巩固知识。

课后环节：

（1）教师根据雨课堂反馈的本节课教学数据，掌握大家学习情况，并有针对性地设计下一节课前的复习题目；

（2）对"不懂"人数较多的知识点，制作补充讲解 PPT 发给学生，顺便推送一些拓展资料和参考书籍；

（3）发送不超过 10 个课后练习题给学生，逐渐从简单修辞手段辨识判断转为主观题型，如分析某修辞之效果等；

（4）推送一些包含本节修辞知识点的其他影片给学生选择观看。

五、第二轮授课中出现的一些新问题及对策

在 2019 年春季学期的第二轮授课过程中，学生上课不专注、回答问题不积极等一些问题得到了改善，但又出现了一些新的问题。

首先，由于本学期第一节课老师强调了课程的考核形式及语言学知识点的难度，对选课学生的水平进行了硬性规定，所以有半数学生在第一节课后产生了畏难情绪从而放弃了选课，或来听课但是不准备拿学分，正式选课生不足 30 人。人数少加之旁听生不参加课堂活动，间接导致课堂活动的展开形式与预想有较大的差别，如课上答题率极低，不得不使用随机点名功能调动学生思考。这也是汉语国际教育特殊性的一个体现。因为汉语国际教育的对象中进修生占相当比例但又流动性大，所以各年学生的语言水平可能会有较大的波动，以同样的教学内容应对水平各异的学生不现实。因此在准备这门课的具体课程内容时，老师有必要实行"ABC 方案制"，对同一知识点选择难度不一的几部电影，相应地在例句和讲解编排上也设计一些难度不一的备选方案，以应对不同级别的学生。

其次，部分学生对教师所选的电影内容提出质疑。如"句式活用"一课中选用了《霸王别姬》作为主映影片，但下课后，有同学申请下节课换其他电影，因为少年戏曲演员学习中遭受打骂的场景使他们产生了生理上的不适；还有"夸张"修辞格一课选用了电影《活着》，当播放到战场上尸横遍野的场景时，同

样有部分同学捂眼申请跳过,这些情况都是教师在准备过程中未曾考虑到的问题。因为在海外电影多为分级制,对未成年电影的内容限制较为严格,而我校汉语学习者多为 20 岁左右的年轻学生,有些在他们的祖国尚属未成年,对 R 级以上的电影接触有限,适应不良。因此教师在选择授课用电影时,不能光考虑电影的经典程度、思想深度、普通话标准程度、语言难度、台词与修辞格密度等,还要考虑避免政治、宗教、敏感话题、刺激性场面等关系到学生身心健康的问题。整体看来,学生对青春片、爱情片、动画片(即使是《小蝌蚪找妈妈》等稍显低龄的动画片)和纪录片较为欢迎,可考虑更多使用这类影视作品。

迄今为止,《影视语言与修辞》课在一轮半的教学过程中,虽未能完全探索出完美的课程模式,但也取得了一定的经验和教训。同时,此课程的实践也证明了雨课堂在对外汉语教学中大有可为,然而如何使用才能够使雨课堂的价值最大化、最大限度地调动起国际学生的积极性,还是一个需要不断探索的课题。笔者以自己并不成熟的《影视语言与修辞》抛砖引玉,希望各位学者能够在文化语言交叉型课程设计领域有更深入的探索,设计出更多行之有效的课堂模式,以将我们的汉语国际教育推进到一个现代化、智慧化的新阶段。

参考文献

[1]　李晓琪主编,金舒年,陈莉编著.博雅汉语 高级飞翔篇 2[M].北京:北京大学出版社,2006.

作者简介:薛媛元,大连外国语大学汉学院讲师,文学博士。研究方向:中国现当代文学、智慧课堂应用研究等。

来华留学生社会心理适应
状况分析与教育对策

◎ 陈家庚 李 涛

摘 要：随着"一带一路"倡议的开展，越来越多的留学生来到中国学习，许多留学生在跨文化环境下，会产生学业、人际交往、语言和文化适应等方面的问题，影响其在华的学习和生活。通过对来华留学生社会心理适应的调查，分析总结了留学生的心理适应发展特点，预测留学生可能出现的心理问题，提供了必要的干预措施和心理监测手段，帮助来华留学生以健康积极的心态完成在华学习。

关键词：留学生；心理适应；对策

　　教育部2018发布的数据显示，我国已经成为亚洲最大的留学生目的国。教育部2012年颁布的《留学生计划》也明确提出，到2020年，要实现全国内地高校接受高等学历教育的留学生达到15万人。留学生管理，尤其是留学生跨文化适应问题，面临着巨大的挑战。心理适应是留学生跨文化适应中重要的组成部分，根据行为心理学的观点，环境的刺激会直接影响人的心理变化，来华留学生在中国学习期间，"由于失去熟悉的社会交流信号或符号，对对方的社会符号不熟悉而产生深度焦虑症"（关世杰，1995），很容易在多方面刺激下产生心理问题，造成"文化休克"，对学生的身心健康和学业造成影响。

　　本研究着重对留学生的社会心理适应状况做出调查，分析总结在华学习过程中留学生心理适应发展的共同特点，结合外部条件和留学生本体的内在联系做出解释和预测，对于可能出现的心理紊乱现象提出解决的措施，为留学生管理工作和留学生自身健康发展提供借鉴。

一、研究背景

（一）研究方法

主要通过问卷调查和结构化访谈等两种调研途径。留学生以无记名的方式填写调查问卷，调查时间为 2019 年 5 月，并随机就问卷中的问题对受试者进行访谈。

发放的问卷分为英语和汉语两个版本，主要包括两个部分：基础信息统计和来华留学适应状况调查表。基础信息包括下面 6 个内容：性别、年龄、地区、来华时长、学习阶段、专业。适应度调查表分为日常生活、学业、人际交往、中国文化适应和语言 5 个方面，每个方面设 10 道判断题选项，总计 50 道题目。该适应状况调查表采用 5 点式计分方法，分别为"非常不适应""有点不适应""一般""比较适应""非常适应"，对应为"1""2""3""4""5"。笔者采用统计每项适应程度平均值的方法来判断留学生社会心理适应状态。适应程度平均值≤1 为非常不适应，1<适应程度平均值≤2 为有点不适应，2<适应程度平均值≤3 为一般，3<适应程度平均值≤4 为比较适应，4<适应程度平均值≤5 为非常适应。

（二）研究对象

本次调查主要对象为西安各高校留学生，包括本科生、研究生、博士生、汉语培训生、汉语语言预科生、短期交流生和其他项目人员（包括校企合作等项目来华的留学生）。通过抽样调查的方法，共发放问卷 150 份，回收 132 份，回收率为 88%。

二、研究结果与分析

（一）总体适应程度

调查结果显示，受试的来华留学生总体适应度平均值为 3.49，为比较适应。其中感觉非常不适应为 0 人，感觉"有点不适应"的占 3.33%，感觉"一般"的占 16.67%，感觉"比较适应"占 66.67%，感觉"非常适应"占 13.33%。

总体而言,西安来华留学生社会心理适应度为比较适应,有少量来华留学生感觉适应周围环境很难。

适应程度调查问卷表分为 5 个方面,其适应程度值以升序排列,如表 2.1 所示。由此可知,受试留学生在"人际交往"方面适应难度最大,"日常生活"方面适应能力最强。适应程度调查表中,留学生适应值最低的几项分别为"我在课上能够跟得上老师的步伐""我能够很容易理解中国人的笑话和幽默""我认为中国同学都很热情,容易交往""我非常喜欢学习中国传统文化",适应值分别为 2.8、2.7、2.8、2.8,表现为"有点不适应"。

表 2.1　适应程度情况分析

序　号	项 目 内 容	均　值
1	人际交往	3.24
2	中国文化适应	3.37
3	语言	3.59
4	学业	3.6
5	日常生活	3.7

(二)心理适应差异性

根据受试来华留学生的基本信息统计特征,通过对比适应程度均值的方法,从来华留学生的性别、年龄、留学时长、留学身份、所学专业、地区分类 6 个方面探讨来华留学生心理适应状态的问题。

1. 不同性别

受试留学生中,男性共 92 名,占 60.98%;女性 58 名,占 39.02%,男生、女生适应平均值分别是 3.48 和 3.5,均为比较适应。从图 2-1 可知,男性和女性在适应平均值上没有较大差别,但通过访谈得知,在实际生活中,相比于男性来说,女性更能够融入在华的学习和生活之中。在访谈中多数女性表示"能够较多的得到老师和同学的帮助",而男性几乎很少表示"能

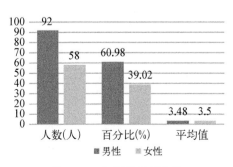

图 2-1　不同性别适应情况

够得到别人的主动帮助",认为"中国人对外国人有距离感"。在"语言"方面,女性表示"觉得汉语很难,但是能够慢慢学会",而男性对学习汉语的自我满意度要比女性低。

2. 不同年龄

受试的来华留学生年龄可分为三个组,分别是"18—23 岁""24—29 岁""30 岁以上"。这三个年龄段的社会适应程度平均值分别为 3.33、3.6、3.72。从图 2-2 可见,来华留学生随着年龄的增长,社会适应能力逐渐增强。通过访谈了解到,"30 岁以上"的来华留学生来中国之前大多有着去过其他国家的经历,能够接受不同文化的差异,即便不能理解也"保留自己的意见,以便于慢慢观察"。"18—23 岁"的留学生有很多是第一次出国,很多这个年龄段的留学生表示"比较难以理解中国式的幽默""不能了解中国

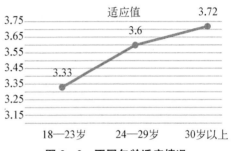

图 2-2 不同年龄适应情况

人的真实想法和客气的方式",总之在人际交往方面面临很大的困难。同时,这三个年龄段都觉得"中国同学不是很热情,比较难交往",适应度平均值也仅为 2.7。

3. 不同留学时长

受试的来华留学生按照留学时长划分,可以分为 5 组:"1—6 个月""7—12 个月""13—24 个月""25—36 个月""36 个月以上"。从图 2-3 可见,适应程度最低的是来华时间为 36 个月以上的留学生,整体适应度呈现一个逐渐升

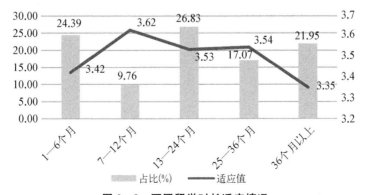

图 2-3 不同留学时长适应情况

高又下降的过程,并且在 13—36 个月之间能保持一个长时间的稳定状态。通过访谈了解到,来华时长 1—6 个月的留学生大多表示"充满新鲜感,能够尝试不同的体验"。来华时长 7 个月以上的留学生表示也有过新鲜感,但是新鲜感结束后,就开始慢慢出现"汉语说得不好,学习压力大,金钱紧张"等问题,"很想家,想赶紧回去"。可见,随着留学时长的变化和外部环境的刺激,留学生的心理发展呈现一定的变化。

4. 不同留学身份

受测试的来华留学生身份主要分为七类:本科生、研究生、博士生、汉语培训生、汉语语言预科生、短期交流生和其他项目人员(包括通过校企合作等项目来华的留学生)。由图 2-4 可知,按照来华留学生接受教育层次和方式划分,本科生占 31.71%,研究生占 36.59%,博士生占 2.44%,汉语培训人员占 2.44%,语言预科班学生占 12.20%,校际短期交流生占 2.44%,通过校企合作项目等其他方式来华学习的人员占 12.20%。其适应程度平均值分别为3.44、3.53、3.3、3.32、3.9、3.84、3.11。在受试的留学生中,博士生和其他项目来华交流人员的适应程度最低,短期交流生和语言预科生的适应程度较高。博士生和其他项目来华交流人员有较大的"课业压力"和"工作压力",在华留学过程中的适应问题较多。短期生和语言预科班的学生"想好好学习汉语,以后考虑在中国读书或者工作",对在华生活有一定程度的期望值,心理适应状况稍微好一些。

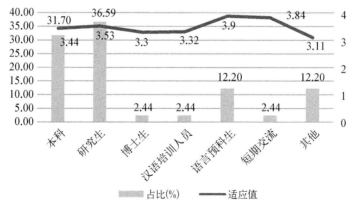

图 2-4 不同留学身份适应情况

5. 不同专业

受试留学生专业分为三大类:理工科、人文社科(汉语除外)、汉语。由图

2-5可见,理工类占比48.78%,人文社科类占比19.51%,汉语类占比31.71%,这三类专业的留学生适应程度均值为3.44、3.63、3.48。受试留学生中适应程度最高的是人文社科(汉语除外)类学生,其次是汉语学生,适应程度最低的是理工科的留学生。根据访谈了解到,三个专业的留学生普遍认为"自己的汉语有很严重的口音""自身的汉语水平影响了自己上课的学习效率"。但是基本上所有的留学生都表示"有较强的学习动机"。

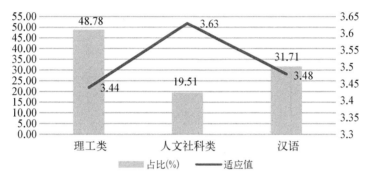

图 2-5 不同专业适应情况

6. 不同地区

由图2-6可知,非洲留学生占39.02%,亚洲留学生占36.59%,欧洲留学生占19.51%,北美洲留学生占4.88%。西安各高校的生源大多是位于亚洲、非洲和欧洲的留学生,占到总数的95.12%,是西安高校留学生的主体。具体分析这三个地区的留学生适应程度值,其中,亚洲留学生在华留学期间的适应程度最高,其次是非洲留学生,欧洲留学生在华留学期间适应能力最低。通过访谈了解到,欧洲学生包括其中大部分的俄罗斯留学生尤其表示"不习惯中国的饭菜",可见饮食带来的差异会影响适应程度。不同地区的留学生由于

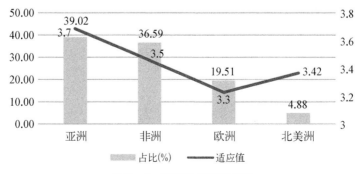

图 2-6 不同地区适应情况

受本国文化的影响，早就形成了固有的价值观和独特的学习生活习惯，会存在适应程度的差异。

三、提升来华留学生心理适应程度的建议

以上调查表明，来华留学生根据性别、年龄、地区、来华时长、学习身份、学习专业的差异，会显现每个阶段的适应性问题，在日常生活和学业方面，整体适应程度较高，但是在人际交往方面，整体适应程度最低。具体来看，女性适应能力比男性更强一些；随着留学生的年龄增长，并具有过跨文化交际经历的留学生，其适应能力会相对较强；留学生的整体适应度随着留学时长增加呈抛物线发展趋势，院校需要采取必要的手段帮助留学生度过适应的"挫折期"；课业压力和工作压力能够对不同学业阶段的留学生产生压力影响，其中博士生的适应程度最低，压力较大；人文社科专业的留学生相比较于理工类留学生适应能力较强；亚洲学生由于地缘文化优势适应能力较强，欧洲学生在华期间适应能力较弱。

文化休克是指个体人进入到崭新的环境中，从浅层的语言、生活习惯到深层的思想观念都失去自己所熟悉的所有社会交往图式而产生的一种迷茫、无助、抵触甚至恐惧的感觉。文化休克一般是由文化差异引起的，刘珣（2000：124）认为在跨文化交际中，或是进入非本民族文化的生活环境中，以及学习目的语文化的过程中，文化差异都会引起人的心理反应。在华留学时间较长的留学生，会先后经历"蜜月期""挫折期""调整期"和"适应期"四个阶段。从数据分析得出，有些"36个月以上"的来华留学生在"挫折期"阶段没有得到及时的心理支持和调整，随着时间的增加，适应状况越来越差。因此，结合问卷调查和访谈的结果，针对留学生出现的适应问题和潜在的适应危机，要采取相应的解决措施。

（一）帮助来华留学生开展积极地社交生活

调查显示留学生在"人际交往"方面的适应程度最低，这表明留学生并没有真正的融入来华留学的正常社交生活中去。郑安云（2017：66—70）表示，"我国高校的留学生管理模式大多是'特殊照顾'，即对外国学生与本国学生进行区别化管理"。这种管理模式为留学生的生活提供了一定程度的隐私空间，但同时会导致两个群体并不能够有很多的机会以展开社交，减少了留学生语

言学习、了解在华生活常识的机会,人际交往的需求受到影响。

留学生所在的高校应该通过积极的手段帮助留学生适应在华的社交生活,比如在管理上采用"趋同化管理"的模式,打破留学生和中国学生群体的界限,学校还可以举办丰富多彩的体育竞技等活动,帮助留学生和中国学生建立起良好的友情。另外,学校要出台政策限制留学生出入酒吧、夜店等社交场所,引导留学生开展积极健康的留学生活。留学生通过这些积极的社交活动,能够在实践中有效提升对中华文化、中国社会制度和人际交往关系的认识,进而帮助留学生减少文化差异带来的冲击,减少心理危机产生的可能性,建立积极健康的心理态度,提升留学生的精神面貌。

(二)加强来华留学生的语言学习

语言是思维的表达,来华留学生在华生活必须通过汉语和周围的人交流,但是很多留学生因为汉语水平较低,给生活造成了严重的影响。高炳亮(2018:131—134)认为"语言关是来华留学生要适应国内生活和学习必须通过的首要关口,语言障碍也是导致原本心理健康的留学生出现心理问题的最常见的原因之一"。因此,帮助留学生尽早通过语言关尤为重要。

学校可以发动本校语言专业的学生和留学生建立语伴关系,形成互利共赢的语言学习帮扶模式,或者通过"汉语角"等形式为来华留学生的语言、文化生活等提供学习的窗口。其次,要对留学生进行准确的汉语等级检测,在留学生课堂上有针对性地结合留学生汉语学习水平进行具体指导,对语言能力较差的学生通过语言学习班组织培训汉语能力,定期抽查留学生的水平检验学习成果。发动语言学习较好的留学生引导水平较低的留学生学习汉语,交流经验和方法,增强留学生学习汉语的信心。

(三)及时对留学生进行心理辅导与干预

有些来华留学生在"挫折期"阶段没有得到及时的心理支持和调整,随着时间的增加,适应状况越来越差,导致出现心理问题。针对留学生的心理辅导要认识到其特殊性,王家麟,徐珊(2014:377—381)提出,"留学生管理工作者在关心、重视留学生心理健康问题的同时,还要具备跨文化管理的意识,要理解和包容不同国家之间的文化差异,要能准确把握因文化差异引发的矛盾和问题,还应从跨文化管理的角度对留学生进行多元化管理",不能同对中国学生进行的心理辅导一概而论。

　　留学生的心理适应危机是多种复杂的因素共同推动造成的,除了学校基本的物质环境和制度管理以外,还需要对高校留学生管理人员、留学生辅导员进行相关培训,同时积极发挥学生群体的作用,及时了解掌握留学生的思想动态,引导留学生保持积极向上的精神状态,组建全方位、多层次的心理辅导队伍。此外,要结合跨文化交际理论,在留学生来华"7—12个月经历挫折期"期间,组织文化体育活动,转移留学生的注意力,通过座谈会等形式了解留学生的困难,帮助留学生适应在华生活,度过"挫折期",避免留学生进入"文化休克"的状态。

参考文献

[1]　高炳亮.高校来华留学生心理健康问题的预防与危机干预机制研究[J].思想教育研究,2018(5):131—134.

[2]　关世杰.跨文化交流学　提高涉外交流能力的学问[M].北京:北京大学出版社,1995:340.

[3]　教育部.国家中长期教育改革和发展规划纲要(2010—2020年)[Z].2012.

[4]　教育部发留学大数据:中国成亚洲最大留学目的国[EB/OL].http://www.chinanews.com/gn/2018/03-30/8479732.shtml,2018-03-30.

[5]　刘珣.对外汉语教育学引论[M].北京:北京语言大学出版社,2000:124.

[6]　王家麟,徐珊,沈洪兵.南京市来华留学生心理健康调查与研究[J].南京医科大学学报(社会科学版),2014(5):377—381.

[7]　郑安云,李娇.跨文化适应理论对高校留学生教育管理的启示[J].世界教育信息.2017(17):66—70.

作者简介:陈家庚,西安石油大学人文学院。

　　　　　　李涛,西安石油大学人文学院。

中华文化典籍及现代
汉英语谓语结构微探

◎ 梁嘉仪

摘　要：英汉语不同的思维方式决定了各自拥有不同的概念化方式。文章从对比的角度探讨了汉英谓语结构方向义概念化方式差异,及语法结构的有界状态。英汉语类属不同的语言,各有其不同的语法表现形式,其主要原因是各自的概念化方式存在着差异。我们希望本文的研究能为翻译研究、认知语言学以及外语教学与研究带来积极的启示。

关键词：谓语动词;语义方向;有界结构

一、引言

谓语结构作为句子的核心部分,用来对主语的动作或状态进行陈述或说明,其中谓语多由动词或动词词组充当(钟书能、谢甜,2018：41)。因此,本文的主要探究对象为动词。动词常常是句子的核心,一个动词的概念自身就已经包含了方向等语义特征,这种概念化方式的差异自然影响到句子的表层结构(常虹,2014：170)。英汉语类属不同的语言,各有其不同的语法表现形式,其主要原因是各自的概念化方式存在着差异。

本文拟对比英汉动词方向义概念化方式,及语法结构的有界与无界状态,说明英汉动词方向义概念化方式的差异对英汉语动词被动义的语法表现形式产生的影响。

二、汉、英动词的语义方向对比

英汉语基本的句法结构是"主语＋V(＋宾语)",动词是该结构的核心。石毓智(2004：87)认为,不同的民族由于动词概念化方式的差异导致了方向义在语法表层形式上的表达和体现也是不同的。

所有自然语言中的动词均能体现矢量的方向。根据矢量方向的不同,动词可以划分为右向动词、左向动词和左右向动词。例如"He threw him a ball quickly"中"threw"是一个右向动词,作用于"a ball","我们猎捕到了一头黄狼"中的"猎捕",同理也是一个右向动词。右向动词自身隐含的动作方向是从施事到受事,即由主语发出到达宾语自左到右进行(Agent→Patient)。事实上,英汉语言中普遍存在着右向动词,而左向动词又以怎么样的结构形式存在于中华典籍、现代汉英语中呢？ 笔者将通过下面的具体例句就英、汉动词的语义方向进行简单对比。

首先进行古汉语左、右向动词的对比。例①至③中的"任"(信任)、"害"(嫉妒)、"疏"(疏远)都属于常见的右向动词,分别作用于"之"(他)、"其能"(他的才能)、"屈平"。

> ① 王甚任之。(司马迁《屈原列传》)
> 现代汉译：怀王很信任他。
> ② 上官大夫与之同列,争宠而心害其能。(司马迁《屈原列传》)
> 现代汉译：上官大夫和他同在朝列,想争得怀王的宠幸,心里嫉妒屈原的才能。
> ③ 王怒而疏屈平。(司马迁《屈原列传》)
> 现代汉译：怀王很生气,就疏远了屈原。

汉语中,要表达一般右向动词的被动意义,要使用相应的语法标记手段,如"被""受""为""遭"等。如例①中,也可表达为"屈平甚为王任"。相比而言,笔者认为左向动词存在于两种情况中,一是古汉语句式赋予动词左向的语义方向,二是动词本身含有左向的语义方向。

如例④中"疑"(怀疑)、"谤"(诽谤),一般而言两者均为右向动词,作用于谓语右侧的宾语,但由于存在于被动句中,"疑"(怀疑)、"谤"(诽谤)分别作用于主语"诚信""忠实",表现出左向动词之语义特征。例⑤中的"绌"也是因为存在于被动句式中,所以作用于主语"屈原",表现为左向动词。

④ 信而见疑,忠而被谤,能无怨乎?(司马迁《屈原列传》)

现代汉译:诚信却被怀疑,忠实却被诽谤,能够没有怨恨吗?

⑤ 屈原既绌。(司马迁《屈原列传》)

现代汉译:屈原已被罢免。

相比之下,例⑥不属于被动句,而"为"和"佐"还是属于左向动词,分别作用于"自",译为"服务自己""辅助自己",说明动词自身包含左向语义特征。但在现代汉语中,作为动词,"辅佐"和"服务"一般属于典型的右向动词,见例⑦。

⑥ 人君无愚智贤不肖,莫不欲求忠以自为,举贤以自佐。(司马迁《屈原列传》)

现代汉译:国君无论愚笨或明智、贤明或昏庸,没有不想求得忠臣来为自己服务,选拔贤才来辅助自己的。

⑦ 他主张法治,辅佐齐桓公成为春秋时期的第一霸主,因此被誉为"春秋第一相"。(CCL 语料库)

其次,进行现代英汉的左、右向动词的对比。首先我们先来看一下例⑧和⑨的右向动词。"买"和对应译文中的"bought"都是右向动词,分别作用于"数学书"和"book"。直接宾语是向右移动的,接受者为"他"和"me"。

⑧ 老师买了一本数学书送给他。(CCL 语料库)

⑨ My family *bought* a book for me.(SKELL)

现代汉语中存在大量的右向动词及少量的左向动词及左右向动词,见例⑩和⑬,均为常见右向动词,分别作用于"他"和"他"。

而在英语中,除了 charge、owed 等少量左向动词外,绝大部分是右向动词,如 give、send、throw、use 等,笔者暂未在英语中发现左右向动词。见例⑪和⑫,动词均为右向动词。

　　⑩ 我付了他两美元。(延芳,2013:24)

　　⑪ I *paid* him two dollars.(延芳,2013:23)

　　例⑪中,"I"(主语)给"him"(间接宾语)"two dollars"(直接宾语),将直接宾语向右传递。

　　⑫ I *taught* him Chinese.(延芳,2013:24)

　　⑬ 我教他汉语。(延芳,2013:24)

　　例⑫的含义为,首先"I"懂"Chinese","I"教"him""Chinese",最终"him"也懂"Chinese"。因此,可以说"Chinese"(直接宾语)是从"I"(主语)向"him"(间接宾语),即向右移动的。至于其所对应的汉语句子例⑬,直接宾语也是向右移动的。

　　⑭ She *gave* him a ball.(SKELL)

　　同理,例⑭中右向动词"gave"表明球移动的方向,即球是从"她"到"他"(Agent→Patient)从左到右进行移动。

　　通过上述汉语在有标记的双宾语结构中,我们可以发现,双宾语的方向似乎比英语复杂,为什么呢?例如,例⑧中,"买了一本数学书送给他"比"a book for me"要复杂得多。这是因为英语名词之间、名词与代词之间、代词与代词之间可以简单地使用方位介词(如 to 或 for)确定其方向。反观汉语,若它们之间要确定(物品传递)方向,单独使用介词或副词是无济于事的,只有与动词连用才能奏效,表达结构即为"动词(或趋向动词词缀)+介词或副词",自然比英语复杂。

　　下面我们来看一下现代英汉语言中的左向动词的表现。

　　⑮ 有人说,"晒太阳"不合逻辑,我也不敢附和。"晒太阳"正如"烤火",在物理上是人被太阳晒,被火烤,可是按说话人的心理,是人有意地利用太阳和火的光和热,或者无意地经受那光和热所起的作用,因而太阳和火是被动的,人是主动的。(CCL 语料库)

跟古汉语的左向动词表现形式相似,汉语的左向动词可用原形,不需要改变施事与受事的在一般正常句式中的位置,它自身隐含的动作方向是从受事到施事,即由宾语发出到达主语自右向左进行。如:"我在晒太阳"的字面上是我晒太阳,但实际上是太阳晒我,因为温度是从太阳出发到达我身上,从宾语到主语(Agent←Patient)由右到左进行移动。而英语中的左向动词除了charge 和 owe 外,绝大部分都是右向动词。要想解决英汉对译时的矢量动词方向转换问题,可以借助介词、副词、反身代词等改变句子动作方向。笔者尝试给出"我在晒太阳"的对应英文翻译为"I'm basking myself in the sunshine"。此处不详细探究汉英对译时动词方向转换手段。

下面来看一例英语中的左向动词实例。例⑯中"charge"实际上作用于"I",是"him"欠了"I"的钱。

⑯ I *charge* him on credit.(张丹丹,2016:169)

最后我们来看一个现代汉语中左右向动词的实例。例⑰的"卖"具有两个方向的含义:一是售票员卖了属于他(指售票员自己)的两张票,二是售票员卖了两张票给他(指别人)。在英语中,笔者暂未发现左右向的动词,也就是说英语中无法用一句话来解决两个动词方向的问题,所以笔者尝试给出例⑰的翻译如下:

⑰ 售票员还往里挤卖他那两张票。(CCL 语料库)
笔者翻译:The ticket seller still squeezed in to sell his two tickets to others.
The ticket seller still squeezed in to sell two tickets to him.

综上所述,英汉动作方向都受各自语义结构的制约,表现出一定相似性及差异性。英汉在表达不同语义结构的语法结构中表征不同。石毓智(2004)在探讨英汉双宾语句式的概念化差异时指出,英汉语的动词矢量特征不一样。通过跟英语比较,他发现汉语动词在概念化时方向义往往是中性的,即动词的语义既可后指又可前指;而英语动词的动作方向性是单一的、明确的,即只能后指。这种差异集中体现了汉语以语序作为主要语法手段的"意合"特点和英语以形态变化作为主要语法手段的"形合"特点。

石毓智(2004)根据矢量方向把汉英动词进行了分类,见表 2.1。

表 2.1　矢量动词分类表

序号	分类名称	定　义	动作方向	方向标示	汉	英	例　句
1	右向矢量动词	动作由主语发出,作用于宾语	从左到右	s→o	有	有	① I **lent** him a book ② 我抓住他的袖子,再也说不出一句话来
2	左向矢量动词	动作由宾语发出,作用于主语	从右到左	s←o	有	有	③ I **borrowed** a book from him ④ 他晒了一会太阳
3	双向矢量动词	动作方向既可以从主语到宾语,也可以从宾语到主语	从左到右/从右到左	s→o/ s←o	有	无	⑤ 我借他一本书 ⑥ 我租了他一间房子

英语动词在概念化的过程中,矢量的方向是明确具体化的,而且右向动词占主导地位。如果要实现中英文中左向动词的对等,必须依靠介词(for,to)、副词(towards)、反身代词等语法手段。英语动词只有单向性(湛朝虎,2010:14)。汉语的动词矢量方向大部分也是明确向右的,但从古汉语到现代汉语,左向动词与左右向动词也存在一定的比例。可以说,英汉动词在概念化阶段对方向的处理是有所区别:英语语言必须加以确定与明确,而汉语可以不加具体化。

三、汉、英有界谓语结构

"有界结构"作为一种特殊的语言现象,存在于世界上所有自然语言之中,但不同语言中的"有界结构"却呈现出各自不同的特点,这为非母语读者的理解造成了一定的困难,因而也会影响跨语言的翻译过程。理解句子中关键的"动词"有界及无界结构对翻译、教学等都尤为重要。

有界动作在时间轴上有一个起点和一个终止点,动作的内部是异质的,具有可重复性;无界动作没有起始点和终止点,或只有起始点没有终点,动作的内部是同质的,具有伸缩性(沈家煊,1995:369)。下面主要讨论的是古代、现代汉语及现代英语中的动词有界结构现象。而英、汉语言对动作的有界化手段主要有四种:量度确定手段、有定性手段、时体手段、语用对比手段。

一般而言,量度确定手段、有定性手段反映在动词上的例子较少,一般采取时间状语、地点状语、频度等方法反映出有界结构,而语用对比手段是通过语境进而反映有界结构,亦不作考虑。本文的现代语言例句大部分集中在"时体"的手段上。

汉语中"时"的功能主要依靠时间状语实现,英语中"时"的功能主要靠改变动词的形态结构得以实现,即用曲折变化表示有界性。"体"描写的是某个动词所表征的动作或行为方式。该动作或行为可以是未发生的、正进行的,也可以是已完成的。与"时"一样,"体"也能把过程或事件限制在一定的视野中,因此也是帮助语言结构实现"有界化"的有效手段之一。现代汉语中"体"的功能主要依靠"了""过"和"着"等词汇手段加以实现。现代英语主要靠助动词帮助谓语动词实现"体"的有界化。但"了""过"和"着"等词汇手段极少存在于古汉语中,古代汉语中动词有界和无界结构的体现将通过下面三个例子进行阐述。

⑱ 吾闻之,新沐者必弹冠,新浴者必振衣。(司马迁《屈原列传》)

"有界"和"无界"在一定范围内相对而言(沈家煊,1995:372)。在例⑱中,"弹冠"和"振衣"属于无界结构。试比较"弹去冠上的灰尘"和"弹冠"两个动作。对前者而言,开始弹是动作的起始点,灰尘被弹走势动作的终止点。因此"弹去冠上的灰尘"是一个"个体"动作或"有界"动作。相反,"弹冠"这个动作没有内在的终止点,它不是一个"个体"动作或"有界"动作。

⑲ 怀王悔,追张仪,不及。(司马迁《屈原列传》)
⑳ 复之秦,竟死于秦而归葬。(司马迁《屈原列传》)
㉑ 至如以术取宰相、卿、大夫,辅翼其世主,功名俱著于《春秋》,固无可言者。(司马迁《游侠列传序》)

相似地,例⑲中"悔"也是一个无界名词,相比于"怀王十分后悔",副词"十分"通过量度确定手段,对"悔"实现有界化。而例⑳中,地点状语"于秦"居于主谓间,是最为典型的句法位置,使"死"实现有界化。例㉑表明辅助当世君主的人的功绩被写进了史书之中,"于《春秋》"为结果状语,使"著"实现有界化。笔者认为,一般而言,古汉语通过量度确定手段、有定性手段或语用对比手段进行有界结构的呈现。

接下来进行现代英汉的有界或无界结构的对比。在汉语中，"体"这一语法范畴可分为三大类，分别是完成体、经历体和进行体，主要借助"谓语成分＋体标记"的语言结构体现。例句㉒和㉓汉语完成体借助"要＋了"和"提高＋了"的语言结构表示主语已经完成动词所描写的事件；例㉔中，汉语进行体借助"走＋着"的语言结构表示主语正在进行的事件；例㉕汉语经历体借助"受＋过"的语言结构表示主语已经历了动词所描写的事件。

㉒ 北京的小吃实在不敢恭维，我要了一碗馄饨，吃了一口就皱起了眉头。（CCL 语料库）

㉓ 使他们在德、智、体、美、劳诸方面生动活泼地发展，也就提高了民族素质，包括劳动者的素质。（CCL 语料库）

㉔ 他走着走着，满腹忧患，看在心里，忧心如焚。（CCL 语料库）

㉕ 治疗者必须是受过训练的专家，尽心与病人建立治疗性的关系，试图消除心理与精神上的症状，并求得人格上的成长与成熟。（CCL 语料库）

从上述例句中我们发现：汉语体标记一般位于谓语动词之后，且"谓语成分＋体标记"的"有界"语言结构，语义往往指向主语。

与汉语不同，英语的"时"和"体"通过动词的屈折变化或助动词体现。英语过去时可通过动词过去式体现，如例㉖"ate"，现在时可通过动词现在式体现，而将来时则可通过"will"或"be going to"的语言结构来体现，如例㉗"will close"。语义指向谓语动词所描写的事件或动作。"体"手段中，英语普通体可通过动词原型体现，如例㉘"walk"表示主语所做的动作或事件处于一般状态；完成体可通过"助动词 have＋动词过去式"的语言结构体现，如例㉙"have said"表示主语所做的动作处于完成状态；而进行体则可通过"助动词 be＋动词 ing 分词"的语言结构来表示主语正在进行某个动作或事件，如例㉚。三种体态的语义均指向主语。

㉖ The family *ate* together at the table. （SKELL）

㉗ The factory *will close* in September 2014. （SKELL）

㉘ What are the first things you check when you *walk* into a hotel room？（BBC：What to check out when you check in）

㉙ However，European powers *have said* they are committed to upholding the accord.（BBC：Israel says Iran hid nuclear arms programme）

㉚ I *am experimenting* once again and again.（SKELL）

综上所述，英汉谓语结构均呈现为有界结构或无界结构，但其语法结构形态各不相同。以上的现代英汉例句均呈现了实现有界结构的手段。实际上，沈家煊（1995：370）指出，对动作形成的概念中"有界"和"无界"的对立在语法上的典型反映就是动词有"持续性"和"非持续性"之分。在此认知域内，英语中的典型的"非持续动词"如 arrive（来到）、jump（跳）、eat（吃）等有进行态，没有简单现在时。典型的"持续动词"如 resemble（像）、like（喜欢）、belong to（属于）等有简单的现在时，没有进行态。这与上述手段不相违背。例如，英语持续动词不能有进行态，汉语的持续动词不能加表示动作持续的"着"，都是因为持续动词在时间上是无界的，本身已有持续或正在进行的意思（沈家煊，2004：43）。

有关研究表明，人类习惯于使用有界的语言结构（钟书能，谢甜，2018：39）。然而，各种不同的语言建构有界语言结构的手段不尽相同，因此在语言转换中，我们必须有效处理语言之间有界结构的转换技巧或翻译技巧。

四、结语

英汉语动词的方向义概念化方式差异导致了各自语言在语法表达形式上的差异。汉语是语用表达突出的"意合"型语言，而英语是语法结构突出的"形合"型语言。汉语语义结构中，生命度和控制度的大小差别也为表达和理解语义关系提供了可靠的参照依据，因此其动词的方向义是双向的。而英语注重客观思维和个体思维，其句法中语义关系的表达有着十分严格的规定，即动词要严格遵守其及物性特征，因此其动词的方向义是较为单一性的。英汉语动词的方向义概念化方式差异势必给英汉两者语言转换带来困难，掌握各自语言的有界化手段也必定会给读者理解两种语言带来很大的便利。

英汉语类属不同的语言，各都有其不同的语法表现形式，其主要原因是各自的概念化方式存在差异。我们希望本文的研究能为翻译研究、认知语言学以及外语教学与研究带来积极的启示。

参考文献

［1］　常虹.英汉动词方向义概念化差异与翻译——以汉语意义被动句翻译为例［J］.宿州教育学院学报,2014,17(06)：170—171+179.

［2］　沈家煊.“有界”与“无界”［J］.中国语文,1995(5)：367—380.

［3］　沈家煊.再谈“有界”与“无界”［M］//语言学论丛(第三十辑),北京：商务印书馆,2004：43.

［4］　石毓智.汉英双宾结构差别的概念化原因［J］.外语教学与研究,2004,36(2)：83—89+161.

［5］　石毓智.语法的概念基础［M］.上海：上海教育出版社,2004.

［6］　吴楚才.古文观止通鉴［M］.北京：华夏出版社,2010.

［7］　延芳.英汉双宾动词对比分析［J］.文史博览(理论),2013(9)：23—24.

［8］　阴法鲁.古文观止译注［M］.长春：吉林人民出版社,1981.

［9］　湛朝虎.英汉双宾句式的认知对比研究［D］.复旦大学,2010：14.

［10］　张丹丹.英汉动词的矢量方向及其消除手段初探［J］.科教文汇(下旬刊),2016(33)：169—170.

［11］　钟书能,谢甜.英语有界谓语结构的翻译技巧研究［J］.外语教育研究,2018(04)：39—45.

［12］　Croft W & A D Cruse. Cognitive Linguistics［M］. Cambridge：Cambridge University Press,2004.

［13］　Goldberg A E. Constructions：A Construction Grammar Approach to Argument Structure［M］. Chicago：University of Chicago Press,1995.

［14］　Langacker R W. Grammar and Conceptualization［M］. Berlin & New York：Walter de Gruyter,1999.

作者简介：梁嘉仪,华南理工大学。

卫三畏《英华韵府撮要》探析

◎ 李星星

摘 要：《英华韵府撮要》是美国最早来华传教士卫三畏于 1856 年出版发行的一部汉英双语方言词典，旨在帮助来华西方人特别是传教士更便捷地学习粤语发音。独创的注音体系、便捷的检索方式、释义内容的详尽全面，使之成为当时学习者学习粤方言的全面指南，也为研究粤方言及现代方言学提供了珍贵的材料。

关键词：卫三畏；《汉英韵府撮要》；粤词典

在晚清的中美文化交流中，卫三畏（Samuel Wells Williams，又名卫廉士，1812—1884)是继裨治文（Elijah Coleman Bridgman，1801—1861）、雅裨理（David Abeel，1804—1846）之后第三位美国来华新教传教士。在致力于传教过程中，深刻意识到掌握汉语这一媒介的必要性，他认为"无论是商人、旅行者、语言学者，还是传教士，都应该学习汉语，如果他们的工作使他们来中国的话"（转引自顾钧，2012：43)。伴随着社会性质的巨变（半殖民地半封建），中国由闭关锁国逐步被迫向西方敞开大门，西方来华者涌入国内。为满足当时来华人士对汉语学习资源的需求，卫三畏先后编写了汉语学习教材《拾级大成》、两部官话词典《汉英韵府历阶》《汉英韵府》和一部方言词典《英华韵府撮要》。在涉及卫三畏词典研究文献中，他的方言词典《撮要》很少被人涉及，然而在美国汉学研究中，其作为汉学成就偶尔被较为详细地论述。本文尝试从词典学的角度出发，详细评论《英华韵府撮要》的内容、特点、不足以及影响，关注它对现代方言学研究的重要意义。

一、卫三畏的生平及著作

卫三畏生于美国纽约州尤蒂卡市,是 19 世纪美国最早来华新教传教士之一,在华生活四十余年,身份多样,汉学成就显著,是被人称为集传教士、外交家与汉学家于一体的传奇人物。他是美国历史上第一位汉学教授,也被誉为美国汉学之父,在早期的中美文化交流史上留下了浓墨重彩的一笔。

1833 年,受美部会委派(其父威廉·威廉斯推荐),卫三畏乘"马礼逊号"来到中国广州,负责主管印刷事务并进行传教工作。随后一直参与《中国丛报》的印刷与编辑,直至 1851 年停刊。后又担任北京领事馆秘书兼翻译一职,陪同使团于上海、日本、天津等地,积极参与美国远东外交活动。曾九次代理美国驻华公使,参与中美条约(《望厦条约》《天津条约》)的签订以及相关条令的制定,作为传教士外交家的他,亦是早期中美关系史的一个缩影。1876 年,回国后曾担任耶鲁学院首位汉学教授以及美国东方学会会长职务,直至 1884 年去世。在华四十余年,他的汉学著作研究颇丰,既包括汉语学习教材与词典,又涉猎中国政治、经济、历史、地理等诸多领域的书籍,还有晚年对中国时事的评述。著作主要有《拾级大成》(*Easy Lessons in Chinese*,1842)、《中国地志》(*Chinese Topography，Being an Alphabetical List of the Provinces，Departments and Districts in the Chinese Empire with Their Latitudes and longitueds*,1844)、《英华韵府历阶》(*An English and Chinese Vocabulary，in the Court Dialect*,1844)、《英华分韵撮要》(*A Tonic Dictionary of the Chinese Language in the Canton Dialect*,1856)、《中国总论》(*The Middle Kingdom*,1848)、《中国商务指南》(*The Chinese Commercial Guide*,1863)、《汉英韵府》(*A Syllabic Dictionary of the Chinese Language*,1874)等。

二、《英华韵府撮要》成书背景

19 世纪初,鸦片战争爆发,中英《南京条约》、中美《望厦条约》的签订为西方传教士来华开辟了一条便利之路,使之无须像早期来华传教士马礼逊,来华不易,在华生活也困难重重,需隐匿身份,偷偷学习汉语,艰难传教。此后,广州等通商口岸开放,大量西方传教士及商人涌入,多以广州为传教据点。语言是传教的基础和导向，所以，粤语首先成为传教士们了解汉语的一把钥匙。最初，马礼逊（Robert Morrison，1782—1834），是最早来华传教士，1828 年出版的《广东省土话词汇》（*A Vocabulary of the Canton Dialect：Chinese Words and Phrases*，1828），是西方传教士所编的首部粤语方言词典，为在华西方人学习粤语提供了工具。1841 年，《中国丛报》主编裨治文出版的《广东方言中文文选》（*A Chinese Chrestomathy in the Canton Dialect*，1841）、1855 年湛约翰（John Chalmers，1825—1899）出版的韵部排序法《初学粤音切要》（*A Chinese Phonetic Vocabulary*，1855），还有卫三畏 1842 年出版粤语教材《拾级大成》（*Easy lessons in Chinese*），均是《撮要》出版前的相关粤语学习资料。此时，国门被迫开放，"禁教"法令遭废除，中国人士可教西人，西人可购买中文书籍，种种有利条件，使得来华者日益剧增，或为传教，或为经商，或为外交，汉语学习需求更为强烈。相对于此次汉语的学习小高潮，可供学习的资源却十分匮乏，前两部词典由于时间间隔，或绝版，或十分昂贵，因此，旨在编纂为更便携、实用的《英华韵府撮要》应势而生。卫三畏参考当时流行大型词典如马礼逊《华英词典》（*A Dictionary of the Chinese Language*，1822）（收字数量 4 万）以及只选常用字的中型词典如《小德金》（*Chretien Louis Josephde Guignes*，1759—1845）、《汉法拉丁文字典》（*Dictionnaire Chinois，Francaisetlatin*，1813）（收字数量 1 万左右），考虑到来华西方人人群类型的需要，即更迫切掌握常用字及了解中国文化基本常识并进行日常交流，便以易携带、检索便捷、精简等为目标，选择收取了 7 850 个常用字作为词目。较先前的粤方言词典来说，简捷实用是该词典的一大特色。

　　实际上，卫三畏起初并未打算编写一本词典，而只计划编写一本广东方言词汇对照小册子。编写到约四分之一时，他意识到完整的词典更利于学习者的学习，便改变初衷，决定编写一本完整词典。词典主要依据 1782 年中国学者温岐石和虞学圃编写的《江湖尺牍分韵撮要合集》，该书是现存最早的记载清初粤语语音的韵书，以此确定广州方言标准发音。其参照马礼逊等人此前的方言词典的拼音系统，但未直接套用，而是选用自己创制的拼音法（当时传教士设计拼音法各不相同，试图创制一个统一注音系统，提高学习者学习效率），并制作广州方言拼音表，指导学习与查阅。经过六年多的时间，汲取前人经验，在作者自身努力和中籍学者的帮助下，1856 年，《英华韵府撮要》在广州中和行印刷所出版。

三、《英华韵府撮要》特点与不足

(一)《英华韵府撮要》的特点

《英华韵府撮要》是一本专门记录粤方言的汉英字典。全书 874 页,收录 7 850 个汉字,由序言、介绍、正文、附录四部分组成。序言介绍了编纂宗旨、原因、困难以及收词范围。介绍主要包括三部分,第一部分说明了语音系统,词典主要参照《江湖尺牍分韵撮要合集》,以此定为粤方言发音标准,并列出独创的广州方言拼音表;第二部分主要针对汉语难点,介绍了汉语的声调以及声调学习的方法,以及广州方言的八声即上平、上声、上去、上入、下平、下上、下去、下入;最后简单论述了编写计划,即词典的编纂体例。附录主要由补充修正、百家姓注音表、复姓注音表、《康熙字典》214 部首读音和释义以及汉字部首索引表构成。附录体现了中文的姓氏文化,以字母排序的检索方式为主,正文后辅以部首检索,使得信息查阅更便捷,增强了词典的实用性。

正文部分分两栏,以单个汉字作为词目,标注声调,以汉字注音首字母顺序排列,汉字下标粤语罗马字注音,其右侧集中解释该字字义,随后紧跟由该语素组成的词语和释义,只给出注音,无对应的汉字形式。如图 3-1 所示。作为词典的核心内容,主要有以下六个特点。

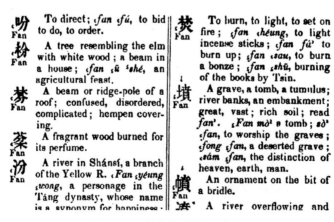

图 3-1 《英华韵府撮要》内页

第一,词典为中文词目提供的英文对应词通常是多个同义词或近义词,并指出了词与词在意义上的细微差别以及词义的变化。对于多义词,含义为同义的用逗号隔开,含义有所区别的用分号隔开。如"除 Steps to a palace; a vestibule; to exclude, to remove; to deduct, to subtract; to except from; to cure; to exchange; to vacate; to divide; besides, exclusive of;" "落 The fall of the leaf or of rain; to scatter about; to fall, to tumble off, to let fall, to fall into; to descend, to gather at, to come down to; to lay a thing down; to put into, to enter, as an item in an account; the place to which one falls, one's gathering place; settled, fixed, arranged;"。同时,释义并不是简单地提供单个英文对应词,而是力求找到英文中的对应词义。

第二,中文词目与被释义词词性保持一致,对于汉语的兼类词,名词采取"a/an/the+ 对应词或对应词的复数或原型(本身为不可数名词)"形式,动词采取"to+对应词"形式,形容词直接对应词的原型形式,如"乐 Pleasure, joy, happiness, ease, gratulation; to rejoice in, to delight in, to take pleasure in, to esteem a pleasure;""侣 A colleague, a companion, a fellow; to associate with, to accompany;"。此外,词条的不同释义通过分类呈现,如"侣"释义,前半部是名词,后半部分是动词。

第三,词条释义内容详尽,力求完整和准确,特别是涉及历史、法律、诗歌、医药、地理与自然科学等相关的词汇,相比前人著作更详尽全面。以马礼逊、麦都思、卫三畏词典中的一个条目来说明,如"瑜"字:

> 瑜 A certain stone. A man's name. (《五车韵府》1041 页)
>
> 瑜 A beautiful gem, a precious stone. 瑕不遮瑜,a slight flaw does not spoil the gem. (《福建方言词典》284 页)
>
> 瑜 Lustre of gems; a beautiful stone; excellencies, good qualities; kan ü(瑾瑜) a fine gem; ü ha (瑜瑕) are opposites—virtues, defects. (《英华韵府撮要》639 页)

《撮要》,不仅解释了"瑜"的本义(宝石,美丽的石头),同时给出了引申义或象征义(优秀品质),还进行了反义对比,释义内容更加详尽全面。

第四,对于异体字、古今字的处理,词典选择了将最常见或通用的俗写字形与标准字并列为一个词目,统一释义,其遵循了马礼逊《五车韵府》的处理方式,如"吟—唫""陨—碩""一—壹、弌""和—咊、龢"。

第五,对于多义词的词目,释义中大多按照词义发展的脉络排列,如本义、基本义、引申义、比喻义等。本义、基本义常常放在前面,后为对一些意义进行归并与扩展从而总结出的准确义项词。例如,"流 The flowing of water(水流);to pass alone,to go from one place to another(漂泊);to circulate,as news (传播);to spread,to diffuse itself (流传);to descend in life,to cast off restraint(放肆);to get into(参与)"。

第六,在词典编排上,一页两栏,词典页眉处印有该页出现的所有汉字词目的拉丁字母,正文按汉字注音首字母和声调顺序排列,字母下分别按平上去入(上平、下平、上上、下上、上去、下去、上入、下入)的声调顺序排列,汉字上标声调下标注音。页面版式美观独特,排版新颖,现今双语词典的编排形式与其颇为相似。书末附汉字部首索引,兼具字音和字形两种检索系统,检索查阅更便利、快捷。

(二)《英华韵府撮要》的不足

尽管《撮要》在收词释义方面较之前同类方言词典有了很大的提高,但仍然存在着一些不足之处。

第一,词目后释义中所含有该语素的词语或短语,都是以拼音形式呈现,缺乏汉字形式。虽说节约了篇幅,但若想识得词语形式,颇有难度。汉字多存在"一音多字"的现象,只给出拼音,会陷入"知音不知字"的尴尬。初学汉语者若想知汉字形式,需再次对照拼音,再检索,需花费大量时间,若想习得汉语词语书写形式,则更具难度。例如,"po"音共对应"布、佈、拊、怖、报、步、簿"七个同音汉字,若探"lo po(露~)"的书写,选对正确汉字,可观其难度,省略汉字,此做法是节约篇幅,但减弱了识认词语方面的实用性。

第二,在词语或短语的收录及排序上,词典没有按照首字头收录和排列,显得有些无序。如在词目"露"下面有复词如"lo tin(露天),lo shui(露水),pai lo(披露),lo chi (露齿),m lo min(不露面),tsong tan lo mi (藏头露尾),fa lo shui(花露水),lo po(露布),lo ying(露营),ta ham lo (打喊露)[①]","露"的位置不固定,有时在开头,有时在中间,有时在结尾。

第三,有些释义里包含了没有被词典作为主词目或内词目所收录的词,尤其是某些注音词在词典中查阅不到。比如"露"字条目的"lo chut machau""打"字条目的"ta sun tsin ngan"等。

---

① 括号汉字为笔者所添加(325)。

四、《英华韵府撮要》的意义

《英华韵府撮要》,成为 19 世纪中期广州来华者学习粤方言的全面指南,也标志着传教士对广州方言的研究迈出了关键一步(孔陈焱,2006:103)。其独创的粤方言的注音体系,音序索引为主、部首索引为辅的检索方式,在编排体例、选词立目上颇具新颖的特点,为后人设计双语词典奠定了基础。欧德理(Ernest John Eitel,1838—1908)认为这部词典在用字、标音、正字法等方面"为将来的粤方言词典学家奠定了坚实的基础"(1910:vii)。湛约翰(John Chalmers,1825—1899)出版的《英粤字典》(*An English and Cantonese Pocket-Dictionary*,1859)和欧德理出版的《粤语方言词典》(*A Chinese Dictionary in the Cantonese Dialect*)的方言注音字母表都是参照该词典的注音系统后加以修订而成的,而且欧德理还吸收了《撮要》的词汇。此外,其又被后世当作研究广州方言最为重要、贡献最多的三本词典之一。① "《撮要》首次全面记录了广州话的文白系统,首次完整记录了广州话的方言词。"(罗言发,2017:348)词典所保存的粤语方言中的古音、词汇,不仅为研究粤方言的演变提供了极其珍贵的参考资料,也为现代方言学提供了有效材料。

参考文献

[1] 高永伟. 卢公明和他的《英华萃林韵府》[J]. 辞书研究,2012(06):71—78.

[2] 顾钧. 卫三畏与美国早期汉学[M]. 北京:外语教学与研究出版社,2009.

[3] 顾钧. 鸦片战争以前来华美国人的汉语学习[J]. 江苏大学学报(社会科学版),2012,14(04):41—44.

[4] 孔陈焱. 卫三畏与美国早期汉学的发端[D],浙江大学,2006:49.

[5] 李伟芳. 中国早期汉英词典的编纂与发行[J]. 出版发行研究,2013(03):105—107.

[6] 罗言发. 广州话两百年来的语音变化节点[J]. 励耘语言学刊,2017(02):347—357.

[7] 谭树林. 卫三畏与中美文化交流[J]. 齐鲁学刊,1998,(6):3—5.

[8] 卫斐列. 卫三畏生平及书信 一位美国来华传教士的心路历程[M]. 顾钧,江莉,译. 桂林:广西师范大学出版社,2004.

[9] 元青. 晚清汉英、英汉双语词典编纂出版的兴起与发展[J]. 近代史研究,2013(01):

---

① 另外两本分别为马礼逊(Robert Morrison,1782—1834)《广东省土话字汇》(*A Vocabulary of the Canton Dialect*)、欧德理(Ernest John Eitel,1838—1908)的《粤语方言词典》(*A Chinese Dictionary in the Cantonese Dialect*)。

94—106.

[10] Eitel，Ernest John. A Chinese Dictionary in the Cantonese Dialect[M]. London：Trübner and Co，1877.

[11] Robert Morrison. A Dictionary of the Chinese Language 华英字典[M]. 东印度公司印刷所，1815.

[12] Samuel Well Williams. A Tonic Dictionary of the Chinese Language in the Canton Dialect 英华分韵撮要[M]. 羊城中和行梓行，1856.

[13] Walter Henry Medhurst A Dictionary of the Hok-Këèn Dialect of the Chinese Language 福建方言词典[M]. 东印度公司印刷所，1832.

作者简介：李星星，上海大学国际教育学院。

新 HSK 大纲中饮食相关类词汇的文化意义及其动态考察

◎ 潘轶凡

摘　要：本文在词汇语义学、文化语义学、汉语语用学等理论的指导下对从新 HSK 词汇大纲中选取出的 40 个饮食相关类词语的相对静态的文化意义进行分析，将它们所具备的文化意义分成了基本义本身带有文化色彩、成语文化义、组合文化义、引申文化义和流行文化义五大类，并探讨了文化对于词义的不同影响。另外，本文还对文化意义在实际语用中的动态分布情况和作用进行研究，将文化意义按照在具体语境中的分布情况分成了全部体现、未体现、较多体现和较少体现这四大类并讨论背后的影响因素。通过研究可发现，文化意义在动态语用中的分布结果受到多方面的影响，主要与文化意义的类别、文化意义与本义的关系、词义的演变等有关，另外也受到言语社团、语体风格、社会变迁等因素的影响。而文化意义在具体语用中的作用，则具体表现为使词语在语用中产生了新的搭配、帮助实现文本的语义价值、使语用表达更简练等。可见文化意义与动态语用的关系是相互作用、相互影响的。

关键词：新 HSK 词汇大纲；饮食相关类词汇；文化意义；语用

一、研究问题的提出

饮食相关类词汇语义中处于相对附属地位的文化意义是一种特殊的语言现象，它们在特定的文化背景下产生，并且在长期的使用过程中渗透了具有民族和时代特征的普遍价值观念和思维方式，由此在不同的语境中产生了不同类型的文化意义,进而发展出了许多新的语用形式,也扩大了义位的含义和使用范围。对于词汇文化意义的理解必须建立在与特定的社会文化背景直接或间接的联系上。

目前研究大多集中于对饮食相关类词汇的一些相对静态、规约化的文化意义进行列举并分析。例如常敬宇(1995)在《汉语词汇文化》中介绍了汉菜烹调与名称,并分析了与"吃""食味"等方面相关的词语及其文化含义;杨德峰(2012)的《汉语与文化交际》也从食物、味道和感觉、烹调方式、食物的生熟、跟"吃"有关的动作、跟"吃"有关的工具等几个方面来探讨饮食和文化的关系等。可见,目前的研究成果并不够充分,因此本文在前人的研究基础上,主要从新HSK词汇大纲中的饮食相关类词汇入手,以相关语料为依据,分析饮食相关类词汇的文化意义,并结合语境分析具体言语中其语义语用的动态变化。

本文的研究问题是:新HSK词汇大纲中哪些饮食相关类词汇含有文化意义? 这些文化意义分别是什么? 当这些词语处于不同的现代汉语语境中时,其语义语用情况又会发生哪些动态变化? 本文将基于词汇语义学、文化语义学、汉语语用学等理论来回答以上问题。

本文的主要研究对象为含有文化意义的饮食相关类词汇。

本文中的饮食相关类词语来自新HSK词汇大纲。关于饮食相关类词语文化意义的动态研究语料主要来自CCL语料库。但是由于语料库中词语的分类与新鲜度以及等距抽样方式等方面的局限,整理结果并不全面,因此本文还对《现代汉语词典(第7版)》进行了参考,并对微博等网络平台中的最新语料进行了筛选,提取出最新的文化意义,以便补充。

二、新HSK大纲中饮食相关类词汇的文化意义及其分类分析

(一)饮食相关类词汇的提取

本文所界定的"饮食相关类词汇"是以《现代汉语词典(第7版)》中"饮食"的义项为参考的:"名:(1)吃的和喝的东西;(2)指吃东西和喝东西。"据此选取了新HSK词汇大纲中与"饮食"相关的128个词语,并根据它们常用的基本义分成了饮食种类(61个)、对饮食的描述(16个)及饮食相关的器皿(5个)、烹饪方式(5个)、工具(4个)、动作(9个)、地点场合(5个)、人体感受(5个)、人体器官(3个)、成语(4个)以及其他(11个)十一类。其中饮食种类又细分

为饮食类统称词(18 个)、饮品类(8 个)、食物类(15 个)、粮食作物(4 个)、经济作物(1 个)、蔬菜水果(10 个)以及烹饪调料(5 个)七小类,对饮食的描述细分为对饮食味觉的描述(8 个)和对饮食口感的描述(8 个)两小类。

这些饮食相关类词语都是日常生活用语中的高频词,其意义范围、词性、结构类型等情况也多样复杂。但不是所有饮食相关类词语都具备文化意义,因此有必要对这 128 个饮食相关类词语进行再提取,并具体分析其中含有文化意义的词语。

(二)含有文化意义的饮食相关类词汇的提取

本文论述所谈及的"文化"具体指"中华民族文化",从广义的角度来说,也就是与中国各民族密切相关的物质文化、行为文化、制度文化与观念文化。本文综合了诸家学者对于词汇文化意义的界定,并结合实际研究情况,将本文中"文化意义"的概念定义为:词语在独特的社会背景发展下所获得的具有中华文化色彩的意义。凡是具备该类文化意义的词语,在本研究中都会被提取并具体分析。本文对于词语文化意义的分析是从共时的角度进行的,且仅分析现代汉语范围中常用的文化意义。

本文将之前提取出的 128 个饮食相关类词汇分别在语料库中进行搜索并从结果中进行语料的等距抽样(每个词语抽取 200 条,并根据搜索出词条总数的具体情况进行适当调整),根据抽样语料初步判定该词是否具备以基本义为核心的文化意义(临时义、方言义、生僻义等非常用义除外),如有,再进一步分析文化意义的具体内涵。最后共提取出 40 个含有文化意义的饮食相关类词汇,具体提取整理结果见表 2.1。

表 2.1　新 HSK 词汇大纲中含有文化意义的饮食相关类词汇

	饮食类统称词	菜
饮食种类 (10)	食物类	饺子、烤鸭、包子、豆腐、馒头
	蔬菜水果	苹果、桃
	烹饪调料	醋、酱油
对饮食的描述 (8)	对饮食味觉的描述	甜、苦、辣、酸
	对饮食嗅觉的描述	香、臭
	对饮食口感的描述	烫、油腻

续　表

饮食器皿(1)	碗
饮食烹饪方式(3)	炒、熬、煎
饮食相关的工具(1)	筷子
饮食相关的动作(5)	吃、喝、尝、咀嚼、品尝
饮食相关的人体感受(3)	饱、渴、醉
饮食相关的成语(4)	废寝忘食、津津有味、苦尽甘来、狼吞虎咽
其他(5)	味道、口味、胃口、滋味、营养

（三）饮食相关类词汇的文化意义分析

由于所涉及的文化意义特点各有不同,因此对文化意义的分类标准也是多元的,主要从文化意义与基本义的关系、词语形式、文化意义产生方式等方面大致将其分成了特征鲜明的五类,具体如下:

1. 基本义本身带有文化色彩

这类词一般为中国特有的概念或事物,并带有强烈的民族或地域文化色彩,是民族或国家独特的文化负荷,也被称为文化负载词。随着中华美食文化的传播和发扬,这些词所代表的事物也开始为世界人民所了解和喜爱,但是其起源和发展在中华的饮食文化中都是有迹可循的。这些词在大纲中具体表现为中华传统特色美食和饮食器具,如"饺子""馒头""包子""烤鸭"和"筷子"。

2. 成语文化义

成语是一种已定型、相沿习用至今的熟语类型,本身就代表了中国传统语言文化的特色。许多成语的意义背后还蕴含着古代传说和历史典故。在理解成语时,往往要结合这些文化背景,从整体上理解背后的实际含义,而不是单纯将表面构成成分的意义简单相加。因此本文将成语文化义单独作为一类特殊的文化意义进行分析。新 HSK 词汇大纲中与饮食相关的成语一共有四个,分别为"废寝忘食""津津有味""苦尽甘来"和"狼吞虎咽"。

3. 组合文化义

一些词语的基本义在独立使用时是用来表达食物相关的,但是也可以依靠一定的语境标记,并在与其他语素或词组成一些固定词或短语的过程中,生成汉语中独特的文化意义,产生新的语言价值。这类文化意义最大的特点就是只固定于少量个别词或短语中,并且常常会通过"语义溢出"(张志毅、张庆云,2012：58)使整体组合或其他构成单位带上不同的感情或语体色彩。如"豆腐"的组合文化义只体现在"豆腐渣工程"和"吃豆腐"中,可见组合文化义的用法范围一般并不广泛,单用该词时往往无法显现,而应当从语块的角度去理解把握整体意义。

本文所整理出的含有这类文化意义的组合有"豆腐渣工程""吃豆腐""桃花运""桃色""桃李""桃(花)源""吃香""饭碗""炒作""煎熬""百苦交煎""喝西北风""喝墨水""中饱"。

4. 引申文化义

一些饮食相关类词汇由于其本身的特点,加之通过人们的联想等方式,会在其处于中心地位的基本义的基础上推演发展出新的、可用于其他领域的文化意义。这些意义广泛流通于现代汉语的语境中并且大多已经作为固定的义项出现在词典中。具备引申文化意义的多为单纯词,在认知心理和交际中的使用频率很高,不仅单用时可体现该类意义,构词的能力也很强。但是,一旦离开了基本义的依托和背景义,其表情达意的功能不再存在。具备这一类意义的词最多,占据了本文中所有含文化意义的词语数量的半数以上,分为以下几类:

(1)烹饪调料类词语。如"醋"的引申意义"嫉妒",多用于男女关系,且随着该义的使用频率越来越高,为了避免歧义,"吃醋"一词开始出现词义转移的趋势。

(2)味觉类和嗅觉类词语。大部分表饮食味觉的词如"甜""苦""辣""酸"和表嗅觉的词如"香""臭"等,"由于通感的作用……通过人的心理感知,往往可引起人们对客观事物的联想"(常敬宇,1995：161),因而具备了丰富的引申文化意义。如"苦"常常与痛苦难受的人生体验相联系,构词能力很强,语法功能也很多样:有用作副词的"耐心地、尽力地"之意,如"苦等"等;有用作形容词的"难受、痛苦"之意,如"艰苦"等;有用作动词的"苦了他了"以及名词的"吃苦"等。"苦涩"也从原来的形容味道,引申为用来形容人内心痛苦。

(3)口感类词语。如"烫",在基本义的特点上自然也引申出"比喻事情难办或难以处理"的意思,如"烫手""烫嘴""滚烫"等词衍生出了"热烈的、给予人情感上强烈的刺激"的意思,如"烫嘴的话题""滚烫的数字""烫人的字眼"等。

(4)烹饪方式类词语。如"炒"和"熬",分别从基本义中提取出了相似的语义特征,并引申出"频繁地买进卖出,制造声势,从中牟利""解雇"和"忍受(身体的疼痛或生活的艰苦等)"的文化意义。

（5）饮食动作类词语。"吃""喝""品尝""咀嚼"，其中"吃"的引申文化义最多，有"依靠某种事物来生活或做事""承受、禁受、挨""经受某种遭遇或境况""吸收（液体）""消灭（多用于军事、棋戏）"等意。

（6）身体感受类词语。在引申的作用下，其义域也得到了扩大，不再单纯地局限于饮食领域中，如"渴"引申出了"迫切地"之义，如"渴望"等，"饱"引申出了"足足地、充分"与"满足"之义，如"饱受"等，"醉"引申出对除酒以外其他事物的"沉迷、过分爱好"，如"醉心"等。

（7）其他。还有许多词的词义也从饮食领域引申到了其他方面，如"味道""口味""胃口""滋味""营养"。

5. 流行文化义

词汇具备快速而直接地反映社会生活发展的能力，词汇的语义系统也处于不断的更新变化中。这种变化使得词语的义项具备了时间属性，并且有着不同的时代特征和类别。因此便产生了带有一种时域性的文化意义，其中流行的、新的文化意义就属于其中的一类。因此许多饮食相关类词语除了保持其本义，还在口语和网络语境中衍生出了流行的新文化意义，或是直接浓缩成一些热门社会现象或风潮的代名词。这类意义有的也可兼属于上述其他四类义，但其最大的特征是"具有新鲜感、进入词汇系统不久、已被许多人公认的，或其所指新，或其表达法新"（张志毅，2012：47），且充满强烈的口语性、趣味性和调侃性，因此被归于流行文化义一类中。

词义所指为新现象或新事物的词有以下几个：

"菜"："菜"的一个口语流行用法现已被《现代汉语词典（第7版）》收录，意为"质量低；水平低；能力差"，"菜鸟"也用来指"初学者、新手"或是"在某些方面技能低下的人"。"菜"还可用来表示某人喜欢的人或事物是某种类型的，如"……是我的菜"。

"包子"："包子"变成了网络论坛中的流行词语，用来借代指"忍气吞声，窝囊，活该被欺负也不会还手的人"，也可以活用为形容词，如"性格很包子"等。

"苹果"："苹果"在中国近年来的圣诞节中被包装成相互馈赠的礼物，人们利用"苹"和"平"的同音关系，将苹果变成祝福的象征，并称其为"平安果"。

"油腻"："油腻"则在2017年的某篇微博热文中被首次用来形容某些油腔滑调、世故圆滑、不修边幅、没有真正的才学能力却又喜欢吹嘘的中年人。在人们的强烈共鸣中，"油腻"获得了新兴的引申义，在日常语境中也被广泛运用,其义域也在不断扩大中。

而表达方式更新的词则有以下几个,如"打酱油""傻白甜""辣眼睛"等。这些组合方式中的饮食相关词语"酱油""甜""辣",都在此组合语境中获得了新的内涵。它们既是流行文化义,同时也兼属于组合文化意义。这些流行文化义都应该在恰当的时代语境和情景语境中使用。

以上就是本文着重从静态的语义学角度和共时层面所总结分析的新 HSK 词汇大纲中饮食相关类词语所具备的五大类文化意义。其中的流行文化意义,大部分都还未被词典收录,使用率和流通范围等也还没有稳定,还处于一个不断变化的、由动态向静态趋近的发展过程中,因此相比其他几类已经定型的文化意义,流行文化意义只能说是相对静态的,其今后的语义发展和使用情况还有待时间的检验。

三、新 HSK 大纲中饮食相关类词汇文化意义的动态语义语用分析

在具体的语言交际和话语篇章中,词义会受到特定语境的影响与制约,有些文化意义需要依靠特定语境的标记才能显现,而不同词语因其自身特质不同,在语境中呈现的文化义的出现频率和分布情况也各有不同;另外,文化义的使用在这些具体语境的表达效果中,也起到了重要的作用。因此,文化义和语境的关系可谓是互为表里、相互影响。接下来就具体从动态的语用学研究角度来进行分析。

(一)饮食相关类词汇的文化意义在 CCL 语料库中的呈现情况

本文根据等距抽样的结果,最终整理出如下表格,呈现了抽取结果中含有文化意义的总词条数、所占比例以及具体用例中呈现的词语三个方面,具体见表 3.1。

表 3.1　新 HSK 词汇大纲中饮食相关类词汇的文化意义在
CCL 语料库中的具体呈现

词　语	含有文化意义的用例数(条)	所占比例(%)	具体用例中呈现的词语
菜	0	0	
饺子	200	100	饺子

续　表

词　语	含有文化意义的用例数(条)	所占比例(％)	具体用例中呈现的词语
烤鸭	200	100	烤鸭
包子	200	100	包子
豆腐	0	0	
馒头	200	100	
苹果	0	0	
桃	8	4	桃色、桃花源/园
醋	0	0	
酱油	0	0	
甜	14	7	甜蜜、甜/甜头
苦	197	98.5	苦、吃苦、苦役、艰苦、苦根、痛苦、苦恼、受苦、苦涩、苦难、辛苦、苦劳、苦练、诉苦、苦乐不均、苦果、挖苦、忆苦思甜、刻苦、苦难、苦力、愁苦、孤苦、苦头、愁眉苦脸、苦笑、凄风苦雨、苦等、清苦、苦行僧、穷苦、贫苦、劳苦、苦口婆心、苦楚、煞费苦心、苦差、何苦、良苦用心
辣	0	0	
酸	0	0	
香	0	0	
臭	19	9.5	臭、臭骂、臭美、臭名昭著、遗臭万年
烫	15	7.5	滚烫、烫手、烫嘴、烫人、被烫
油腻	0	0	
碗	2	1	饭碗
炒	0	0	
熬	72	36	熬、煎熬、熬夜
煎	17	8.5	煎熬、熬煎、百苦交煎、众苦交煎
筷子	200	100	筷子
吃	40	20	吃、吃亏、吃透、吃紧、通吃、吃苦、吃惊、吃不消、吃进、吃功夫
喝	0	0	
尝	120	60	尝、尝试、艰苦备尝、饱尝、浅尝辄止

续　表

词　语	含有文化意义的用例数(条)	所占比例(%)	具体用例中呈现的词语
咀嚼	98	49	咀嚼
品尝	30	15	品尝
饱	99	49.5	饱览、饱学之士、饱受、饱尝、饱满、饱含、中饱、饱和、饱经、饱蘸
渴	67	33.5	渴望、渴求、渴诚、饥渴、渴慕
醉	32	16	醉心、沉醉、心醉、陶醉
废寝忘食	200	100	废寝忘食
津津有味	145	72.5	津津有味
苦尽甘来	97	100	苦尽甘来
狼吞虎咽	3	1.5	狼吞虎咽
味道	32	16	味道
口味	23	11.5	口味
胃口	119	59.5	胃口
滋味	129	64.5	滋味
营养	0	0	营养

（二）饮食相关类词汇的文化意义在 CCL 语料库中的呈现情况分析

需要说明的是，词语文化意义在 CCL 语料库中的分布呈现结果并不完全可以投射到所有的语用环境中。因为该结果除了与词语自身语义特质相关，还受到了语料库以及抽取过程的影响。因此依据该统计结果所做出的关于文化意义动态语用层面的分析只是尽可能地涵盖其分布特点并分析出背后的原因。

1. 抽取语料中全部体现文化意义的词语

在抽取结果中，词语体现文化意义的语料数占全部语料（200 条）比例为 100% 的有 7 个，可以理解为它们的意义基本不受语境的影响，也就是在实际语境中，它们所呈现的意义基本都是文化意义，一般不会因为其他组成语境的要素而改变。

在基本义本身带有文化色彩的五个词语中，除了"包子"在近些年获得了新兴的流行义，其余四个都是单义词，因此语境对于语义的选择也很单一，即在灵活多变的语境中都呈现相同的文化意义。而成语由于其结构定型化、意义凝固化等特点，其本身存在就体现了中国传统语言文化的特点。其中"废寝忘食"和"苦尽甘来"的意义也是单一且独立的，因此这类暂时没有引申出其他意义和用法的成语在语义上也几乎不受语境的制约。

2. 抽取语料中未体现文化意义的词语

统计结果中的另外一个极端是词语在所抽取的全部200条语料中都没有体现出文化意义，而这样的词语总共有12个。这种情况产生的原因相对来说就比较复杂。第一，语料库内容相对陈旧，近年来许多流行文化义在语料库中并没有收录，自然在语料抽取的结果中也不会体现。第二，能够体现组合文化义的固定短语组合数量较少，仅有"吃豆腐""吃醋""喝西北风""喝墨水"等少数几个。而由于等距抽取的结果很可能都集中在同一文本（如某菜谱）中，因此便没有体现它们的文化意义。值得注意的是，以上三个词的意义虽然同属组合文化义，当它们作为惯用语时都倾向于从整体语块上来理解意义，且这种组合文化义已经不再与饮食现象有关。由于它们所处的词汇发展阶段不同，"吃豆腐"和"吃醋"的本义依旧可以从逐个词义的相加来理解，表示饮食动作，因此在理解时如若语境不明，容易产生歧义；而对"喝西北风"和"喝墨水"则不能进行拆分理解，因为拆分后语义与现实世界的正常逻辑相冲突，因此理解意义时较少受到语境的制约，除非是在一些特定的需要表达荒谬、夸张意味的艺术作品中。第三，"辣""酸""香""炒"和"营养"等词，由于它们置于不同的具体语境中时，基本义还是占据了中心位置，而引申文化义虽然也被广为使用但是依旧处于次要的语义位置。

3. 抽取语料中较多体现词语的文化意义

"苦""尝""津津有味""胃口""滋味"这五个词在抽取语料中体现出文化意义的数量比例都超过了50％，其原因也各不相同。

其中，"苦"的文化意义在抽取语料中的分布比例高达98.5％，可见已经得到了相当广泛的运用。从表3.1中可知，"苦"作为语素时的构词能力也可以说是本文所研究的所有词语中最强的。"苦"这种味觉感受，在通感的作用下，与人心里的痛苦感受、人生的磨难与不幸等已经紧密地结合在一起，人们在这样的认知作用下，以它的引申文化义为基础也创造出了相当多的并实际使用频率很高的、表示糟糕心理感受或境况的词语。"苦"的引申义用法在古代汉语中就很普遍,再加上人们的广泛使用,必然会引起词义的扩大,从而丰富了汉语的词汇系统。"尝"的构词能力没有"苦"这么强,但是它所组成的"尝试"一词在抽取结果中的比例很高,这说明带有引申文化义的"尝"组成的"尝试"一词具有很高的全民使用性。由此可见,当"苦""尝"等含有引申文化义的单音节词与其他语素构成多音节词时,所受到的语境制约就相对很少。

成语"津津有味"与之前所分析的意义上完全固定、使用上完全独立的"废寝忘食"和"苦尽甘来"不同,它的意义在使用中出现了新的发展,还可以用来形容"有滋味、有趣味"地去做某件事,并不局限于对食物的兴趣。而结构已固化的"胃口"和"滋味"这两个双音节词也引申出了新义。以上三个词在统计结果中的高频率文化意义可以反映出它们所扩大出的词义在语用中的高频使用率,而我们也需要"因文"来确定它们在不同语境中所指示的确切意义。

4. 抽取语料中较少体现词语的文化意义

统计结果中文化意义的体现小于 50% 的词语所占比例最多,一共有 16 个。

(1)统计结果小于 10% 的词语。以单音节词居多。其中,"桃"和"碗"的文化意义属于组合文化义,但是具备该文化义的特定语义组合很少,因此这些词所适用的语境也十分有限。而"甜""臭""烫""煎"的文化意义属于引申文化义,虽然它们作为语素时也具备一定的构词能力,但是所构成的带有文化意义的词语也很有限,因此词义对于它能够出现的语境的选择同样显示出很强的限制性。从结果中也可以看到在"煎"的文化意义的具体体现中有"百苦交煎""众苦交煎"这样的佛教词语,由此可见,不同的言语社团对于词义的使用选择有着不同的偏向性。而在同样的结果中,"狼吞虎咽"属于比较特殊的情况,因为它在特定的语境中出现了临时性的文化意义,如"狼吞虎咽地吸收够了生活的景象"(西奥多德莱塞《天才》)。在这里语境中的"狼吞虎咽"可以认为这是作者为了表达效果而临时创造出的一种新搭配,使"狼吞虎咽"的修饰范围在具体的语境变得抽象化。

(2)统计结果大于 10% 但小于 50% 的词语。其中"咀嚼"和"饱"的比例相对比较高,几乎接近 50%。因此我们可以认为它们所引申出的文化意义与本义的地位是几乎相当的,或是当其作为带有该文化意义的语素时,所构成的新词在语境中比较常用。

(3)统计结果与 10% 接近。我们可以认为"品尝""味道"和"口味"这三个词的文化意义的使用频率还不算特别高,只有在特定的语境以及需要特定的表达效果和语体风格时才会被人们运用。带有"吃"的文化意义的词语虽然也很多,但是还是不如"吃"的本义在单用时的使用频率,这体现了"吃"作为基本词语在人们日常生活中的重要使用地位。

(4)统计结果为35%左右。在文化意义的体现中,"熬"除了可以单用之外,还可以组成"煎熬"和"熬夜"。值得一提的是,随着人们现代社会生活压力的增大,"熬夜"已经变成了一个话题性的热词,如果CCL语料库近几年进行语料更新,也许"熬夜"的统计比例会更高,因为词汇的使用和词义的演变都与人们的生活变化息息相关。"渴"和"醉"的文化意义大部分还是体现在构词中,而且构成的词如"渴诚""渴慕""醉心""沉醉"等只有在书面的正式语体中才会被更多使用,这也是统计结果不高的原因之一。

通过对新HSK词汇大纲中含有文化意义的饮食相关类词语在CCL语料库中的分布情况进行分析可以发现,文化意义在动态语用中的分布结果主要与文化意义的类别、文化意义与本义的关系、词义的演变等有关,另外在一定程度上也受到言语社团、语体风格、社会变迁等因素的影响,其背后的原因可谓十分复杂多元。

(三)饮食相关类词汇的文化意义在动态语用中的作用

随着饮食相关类词汇文化意义的不断发展演变,它们在灵活多变的动态语用过程中,对语言的表达和理解也产生了影响。

第一,文化意义使词语在语用中产生了新的搭配。随着文化意义的出现,饮食相关类词语的部分搭配用法也发生了灵活的变化,原本只会出现在饮食领域的搭配,现在由于语义的变化并在某种语境框架下的相互融合,也出现了一些广为人们接受并使用的新搭配。在从CCL语料库的抽取结果中,就有许多这样的例子,如"咀嚼着……(抽象名词)的苦""品尝作品/幸福/成功/喜悦/艰辛/……的滋味""滚烫的心""烫嘴的话题"等,这些饮食相关类词语的语义变化影响了语用变化,使它们的运用范围从具体的饮食现象扩大到了更多抽象的生活经验和认知,也使语言表达更加活泼。要注意的是,这些新搭配也体现了文化意义对于语境的选择性,在运用时一定要注意上下文语境所给出的语义限制信息,否则就会出现搭配不当或是逻辑不通等问题。

第二,文化意义帮助实现了文本的语义价值。在许多汉语表达形式中,使用带有文化意义的词语可以帮助呈现句子在作品中特指的动态意义,其文化意义背后的丰富内涵可以使表达达到作者想要实现的语义价值和效果。比如，"体检这关，就这么熬过去了"（赵奕然《懒人瘦身法》）。在这里"熬"是为了表达主人公对于体检一事惧怕却又无法逃避、只能强行忍受的心理，带有强烈的主观感情色彩，并且与上下文内容是相互照应的。这种意义用法是从本义所指的以"久煮"为特点的中国传统烹调手法"熬"引申而来的，如果对这一文化背景有所了解，那对于此句话中想要表达的丰富情感色彩便可以很好地体会。

第三，文化意义使语用表达更简练。词义具有概括性，这一性质在文化意义中体现得更加明显。比如说含有流行文化义的"油腻"一词，现在也用以指"某些油腔滑调、世故圆滑、不修边幅，没有真正的才学能力却又喜欢吹嘘的中年人"，并且任何符合其中任意一项或几项语义特征的人都可以用这个词来形容。简短两个字可以概括出如此丰富的内涵，同时也直观地展现了当下的社会现象与人们的价值取向，体现了汉语的简明性和经济性。

四、研究结论

新 HSK 词汇大纲中的 40 个饮食相关类词语所具备的文化意义可分为五类：概念义本身带有文化色彩、成语文化义、组合文化义、引申文化义和流行文化义。它们的产生方式、途径以及特点都各不相同，意义因所受文化不同方面的影响而产生的变化也不同。

本文通过对词语在抽取语料中具体呈现情况的分析，并将 CCL 语料库的特点考虑在内，发现文化意义在语境中的表现虽各有不同，但其影响因素也有规律可循。其动态变化主要与本身所属类别、文化意义与本义的主次关系、所处的词义演变阶段等有关，也会受到言语社团、语体风格、社会变迁等因素等多方面因素的影响。

另外，文化意义与动态语用的关系还体现在文化意义对于语境的作用上，具体表现为三个方面：文化意义使词语在语用中产生了新的搭配、帮助实现文本的语义价值、使语用表达更简练。可见，文化意义与动态语用的关系是相互作用与影响的。

参考文献

[1] 常敬宇.汉语词汇与文化[M].北京：北京大学出版社，1995.

[2] 寇睿棋.隐喻理论在对外汉语教学中的运用——以《HSK 大纲》中的饮食文化词语

为例[D].云南大学,2016.

［3］ 杨德峰.汉语与文化交际[M].北京：商务印书馆,2012.

［4］ 张志毅,张庆云.词汇语义学[M].北京：商务印书馆,2012.

［5］ 中国社会科学院语言研究所词典编辑室.现代汉语词典[M].北京：商务印书馆,2016.

［6］ 周馨妍.新 HSK 中饮食类词汇的文化内涵和教学研究[D].云南师范大学,2017.

作者简介：潘轶凡,澳门科技大学国际学院。

汉语教学手段与模式

增强小品幽默效果的语言手段考察

◎ 李铁根

摘 要：本文以历年中央电视台及地方电视台春节晚会播出的经典小品为研究素材，分别从语音、词汇、语法三个层面描写了增强小品幽默效果的语言手段及其特点，力图为小品创作和欣赏以及外国学生小品演练指导提供参考。

关键词：小品；幽默效果；语音手段；词汇手段；语法手段

一、引言

作为幽默文学形式的一种，小品以日常生活为创作素材，通过两三个演员在十几分钟内表演一个相对独立的故事情节，让人在欢笑声中受到思想启迪，因而深受身处激烈竞争大环境下的现代人的喜爱，成为每年央视春晚必不可少的节目。

"有趣或可笑而又意味深长"，是幽默的基本含义。毫无疑问，幽默是小品的灵魂，没有幽默就没有喜剧小品，而大多数幽默是通过语言形式表现出来的，尤其是通过语言要素的变异使用生发出来的。因此，不少学者从不同角度对小品语言的幽默构成因素进行了探讨，但总的来看，现有分析的广度和深度都还不够，如小品的幽默与语言各要素的灵活应用有着密不可分的关系，但对各语言要素在制造幽默效果方面表现出来的特点至今未有太多描写，尤其是如何利用语法手段提高幽默效果的研究更是少见。这显然影响了小品幽默语言研究的深入发展。

　　此外,在对外汉语教学中,如何指导外国学生通过汉语演讲、汉语小品演练等多种课外活动提高汉语理解能力和表达能力也是对外汉语教师的一个重要研究课题。小品语言幽默风趣,通过小人物、小故事反映当代中国人的现实生活,是观察中国当代社会的窗口。汉语小品演练活动,不仅能帮助学生更好地理解小品这种舞台表演艺术形式的特点,而且有助于陶冶学生的思想情操,加深他们对中国社会文化的理解。而小品幽默语言运用与一般语言运用相比显然有诸多不同之处,要使学生更好地理解和表演汉语小品,首先就要帮助学生理解小品幽默语言的特点,进而通过实际演练活动切实提高他们的汉语表达能力。可见,小品幽默语言的研究在提高对外汉语教学质量方面的作用也是不容忽视的。

　　有鉴于此,本文拟以历年中央电视台及地方电视台春节晚会播出的经典小品为研究素材,从语音、词汇、语法三个层面来考察增强小品幽默效果的语言手段及其特点,希望能为小品的创作和欣赏以及学生演练小品教学指导提供更有价值的参考。①

二、利用语音手段增强幽默效果

(一)巧用谐音

　　"谐音是构造幽默风趣的重要手段。"(王希杰,2004：193)汉语中同音词、近音词数量庞大,这为小品谐音修辞提供了客观条件。利用谐音换词换义以引人发笑,是小品中经常采用的手段。如《装修》中"真要砸出煤气了咱俩全没气儿了"这句话,两个音同而意义完全不同的"煤气"和"没气",前后换用,十分巧妙,富有情趣。

　　利用谐音制造误解也是小品经常采用的方法。如《红高粱模特队》中,范教练说"大家就管我叫小范吧",赵领队说"哎！不行,小贩是绝对不行的,小贩是倒腾服装的,你是设计服装的,最起码也应该称呼您范师傅"。利用"小范"与"小贩"的同音关系,巧妙地制造一个可笑的误解。

(二)巧用押韵

　　押韵对节奏具有强化作用,同时,又有利于语言表达的通俗易懂、朗朗上

---

　　① 巧用修辞格也是提高小品幽默效果的重要语言手段,限于篇幅,拟另文论述。

口。利用押韵制造幽默效果也是小品常用的方法。将口语大白话用押韵句一本正经地说出,幽默效果非常明显。例如:

① 牛大叔:刚才我一进你们大门,好几个人把我围上了。有的递烟,有的点头,有的哈腰。有一个女的长得挺漂亮,个儿挺高,说啥要给我当保镖,说着话眼睛还冲我瞟,把我心瞟得乱七八糟。(《牛大叔提干》)

例①中没文化的牛大叔说的全是口头大白话,但却用了押韵句的形式表现出来,诙谐搞笑,同时鞭挞了官场上阿谀奉承的丑恶现象。

(三)巧用语调模仿

每个人都有他自己独特的发音腔调,夸张地模仿他人的发音往往显得滑稽可笑。小品经常利用这种手段营造诙谐幽默的氛围,引发观众开心一笑。例如:

② 胡秘书:我给你写两句吧。

牛大叔:对,马经理讲话我看过,人家拿着稿,那相当有派呀,往那儿一站,(学马经理腔调)"我说,这个,啊,哇……"(《牛大叔提干》)

例②中牛大叔模仿马经理做作的官腔,令人忍俊不禁。

三、利用词汇手段增强幽默效果

词汇是语言的建筑材料,它为形成具体的修辞方式提供方便条件。事实上,几乎所有修辞方式都同词汇有关,如双关、曲说、易色、降用等辞格的构成都同词义理解和词语变异使用密切相关。关于这类修辞格在小品中的使用特点及幽默效果已有专文讨论,在此不拟赘述。(邓梦兰,2008:54—58)这里重点谈几个小品中"笑果"突出的一般词语使用问题。

(一)巧用倒序词

现代汉语中有些双音节复合词的前后语素颠倒后就变成另一个与原义基本相同的词,如"演讲"和"讲演","打击"和"击打";有的颠倒后变成意思完全不同的另一个词或短语,如"大人"和"人大";有的颠倒后不成词,但有与其不同形但同音或近音的词语存在,如"语境"颠倒后"境语"不成词,但与"境语"同音或近音的有"敬语""净鱼""鲸鱼""境遇"等词语存在。利用换序换义手法制造幽默,是小品常用的一种手法。如《足疗》中出租司机将"丈夫"戏称为"付账的"就是巧用倒序词换序后再利用谐音别解开的玩笑。再如:

③ 宋丹丹:还挣钱了,你挣那点钱全捐给铁道部了。刚才在那个候车室那乘警指着我鼻子叫我啥你知道不?

黄宏:叫啥?

宋丹丹:"盲流"!你听听,还盲流呢,离流氓不远了。(《超生游击队》)

(二)巧用多义词

语言中的多义词在具体语境中只体现一个意义。利用多义词的不同意义制造幽默效果也是小品中经常使用的方法。例如:

④ 郝健:行了哦,大妈,咱不掰扯了啊。咱看图说话,好在现在大街小巷都安装了摄像……(看见摄像机的镜头没了)头呢?完了,头没了,这再纠缠下去就没头了,我这跳进黄河也洗不清了我。

例④中"头"既有物体的顶端的意义(这里指的是摄像机的"镜头"),又有"事情的终点"的意思。郝健本来指望用摄像机证明自己的清白,但抬头看见摄像机的镜头没有了,顿时觉得事情不妙,换用"头"的"事情的终点"的含义加以巧妙发挥,诙谐幽默。

(三)巧用外语词

小品经常有意直接使用外语词或非标准的音译外来词塑造人物形象,制造幽默效果。例如:

⑤ 妻子:安宁哈塞哟。

丈夫:不是,你找谁啊?

　　妻子：安宁哈塞哟。

丈夫：不是，这什么意思这是。

　　妻子：安宁哈塞哟。（《美丽的尴尬》）

　　例⑤中妻子刚从韩国做完整容手术回来，见到老公就直接用韩国问候语"你好"打招呼，炫耀她那点韩国语表达能力，表现了她整容后得意的心态。但她整容后容貌大变，与整容前判若两人，老公又听不懂韩国问候语，所以根本不敢相认。对话妙趣横生，令人发笑。

（四）巧用歇后语和惯用语

　　歇后语是一种生动有趣的口头用语，在口语特点鲜明的小品中被广为使用，它在营造诙谐幽默氛围、塑造幽默人物形象方面发挥重要的作用。如小品《回家》中黄宏的"狗戴嚼子——瞎胡勒"、宋丹丹的"骑驴看唱本——走着瞧"都很幽默搞笑，表现了人物的乐观性格特点。小品《老拜年》中"老母猪戴口罩——还挺重视那张脸"，则很巧妙地与当时老香水儿子正戴着口罩联系了起来，歇后语与故事情节融为一体，制造出了很好的喜剧效果。

　　惯用语也是一种口语色彩浓厚、多用于讽刺义的固定短语，在小品中也被广为利用，借以取得幽默效果。例如：

　　⑥ 鞋匠：你要这钉子干什么？

老板：往墙上钉执照啊。

鞋匠：你把这钉子拿回去钉上不就完了吗？

老板：那我干吗白要你的钉子啊！

鞋匠：这也不算白要。你公司今天开业，这三个钉子就算送你的礼。

老板：同志们都听见了，公司开业送贺礼有送钉子的吗？人家公司开业是抬头见喜，我公司开业抬头就碰钉子啊！（《鞋钉》）

　　例⑥中作者将"碰钉子"这个惯用语融入与鞋钉有关的故事情节中，制造出了很好的喜剧效果。

（五）巧用名人姓名

　　将人们熟知的公众人物的名字巧用在特定的语言环境中，可以获得幽默的表达效果。如在《昨天今天明天》中，白云为了气黑土，脱口而出："赵忠祥，赵忠祥怎么了？赵忠祥是我的心中偶像。"黑土也不甘示弱，回敬道："那倪萍是我的梦中情人，爱咋咋地。"赵、倪二人当时正是春晚的节目主持人，小品此时此地用上两人的名字，引出观众的开心大笑。

《钟点工》中利用名人制造的幽默效果更为突出，除了男女主人公借用张惠妹、刘德华等明星给自己命名外，钟点工在对话中还提到不少名人，如"你这消费观念不行，你看我，浑身上下都名牌，我这鞋，阿迪达的，裤子普希金的，衣裳克林顿的，皮带叶利钦的。你再瞧，我这兜里用的都是世界一流名牌化妆品，美国著名歌星麦当娜抹啥我抹啥"。这段话中共提到 5 个公众人物，把品牌名字和诗人、外国首脑、明星的名字列在一起，大大烘托了幽默气氛，表现了钟点工人老心不老、热衷追求时装时尚的乐观性格。

（六）混用不同语体词语

所谓混用不同语体词语，是指在用词造句时，不遵守某种特定的统一风格，将不同语体风格色彩的词语混用在一起，或者故意改变词语常规的语体风格，或庄严词诙谐使用，或诙谐词庄严使用，以取得特殊的表达效果。例如：

⑦ 黑土：可不是咋的，后来更过了，这家伙把我们家的男女老少所有的议员找来开会，要弹劾我。
主持人：这事闹大了。（《昨天今天明天》）

例⑦中的"议员""弹劾"这样的政治术语被用到日常生活中，是大词小用，将语体风格极不协调的词语混用在一起，产生了幽默风趣的艺术效果。

（七）巧用简称

利用生造简称是小品常用的制造误会和幽默的手段。如《红高粱模特队》中范队长把"基本功"说成"基功"，造成了"鸡公""公鸡"的误会；《心病》中赵村长把"谈话治疗"简称为"话疗"，与"化疗"同音，病人听了大惊失色；《装修》中房主把"不怕麻烦，不怕出力，不怕返工，不怕生气"简称为"四不怕"，装修工则随之造出个"四大基本结果"，即"家底基本搞光，身体基本搞伤，生活基本搞乱，夫妻基本搞僵"，滑稽可笑。

四、利用语法手段增强幽默效果

语法是词、短语、句子等语言单位的结构规律。毫无疑问,修辞活动也要受基本语法规律的制约。但在一定的语言环境下,人们也常常会有意突破语法规律的制约,利用语法要素的偏离使用来达到特殊的表达目的。小品就经常利用语法要素的非常规使用来提高幽默效果。这里我们重点谈小品中巧用非常规句增强幽默效果的几种现象。

(一)巧用超常搭配句

词与词的搭配要符合一定的语法语义要求,每个词都有自己的搭配对象和搭配范围。但"值得注意的是,在实际语言运用中,为了达到某种特殊的修辞效果,词语之间往往有超常规的配合。这样的配合从表面看不合事例也不合习惯,但实际上,它更能反映事物的特征,说明所要表达的事理"(王希杰,2004:65)。显然,这种超常规的搭配能使寻常词语在搭配中产生不寻常的表达效果,因而小品经常利用这种手段获取新奇、诙谐的喜剧效果。例如:

> ⑧ 大爷:我们是吃饭的,姑娘,这顿饭很重要的。
> 服务员:你管谁叫姑娘哪? 我是纯爷们。(《不差钱》)
> ⑨ 妻子:那跟以前比呢?
> 丈夫:简直判若两人哪。现在整得多经典哪,原来长得多惊险啊。
> (《美丽的尴尬》)

例⑧"我是纯爷们"是包含定中超常搭配的句子。由于服务员的打扮和说话腔调都不像男性,导致大爷误会,以"姑娘"称之,服务员用"纯爷们"这种罕见的定中组合来强调自己的性别特征,诙谐搞笑。例⑨中"现在整得多经典哪,原来长得多惊险啊"是两个含有述补超常组合的句子。两句中补语"经典"和"惊险"是书面语词,分别与口语词"整"和"长"构成超常的述补组合,前后韵律和谐,对比使用,强调女主人公整容前后形象上的巨大变化(整容前非常难看,整容后极为漂亮),新颖奇特,增强了幽默感。

（二）巧用歧义句

歧义句常常造成误解，影响交际的正常进行，因而是规范的对象。也就是说，在正常的交际活动中，我们都采取一定的办法使多义句表义单一，避免引起误解。但有时我们有意利用歧义句造成两解，以达到某种特殊的表达目的。小品就经常利用歧义句制造幽默效果。如逗趣的脑筋急转弯就经常利用歧义句提问，对方按照该问句的一种常见的理解来回答，被判答错，然后给出按该问句另一个不常见的理解所作的回答，出人意料地制造"笑果"。《卖拐》中"大忽悠"用这类脑筋急转弯问题忽悠了厨师好几次。例如：

⑩ 大忽悠：请听题：树上骑个猴，地上一个猴，加一起几个猴？

范厨师：八个猴！

大忽悠：错！

大忽悠妻子：俩猴。

大忽悠：树上骑着个猴，地下一个猴，加一起俩猴。（《卖拐》）

例⑩中"树上骑个猴"在口语中听起来有两个意思，其中的"骑"既可以理解成"骑马"的"骑"，还可被理解成"七"（在"个"前发生音变，读阳平，与"骑"同音）。因而这个脑筋急转弯的问句"树上 qí 个猴"是个歧义句，有两个答案：对方答"俩猴"，问者就说问话中的"qí"是"七"，正确答案应是"八个猴"；对方答"八个猴"，问者就说问话中的"qí"是"骑"正确答案应是"俩猴"。

（三）巧用省略句

小品经常通过省略句的巧用来制造幽默。常见的一种情况是为了隐瞒什么而有意使用省略句。例如：

⑪ 导演：演过皇上吗？

送盒饭的：我……我演没演过啊我？

副导演：演过！

例⑪中送盒饭的是副导演的爸爸，演秦始皇的群众演员未到，导演发火，副导演万般无奈之下逼迫爸爸扮演秦始皇，同时嘱咐他千万不能跟导演说实话。但当导演问他演没演过皇上的时候,他不知道该怎么回答,但又不能直接说"我应该说演过啊,还是说没演过啊?",于是说出省略了谓语"应该说"的省略句问儿子,后者忙说"演过",蒙混过关。例中除了导演被蒙在鼓里之外,观众都明白省略句的含义,因而能引发观众的大笑。

另一种常见的情况是有意使用省略句制造误解或无意中使用省略句造成误解。比如在《吃面》中,朱时茂不用"你表演的感觉怎么样?"这个完整句,而用了省略了定语的"感觉怎么样?"造成陈佩斯的误解,以为是问吃面的"感觉怎么样",于是回答"味道不错",引发观众的哄堂大笑。

(四)巧用同义句

一个意思可以用几个不同的句式来表达,几个表达同一个意思的句子互为同义句。使用同义句式制造笑料是小品常用手段之一。如冯巩的经典搞笑开场白是"观众朋友们,我想死你们了!"但在 2005 年春晚表演的相声小品中,搭档禁止他说这个经典台词,于是他用"你们让我想死了"这个同义句解脱困境,同样引发了一片笑声。

小品中还经常利用人物表达有误的同义句的重复使用来制造幽默效果。例如:

> ⑫ 钟点工:你呀,你指定是瞅着人家老太太长得漂亮,是吧?
> 赵本山:拉倒吧,漂亮我挨顿揍还值,还漂亮?
> 钟点工:嗯?
> 赵本山:那老太太长得比你还难看呢,啊,不是,我说她没有你难看,你呀,比她难看。(《钟点工》)

例⑫赵本山连说了三个同义比较句,"那老太太长得比你还难看呢""她没有你难看""你比她难看",共同点就是"你难看"。这三个表达失误的同义句的连用,表现了他情急之下语无伦次、越描越黑的窘态。

(五)巧用病句

所谓病句指的是表达上有毛病的句子。一般来说,病句是被规范的对象,但在小品中,可以通过有意使用病句来制造笑料。例如,《不能让他走》中冯巩说,"那也不如您长得为所欲为,就这长相也太下不为例了"。前一句可算作述补超常搭配句,而后一句则明显是状中搭配不当的病句(动词性短语"下不为例"不能被程度副词"太"修饰)。这里对话中的两人在互相调侃对方的长相,冯巩使用的尽管是个结构有问题的病句(观众也都知道这是个病句,不会随意模仿),但表达的意思(夸张地说明长相丑陋)却能为观众所理解接受,诙谐搞笑,活跃了对话气氛。

悖谬句也是病句的一种。所谓悖谬句是指表达内容完全不符合事理、不符合逻辑的句子。小品中经常使用悖谬句来表现人物形象。如《狭路相逢》中,处于醉酒状态的儿子说的"开酒不喝车,喝车不开酒",就是典型的悖谬句的妙用,真实再现了他酒后的醉态,令人发笑。

参考文献

[1] 陈望道. 陈望道文集(第二卷)[M]. 上海:上海人民出版社,1980.

[2] 邓梦兰. 论赵氏小品的语言修辞艺术[J]. 湘南学院学报,2008(4):54—59.

[3] 李海英. 赵本山小品语言表达手段略述[J]. 修辞学习,2003(1):28—29+15.

[4] 王希杰. 汉语修辞学(修订本)[M]. 北京:北京出版社,2004.

[5] 谢旭慧. 喜剧小品语言幽默艺术研究[D]. 华中师范大学,2006.

[6] 于宏. 奇异的语言 幽默的效果——浅谈赵本山小品的语言风格[J]. 作家,2009(14):147—148+266.

作者简介:李铁根,韩国启明大学人文国际学学院中国语文学系。

赵元任汉语作为外语教学
教材编写思想研究

——以《国语入门》为例

◎ 江　南

摘　要： 赵元任先生是著名的语言学家和语言教学家,在汉语作为外语教学领域极有建树。除讨论汉语作为外语教学的理论思想、创建汉语教学模式等以外,他对汉语作为外语教材的编写也有过深入的理论思考和丰富的具体实践。在他编写的众多教材中,《国语入门》是最著名、使用范围最广、影响最大的一部教材。从《国语入门》中我们可以总结出赵元任汉语作为外语教材的编写原则主要有:(1)教材编写应贯彻以培养学生的现代汉语口语能力为教学目的的思想。(2)课文应题材广泛,体裁丰富,注意语言环境对理解语法结构及其所表达的意义的促进作用。(3)教材对语言要素的训练应该以语言结构为主要对象。(4)课文内容、重点和难点注释以及练习的安排应针对学生的母语特点和现有水平。(5)教材编排应以结构为纲,课文应按照语法项目出现的要求专门编写。

关键词： 赵元任;汉语作为外语教学;教材编写;思想

一、引言

赵元任先生(1892—1982)是著名的语言学家和语言教学家,被尊为"汉语语言学之父"。他不仅在语言学及汉语本体研究上有着卓越的成就,还在汉语作为外语教学领域极有建树。他所进行的汉语作为外语教学是现代汉语作为外语教学的开端,在汉语作为外语教学史上有着极其重要的历史地位。他关于汉语作为外语教学的理论思想、创建的汉语作为外语教学模式,至今仍发挥着不可替代的作用。赵元任的汉语作为外语教学思想是内容比较全面的一个完整系统。除了讨论汉语作为外语教学的理论思想、创建汉语作为外语的教学模式等以外,他对语言教学中至关重要的一个因素"教材"也有过深入的理论思考和具体实践。

教材问题是语言教学中的一个核心问题。教材不仅是教学内容的载体,还是学生重要的目的语输入来源,更是教师与学生之间建立"教与学"关系的纽带。随着汉语作为外语教学事业的不断发展,做好汉语国际教育工作是我们现在所面临的一项重要任务。在这个大背景下,汉语作为外语教学的学习者群体、学习目标、学习动机、学习环境都呈现出多元化的趋势,即提出了多种挑战,我们的教材编写需要跟上学科发展的脚步,适应时代的要求。因此研究分析赵元任的汉语作为外语教学教材编写思想对现今的汉语作为外语教学教材建设有着重要的理论意义和实践价值。

二、赵元任编写的汉语作为外语教学教材

美国本土最早的汉语教学可追溯到 19 世纪下半叶。鸦片战争爆发以后,大量华工涌入美国,汉语教学首先针对华裔子女展开,教学方式与国内对儿童的母语教学相似,使用的教材也是国内用于母语教学的四书五经、唐诗宋词等。美国真正意义上的汉语作为外语教学始于 1871 年,耶鲁大学(Yale University)正式把汉语列为一门课程,这是在美国国民教育体系内首次开设的汉语课程。由于年代久远,当时使用的教材已不可考,只能根据史料进行推测。1877 年卫三畏在耶鲁大学任教,使用的教材很可能是他在中国期间编写和出版的初级汉语教材《拾级大成》。此后,1879 年哈佛大学(Harvard University)聘请了当时清政府的官员戈鲲化赴美教授汉语,他是中国第一位在美进行汉语教学的先驱者。有史料记载,戈鲲化在哈佛大学教授汉语时讲的是南京官话,所用口语教材是威妥玛(Thomas Fransic Wade)所编的《语言自迩集》,同时他还编写了一本辅助性的教材《华质英文》(*Chinese Verse and Prose*),"这可能是有史以来第一本由中国人用英文撰写的介绍中国文化,特别是中国诗歌的教材,也可能是第一本由中国人编著的中英文对照的对外汉语教材"(苏明明,2003)。其后,美国其他高等学府,如哥伦比亚大学、克拉克

大学、华盛顿大学等也开设了汉语课程,但是教材已很难考证。结合当时的历史情况来看,汉语学习只是汉学研究的附庸,是以研读古汉语经典著作为目的的,那么可以想见当时的教材多以文言文为教学内容,以阅读和翻译能力为训练重点。

赵元任 1921 年在哈佛大学进行汉语教学的时候并没有沿袭当时的传统,使用古代汉语的教材,而是教授现代汉语,并且根据他的教学内容于 1925 年出版了 *A Phonograph Course in the Chinese National Language* 一书。后来,他根据自己的教学经验又出版了《粤语入门》(*Cantonese Primer*)、《国语入门》(*Mandarin Primer*)和《中国话的读物》(*Readings in Sayable Chinese*)三本汉语教材。除此以外,他还有未公开出版的教材,包括古代汉语教材、一系列短期课程和讲习班时期使用的众多成系统的教学材料。这些教材的共同特点是,它们都是赵元任在进行汉语教学实践的过程中编撰的,完全是作者以自身的语言理论研究为基础,根据自己的教学经验一步步地编写与修改而成,经过了他本人长期汉语教学实践的检验,非常具有"赵元任特色"。

除了精读课、会话课以外,阅读课也是外语教学的重要组成部分,也是赵元任汉语作为外语教学的重要内容之一。赵元任在教学实践中亲自开设过现代汉语阅读课程,并根据自编的课程材料在退休后于 1968 年出版了阅读教材 *Readings in Sayable Chinese*,本书集中体现了他对阅读课和阅读教材编写的看法。

三、《国语入门》简介

在众多教材中,《国语入门》(*Mandarin Primer*)是赵元任最著名、使用范围最广、影响最大的一部教材。这部教材最初来源于赵元任 1942 年在哈佛暑校教授粤语时编著的《粤语入门》(*Cantonese Primer*)。《国语入门》中的很多课都是从此教材中的课文改写而来,但是《国语入门》第一章中介绍的汉语语法等内容比《粤语入门》要翔实很多。《国语入门》的内容赵元任最先使用在哈佛大学主持的美国陆军特殊培训班(ASTP)的教学(1943—1944 年)中,全书除第十九课、第二十课和第二十一课是后加的课文,其余都是在训练班使用过的。全套课本可分为国语罗马字版课本,主要供学生使用;汉字版课本,主要供教师以及需要学习汉字的学生使用,其中包括课后练习的答案和汉字笔顺;配套留声片。

　　学生使用的国语罗马字版本分为三章：第一章为"介绍"，概括介绍了汉语语言、汉语语音与国语罗马字、汉语语法、汉字以及学习方法；第二章为"基础工作(foundation work)"，专门教授和训练学生学习汉语声调、声母、韵母、拼合规律、变调等；第三章为课文，共分为二十四课，每课课文正文都有汉字和国语罗马字两个版本相对照(分为两本教材)，课文后是用英语对词汇和语法重点的注释，最后是本课练习。课本最后附有词汇表和索引、对课本中的缩略语和符号的说明以及声调拼写法的概要(Synopsis of Tonal Spelling)，详见表3.1：

表 3.1　《国语入门》结构表

《国语入门》		
第一部分　介绍	一、中国语言	
	二、语音和国语罗马字	
	三、语法	1. 词语 2. 句子 3. 句法 4. 词法 5. 合成词 6. 词类等 7. 英语语法范畴的翻译
	四、汉字	
	五、学习的方法	
第二部分　基础工作	一、声调	1. 单一声调 2. 声调组合 3. 轻声
	二、语音难点	1. 辅音难点 2. 元音难点等 3. 正字法造成的语音记忆难点
	三、语音系统	1. 声母 2. 韵母基本形式 3. 韵母第二声形式 4. 韵母第三声形式 5. 韵母第四声形式 6. 韵母所有形式 7. 相关音节 8. 复习 9. 语音重点表

续　表

《国语入门》		
第二部分　基础工作	四、变调系统	1. "一""不"变调 2. 双音节组 3. 三音节组
第三部分　课文	第一课	你、我、他，四个人
	第二课	东西
	第三课	说中国话
	第四课	打电话
	第五课	上下左右前后中间儿
	第六课	一个烟圈儿
	第七课	谭步亭先生
	第八课	正反字
	第九课	一个好人
	第十课	无尾鼠
	第十一课	守岁
	第十二课	海上救人
	第十三课	探病
	第十四课	跟大夫谈话
	第十五课	世界地理
	第十六课	中国地理
	第十七课	谈工合
	第十八课	参观民生厂
	第十九课	租房子
	第二十课	海象跟木匠
	第二十一课	听与旁听
	第二十二课	念书
	第二十三课	白话文
	第二十四课	美国人演说
词汇表和索引 缩略语和符号 声调拼写法的概要		

　　课文正文先用英语逐句对译,再使用国语罗马字写出课文。二十四篇课文以对话体为主,只有第六课、第八课和第十课是叙述体,第二十课是一篇诗歌。但是在非对话体的四课中,对话话语的引用也占了相当大的比例。从课文的话题选择来看,既有涉及日常生活的,如打电话、探病、跟大夫谈话、租房子等,又有介绍文化国情的内容,如中国地理、世界地理、谈工合、参观民生工厂、白话文等,语言和文化兼顾,实用性和时代性均有所体现。

　　该课本还有注释,即对课文中的生词和语法点的解释。在生词注释中,赵元任除了用英语解释出词义,还特别重视对词语在实际使用时会遇到的问题加以说明,同时非常注重解释汉语与英语语法的不同之处,具体如下:

　　(1)对词语在语流中因实际发音的不同而表示不同意义的情况加以特别说明。例如:第一课第 21 个注释:"*Leangg Leangg* as written may mean 'two and two' or 'twice two'. In actual speech, an even stress on both words, without necessarily a pause in between, means 'two and two', while with greater stress on the first *leangg* the phrase means 'twice two'"(*两个两个*的书面形式可以指"两个和两个"或者"有俩两个"。在实际说话时,这两个词都有重音且其中间没有必要的停顿时,表示"两个和两个",而当重音在第一个"两个"时,表示"有俩两个")①。

　　(2)对同义词或近义词主要从语言使用的角度进行辨析。例如:第二课第 28 个注释:"*Baw* 'newspaper' (as something to read or as paper); *bawjyy* 'newspaper' (used as paper only)"[*报* 'newspaper'(用来指一些可以阅读的或者类似报纸的东西);*报纸* 'newspaper'(只用来指纸质的报纸)]②。

　　(3)对汉语语法和英语语法的不同点加以特别说明。例如:第一课第 5 个注释"*Ren* is the general word, and the only common word, for 'man, woman, person, human being, people'. Note that there is no distinction of number in Chinese nouns. (*Ren* 是一个概括词,是用来指称'man, woman, person, human being, people'的唯一通指词。注意:在汉语中名词没有数的

---

　　① 英文原载于 Yuen Ren Chao. *Mandarin Primer*[M]. Cambridge, Massachusetts:Harvard University Press, 1947:123 - 124;中文由本人自译。
　　② 英文原载于 Yuen Ren Chao. *Mandarin Primer*[M]. Cambridge, Massachusetts:Harvard University Press,1947:131;中文由本人自译。

区别)"①。

（4）重视注释的系统性，在一条注释后会列出与其相关的注释的页码，供使用者前后对照，加深理解。

此外，《国语入门》的课后练习形式多样、题量丰富，同时兼顾到语音、词汇、语法三要素和听说读写译五大技能。其中对于语法的练习占到课后练习的相当大的比例，主要有造句、替换练习、翻译等三种形式，对课文中出现的重要语法点加以练习。

四、赵元任汉语作为外语教材编写原则

经过对该教材及其他教材的分析，我们认为赵元任汉语作为外语教材编写思想原则主要有以下内容：

（1）教材编写贯彻以培养学生的现代汉语口语能力为教学目的的思想。《国语入门》的英文全称是 *Mandarin Chinese — An Intensive Course in SPOKEN CHINESE*，标题中的"SPOKEN"明显体现了汉语口语在精读课本中具有重要的地位。因此，课本完全采用现代汉语口语语体和词汇，当遇见存在书面语和口语发音不同的词汇时，词语注音采用的是口语发音，注意保留语流音变，如："那么说"这个短语在《国语入门》中标注的发音是"nemm shuo"而不是"nah me shuo"②。而且保留了大量语气词，例如第二十一课片段（Yuen Ren Chao，1966：71-72）：

> 甲：侬会得讲上海闲话口否？
>
> 乙：哼！第十六课。
>
> 丙：哎哟！这个人真的会说上海话！你在哪儿学的这么一口上海话？
>
> 乙：呵呵呵，他并不会，他就学会了这一句。
>
> 丁：啊呀，你们这两句国语讲得更漂亮！
>
> 甲：嗳，好说好说，说得不好，一点儿也不好！我说的都是"奇奇怪怪

---

① 英文原载于 Yuen Ren Chao. *Mandarin Primer*［M］. Cambridge，Massachusetts：Harvard University Press，1947：122；中文由本人自译。

② 此处为国语罗马字，引自 Yuen Ren Chao. *Mandarin Primer*［M］. Cambridge，Massachusetts：Harvard University Press；London：Oxford University Press，1957：138。

的声音"。

　　丙：哎哟，糟糕！

　　丁：真难为情来！

　　丙：多不好意思，嘻！那咱们刚才议论了他们那么半天的话，都给他们听了去了，哎哟！

　　丁：啊呀！

　　以上课文片段仅有短短的150字左右，却出现了"哼、哎哟、呵呵呵、啊呀、嗳、来、嘻"等语气词，共计10次。这充分体现了赵元任有意识地保留汉语口语真实面貌，在教材中着力还原自然口语的原则。

　　（2）课文题材涵盖面广，体裁丰富，具有趣味性，注意到让学生在一定的语言环境中理解语法结构及其所表达的意义。课文所选用的语料既真实反映了一般生活的情况，如第四课《打电话》、第十九课《租房子》照顾到了当时的热点问题，第十七课《谈工合》、第十八课《参观民生厂》等具有丰富的文化信息，第二十二课《念书》、第二十三课《白话文》等符合学生了解中国的需要。全教材共二十四篇课文，以对话体为主，兼顾叙述体和诗歌，不存在课文由多个不成文的单句组成的情况。语言环境从一开始不太明确到逐渐具有明确的交际环境，这些交际环境涉及课堂、医院、工厂、演讲厅等，有的课文还直接以交际情景命名，如第四课《打电话》、第十九课《租房子》等。课本有意识地注意到了将相近话题的课文被安排在一起，如第十三课《探病》和第十四课《跟大夫说话》、第十五课《世界地理》和第十六课《中国地理》、第十七课《谈工合》①和第十八课《参观民生厂》等。

　　（3）教材对语言要素的训练应该以语言结构为主要对象。《国语入门》从整体上来说，属于初级阶段的精读课本。课后注释重点在于汉语的结构，课后练习也更侧重于对语言结构的机械操练，以对汉语语音和语法结构的学习为重点。有学者统计过，在《国语入门》的课后练习中"替换练习"出现次数占到总练习题量的43.7%（章可扬，2017），由此可见赵元任对语法结构的重视。

　　（4）课文内容、重点和难点注释以及练习的安排应针对学生的母语特点和现有水平。课文内容从简单到复杂，从学生生活中的、最常用的话题逐渐发展到对社会问题、学术问题的讨论。在学习汉语之初，学生的汉语水平还比较

————————————

　　①　工合，指当时的工人合作运动。

低,对汉语学习的要求是能够满足日常生活的需要,因此在《国语入门》课文的编排中,赵元任首先安排了介绍日常用品、学习中国话、打电话这样与学生生活联系紧密的话题。随着汉语水平的提高,学生的语言表达需要也从日常生活变成谈论社会问题、了解文化信息,因此把介绍世界地理、中国地理以及白话文运动这样与日常生活稍有距离的话题安排在教材后部。他还根据学生的母语——英语与汉语的不同之处确定语音和语法重点,并编写大量练习进行训练。

(5)教材编排应以结构为纲,课文应按照语法项目出现的要求专门编写。为了达到展示和训练语法结构的目的,可以一定程度上牺牲话语的真实性和交际性。课本按照短语和结构实际使用的频率安排词汇和语法项目,使用频率越高的短语和语法项目出现得越早。例如:使用频率非常高的"是"字句、是非疑问句、结构助词"的"、时态助词"了"在《国语入门》的第一课、第二课中就作为语法点出现;而使用频率相对较低的"是……的"结构表强调、无人称动宾结构①等都被安排在较为靠后的课文中。

赵元任编写的汉语作为外语教材,既有精读课本、会话课本,又有阅读课本;既有语言知识的传授,又有语言技能的训练,其中以技能训练为主;既有学生用书,又有教师用书;既有纸本的课本,又有现代的教育技术手段——留声片,形成一个完整的体系,领时代之先。《国语入门》出版以后,在美国汉语教学界一直被使用到20世纪90年代,被誉为"一本天才教授给天才学生写的教科书"。而他的《粤语入门》和《中国话的读物》等其他教材也受到了学界的高度评价。他的教材吸收了他本人普通语言学、汉语本体以及其他相关领域的研究成果,语音、词汇、语法项目和社会文化知识的分析和解释具有很强的科学性,对我们现在的教材编写仍具有较强的指导意义。

参考文献

[1] 江南.赵元任的汉语教学思想与新中国初期的汉语作为外语教学[J].海外华文教育,2018(05):122—130.

[2] 江南.赵元任对外汉语语音教学法研究[J].海外华文教育,2013(03):318—327.

[3] 苏明明.近代赴美执教先驱者戈鲲化[J].海外华文教育,2003(02):60—63.

[4] 章可扬.《国语入门》课文与练习研究[J].现代语文(学术综合版),2017(06):

---

① 无人称动宾结构:在 *Mandarin Primer*(《国语入门》)中的原文为"impersonal Verb-Object construction",指的是如"他很发愁会打仗"中的"会打仗"这样的结构。

81—85.

［ 5 ］ 赵新那,黄培云. 赵元任年谱[M]. 北京：商务印书馆,1998.

［ 6 ］ Rosemary Levenson. 赵元任传[M]. 焦立为,译. 石家庄：河北教育出版社,2010.

［ 7 ］ Rulan Chao Pian. A Syllabus for Mandarin Primer[Z]. Cambridge, Massachusetts：Harvard University Press，1961.

［ 8 ］ Yuan Ren Chao. Readings in Sayable Chinese[Z]. San Francisco：Asia Language Publications，1968.

［ 9 ］ Yuen Ren Chao. A Phonograph Course in the Chinese National Language[Z]. Shanghai,China：The Commercial Press,Limited，1925.

［10］ Yuen Ren Chao. Cantonese Primer [Z]. Cambridge, Massachusetts：Harvard University Press，1947.

［11］ Yuen Ren Chao. Character Text for Cantonese Primer [Z]. Cambridge, Massachusetts：Harvard University Press，1947.

作者简介：江南,上海大学国际教育学院。

"研究型挑战性教学"理念下的
"汉字文化"教学

——以"言"部字文化教学为例

◎ 黄　友

摘　要：本文是在"研究型挑战性教学"理念指导下对"言"部字文化教学的实证研究。课前,我们让学生通过自主学习—搜寻资料—小组合作解决四个挑战性问题。课中,经过 zoom 平台互动,师生总结出：(1)"言"部字和与言语有关的熟语、典故(包括中国的和学生自己国家的)所蕴含的言语交际四大原则；(2)"语言禁忌"现象的跨文化表现异同、原因及对策；(3)"语言暴力"现象的表现、原因、危害与对策。课后,我们还设计了课外实践任务：写给语言暴力家长的一封信。通过实践,我们发现基本达到了教学目标,取得了一定的成效,说明这一教学方式适应时代和时势的需求,也适合国际学生这一特殊群体。

关键词："言"部字；汉字文化教学；研究型挑战性教学

一、引言

上海大学自 2017 年始开展"研究型挑战性教学"课程改革,旨在合理提升课程挑战度、增加课程难度、拓展课程深度,培养学生自学能力、思维能力,以及解决复杂问题的能力。

"研究型挑战性教学"课程理念是研究型教学,也称"研讨式教学",是以学生为中心、锻炼思维的新型教学模式,围绕"价值塑造、能力培养、知识传授""三位一体"的内容展开,强调以项目或问题驱动,合理提升课程挑战度,引导学生在研讨中积累知识，创造性地运用知识，培养学生自主发现问题、研究问题和解决问题的能力。与传统课堂教学相比，研究型教学最本质的转变在于使学习者成为意义的积极建构者、研究者，而不是被动的接受者；教学的目的是塑造、引导、培养学生的价值和能力，而不仅仅是传授知识。

"研究型挑战性教学"的教学活动应达到如下标准：

第一，基于问题或项目开展课堂活动。问题或项目需要满足以下三个标准：① 学生需要大量课外阅读；② 学生自主完成；③ 问题或项目的结果是开放的。

第二，合理安排课前、课中、课后的教学活动。课前自主学习、课中互动研讨、课后延伸完善和实践。

第三，研究型教学的评价应以过程评价为核心。

第四，利用信息技术，促进信息技术与教育教学的深度融合。

从课程理念和课程标准可以看出，"研究型挑战性教学"有混合翻转教学①(Jonathan Bergmann and Aaron Sams, 2012)的理念，是在线自主学习和线下课堂翻转（特殊情况下在线翻转）的混合。在当前"新冠"肺炎疫情全球暴发的特殊时机，师生无法走进课堂，不得不借助网上教学。"研究型挑战性教学"既适应时代的发展，也满足了时艰的需求。

在这样的课程理念下，本文以"言"部字为例探讨"汉字文化"课的具体实施方案。

二、"研究型挑战性教学"理念下的"言"部字文化教学

在"研究型挑战性教学"理念指导下，我们尝试设计"言"部字文化教学。

（一）课程目标

采用启发探讨、跨文化对比、翻转课堂等方式引导学生思考，让学生拆解典型代表字，借助熟语、典故引导学生理解中国语言观所蕴含的四大原则，认识到言语的和善、诚信、谦谨、正义的重要性。

（1）知识传授：利用汉字构造方式拆解"言"部字，结合中国和自己国家相

---

① 翻转教学模式下，教师不再占用课堂的时间来讲授信息，这些信息需要学生在课前完成自主学习，教师则采用讲授法和协作法来满足学生的需要并促成他们的个性化学习，其目标是让学生通过实践获得更真实的学习体验。翻转课堂模式与混合式学习、探究性学习、其他教学方法和工具在含义上有所重叠，都是为了让学习更加灵活、主动，让学生的参与度更强。

关的熟语、典故,解析其所蕴含的言语交际原则,进行跨文化比较。

（2）能力培养:掌握分析汉字字源和文化内涵的能力和方法,提高研究能力(检索分析资料、分析并解决问题的能力)、自主学习能力、跨文化交流能力以及学以致用的能力。

（3）价值塑造:培养全球化意识和国际视野,了解并挖掘中国文化的智慧,形成团结合作、和谐相处、诚信友善、谦谨正义的价值取向。

（二）挑战性问题/项目名称及实施要求

在超星学习通平台提前发布挑战性问题,并提供相应的资料,如"言"部字表、视频、论文等,学生需分组讨论,准备课堂口头报告。具体项目见下表2.1:

表2.1 "言"部字文化内涵挑战性问题

序列	挑战性问题/项目	实 施 要 求
1	"烽火戏诸侯""立木为信""一诺千金""良言一句三冬暖,恶语伤人六月寒""祸从口出""谦虚谨慎""武死战,文死谏""家和万事兴"这些故事或熟语表达了中国人怎样的言语观? 你们国家有没有相应的故事或熟语呢? 举例说说	对中国故事或熟语进行阐释;讲述自己国家相应的故事或熟语;小组讨论,准备课堂口头报告
2	人际交往中人们常发生争吵,言语交际一般应遵循哪些原则才能实现和谐的人际交往? 试分析下面几组"言"部字:"(循循)善诱""诚信诺誓""谦谨让"等,它们蕴含了怎样的交际策略与智慧,给我们以怎样的启示?	结合言语交际的一般原则(如合作原则、礼貌原则等)对"言"部字进行分析,阐发观点;小组讨论,准备课堂口头报告
3	中国行船打鱼的人忌讳"翻(帆)、陈(沉)"之类的字眼;广东客家人忌说"棺材",而说"长生板"。 这就是"言语禁忌"(linguistic taboo)。查阅相关资料,介绍中国和你自己的国家还有哪些语言禁忌	对中国和学生祖国的言语禁忌进行介绍;对比二者的差异;小组合作形成初步想法,准备课堂口头报告
4	观看有关"语言暴力"的视频,思考:你遭遇过"语言暴力"吗? 你实施过"语言暴力"吗? "语言暴力"有哪些危害? 如何才能避免呢?	介绍自己遭遇的或听到过的"语言暴力"事件,分析危害,提出对策;小组讨论,准备课堂口头报告

（三）课前、课中和课后学习内容及安排

1. 课前学习内容及安排

超星学习通平台提供以下材料供学生学习和讨论:

(1) 论文:

① 邵志洪. 从 KING LEAR 与三个女儿的对话看会话"合作原则"与"礼貌原则"之关系[J]. 外语研究,1992(02).

② 乐韵,金桂桃."一带一路"沿线东南亚国家语言禁忌调查研究[J]. 文学教育,2018(1).

③ 李智隽. 马来语和汉语的语言禁忌比较研究[J]. 现代语文:下旬. 语言研究,2016(1).

④ 卢氏琼然,李柏令. 汉越语言禁忌的异同及其根源初探[J]. 现代语文:下旬. 语言研究,2014(1).

(2) 视频:

⑤《商鞅变法"立木为信"》故事

⑥《烽火戏诸侯》故事

⑦《语言暴力》(2 个)

(3) 发布如表 2.1 的挑战性问题,全班 25 位同学分成 4 组,每组负责一个挑战性问题。

2. 课中互动讨论内容及安排

通过 zoom 平台互动。时间:2020 年 4 月 21 日 8:55—10:45(110 分钟)。

课前热身,解释"言"的字源,"言"作为偏旁一般写作"讠",言为心声,"言"部字一般与说话和道德有关。让学生说说知道的"言"部字,学生积极回应(见图 2‑1),老师点评。(5 分钟)

图 2‑1　学生说到 40 多个"言"部字

老师展示《汉语国际教育用音节汉字词汇等级划分》(简称《等级划分》)中的“言”部字(76 个)。(转引自刘雅琪,2017)

表 2.2 《等级划分》中“言”部字分级分布表

等　级	“言”　部　字
普及化等级	词、调、读、访、该、话、计、记、讲、警、课、论、评、请、让、认、设、谁、识、试、说、诉、谈、讨、误、谢、许、训、言、议、语、证(33 个)
中级	辩、诚、诞、订、谅、谋、诺、谦、诗、谓、详、谐、询、讯、译、谊、誉、诊、诸(19 个)
高级	讽、谎、诫、谨、诀、谜、谬、譬、谱、遣、誓、讼、诵、讶、谣、诱、诈(17 个)
高级“附录”	谤、诧、谍、讹、诽、讳、讥(7 个)

第一环节:针对挑战性问题一、二,先让学生报告,观看视频《烽火戏诸侯》《立木为信》,然后全班讨论,最后教师点评与补充讲解。(约 45 分钟)

第一小组选取一些“言”部字加以剖析(见图 2-2)。

第二小组分析相关熟语和典故,得出如下结论,概括得很到位(见图 2-3)。

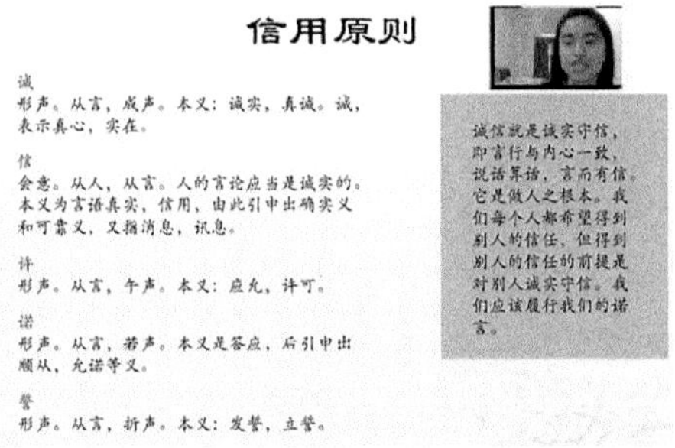

图 2-2 马来西亚杜家乐同学代表第一组发言

中国人怎么样的语言观
表达了中国人对语言的重要性质,和说话时要特别注意要说好话, 多称赞别人不要让对方难受、要讲信用、说到做到、要谦虚谨慎、想好再说,说得清楚,要注意一个地方的禁忌,对象和情景,要掌握分寸,公正,不能说假话。
我们自己国家的相应故事或熟语
我们越南也有差别的的熟语撒谎伤身、说话之前要卷七次石头、言重于山、吃要咬, 说要想、还有放养小孩的故事
在韩国有:一言之美,贵于千金、说出去的话好听,才能听到好话。
俄罗斯也有“我的舌头就是我的敌人”、“长舌头不会给你好处” (俄罗斯人说 “长舌头” 就是爱说话的人)
我们相信每个国家都会有很多的,因为语言真的很重要,希望我们都能把握好,少点发生错误

图 2-3 越南邓琼同学报告截图

课堂上我们也发布了“你的国家还有哪些关于说话要注意的熟语或典故”的主题讨论(见图 2-4):

| 4月22日 09:50 | "口伤人比刀还深" |
| 4月22日 10:15 | gelegar buluh"竹圈",说话一直绕呀,越说越大但是一点用处也没有,就是别说废话 |

图2-4　学生自己国家的关于说话要注意的熟语

在老师的补充下,最终得出以下四大原则(见图2-5):

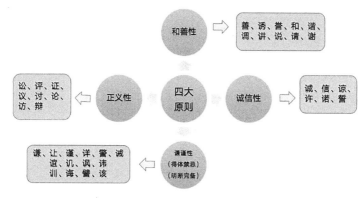

图2-5　"言"部字反映的言语交际四大原则

(1) 和善性原则。"良言一句三冬暖,恶语伤人六月寒""祸从口出",说明说话要注意不要伤害别人,不要"恶语"。"恶"与"善"相对,中国人常说"人之初,性本善"。另一方面,中国人常说"和气生财""家和万事兴""和为贵""和而不同""和睦相处""和谐社会""和平"。北京奥运会开幕式上表演的活字印刷术中,特意展示了"和"字。以下"言"部字说明言语交际应遵循和善性原则(见表2.3):

表2.3　"言"部字蕴含的和善性原则

楷体	古体①	造字法	本　义	引申义	说　明
善	譱	会意,言+羊	吉祥、美好	美好的品行,善良	羊为祭祀佳品,古用以表示导善之意,是吉祥、美好的象征

---

　　① 表格中各汉字的古体或解释均参考自汉典网或谷衍奎.汉字源流字典[S].北京:华夏出版社,2003.

续　表

楷体	古体	造字法	本　义	引申义	说　　明
诱	羑	形声，羊＋厶（私）＋久①	引导、教导、劝导	引诱（贬义）	羊：导善，循循善诱，善于有步骤地进行引导
誉	𧮾	会意兼形声，言＋舆（yù）	称赞	荣誉、美名	舆，是"举"的省略，表示众人认同、推选
和	𧆻	形声，口＋禾，金文异体字以"言"代"口"龢	表示不同声音、不同观点因相合拍而产生共鸣	平静、跟	和而不同，和平
谐	𧮦	形声，言＋皆	音乐和谐	谐音、和谐	
调	𧮩	会意兼形声，言＋周（tiáo）	和也，声音调和；协调	调和、调解	声音、相同的观点因一致而统一。田周密；周到而没有疏漏
讲	𧮧	形声，言＋冓（gōu）	讲和、和解	讲话、讲演、讲课、讲究	冓：交积材也；媾：交互为婚姻，亲上结亲
说	𧮤	形声，言＋兑，从口从八，人咧开嘴嬉笑，喜悦	喜悦	解释、陈述、谈论、责备、告诫、说和、言论、主张	"说"（yuè）因喜悦常表现在言辞上，"学而时习之，不亦说乎？"借为说（shuō）
请	𧮨	形声，言＋青	拜访	求对方做某事、邀请、敬词。	请求
谢	𧮬	形声，言＋射	向人认错道歉	推辞、拒绝、感谢	谢谢

（2）诚信性原则。"烽火戏诸侯""立木为信""一诺千金"等告诉我们要讲诚信。

以下"言"部字说明言语交际应遵循诚信性原则：

① 为方便留学生理解，我们把汉字拆成部件相加的方式，所以采用了"羊＋厶（私）＋久"这样的形式。

表 2.4　"言"部字蕴含的诚信性原则(1)

楷体	古体	造字法	本义	引申义	说明
信		会意,人+言	诚也	相信、消息	《论语》:"人而无信,不知其可也。"
诚		会意兼形声,言+成	信也;信守诺言的,真心实意的	实在、的确	真诚、诚信、诚心诚意
谅		形声,言+京	信也	谅解、原谅	《论语》:"友直友谅友多闻。"
许		会意兼形声,言+午(捣杵)	共同劳动时发声以助劳	应允、答应给予;赞同、认可	许诺
诺		会意兼形声,言+若	答应的声音	同意,答应,允许;诺言,一诺千金	若,本义是用手理顺头发,引申为:顺从、和顺、答应
誓		形声,言+折	约束也	当众或共同表示决心;表示决心的话	誓师、誓词、发誓、誓言

　　说话要讲诚信,这是说话的基本准则。从言语行为(J L Austin,1975)的角度看,说话不仅仅"以言指事"(Locutionary Act)还"以言行事"(Illocutionary Act)、"以言成事"(Perlocutionary Act)。言语的"诚信"包含两方面的含义:一方面,要说实话,不说假话,不道听途说;另一方面,要信守承诺,说到做到。诺言、一诺千金,包含了对自己答应要做的事情的诚信,也能实现人际关系的和顺。

　　欺骗、错谬的行为及其话语,也有一组字表达,其构形也能说明问题(见表 2.5):

表 2.5　"言"部字蕴含的诚信性原则(2)

楷体	古体	造字法	本义	引申义	说明
诈		会意兼形声,人+乍(亡十一,忽然)	欺骗		诈骗、欺诈
讹		会意:言+化	谣言	错误、敲诈	讹传、讹变、讹钱、讹诈
谎		会意兼形声,言+荒	梦言也	谎言、假话	荒芜

续　表

楷体	古　体	造字法	本　义	引申义	说　明
诽		会意兼形声，言＋非	背地议论，指责他人		诽谤
谤		会意兼形声，言＋旁	在背后公开地议论或批评某人的短处		诽谤
误		会意兼形声，言＋吴	错误	耽误	吴：晃着头大声说话的形象
谬		会意兼形声，言＋翏(高飞也)	极端错误，非常不合情理		谬误
诞		会意兼形声，言＋延(长行也)	说大话	欺诈、生日	怪诞、圣诞、诞生

（3）谦谨性原则。

问题引导：中国人常常敬称别人而谦称自己，如称对方为"大人""先生""阁下""前辈"等，称自己则是"在下""不才""后学""晚辈"等，为什么这样？为什么夸奖中国人，他们常常用"哪里哪里""过奖了"来回答？

回答：谦虚的美德(见表2.6)。

表2.6　"言"部字蕴含的谦谨性原则

楷体	古　体	造字法	本　义	引申义	说　明
谦		形声，言＋兼	敬也，说话恭谨，不自满		谦虚、谦逊
让		形声，言＋襄	责备	退让，把好处让给别人，不争，转让，容许	谦让
谨		会意兼形声，言＋堇(qín)(诚敬)	慎重，小心		堇头戴枷锁的人牲放在火上焚烧，本义为以人牲献祭求雨，引申为诚敬
详		形声，言＋羊	审察，审理	细密，完备，清楚地知道，说明，细说	详略、详细、安详
警		会意兼形声，言＋敬	戒也，告诫	警告	敬：敬重，有礼貌地奉上

续　表

楷体	古　体	造字法	本　义	引申义	说　明
诫		会意兼形声，言＋戒	警也，告诫、警告	训诫	从廾（两只手）持戈以戒不虞

　　说话的谦虚谨慎，表现之一就是要注意说话的情景，注意对象、场合、对方的语言禁忌等，我们将其概括为"得体禁忌性"（见表 2.7）。

表 2.7　"言"部字蕴含的得体禁忌性原则

楷体	古　体	造字法	本　义	引申义	说　明
谊		会意兼形声。言＋宜（合宜）	合宜的道德、行为或道理	友谊	宜，本义祭祀土地神；祭祀是应当做的事，引申为适宜，应该，当然等
讥		形声，言＋几	旁敲侧击地批评	讥讽	
讽		形声，言＋风	朗读、背诵，传诵	委婉地劝谕，讽刺	《邹忌讽齐王纳谏》
讳		会意兼形声，言＋韦	避忌	有顾忌而躲开某些事或不说某些话	韦从舛从口，舛像两脚相对形

　　语言常常用来讲道理，应讲求方式，讲得明白易懂，说话要说完整，而不是说一半让人猜谜，可通过类比、打比方等方式让对方明白。下面的"言"部字反映了这一点（见表 2.8），我们概括为"明白完备性"，这也是谦谨性的表现之一。

表 2.8　"言"部字蕴含的明白完备性原则

楷体	古　体	造字法	本　义	引申义	说　明
训		会意兼形声，言＋川	教育，教导	可作为法则的话	说教也，必顺其理（条理、道理）
诲		形声，言＋每	教导，明示晓教也		明晓而教之也。晓之以破其晦是曰诲
譬		形声，言＋辟	譬如，比喻		凡晓谕人者，皆举其所易明也《说文解字注》
该		形声，言＋亥（hai）	军中戒约	完备、应当	戒约是军中必备之物

（4）正义性原则。

"文死谏,武死战。"谏,直言规劝,与"证"同义。"公""平""正""义"都能与"言"组成合体字,体现了正义、公平的传统价值观,我们概括为"正义性原则"。（见表2.9）

表 2.9　"言"部字蕴含的正义性原则

楷体	古 体	造字法	本 义	引申义	说 明
讼	𧦝	形声,言+公	争论	（在法庭上）辩明是非	讲求公开公正
评		形声,言+平	议论是非高下	讨论;评论;批评,意见	讲求公平
证	証	形声,言+正	以正言相谏		正:上面的符号表示方向、目标,下面是足（止）,意思是向这个方位或目标不偏不斜地走去。本义:不偏斜,平正
	證	形声,言+登	以言作证,证实	证据	
议	議	形声,言+义	论辩是非、道理	意见,讨论;评论是非,多指责备	義:"我"是兵器,又表仪仗;"羊"表祭牲,吉祥善良的象征;本义:正义,合宜的道德、行为或道理
讨	討	会意,言 + 寸（法度）	用有分寸之言训治,声讨	讨伐、交换意见、探讨	
论	侖	会意兼形声,言+仑	评论,研究	议论	论,仑,思也。思与理、义同。《论语》伦论字皆以仑会意。凡言语循其理,得其宜谓之论。故孔门师弟子之言谓之《论语》
访	訪	形声,言+方	广泛征求意见	向人询问调查,探望	方:四方、方正

续　表

楷体	古　体	造字法	本　义	引申义	说　明
辩	辯	形声，言＋辡(biàn)	辩论，申辩		罪犯相互争辩、辩论

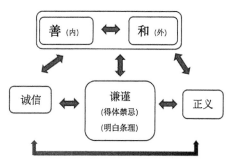

图 2-6　言语交际原则之间的关系

教师引导学生思考与讨论：这些原则中哪个是最核心的呢(和善性!)？教师用下面的图示启发学生理解"言"部字所体现的言语交际原则之间的关系(见图 2-6)。

内在的"善"是核心中的核心。"善"即将心比心，即"己所不欲，勿施于人"。有了内心的"善"方能实现外在的"和"。"善"通过"诚信""谦谨"("得体禁忌""明白条理")"正义"等形式表现出来，最终才能实现人际、家庭、社会的和谐，国家和世界的和平。"诚信""谨慎"和"正义"之间也有着联系，三者往往是统一的。谨慎地说有证据的话，谨慎地许下诺言才能实现"诚信"，"诚信"是"谨慎"的表现；而说的话、许的诺若与"正义"无关，则会受到道德的谴责；"谨慎"地讲理本身也包含了"正义"的取向。

综上，我们把"言"部字体现的话语交际原则和著名的合作原则①、礼貌原则②进行对比，结合顾曰国(1992)在中西对比的基础上提出的汉语交际的"'有德者必有言'的德、言、行准则"(我们姑且把它称为"道德准则")，可以发现，"言"部字体现的话语交际原则符合一般交际原则。(见表 2.10)

---

　　① H. P. Grice(1975)提出言语交际原则——合作原则，包含四条准则：质的准则，即不要说自知是虚假的话、不要说缺乏足够证据的话；量的准则，即所说的话应该满足交际所需的信息量；关系准则，即说话要相关；方式准则，即说话要清楚、明了，避免晦涩、避免歧义、简练、井井有条。

　　② Brown 和 Levinson(1978)、Leech(1983)等提出言语交际等"礼貌原则"。Leech(1983)认为"礼貌原则"必须遵循六大准则：得体准则(tact maxim)：减少对他人不利的表达，即尽量让别人少受损、尽量让别人多受益；慷慨准则(generosity maxim)：减少表达对自己有利的观点，即尽量让自己少获利、尽量让自己多吃亏；赞誉准则(praise maxim)：减少表达对他人的贬损，即尽量少贬损别人、尽量多赞美别人；谦逊准则(modesty maxim)：减少对自己的表扬，即尽量少赞赏自己、尽量多贬损自己；一致准则(agreement maxim)：减少言语双方的观点冲突，即尽量减少双方的分歧、尽量增加双方的共识；同情准则(sympathy maxim)：减少言语双方在情感上的对立，即尽量减少双方的反感、尽量增加双方的同情。

表 2.10　"言"部字体现的话语交际原则

话语交际原则	话语交际准则	代　表　字
和善性	赞誉谦逊准则	善、诱、誉
谦谨性 （得体禁忌性） （明白完备性）	得体慷慨准则 一致准则 同情准则 量与方式准则	谦、让、谨、详、警、诫 和、谐、调、讲、说、请、谢 谊、讥、讽、讳 训、诲、譬、该
诚信性	质的准则	信、诚、谅、许、诺、誓 诈、讹、谎、诽、谤、误、诞、谬
正义性	道德原则	讼、评、证、议、议、讨、论、访、辩

第二环节：学生对挑战性问题三进行报告。教师点评，师生讨论，得出如图 2-7 结论。（约 30 分钟）

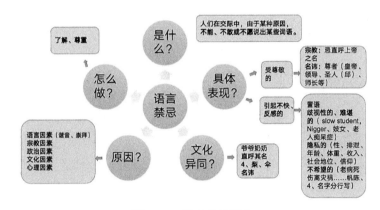

图 2-7　语言禁忌探究

学生分享更多实例，具体见表 2.11。

表 2.11　学生国家的语言禁忌现象

语言禁忌	国　家	表　　现
宗　教	泰　国	名字不能用红笔写，因为对死者才这样；对僧人忌讳说"给"
名　讳	越　南	不能叫大人、爸妈、老师等尊者的名字
	马来西亚	不同职位的人，有不同的称呼。称首相："我尊敬的首相"；马来西亚（华）人简称不是马来（华）人，马来西亚简称大马，因此要说是大马（华）人，不然会引起冲突
歧视性的	越　南	不能直接说"愚蠢"，而得说"不太聪明"

续　表

语言禁忌	国　家	表　　现
隐私性的	越　南	大小便→去 toilet,去见 WC
	韩　国	如果你想去上个厕所的话,可以说"我有个事"
	俄罗斯	对老人不说"老人、老奶奶、爷爷",最好说就用"您",不强调他们的年龄
不希望的	越　南	跟死有关禁忌:棺材→平安间,尸衣→寿衣,死→去世、升天、归先
	俄罗斯	不说"某人死了",最好说"去世了、走了、不在了"等
詈　语	俄罗斯	有很多道德禁忌,不能说不礼貌的话
	越　南	不能骂小孩"小鬼"
	印度尼西亚	含有祖宗或生殖器有关的骂人话是忌讳

第三环节:学生对挑战性问题四进行报告,观看与"语言暴力"有关的两个视频(一个是关于夸赞和责骂植物的实验,两种情况下植物生长状态完全不同,被夸赞的植物生长茂盛,而被责骂的植物慢慢枯萎;一个是六名少年犯对自己犯罪原因的讲述,都跟父母的语言暴力有关),教师点评并总结。(约 30 分钟)

我们进行了调查,80%的学生说自己遭受过语言暴力,60%的学生说自己实施过语言暴力。大家对语言暴力的表现、原因、危害以及如何防止进行了讨论(见图 2-8)。对于如何防止"语言暴力"的发生,学生讨论生成的词云(见图

图 2-8　学生对"语言暴力"发表看法

2-9)也能说明问题。

图 2-9 学生就如何防止"语言暴力"讨论后生成的词云

我们看到关键词有：管理好情绪、冷静下来、善良、柔和、语气、在意、素质、冲突、影响。最终我们得到如下结论(见图 2-10)：

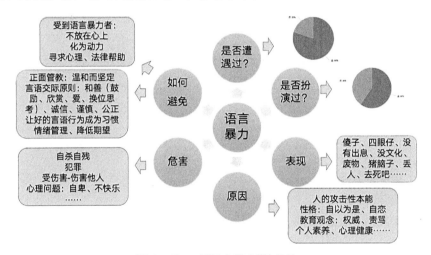

图 2-10 对"语言暴力"的总结

最后,老师总结：遵守四大原则,让好的言语行为成为习惯。

3. 课后延伸学习内容及安排

给暴力家长的一封信。

　　下面是一位学生的作业：

　　　　你好我是韩国留学生,叫申成湜

　　　　　你对暴力了解吗?

　　　　　你知道什么是暴力吗?

> 暴力对加害者来说可能只是个小玩笑，
> 对受害者来说，这有可能成为巨大的心理创伤。
> 我们无差别地使用小暴力。
> 如果我们减少暴力，
> 我们会成为没有暴力的社会。
> 努力一下怎么样？

(四)教学反思

这次教学实践取得了如下效果：

(1)本课程基本实现了课程教学目标。在知识传授方面，学生会利用汉字构造方式拆解"言"部字，会利用熟语、典故解析言语交际应遵循的原则，能结合自己国家的熟语、语言禁忌和自身经历的语言暴力事件进行跨文化认知比较；在能力培养方面，学生搜寻及分析资料、分析并解决问题的能力、自主学习的能力、跨文化交流能力以及学以致用的能力得以培养；在价值塑造方面，学生深刻认识到汉字蕴含的中国智慧，认识到和善诚信、谦谨正义的重要意义。

(2)学生参与度较高，拆解汉字、图片、故事、视频等手段确实增强了课程的趣味性；而主题讨论(生成词云)与调查以及留言区留言等方式，也有效提高了课堂的效率。

(3)教师充分体会到了"教学相长"。学生在讨论中补充完善了对某个问题的看法。如学生认为要避免"语言暴力"，情绪管理很重要；老师只从如何防止"语言暴力"发生来看问题，没有考虑"语言暴力"已经发生后，被"语言暴力"者应该怎么避免伤害，讨论后同学们提出了几个对策：放下、化为动力、寻求心理或法律援助。

主要的不足之处在于：

一是老师犯了一个语言禁忌，直接简称马来西亚为"马来"，以后备课过程中应针对学生的国家进行更深入的研究，不再犯类似错误。

二是个别字的解析有点难，需要老师结合更直观形象的图片加以说明。如"誉"，可以形象地展示用言语把人举起的形象，托举对方直到成功。

三是学习动机相对较低的学生参与度不高，应思考提高其学习积极性的对策。

三、结语

"言"部字蕴含了人际交往的原则和智慧。在"研究型挑战性教学"理念指导下,我们让学生课前自主完成问题型挑战、课中报告讨论、课后拓展实践,取得了一定的成效。说明这一教学方式适应时代和时势的需求,也适合国际学生这一特殊的群体。

我们对"言"部字文化教学进行管窥或案例式探究,以期举一反三、推而广之到其他部件字的研究与教学。以部件为纲,对具有同一来源和内涵的字族加以研究,能梳理出汉字及其文化内涵的清晰系统。我们希冀依托汉字这一承载历史文化的"活化石"阐释中国文化和智慧,让汉语二语学习者认识到汉字文化的魅力,继而产生学习与探究的兴趣与动机。

参考文献

[1] 北京师范大学汉字研究与现代应用实验室. 汉字全息资源应用系统 https：//qxk. bnu. edu. cn/＃/.

[2] 杜恒联.《说文解字》言部字语源义研究[D]. 安徽师范大学,2005.

[3] 段玉裁. 说文解字注[M]. 北京：商务印书馆,1930.

[4] 葛会.《说文解字・言部》研究[D]. 辽宁师范大学,2013.

[5] 葛校琴. 英汉语言禁忌的深层文化映现[J]. 外语与外语教学,2001(2)：39—41.

[6] 谷衍奎. 汉字源流字典[M]. 北京：华夏出版社,2003.

[7] 顾曰国. 礼貌、语用与文化[J]. 外语教学与研究,1992(4)：10—17＋80.

[8] 黄交军,唐亮. 从《说文・言部》看中国先民的语言审美文化[J]. 新疆广播电视大学学报,2007(4)：34—37.

[9] 乐韵,金桂桃. "一带一路"沿线东南亚国家语言禁忌调查研究[J]. 文学教育(下),2018(6)：64—65.

[10] 李清桓.《说文解字》"言"部字的中国古代法律文化解读[J]. 河北法学,2009(3)：70—73.

[11] 李智隽. 马来语和汉语的语言禁忌比较研究[J]. 现代语文(语言研究版),2016(1)：147—148.

[12] 刘雅琪.《音节汉字词汇等级划分》中"言"部汉字教学研究[D]. 华中师范大学,2017.

[13] 卢氏琼然,李柏令. 汉越语言禁忌的异同及其根源初探[J]. 现代语文(语言研究版),

2014(1)：134—136.

[14]　饶娟娟.《段注说文》言部字研究[D].华中科技大学,2013.

[15]　邵志洪. 从 KING LEAR 与三个女儿的对话看会话"合作原则"与"礼貌原则"之关系[J].外语研究,1992(2).

[16]　王宁. 汉字构形学导论[M].北京：商务印书馆,2015.

[17]　许慎. 说文解字[M].北京：中华书局,1979.

[18]　张大英. 二十年来(1988—2009)《说文解字》言部字研究述评[J].信阳师范学院学报(哲学社会科学版),2011(3)：92—95.

[19]　张静.《说文解字》"言部"字族的文化阐释[J].黄山学院学报,2015(1)：51—54.

[20]　Bergmann J. Flip Your Classroom：Reach Every Student in Every Class Every Day [M]. Washington, DC：International Society for technology in Education, 2012：21-37.

[21]　Grice P. Studies in the Way of Words[M]. Peking：Foreign Language Teaching and Research Press, 2002.

[22]　Austin J L. How to Do Things With Words[M]. Harvard：Harvard University Press, 1975.

[23]　Searle John R. Expression and Meaning：Studies in the Theory of Speech Acts[M]. Cambridge：Cambridge University Press, 1979.

作者简介：黄友,上海大学国际教育学院。

教育心理学在汉语国际教育
专业硕士培养中的积极作用

◎ 左倚嘉

摘　要：汉语国际教育硕士专业是一个新兴学科，也是一个交叉学科，主要培养可以胜任对外汉语教学的实践型人才。虽然该专业短短数年间为我国汉语国际教育领域输送了大量人才，但其研究生培养目前仍存在学生语言学理论的掌握与实际教学效果有较大差距、教学组织管理能力欠缺、思考研究能力不足等问题。本文认为，教育心理学可以很好地弥补汉语国际教育专业硕士培养方案和效果的不足。

以下将简述汉语国际教育硕士的专业定位和培养方案以及培养实际效果中存在的不足，梳理教育心理学的研究内容与方向，阐述其对完善汉语国际教育学科建设和人才培养的积极作用。重视教育心理学课程、加大该课程的学分比重具有很大的重要性和必要性，有利于提高汉语国际教育硕士研究生的教学实践能力和研究能力。

关键词：教育心理学；汉语国际教育；硕士培养

一、汉语国际教育硕士的专业定位：跨学科应用型专业硕士学位

汉语国际教育硕士，英文简称为 Master of Teaching Chinese to Speakers of Other Languages（MTCSOL），即面向母语非汉语者的汉语教学。这是一个非常新兴的专业，若从它的前身对外汉语专业的设置（1985 年）开始算，只有三十多年；从 2006 年国务院学位委员会办公室召开的"汉语国际教育硕士专业学位论证工作会"至今，汉语国际教育成为一个独立专业也不过十多年时

间。在此期间,学界对汉语国际教育的专业定位进行了多次讨论,其学科代码
也经历了若干次调整。最后,在《关于编制 2010 年硕士研究生招生专业目录
的通知》中将汉语国际教育专业的学科代码改为 5701,将该专业定位为专业
学位硕士。这意味着汉语国际教育专业更注重学生教学实践能力的培养,因
此,与偏向学术性的对外汉语专业不同,汉语国际教育是一门强调应用性大于
学术性的专业,更加具有外向型的特点(曾燕,2010)。

　　从学科设置来看,在《2012 年普通高等学校研究生教育体系》中,汉语国
际教育本科专业设置于"文学"门类下,而硕士专业学位类别则在"教育学"一
级学科之下(吴应辉,2019),这恰恰反映出了该专业的跨学科特点——横跨汉
语语言学与教育学——以及致力于培养高层次、复合型、应用型人才的目标定
位。汉语国际教育人才培养包括国际汉语人才、汉语国际教育师资、汉语国际
教育及中国语言文化研究等三方面的人才培养(贾益民,2019)。根据学科发
展现状,刘利(2019)提出,当前和今后的汉语国际教育专业应该发展以下六大
体系:汉语语言学体系、汉语第二语言教学法体系、文化教学体系、教师教育
体系、汉语国际教育评估体系、留学生教育与多语多文化教育政策体系,以及
汉语第二语言学习者认知与习得体系。因此,该专业的支撑学科体系包括了
语言文学、教育学、心理学、文化学、传播学等多种学科(崔希亮,2015)。综上,
汉语国际教育硕士专业是一门独立的、跨学科的、应用型学科。

二、汉语国际教育硕士培养现状:理论掌握有余,实践技能不足

　　汉语国际教育硕士是一个新兴专业,有着广阔的发展空间,但同时也意味
着它的培养模式尚在探索阶段。不少学者对汉语国际教育硕士专业培养方案
设定和实施存在的不足提出了自己的见解:例如,师资背景单一、多集中在语
言文学专业(李向农、贾益民,2011);人才培养的实践性不够充分,具体表现在
学位论文选题在课堂管理或教师职业管理等方面比较欠缺(周红,2019);教育
研究方法方面的课程比较缺乏(亓海峰、邵滨,2018);文化类课程分量过重易
让学生产生擅长跨文化交际就能成为一名合格的汉语教师的误解(丁安琪,
2009);甚至有学者指出大部分学生缺乏可以指导他们如何进行汉语教学的专
业知识(李泉,2009)等。

　　为了促进汉语国际教育硕士专业更长远更好地发展,不少学者提出了很
多加强教育学类课程设置的优化策略:例如,可以根据生源情况设置课程,如

果硕士生多为汉语言本科专业毕业,在硕士阶段可适当减少语言学课程,增强教育学科学习(李东伟、吴应辉,2017);学校应加强对学生教学设计能力的培训,帮助学生增强反思和自我监控意识(汲翔,2018);鼓励学生进行自我训练,增强实践能力(刘一蓓,2017);等等。在前人建议珠玉在前的基础上,本文认为汉语国际教育硕士培养方案应加大教育学类学科比重,尤其重视对教育心理学这门学科的学习,因其不仅能够从理论和实践两个方面指导汉语国际教育工作者的教学,还能提供系统性的研究方法提高汉语国际教育硕士研究生的研究能力。

　　然而,从《全日制汉语国际教育硕士专业学位研究生指导性培养方案》上看,占18学分的核心课程重在加强学生的汉语言理论学习,提高文化传播技能、跨文化交际能力;而注重教育教学的教育类课程被划归在拓展课程中,仅占2个学分;在大多数开设汉语国际教育专业的学校,教育心理学甚至仅为一门选修课,还或因师资短缺或选课人数不足存在着被关闭的风险。究其原因,本文认为,汉语国际教育工作者对教育心理学这一学科的内容及其在教育实践中可以起到的巨大积极作用了解不够,忽视了它在汉语国际教育专业培养中的重要性。下文将对教育心理学的学科内容进行简要梳理,以求读者大概了解教育心理学到底研究什么、教授什么,并以此为基础阐述教育心理学在汉语国际教育硕士培养中起到的积极作用。

三、教育心理学的学科内容及其在汉语国际教育专业培养上的用处

　　在正式开学的第一天,作为新手教师应该如何缓解紧张焦虑的情绪? 当某个学生对你说:"老师,我觉得我很笨,汉语太难了,我怎么学都学不会! 我不想学了!"你该怎么回答? 班级里有一个孩子被诊断出了ADHD(注意力集中障碍),应该选择怎样的教学方法呢? 下节课要教中国饮食,可以带学生们去中餐馆学习点餐吗? 学校要求教师期末上交一份自我评价,需要写哪些内容呢? 工作几年后,感到非常疲累,似乎进入了职业倦怠期,该怎么办呢? 以上案例是大部分汉语国际教育工作者在教学实践中常常会遇到的情境或问题。在本次会议上,我也就这些问题与汉语国际教育学者以及该专业的研究生进行探讨,大部分一线工作者认为部分案例确在实际教学中出现过,但在其专业学习和教学培训中未学习过应对策略。实际上,以上案例正是教育心理学这一学科所涵盖的内容,分属于教育心理学研究的教师心理、学生心理、教

学行为、教学环境、教师反思,以及自我评价与职业倦怠等六大板块。

　　教育心理学是一门实践型的学科,其理论都是在研究和实践的基础上发展而来的,致力从专业角度对教学实践进行解析并提供行之有效的解决方法。从学科分类来看,它是一门教育学与心理学的交叉学科,在教育学一类学科之下,也是一门独立的学科,有自己的理论和研究方法。从研究内容来看,教育心理学重点研究学习和教学,探讨如何改善教育实践(Pintrich & Paul, 2000),探索教育提供者、教学内容、受教育者之间的相互作用,主要目标是理解当一个人在某一情境中教授另一个人某一件事时究竟发生了什么。如图3-1所示,教育心理学教授和研究的内容相当丰富,下文将教育心理学研究内容①与汉语国际教育专业实践需要面临的实际情况相结合,讨论教育心理学在汉语国际教育领域的应用,从而明确教育心理学的学习在汉语国际教育培养中的必要性和重要性。

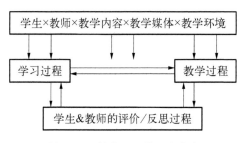

图3-1　教育心理学研究内容

　　与国内普通教师不同,汉语国际教育工作者面对的是不同国籍、不同文化背景、不同原生家庭、不同个性、不同年龄段、不同思维方式、不同智力、不同学习风格尤其是不同汉语基础等的学生群体,比中国学生存在更大的差异性和复杂性。由于在实际分班过程中可能会存在学生数不够等困难,不同年龄和水平的学生很有可能被编排在同一个班级(这也是笔者在英国孔子学院担任兼职汉语教师时遇过的实际问题)。学生是学习过程的主体,其群体差异和个体差异持续影响学与教的过程。因此,了解不同年龄段学生的发展水平和规律对教学而言非常重要。

　　教育心理学不仅提供关于学生的认知发展、情感发展和个性发展等理论与实际研究案例,例如皮亚杰和维果茨基的认知发展观等,帮助教育工作者了解个体认知发展的一般规律;还提出了差异化教学这一理念,认为有效的教学应该利用学习者之间的差异而不是忽略它们。一方面该理念在一定程度上可以缓解教师的心理压力——学习者的差异对教学而言并不是一件坏事,教师

---

　　①　主要参考美国教育心理学家 Anita Woolfork 所著 *Educational Psychology* 一书,该书也是目前国际教育心理学领域最具权威性的教材之一。

不必让学生的发展保持同等的速率;另一方面也为教育者提出了努力目标——所有的学生都有寻求目的、挑战、归属、力量和贡献的倾向,教育者应为每个学生制定专门的、参与性高的、高要求的、有重要意义的、支架式的教学。例如在进行汉语教学中,指导学生运用汉语描述彼此的差异不仅可以帮助学生习得实用性的汉语词汇,还可以借此教授"和而不同"这一中国文化概念。

教师如何看待教学和学生对学生的课业表现影响很大。例如,教育心理学领域最有名的实验之一罗森塔尔 & 雅各布森实验的结果表明,教师对学生的期待不同,对他们施加的方法不同,学生受到的影响也不一样,学业表现也会不同;一般来说,教师的期待越正面,学生的表现也会越好。教师这一角色被期待具备一定的专业品质和基本的教育信念,对教学和学习理论有一定的了解,具有良好的沟通能力,对学生有适当的情感投入,并能了解自身个人品质等;从某种角度而言,这也对教师的个人心理状态造成了很大压力,如何缓解压力、促进教师的职业发展也是教育心理学所研究的内容之一。汉语国际教育工作者对工作环境的适应显然比普通教师要困难得多,不仅如上文所述要面对复杂的学生群体,有的教师可能还要面临在陌生环境中自身文化休克的问题。针对这一情况,学习教育心理学中关于个体自我发展的板块显得尤为重要,学习者可以了解个体如何与外界进行互动,自我同一性如何获得,如何处理负面情绪、加强自我认知、提高耐压能力等;教师的心理稳定性对教学效果和学生的学业自我构建起着非常大的积极作用。

虽然教育心理学并不太关注教学内容即学与教的过程中有意传递的主要信息,而是更加关注教学内容的结构、难度与学生心理发展水平之间的关系,教学目标的设置,教学内容的分析和组织方法等,但个体的语言习得尤其是二语习得却是教育心理学研究的重点之一,与汉语国际教育联系也非常紧密。词汇的习得分为两个方面:一类是表达性词汇,即个体能说出来或写出来的词汇;另一类是接受性词汇,即个体能理解意义的词汇。一般来说,教师会从听、说、读、写四个方面对学生的汉语水平进行评估,也就是说,在词汇方面,教师只能通过学生的语言输出即表达性词汇的使用表现对其第二语言的水平进行判断。这就要求教师在教学中留心学生的日常表现,而不仅仅依靠考试成绩判断学生的语言水平。

作为第二语言学习者,其儿童期是语言敏感期,幼儿更容易习得二语,但成人学习者可使用更多的学习策略。越早学习二语对语音的掌握越好,所以成人学习者可能需要教师花更多精力纠正语音。第二语言又分为情境性语言和学术性语言,研究表明,大多数学习者对情境性语言的掌握时间大约为3—5年,而学术性语言则需要5—10年。但这并不表示,只要暴露在外语环境中,个体就能自然习得情境性第二语言。为学习第二语言,学生必须有动机去交流、接触讲外语的人,并与他们互动、获得支持与反馈。故此,教师需要鼓励学生用汉语与人交流,拥有语言环境对来华留学生来说并不困难,但在其他国家教授中文时如何创造良好的中文环境往往成为一线教师工作中的难点。

教学环境对教学产生着怎样的影响也是教育心理学的研究内容之一。教学环境分为物质环境和社会文化环境,汉语学校所在地区的贫富状况、文化传统、风俗习惯都是汉语国际教育工作者需要提前了解的信息,如何利用这些客观事实为学生创造适合的、优质的教学环境也是教师需要考虑的问题。教学环境不仅局限于学校内部,有心的教师会发现教学环境无处不在。例如,在教授中国饮食内容时,可适当考虑将课堂放在中餐厅,没有条件的可以将教室布置成厨房或餐厅的形式,为学生创造浸入式学习的体验。当然,具体环境的设置和教学内容的编排需要考虑学生的年龄特点和认知发展水平,教师也可以制定一些强制学生用中文交流的规定,例如在教室中不许使用其他语言等。

随着科技的发展,教学媒体的使用也发生了变化。教学媒体是指教学内容的载体、传递信息的工具,如书本、电脑、手机 APP 等。新一代的学生也表现出了比教师更好的技术素养,同时也更加依赖线上电子产品的使用,更有学者提出传统的教学方式不能完全适应科技高速发展的今天。针对汉语国际教育而言,笔者发现由于过度依赖手机电脑打字,很多留学生的手写能力呈现出弱化趋势,部分学生甚至对手写出现了排斥心理。汉语学习不等于拼音学习,会打字不等于学会了汉语,如何高效利用多媒体教学并同时尽量减少其对汉语教学的不良影响,是每一个汉语国际教育工作者需要思考的问题。这一观点指向了教师的另一个角色特征,即研究者。

如上文所述,目前汉语国际教育硕士研究生的教学实践能力和研究能力都较为缺乏。教育心理学是一门研究实际教学的学科,但它同时也是一门研究型的学科,有着相对独立、成熟的研究方法体系,运用较为普遍的是描述性研究,即通过对调查报告、访谈记录、教室里的真实对话片段、课堂活动的录音和录像资料等进行分析,研究一个群体中自然发生的事件,同时探索这一事件对相关个体的意义。同时,教育心理学也借鉴了大量新兴的心理学研究范式和方法,如话语研究(discourse analysis)、论述心理学(discursive psychology)、叙事研究(narrative analysis)、心理社会研究(psychosocial study)等,为研究提供更多途径。

　　教师作为参与式研究者,具有得天独厚的有利条件。首先,在自己的课堂上以自己的学生作为研究对象,研究者对无论是研究环境还是研究对象都比较熟悉,不需要花太多时间适应,而且教师与学生彼此了解,已有一定的信任感;第二,教师作为参与式观察者,不仅可以近距离观察教学实践和学生表现,还可以切身体会作为研究者的感受,所收集的信息更加准确。但同时,双重身份(教育实施者和研究者)也对教师提出了更高的要求。例如,在行动研究(action research)中,教师同时作为研究者和被研究者,需要进行自我观察、记录并分析自己的思考与感受等。事实上,无论是作为教师还是研究者,都要警惕对学生有先入为主的看法,坚持自我反思,记录研究日志等,在此由于篇幅原因不再展开。综上,对于汉语国际教育硕士专业,教育心理学不仅能以丰富的教学理论与实践指导学生的教学能力,还能培养和发展学生的科研能力。

四、总结: 教育心理学在汉语国际教育专业硕士培养中的积极作用

　　授人以鱼不如授人以渔。就汉语国际教育一线教师身份而言,教育心理学不仅告诉教师教什么(根据学生年龄和背景设定教学内容与方案)、怎么教(如何设置教学环境、利用教学媒体、设计因材施教的教学方法等),更重要的是,它以大量的研究结论为基础告诉教师为什么要这么教(学生心理及教师心理有什么特点),帮助其了解个体发展、学习、动机、教学和评估的复杂过程,促进教师变得有能力且自信,让教育者不仅知其然,更知其所以然。

　　就汉语国际教育领域的研究人员身份而言,教育心理学提供了语言学以外的研究视角、理念和方法,帮助其更加全面地促进该学科的学术发展。例如,研究人员可以在实际研究中关注来自不同语言和文化背景的学生在中文习得上的不同(优势/困难),及其对教学工作的影响;在与特定文化背景下学生的互动过程中教师的自我意识产生了哪些变化等。

　　相对于国内教师,汉语国际教育一线工作者在陌生的环境中往往需要应对更大的心理压力,教育心理学能提供相关知识帮助调节自身的心理状态,帮助其更快地适应环境,减小对教学的负面影响(宁隐琦、黄岩,2019)。当然,作为认知工具,教育心理学鼓励并指导个体进行自我反思——不仅以汉语国际教师的身份,而且以研究者以及学习者的身份,检视、反思和解释自己在学习和职业生涯中面临的一些问题和困惑,使得个体的自我发展与职业发展相互

促进。

综上所述,教育心理学在汉语国际教育专业硕士培养中发挥着巨大的积极作用,重视并加强该学科的授课是十分重要且必要的。

参考文献

[1] 崔希亮. 关于汉语国际教育的学科定位问题[J]. 世界汉语教学,2015,29(3): 405—411.

[2] 丁安琪. 关于汉语国际教育硕士专业课程设置的思考[J]. 国际汉语教育,2009.

[3] 冯康净. 汉语国际教育硕士教育实习现状调查与分析——以渤海大学 2014 级为例[D]. 渤海大学,2016.

[4] 汲翔. 汉语国际教育硕士课堂教学设计能力调查研究——以大连外国语大学实习生为例[D]. 大连外国语大学,2018.

[5] 贾益民. 新时代世界华文教育发展大趋势[J]. 世界华文教学,2019(1): 18—24 + 2.

[6] 李东伟,吴应辉. 我国汉语国际教育硕士培养模式现状与优化策略[J]. 中国高教研究,2017(10): 62—66.

[7] 李泉. 汉语国际教育硕士培养目标与教学理念探讨[J]. 语言文字应用,2009(3): 105—112.

[8] 李向农,贾益民. 对外汉语与汉语国际教育: 专业与学科之辨[J]. 湖北大学学报(哲学社会科学版). 2011(4): 38—43.

[9] 刘利. 架设语言沟通之桥,同筑和谐互鉴之路——庆祝新中国成立 70 周年汉语国际教育高端论坛致辞[J]. 国际汉语教学研究,2019(04): 4—6.

[10] 刘一蓓. 刍议汉语国际教育硕士专业实践能力培养[J]. 文学教育(下),2017(9): 114—115.

[11] 宁隐琦,黄岩. 谈汉语国际教育课程对教师执教能力的培养[J]. 才智,2019 (12): 91.

[12] 亓海峰,邵滨. 高校汉语国际教育专业硕士人才培养的问题与思考[J]. 辽宁师范大学学报(社会科学版),2018,41(4): 38—43.

[13] 吴应辉. 汉语国际教育学科建设中的中国担当与学术自信[J]. 国际汉语教学研究,2019(4): 27—29.

[14] 曾燕. 汉语国际教育硕士培养现状研究[D]. 西南大学,2010.

[15] 周红. 从学位论文选题看汉语国际教育专业硕士人才培养[J]. 国际汉语教育(中英文),2019,4(2): 41—52.

[16] Riessman C K. Narrative Analysis (Qualitative Research Methods Series 30)[M]. Newbury Park, CA: Sage Publications Ltd, 1993.

［17］ Edwards D & J Potter. Discursive Psychology［M］. London：Sage Publications Ltd，1992.

［18］ Potter J & Wetherell. Discourse Analysis & The Identification Of Interpretative Repertoires［M］//Antaki，C（ed.）Analysing Everyday Explanation：A Casebook of Methods. 1988.

［19］ Pintrich & R Paul. Educational Psychology at the Millennium：A Look Back and a Look Forward. Educational Psychologist［J］. 2000，35(4)，221-226.

［20］ Frosh S. Psychosocial Studies And Psychology：Is A Critical Approach Emerging? Human Relations［J］. 2003,56(12)，1545-1567.

［21］ Woolfolk A. Educational Psychology（12th Edition）［M］. Pearson Publications. 2018.

作者简介：左倚嘉,上海大学国际教育学院。

土耳其学生语言距离感知和
汉语学习焦虑的研究与对策

◎ 杨桂媛

摘　要：土耳其是"一带一路"沿线的重要国家之一。近年来学习汉语的学生有迅速增加的趋势。本文通过对在土耳其进行汉语教学的教师访谈，分析了土耳其学生的汉语语言距离和由此带来的汉语学习焦虑，总结土耳其学生在学习汉语中经常遇到的普遍性问题。本文还探讨如何帮助学生克服汉语学习焦虑，使其更有效地学好汉语。

关键词：土耳其；汉语教学；语言距离；汉语学习焦虑

一、引　言

　　土耳其连接欧亚两个大陆，是"一带一路"沿线重要的国家之一。随着中土政治经贸关系日益紧密，汉语人才的需求明显上升。笔者通过对伊斯坦布尔和安卡拉的汉语老师进行访谈，观摩土耳其海峡大学孔子学院汉语教学的课堂并结合自身在土耳其海峡大学 15 年对土耳其学生的教学经验，试图从语言距离角度剖析土耳其学生的汉语学习焦虑，总结他们在汉语学习过程中易出现的普遍性问题，并尝试提出适合土耳其汉语学生的教学建议。

　　基于国别的土耳其学生学习汉语的研究已经出现，比如杨同军(2010)分析了土耳其学生汉语习得的偏误现象。阿里·爱登(2012)作为一个土耳其汉语学生分析了土耳其学生在学汉语时常见的语音偏误及教学对策。图爱华(2013)分析了土耳其学生在汉字学习上容易出现的偏误并指出其产生的原因。李霞(2012)对汉语和土耳其语语音系统做了对比研究。艾莉芙(2012)对土耳其语和汉语语法进行了对比研究。欧曼尔(2011)对土耳其学生汉语学习的双语迁移做了研究。洒强(2019)对土耳其汉语教学情况做了综合分析总结。土耳其学生到中国留学以后,基于土耳其语的母语知识优势,其对土耳其和汉语语言的对比研究可以说对土耳其的汉语老师有很大的教学启发。

在汉语动机方面,刘军、王亚克(2016)曾做过土耳其学生学习汉语的动机进行调查,得出的结论是"土耳其汉语学习者的融入型动机都明显高于其他动机类别,说明学习者喜欢汉语,喜欢中国,想了解中国文化,想在将来有机会融入中国社会"。土耳其学生对学习汉语还是有很大的热情的。最早安卡拉大学中文专业的学生有很多来中国留学的,有的已经成为土耳其著名的汉学学者,但是大部分早期的土耳其汉语学生在 20 世纪八九十年代找不到与汉语相关的工作,不得不从事汉语以外的工作。随着中土关系日益友好发展,很多学习汉语的学生一毕业就可以到华为、土耳其中国工商银行等中资企业就业。这给当下正在学习汉语的学生带来很大的学习动力。

笔者对在土耳其进行汉语教学的老师进行访谈,试图从老师的角度归纳土耳其学生对汉语的认识,总结他们在汉语学习中遇到的普遍问题,探讨土耳其学生的语言距离感知带来的汉语学习焦虑,以及如何克服焦虑以更好地学习汉语。

二、语言距离理论与外语学习焦虑理论

世界上不同国家和地区的语言有的在很多方面相近,但也有些有很大的差异。比如法语、意大利语、西班牙语同属拉丁语系,相似性就高些,而英语和阿拉伯语差异性更大些。Ellis(1994)指出语言距离既是一种语言现象,也是一种心理现象。前者是指母语和目标语的实际语言差异,后者是指学习者在外语学习过程中出于语言和文化差异导致的一种主观认知。学生在学习外语时经历的语言和文化差异,会挑战母语的语言和文化身份认同感,经历迷茫、惶恐和焦虑。外语学习焦虑研究可以追溯到 20 世纪 40 年代,到了 80 年代 Horwitz E.、Horwitz M. 和 Cope(1986)对它进行了专门的研究,把外语学习焦虑定义为"在语言学习过程中产生的显著的自我知觉、信念、情感及行为"。外语学习焦虑有三种不同种类,即交际焦虑、考试焦虑和害怕负面评价的焦虑。这种焦虑虽然有时能让学习者更加努力,但也可能成为学习外语的重大

障碍,使得学习者不自信、自我怀疑、担心恐惧甚至最终放弃这门外语的学习。虽然外语学习是一个连贯不间断的过程,Tobias(1986:35—54)为了研究起见,提出了外语学习焦虑的阶段学说,即输入阶段、处理阶段和输出阶段。这有助于我们观察学习者在语言距离影响下经历的焦虑情绪,从而采取有效措施帮助学生降低焦虑情绪的影响。语言距离和外语学习焦虑的理论对土耳其学习汉语的学生有很大的借鉴意义。

三、研究方法和研究步骤

本文的报告研究于 2018—2019 年由笔者独立进行。这一研究通过跟在土耳其有多年对土耳其学生汉语教学经验的老师访谈,试图回答两方面的问题:(1) 在他们教学过程中了解到的土耳其学生对汉语的语言距离有怎样的认知,这对他们的汉语学习产生怎样的影响,他们在汉语学习过程中遇到了哪些普遍问题;(2) 通过访谈综合了解土耳其学生学习汉语的焦虑现象,以及怎样克服语言距离的障碍,让土耳其学生更有效地学习汉语。希望能为未来的土耳其汉语老师提供一些提示和线索。

本研究依据的主要语料是笔者对在土耳其安卡拉和伊斯坦布尔的 5 位汉语教师进行一对一面对面的访谈、在海峡大学孔子学院面对全校的公开汉语课的课堂观察、课后与老师的经验交流以及学生的作业样本。访谈均采取半开放式,即事先拟好一些话题范围,由老师根据自己的个人经验自由展开,或者在访谈过程中有新的话题也可以进行讨论。每次访谈时间为 1—2 个小时。访谈语言为老师的母语,即汉语和土耳其语。访谈过程中不对老师的教学法做出任何评价。

访谈主要分几个部分:

(1) 老师的个人情况和职业背景、任教单位、教学环境、学生状况、在土耳其教学时长。被采访的老师有 4 名是土耳其公立大学的汉语教师,1 名是私立大学汉语教师。4 名中国人,1 名土耳其籍本土老师。3 名教师在 60 岁以上,总的来说从事汉语教学 30 年以上,在土耳其教学至少 15 年以上。2 名年轻教师平均年龄在 30 岁左右,均在中国和土耳其有汉语教学经验。

(2) 土耳其学生对汉语的认知如何,实际语言距离和心理语言距离对土耳其学生学习汉语有哪些方面的影响。汉语老师们在逐渐了解土耳其语的特点之后,土耳其语和汉语的实际语言差异使学生在语音语法语用和文化上学生会经历哪些容易犯的错误。

（3）探讨如何可以帮助土耳其学生逐渐克服汉语学习的焦虑,更有效地学习汉语。

（4）汉语教学建议。利用现代科技引导学生克服汉语学习焦虑,更有效地学习。根据翻转课堂(flipped classroom)和移动学习(mobile learning,简称m-learning),老师带领学生不断地把学过的知识运用到新的教学活动中去,使汉语学习成为一种持续性的学习体验。

四、访谈报告与分析

（一）土耳其学生汉语学习过程中常见的问题总结

笔者与汉语老师访谈的一项重要内容是这些老师教土耳其学生的独特经验,涉及土耳其学生在学习中会遇到的普遍问题。鉴于土耳其语和汉语有很大差别,为了进一步深入探讨土耳其学生学习汉语的特点。我们可以先粗略地比较一下土耳其语和汉语,来感性认识一下汉语和土耳其语的实际语言距离。

土 耳 其 语	汉 语
阿尔泰语系	汉藏语系
官方语言土耳其语	官方语言普通话
无声调	有声调
书写语言拉丁字母,朗读方式与书写方式一致	书写语言汉字(每个汉字有自己的读音)
复杂语法	简单语法
主语宾语谓语句式机构	主语谓语宾语句式结构
黏着语	孤立语

从多年对土耳其学生的汉语教学的经历中,老师们逐渐了解了土耳其语的一些特点。现代土耳其语经过凯末尔的文字改革后改用了拉丁字母,学习起来难度下降不少。虽说多了些带"尾巴"的字母Ş、Ç,也没有英语中的 Q、W、X,但是不影响它的元音和谐。元音和谐是土耳其语的突出特征之一。除

外来词外,一个词的所有元音必须属于同一个类别(前元音或后元音)。简单来说,就是元音辅音搭配,元音辅音都不会连续出现,读起来就朗朗上口。像"Saat"(小时)就源自阿拉伯语,"deniz"(海)是土语词。所谓黏着语就是在词干后边加后缀,比如人称、时态、方位、语态等。土耳其语属于阿尔泰语系,其书写文字是拼音文字,与汉语的发音有很大区别。了解这些实际的语言距离能帮助汉语老师在教学过程中参考土耳其语的语音语法习惯,预测或者及时识别学生的错误,有针对性地纠正。下面就对老师们的访谈总结土耳其学生学习汉语时经常遇到的问题。

1. 土耳其学生在汉语的发音上经常出现的问题

(1)声调。土耳其学生受土语影响较大,对每个音基本都同样重音读,汉语的四声音调和轻声不明显。句子的节奏韵律不符合汉语的节奏韵律要求。还有单词单独读能读对,但放到句子里整个声调和节奏感就掌握不好了。

例词:咖啡　应该　星期三　运动　制造　宿舍　学校　明天　昨天　游泳　刚才

土耳其学生在语调上遇到的困难很大。比如两个一声的词通常会重读第一个词,老师可以领读让他们意识到两个一声的单词高而平,不能有音高变化,第二个词还要略长些;两个四声的单词重点要放在第二个词上。在教学中学生普遍认为汉语的读法会显得很专断,怕别人觉得自己不礼貌,所以不愿意按汉语习惯说。需要老师耐心解释这是汉语的发音习惯,将来跟中国人交流的时候没有人会觉得你不礼貌。

(2)轻声。因为土语的特点是每个音节都均匀发音,没有特别重读的音节规律,所以学生对汉语的轻声词汇有困难。

例词:妈妈　知道　喜欢　一个　眼睛　太太　力气　便宜　漂亮　觉得

轻声是土耳其语里没有的一个现象。在汉语里很常见,运用不当又会产生意义分歧,比如:北京、背静、背景,画、画儿,头、头儿;所以老师还是要强调应该正确掌握轻声的读法。教轻声时老师可以辅助手势语言,即用手势标注声调,到轻声的时候只用手指轻轻一点,以提示学生这个字要轻声读。

（3）韵母。

① 土耳其学生在学习以下几个元音时经常出现偏误。

汉语拼音的 e，在土耳其语里念 /e/。

例词：德国　特点

在这个元音上有明显的土耳其语负迁移作用，在第一个学期要重点纠正。

② 汉语拼音的 i，土耳其学生容易受母语的影响读成土语元音 ı，读 [ə]。

例词：弟弟　问题

这个音也是受土语影响严重的一个元音。遇到 i 的时候土耳其学生容易读错。

③ u 和 ü 的发音。汉语拼音的 ü，在声母 j、q、x 后面写成 u，但是实际发音是 ü，其余声母后边 u 不读 ü，还是读 u 的音。土耳其很多学生对这两个发音经常混淆，他们容易把所有的 u 都读成 ü。

例词：书本　马路　木讷　露天

老师在遇到学生犯这样的错误的时候要重新提醒发音规则，并做专项练习，以便学生能内化这条发音规则。

（4）声母。汉语 C 的教学可以借鉴英语 cats 最后的辅音发音方法。土耳其学生一是容易和英语的 S 混淆，二是容易和土语的 C 发音混淆，土语的 C 和汉语拼音 Zh 发音类似。建议从一开始就借鉴英语发音，让学生不要走弯路。

例词：参加　曾经　测验　猜测

2. 常见的语法偏误

虽然土耳其学生普遍觉得汉语语法相对简单，没有名词单复数和阴阳性变化，动词也不因为时态不同有任何变化，但还是在下面几个方面容易出错。

（1）语序位置不当。土耳其学生受英语负迁移影响，通常将状语放在最后,受土耳其语影响将宾语放在动词前面,名词所属位置也经常出现问题。

  例句：*我学习汉语在海峡大学。

    *我没作业写。

    *伊斯坦布尔是最大城市的土耳其。

  (2)近义词混淆。近义词如"帮助、帮忙、回来、回到"等在用法上有区别,可以在上下文的语境里让学生体会。

  例句：*我今天帮忙他。

    *你回来中国的时候,别忘了给我打电话。

  (3)助词的用法错误。助词也是土耳其学生的一大难点。对结构助词如、时态助词和语气助词都要做专门练习。

  例句：*老师你讲的我听不懂了。

    *今天弟弟没写作业了。

    *麦克是美国学生的。

  (4)把字句偏误。把字句是汉语特有的语法现象,因其复杂性和特殊性成为土耳其学生学习汉语过程中的难点。

  例句：*把不懂得地方要问我啊!

    *她把新买的衣服穿。

    *我放你在我心里。（我把你放在我心里。）

  (5)形容词用法偏误。受英语影响,学生在使用形容词的时候习惯按英语的说法用 be 动词。老师一定要跟初学者讲形容词在汉语里可以直接用作谓语。如果加上"是",那么听者会期待,认为你还没有讲完,而且意思上一定有转折。

  例句：她是漂亮,但是没有我漂亮。

    北京大学是好,但是你也去不了啊。

我是累，但是还有好多活还没有做完。

（6）比较句。土耳其学生用比较句的副词容易出错，语序容易受英语影响经常将比较句放在句末。

例如：*你比他很胖。
*穿这件衣服好看比那件。

3. 汉字书写方面

土耳其学生总体觉得汉字很难，甚至有的学生提出"老师我们只学拼音，不要学汉字。中国人应该进行文字改革去除汉字，像其他国家的人一样只用拉丁字母表达就够了"。他们觉得要学习汉字发音，又要学习汉字书写，简直像在学习两门语言。但是汉字是汉语最独特的地方，离开汉字，汉语也没有办法清楚地表词达意，因为同一个发音，有很多不同的汉字，所表达的意思都不一样。学生觉得汉字的笔顺也很难，总觉得能看着汉字画出来就行了，遵守汉字的笔顺没有必要。所以老师要告诉学生汉字的笔顺是我们的祖先总结出来的最快的写字方法，只有这样写才能保证字写得又快又好。

汉字的学习也是一个很有趣的过程。虽然学习汉语可以听说领先，读写后置跟随，但是忽略汉字学习就像盖房子，打的基础不牢，学习汉语也不会走得很远。学生在逐渐了解主要的偏旁部首以后，会意识到许多汉字可以再分解成更小的部分，逐渐了解合体字的主要结构规则，看到汉字就像解码一样来了解生词的含义。这是汉语区别于字母文字的地方，在解码汉字时可以大胆发挥想象力创造力，使汉字学习变成一个非常有趣的过程。比如，"看"字，当解释完"看"字上下两部分的单独含义，是手搭在眼睛上表明看的意思的时候，学生就很容易记住了；"出"字学生想象成人在深山里，要出去，要找出口；"从"是两个人一前一后地走，所以是跟随的意思；"林"和"森"都是树林，但是森林的树要多很多；"大"字是一个人平举起双臂，意思是大，那么和水在一起，"大水"就是发洪水的意思。虽然这些想象可能不一定符合汉字的词源，但是如果能帮助学生记住这些生词，富有想象力的方法还是可以用的。

（二）语言距离给土耳其学生带来的汉语学习焦虑

访谈中所有的老师都提到土耳其学生觉得汉语太难，跟他们的母语区别太大。学习汉语单词要记住生词的意思、生词的拼音、生词的声调、汉字的书写以及汉字的笔画顺序。学生经常问老师"我们学得会吗?"。这种担心和焦虑在第一个学期尤其明显。所有访谈老师都谈到汉语的语调语言特征以及汉字的复杂性,会在汉语的听说读写各个方面让土耳其学生感到困难,是造成汉语学习焦虑的主要原因之一。访谈的老师反映,他们所在学校的土耳其学生汉语退学率一般在50%左右。Gardner、Moorcroft 和 MacIntyre(1987)的研究揭示退学就表明学习者有很高的外语焦虑。50%的数据说明土耳其学生学习汉语的焦虑程度还是很高的。学生一开始学习时对汉语声调和汉字非常不适应。老师在声调上得不断纠正学生的发音。内向腼腆的学生感到非常紧张焦虑甚至害怕,在重复几次还不能正确发音的时候就有强烈的挫败感。老师要随时考虑到学生的这种焦虑状态并及时鼓励学生,告诉学生"老师纠正你的发音是必要的,不要因此感到难为情。因为汉语的语调是非常重要的,如果声调不准确将来在交流的时候会发生重大歧义。老师在给你们纠正错误的时候千万不要觉得是老师跟你个人过不去"。汉语学习焦虑程度当然因学生而异。这与学生的性格特点包括是否害羞腼腆、是否性格内向、是否不太自信、是否对自己的期待很高、是否有完美主义倾向、是否喜欢竞争好面子都有很大的关系。

对于土耳其学生的这种汉语很难的语言距离主观认知,汉语老师都需要认真对待,让他们在一定程度上排除对汉语的畏难情绪,让学生知道虽然汉语跟土耳其语有很大差别,但只要他们努力还是能学好的。在消除学生汉语学习焦虑方面,下面汇总访谈老师的尝试建议。

(1) 在学生刚开始学习汉语的时候做汉语的 workshop。邀请有成功汉语学习经验的老学生讲述他们学习汉语的经历,分享他们成功的经验,减少入门级学生的畏难情绪。另外对汉语语调和汉字进行专门的教学,当堂让新学生操练,让他们放松,认识到汉语虽然难但可以学得会。土耳其学生大多热情合群爱帮助别人,老学生带新学生在一起学习汉语的情况很普遍。汉语新生看到学了两三年的学生能说能写、毕业后有很好的出路,对他们是非常现实的正面鼓励。学习汉语初期有我能学好汉语的态度的学生往往能走向成功。

(2) 汉语老师要重视学生有焦虑情况的表现。比如有的学生在课堂上爱沉默,不爱参与课堂活动;有的学生一说话就脸红,爱出汗,伴随心跳加快;单独被老师提问时说话走音,结巴,不敢跟老师眼神接触等。跟学生私下交流可以提出问题,比如你迟到了、昨天没来上课、没有完成作业,你的发音经常性地出现某些问题等,但要避免指责,可以询问学生：老师很在乎你,怎样才能帮助到你?

（3）创造和谐的汉语学习气氛。多创造语言与文化活动机会,增加同学之间的互相了解信任友爱。有孔子学院的汉语教学单位有资源为学生组织中国电影节、中国音乐节、学生可以表演汉语节目的中秋和春节联欢、组织包饺子或者做中国菜的聚会,让学生分组合作完成视频作业,quizlet live学生可以在线打汉语游戏比赛等。当汉语教学活动有足够吸引力,学生就会逐渐放下焦虑乐于参与汉语教学活动。

（4）教师的角色定义。在中国传统文化老师是"传道、授业、解惑"的权威性人物,知识的传授也是从老师向学生们的单向传授。随着时代的发展,老师的角色显然也发生了变化。互动汉语课堂活动,比如生词记忆游戏,分小组比赛,为短视频配音,集体合写故事,把不同几幅图画交给学生,让他们按自己的顺序安排人物关系写出不同的故事。给学生创造的空间越大,学生的参与热情越高。老师把书面死的课文变成活学活用的语言实践,学生成功地说写交流,就能有效地缓解学生汉语学习焦虑。

（5）纠正错误的方式。一位访谈老师曾分享了下面的轶事。一位土耳其汉语学生暑期做导游,给中国人讲解景区的一个教堂时曾说"你们看教堂顶上有一个狮子",所有的中国游客找了半天也没看见,大家面面相觑,最后才明白他说的是"教堂上的十字"。显而易见,汉语老师无法避免地要纠正学生的错误,但老师真的要理解汉语的声调对土耳其学生确实很难,老师纠正的时候态度要和蔼耐心。有时候用土耳其语解释一下发音方式,都能起到很好的帮助作用。另外学生发言的时候最好不打断,老师边听边做笔记,最后把需要纠错的地方集中在全班讲解。对音调和语序都可以用手势提示学生要做调整。还有老师可以重复学生的话,让全班学生一起纠正。也可以总结打印全班学生的句子作为作业让他们自己纠正。当然老师不能只纠错,一定要表扬每一个学生做得好的地方,给学生足够的鼓励。

（三）访谈汉语教学法方面的启示

访谈中所有老师都提到土耳其语与汉语的语言距离会让土耳其学生特别是初级汉语学生感到焦虑,这是非常自然的现象。因此,老师需要从土耳其学生的视角安排汉语教学的内容和教学活动,选择最大化缩短汉语语言距离的教学方式来让学生积极主动地学习。经验证明与汉语接触越多,掌握的汉语词汇和表达方式越多,学生越容易降低焦虑情绪,能更自信地用汉语交流。目前现代科技手段可以辅助汉语老师,引导学生自主学习,减少焦虑,提高学习效果。根据翻转课堂(flipped classroom)的教学原理,可以让学生在课下预习,内化处理生词课文,为在课堂上做更有效的输出。智能手机、平板电脑、Kindle 电子书阅读器等移动设备可以让学生更自由地选择学习时间、学习地点,这种移动学习已经成为非常受学生欢迎的汉语学习方式。学生在自学过程中可以记下学习的难点,向老师提出来。社交媒体如 WhatsApp 和 Instagram 让同学之间可以互相帮助,分享资源,比如哪些线上汉语词典功能更强,哪些网站提供 HSK 的模拟题训练,哪些网站提供跟教材配套的单元测验等。汉语老师的角色转为帮助学生更有效学习的促进者和引导者。

目前很多的土耳其大学和部分中小学已经有网上上课平台。老师可以在课前将学习材料上传到 Moodle 系统或者直接通过 WhatsApp、电子邮件等发送给学生。课文涉及的语法解释以及练习学生可以提前学习。老师通过网上平台了解每个学生上网学习汉语的时间长短和每周学习汉语的频率。上课是对语言点的处理阶段,老师进一步检验学生是否充分理解生词和语法并能正确使用。围绕语言点的互动课堂活动能让学生更生动地理解语言点的讲解。比如对于土耳其学生经常用错的语法点"有点儿"和"一点儿",就可以请两个学生拍自拍来演示。手比较小的同学可能说"这个手机有点儿大,拍照不方便",手比较宽大的学生可能说"大一点的手机对我一点儿问题也没有"。上课时通过实际演示来区别出这两个词的不同用法会更直观。另外访谈老师也谈到不能把汉语教学处理为割裂的语言学习活动,不能只按照课本的不同单元做线性学习。在设计课堂活动的时候,老师应该带领学生以当前学习内容为基础,充分复习学生以前学过的知识,使之梳理重组、互为连接并带动学生应用到新的语言练习中去,帮助学生提高学习汉语的自信,创造可持续强的汉语学习经历。比如初级班在学习怎么在饭馆点菜的时候,可以设计为庆祝节日去餐厅吃饭,同时揉入节日、礼物、点菜、买单等环节。从服务员欢迎客人,带领客人入座,客人坐下以后的谈话,庆祝生日、母亲节或者情人节,到客人之间的关系、彼此送什么礼物、最后谁买单都可以给空间让学生自主决定。每次学生的角色表演的内容都不是学生机械背诵当下单元的课文,这样学生创作意识和参与意识会更强。到了中高级阶段这种课堂活动就更适合有了一定汉语基础的学生。因为学的汉语越多,语言距离带来的焦虑就会得到更多的缓解。比如中级汉语学到工作面试的时候,可以让学生分小组从面试官的角度和应试者的角度围绕面试准备不同的问题。比如面试者如何做自我介绍、面试时应该穿什么样的衣服、怎样介绍自己的教育经历、怎样谈自己的工资预期和福利、可以向面试官提问什么问题,作为面试者会提怎样的问题等,学生把小组成员说出的关键词或者句子记录下来,小组之间交换并互相补充改进。老师可以在班里不同小组间穿插帮助。在有充分准备的前提下,学生会知道不同的角色会谈论什么问题,然后在全班前面表演。课后老师布置作业可以在Moodle 系统的 forum 上,提问跟课堂有关的开放性问题让学生各抒己见。比如什么样的工作是好工作?你认为孩子长大什么时候应该从父母那里搬出去?怎样的生活算达到财务自由?还可以在 Moodle 上给学生中文视频或者电影的链接,然后以 zoom 视频会议的方式分小组回答问题,并开展文化讨论。语言的学习离不开文化,文化讨论的最终目的不是比较哪种文化更为优越,而是开阔大家眼界,看到世界的多元化及其存在的合理性,让彼此更加尊重和包容。由此汉语教学就从单向地从老师向学生输出变成老师和学生一起构建汉语课堂学习的新模式。

汉语老师如果想教好汉语,就必须对土耳其学生和土耳其语言文化有足够的了解和尊重,保护学生学习汉语的热情和自尊心。因此老师是否能准确判断教学内容的难度,对教学内容再创作,切实拟定适合土耳其学生的汉语习得路径至关重要。只有让每个学生感觉自己受到尊重、自己的参与有价值、能够达到预期的学习目标,才能让他们最终爱上学习汉语。

五、结论

本文通过跟在土耳其进行汉语教学的老师访谈,分析语言距离和汉语学习焦虑对土耳其学生学习汉语的影响,探讨土耳其学生学习汉语的普遍性问题和有效降低学生汉语学习焦虑的方式。笔者衷心期盼在土耳其的汉语教育者同心协力,更深入了解土耳其学生学习汉语的特色,让更多的土耳其学生学好汉语,使之成为中土两国人民友谊和经贸交往的桥梁。

参考文献

[1] 阿里·爱登.土耳其学生的汉语语音偏误及教学对策[J].河北广播电视大学学报. 2012(3):47—50.

[2] 艾莉芙.土耳其语与汉语语法的对比[D].华中科技大学,2012.

［3］ 李霞.汉土语音系统对比研究[D].华中科技大学,2012.

［4］ 刘军,王亚克.土耳其学生学习汉语的动机调查与研究[J].海外华文教育.2016(4).

［5］ 欧曼尔.土耳其学生在双语迁移下的汉语习得研究[D].陕西师范大学,2011.

［6］ 洒强.土耳其汉语教学调查与分析[M]//姚喜明,等,主编."一带一路"背景下的国际汉语教育.上海:上海大学出版社,2019:196—212.

［7］ 图爱华.土耳其学生汉字书写偏误分析[D].南京师范大学,2013.

［8］ 杨同军.土耳其学生汉语学生汉语习得偏误举隅[J].云南师范大学学报(对外汉语教学与研究版).2010(5):42—47.

［9］ Ellis Rod. The Study of Second Language Acquisition［M］. Oxford: Oxford University Press,1994:479‐481.

［10］ Gardner R C, Moorcroft R & P D MacIntyre. The Role of Anxiety in Second Language Performance of Language Dropouts[J]. Research Bulletin, 1987 (657).

［11］ Horwitz E & J Cope. Foreign Language Classroom Anxiety[J]. Modern Language Journal, 1986 (70/2):125‐132.

［12］ Tobias. S. Anxiety and Cognitive Process of Instruction in R. Schwarzer (Ed.), Self-related Cognition in Anxiety and Motivation［M］. Hillsdale, NJ: Erkbaum. 1986:35‐54.

作者简介：杨桂媛,土耳其海峡大学孔子学院。

中国文化课教学现状与学生需求分析

——基于对泰国宋卡王子大学的调查

◎ 杨婷婷

摘　要：文化课教学旨在系统传授文化知识，对处于中高级阶段的汉语学习者十分重要。本文对泰国宋卡王子大学的中国文化课进行了调查，具体内容包括课程设置、师资安排、教材、教学内容、教学方式等。本文旨在通过深入了解和分析教学现状及学生需求，寻找改善文化课教学的出路。

关键词：泰国；文化教学；中国文化课；需求分析

一、引言

20世纪80年代，学界明确了文化教学的重要作用和必要性。1988年，"结构—功能—文化相结合"的教学原则在《汉语水平等级标准和等级大纲》中被认同。20世纪90年代中期，对外汉语的定性、定量、定位问题座谈会①召开后，文化教学的必要性、语言教学与文化教学的关系等相关问题在对外汉语学界达成了普遍共识。此后，相关研究主要涉及不同文化教学类型的教材、教学内容、文化大纲、教学原则、教学方法等理论和实践研究。21世纪以来，孔子学院和对外汉语专业的发展也大大促进和丰富了文化教学的研究。

---

① 由中国对外汉语教学学会、《世界汉语教学》杂志编辑部、《语言教学与研究》杂志编辑部联合主办的对外汉语教学的定性、定位、定量问题座谈会于1994年12月6日至8日在北京第二外国语学院举行。来自全国十几所院校和单位的三十多位专家出席了座谈会。

宋卡王子大学是泰国南部的重点高校,在泰国位居前五。1978年宋卡王子大学北大年校区首次开设了汉语言专业。宋卡王子大学作为泰国第一所招收汉语本科生的院校,在泰国的汉语教学史上具有重要的奠基意义。相对于许多后来开设汉语言专业的院校,其汉语言专业的设置更加健全,师资力量也更雄厚,教学质量被广泛认可,在泰南地区一直居于领先地位。该校也开设了多种文化课程,比如为本科一年级开设了中国概况,为二年级开设了中国历史、中国文化、中国社会发展,为三年级开设了中国文学、中国宗教、中国政法制度等。

但是在实际教学中,我们发现大部分学生学习文化课时,因语言障碍、教学资源、教学方法等因素学习兴趣不高,甚至对文化课存在畏难情绪,无法较好地实现学习目标,因此文化课教学效果并不理想。为此,我们选取中国文化这门课[①],对该课的课程设置、师资安排、教材、教学内容、教学方式等情况和学生的学习需求进行了调查,希望通过深入了解和分析教学现状及学生需求,寻找改善文化课教学的出路。

本文将基于对宋卡王子大学中国文化课的调查,分析文化课教学的现状,并结合学生的需求,提出一些文化课教学建议。

二、教学基本情况

学校没有具体的课程大纲,只在课程介绍中对中国文化课进行了描述:了解基本的中国文化概念,侧重学习传统文化、饮食文化、礼仪、节日、艺术和历史起源。实际教学情况如下(见图2-1)。

(一)课程基本情况

1. 课程设置

中国文化课开设于大二上学期,性质为专业必修课,全汉语授课,每周3课时,总学时为51课时,其中6个课时用于考试。

2. 教学对象

宋卡王子大学的中文课从中文一到中文八共划分为八个等级,中国文化

---

① 本人于2018年7月至2019年5月在宋卡王子大学普吉孔子学院教授中国文化这门课。

809-221

วัฒนธรรมจีน　　　　　　　　　　　　　3(3-0-6)

Chinese Culture

ความรู้เบื้องต้นเกี่ยวกับวัฒนธรรมจีน เน้นวัฒนธรรมดั้งเดิม วัฒนธรรมทางโภชนาการ มารยาท งานเทศกาล ศิลปะและบ่อเกิดทางประวัติศาสตร์

Basic concepts of Chinese culture focusing on the traditional culture, dietary culture, manners, festivals, arts, and historical origin

图 2-1　《中国文化》课程介绍①

课的大部分学生进入了中文三的学习,少数学生进入了中文四的学习。中文三、四使用的教材都是李晓琪主编的《博雅汉语:初级起步篇Ⅱ》。据调查,48.65%的学生汉语水平在 HSK2—3 级之间,40.54%的学生在 HSK3—4 之间,其余学生未参加 HSK 考试,或通过了 HSK4。总体上,学生的汉语水平为初中级,在 HSK3 级左右。

3. 师资安排

宋卡王子大学的中文教师有四类:孔子学院汉语教师志愿者、孔子学院公派教师、宋卡王子大学中国籍教师、宋卡王子大学泰国籍教师。近三年中国文化课的授课老师均为孔子学院汉语教师志愿者,硕士学位,其中两人在读,两人来自汉语国际教育专业,一人来自非汉语或教育专业;三位老师都没有中国文化课的教学经验,汉语教学经验也不超过一年;三位老师都不会泰语。

4. 教材

学校不指定教材,也没有自编教材。教师参考多本教材和网上的资料进行备课,主要以 PPT 的形式呈现。上课时,学生的学习材料为 PPT 或者老师临时打印的资料。

5. 教学内容

学校没有编写明确详细的课程大纲,教学内容由授课老师决定。老师接到排课通知后,制定 TQF3(包括教学目标、教学方法、教学计划、考核方法等)并提交至学院。(见表 2.1)

———————————

① 图片内容来源:宋卡王子大学中国研究专业官方课程介绍文件,网址:https://www.fis.psu.ac.th/en/chinese-studies/。

表 2.1　近三年中国文化课的教学内容安排

2015 级		2016 级		2017 级	
主　题	课时	主　题	课时	主　题	课时
儒家	21	传统节日	6	传统节日	6
中国历史	21	中国旅游	6	中国的文化符号	1
		中国结	3	中国人的姓与名	5
		中国少数民族	9	中国的茶与酒	3
		禁忌与崇拜	6	工艺美术	6
		京剧	3	剪纸	3
		剪纸	3	中国的谐音文化	3
				中国戏剧	3
				中国饮食	6
合计 2 个主题、42 课时		合计 7 个主题、36 课时		合计 9 个主题、36 课时	

6. 教学方式

宋卡王子大学的中国文化课一般以老师为中心，老师准备 PPT、视频、讲义等，就某一主题进行讲授，主要的教学方法是讲授法，个别老师在个别主题下使用了活动法、小组合作法。

（二）存在的主要问题

依据课堂观察、课下学生的反馈及以往任课老师的意见，我们认为目前的中国文化课教学主要存在以下问题：

1. 课程设置与学生的语言水平存在矛盾

初、中级阶段不应单独开设文化课，主要辅助语言技能教学；高级阶段，当学生具备一定水平后，可根据具体情况单独设立课程（杨凡，2011：145）。《高等学校外国留学生汉语言专业教学大纲》（2002）也将中国文化课安排在了大三的上学期。事实上，大部分国内大学的做法和上述观点一致，但与国内大学相比，国外大学普遍较早地开设了专门的文化类课程（李晓琪，2006：351）。宋卡王子大学也存在同样的问题。

学界普遍认同，为达到良好的教学效果，文化点的融入、文化知识的介绍必须跟学生的汉语水平相适应。所以我们认为，最好能延迟中国文化课的开设时间,如果中国文化课的开设时间难以改变,学校和教师就更要精心挑选适合学生语言水平的文化内容,寻找学生更易接受的方法,尽量保证教学效果。

2. 志愿者教师文化课教学经验不足

学界对中国文化课的研究开始得较晚,相较于语言课,文化课的研究数量较少,通用大纲、教学模式、教学方法等都尚无定论,不利于新手老师直接参考。此外,文化课的教学内容纷繁复杂、教材尚不完善、教学模式和教法也更多样。所以,文化课对教师的知识储备、专业素质、教学经验也有着更高的要求,对于新手志愿者教师而言,教学难度很大,教学效果难以保证。

3. 缺少文化课教材

教材在对外汉语教学中起着重要的作用。前文提到,宋卡王子大学缺少详细明确的中国文化课课程大纲,而且教师缺少经验。这种情况下,让教材充分发挥指导教学、增强新手老师信心的作用尤其重要。而目前缺少教材,导致老师的工作量、选择权、主观性过大,降低了对备课质量的保障度。

4. 教学内容的选择随意性较强

由于教学内容的选择由授课老师个人全权负责,所以主题的选择存在不够系统全面、缺乏针对性和实用性、交际文化和现代文化比例小、就一些文化点学习得过于深入等问题。

5. 教学方式单一

依据不同的教学内容、学生特点、课堂类型来选择合适的教学模式和策略,才能更好地实现教学目标。而宋卡王子大学的文化课,主要采取知识文化传授模式,教师主要进行口头讲授,直观手段较少,师生互动不足,学生之间的讨论机会也较少。文化教学是一种体悟式教学,体验和领悟的过程即学生学习中国文化的过程(陈莹,2013:146)。过多使用讲授法,让生活在非中国文化环境下的泰国学生只能被动接受知识,难以产生共鸣。

三、中国文化课教学需求调查

2019年2月,我们对中国研究专业大二、大三的学生进行了问卷调查。被调查学生均为泰国籍,年龄在19—21周岁之间,都已经上过中国文化课。共发放调查问卷63份,回收有效问卷63份。

调查内容主要针对教材、教学内容、教学方式三方面。

（一）教材

1. 教材类型

在我们的调查中,68.25％的学生希望把语言学习融入文化类课程中,但仍以文化知识学习和文化活动为主。73.02％的学生希望教材可以列出重要生词和语言点,以便学习文化的同时学习语言。可见,大部分学生希望在学习中国文化课的同时习得更多的语言知识。

2. 生词比例

关于"你认为生词在课文中的占比多少比较合适"这一调查,学生回答的中位数为10％。

3. 课文长度

7.94％的学生希望课文长度在300—500字之间;34.92％的学生希望课文长度在500—800字之间;28.57％的学生希望课文长度在800—1 000字之间;28.57％的学生希望课文长度在1 000字以上。

4. 教材项目

为了解学生对教材中所呈现项目的看法,本调查选取了5种项目进行了调查,即课文的全文翻译,生词、语言点列表,课后练习题,活动方案,插图。

从数据上看,仅38.1％的学生希望全文附有泰语翻译;73.02％的学生希望课本列出重要生词和语言点;77.78％的学生希望教材附有关于语言知识和文化知识的课后练习题;60.32％的学生希望教材上提供文化活动方案;96.83％的学生希望教材上有丰富的图片。

总之,大部分学生不认为泰语全文翻译是必需的,他们希望教材上有生词和语法表、练习题、活动方案等丰富的项目,也希望教材上有丰富的图片。

（二）教学内容

关于文化点的选择,对比多本文化教材后,我们在问卷中列出了23个文化点,请学生选择出最感兴趣的10个(见图3-1)。

结果表明,学生最感兴趣的10种文化依次为绘画书法、饮食、出行、影视、神话传说、历史、语言文字、服饰、民俗和民间艺术。我们发现这10个主题中,绘画书法、出行、影视、神话传说、语言文字和服饰没有在以往的中国文化课教学内容中出现,半数以上没有在教学中被安排,由此可见以往的课程安排没有参考学生的兴趣。

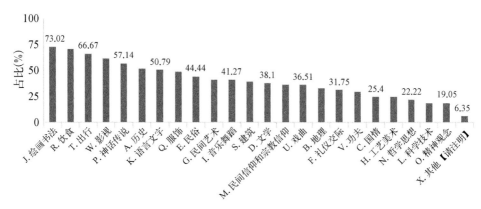

图 3-1　文化点选择占比图

（三）教学方式

9.68％的学生认同以教师为中心、教师讲授为主的模式；43.02％的学生认同以学生为中心，教师为主导的，涉及交际练习、多元互动的模式；67.12％的同学认为应该将两种模式融合在一起。

我们的调查也涉及了学生对活动法、合作法和对比法的态度。88.89％的学生认为应该在文化课上设置一些活动；78.62％的学生希望通过小组合作完成一些任务；74.6％的学生希望老师进行中外、古今等的对比教学。

前文提到，学生因语言水平有限难以较好理解所学内容，学习兴趣也有所下降。绘本图文共述的特性有利于降低文本难度，从而帮助初级水平学生更好地理解文化知识。其直观性和故事性，也有利于吸引学生的注意力，提高他们的学习兴趣。教学中，为改善这一问题，我们也尝试以文化绘本为载体教授了一些主题，并对学生进行了调查。关于对绘本的使用，88.89％的学生认为绘本可以提高他的学习兴趣；92.06％的学生认为绘本可以帮助他更好地理解所学内容；77.78％的学生认为绘本可以帮助他更好地记忆所学内容。

根据学生的反馈，我们发现大部分学生希望课堂是综合使用多种模式的，有使用活动法、合作法、对比法等多样的教学方法，他们也能接受绘本这一新颖的教学方法。

四、反思与建议

需求调查帮助我们从学习者的角度，了解学生对中国文化课的偏好和看法。结合专业目标和泰国汉语教学实际，我们认为这门课可以从以下几个方面进行改进：

（一）课程设置

1. 根据学生的语言水平开设相应的文化课程

我们认为初级阶段仍旧应该以文化因素教学为主，内容上应更多是交际文化，且不宜讲得过深。中级阶段的学生已经在语言课上了解到一些浅层次的、零碎的文化，如果在中级阶段开设中国文化课，可系统讲授丰富多样的文化主题，但由于学习时仍存在较多的语言障碍，要更注重兴趣和体验，不宜就某一主题讲得过于深入。进入高级阶段，学生系统学习文化的语言障碍逐渐变少，有深入学习文化的需求。这时可以开设形式多样的文化课程，比如中国文学、中国历史、中国宗教、中国宗法制度等，也可以继续开设中国文化课，选择学生最感兴趣的若干主题进行更加深入的学习。

2. 编写明确详细的课程教学大纲

为了更好地指导教学，学校可成立教研组，提前调查并明确学生的语言水平、学习目的、学习需求等，制定明确详细的课程大纲。针对选择教学内容随意性较强的问题，学校应提前在大纲中对教学中要涉及的文化主题做出规定。选择文化主题和文化点时，要注意：不局限于某一类、某一主题文化的学习，要学习丰富多样的文化；对文化点的学习不宜过于深入，应和学生的语言层次同步；选择具有针对性、实用性的文化点。

（二）师资安排

开课前，根据课程性质、特点、要求，提前对各类老师的优势和特点进行分析，选择比较符合课程要求的老师。基于上文对宋卡王子大学师资和课程设置的分析，如果大二开设中国文化课，我们认为选择教学经验丰富，且可以借助泰语作为媒介语教学的公派教师和宋卡王子大学的中国籍教师最为合适。

（三）教材

在选择教材时，我们应该充分考虑学生的语言水平和学习需求，注意以下因素：

1. 选择语言文化教材

"不仅有知识目标，而且有语言目标，这是对外汉语学科文化类课程与一般大学文化专业课程的重大区别之一。"(周思源,1997:281)根据以上调查,中国文化课学生的语言水平为初级,培养语言技能是该阶段的主要任务。且大部分学生希望学习中国文化课的同时,能够提高语言技能,所以语言文化相结合的教材比纯文化教材更合适这个阶段的学生。

2. 选择生词比例为 5%—10% 的教材

文化课教材在语言方面应该有一些特殊要求。文化课的主要目的是理解中国文化而不是学习语言,所以应该尽量减少生词。李扬(1997:257)将其描述为:本年级学生在不查字典的情况下应能基本看懂教材。各位学者也普遍认同文化教材应受词汇和语法等级大纲的限制,由于文化课专业性强,可以有稍高于语言课的超纲度。

根据以上调查,学生认为他们能接受的生词比例不超过 10%。而事实上,由于大部分文化教材是针对中高级学习者的,对初中级水平的学生来说,生词比例都在 10% 以上。2000 年以后,文化教材的出版量大大增加,对适用对象的描述越来越准确,也出现了小部分优秀的针对初中级水平的中国文化教材(齐子萱,2017),比如曾晓渝主编的《体验汉语·文化篇》、中国文化百题编写组主编的《感知中国·中国文化百题》、国际语言研究与发展中心编写的《文化全景——中级汉语教程》等,所用词汇比较接近 HSK3 级水平。

杨寄洲(1999:3)主编的《对外汉语初级阶段教学大纲》对初级水平阅读能力的描述是"能阅读生词不超过 2%、无新语法点的语言材料,阅读速度为每分钟 160—170 个汉字,理解正确率为 90% 以上;快速阅读能阅读生词不超过 4%、新语法点不超过 2% 的一般性语言材料,阅读速度为每分钟 170—180 个汉字,理解正确率为 80% 以上"。结合大纲要求、课堂实践和学生的反馈,我们认为选择教材时,要尽量挑选适合初中级水平的,与 HSK3 级词汇大纲相比,生词比例最好为 5%—10% 的教材。

3. 选择课文长度在 1 000 字以下的教材

课文长度应综合考虑教学主题、文化点数量、学时安排、学生汉语水平等因素。课文过长,内容过多会加重学生的学习负担,影响学习效果。

根据调查,72.5% 的学生认为课文长度应该在 1 000 字以下,但大多针对中高级的语言文化教材,课文长度远远超过 1 000 字,例如,针对中级的金舒年主编的《中国传统文化与现代生活:留学生中级文化读》,52.8% 的课文在 1 800 字以上。而针对准中级的杨瑞、李泉主编的《汉语文化双向教程本》,致力于降低语言难度并取得了不错的评价,它的课文长度在 800—1 000 字之间。

4. 选择项目丰富,直观性强的教材

我们要选择有丰富图画的,比较直观的教材。根据双重编码理论,将文字和图片组合呈现,能更好地刺激学习者对信息进行选择、组织和加工,并促进其对学习内容的保持和迁移(王建中等,2013)。相较于纯文化教材,语言文化教材中大多附有关于语言知识和文化知识的课后练习题,且提供文化活动方案。结合学生的需求,我们要尽量挑选项目丰富的、直观性强的教材。

综合以上的分析,我们发现,想要挑选各方面适应学生需求的教材非常困难,这也是多年来,宋卡王子大学中国文化课的老师都没有规定教材的主要原因。我们认为,尽管找到合适的教材非常困难,但教材仍是必需的。我们可以借鉴几本比较接近上述要求的教材,对其进行整合和改编后作为校本教材。

(四)教学内容

1. 选择语言课中的文化点,进行扩展学习

"语言教学与文化教学不是互相分割、互相排斥的,而是互相依存、互相促进、相辅相成的。"(张英,1994)语言课上也包含着各种各样的文化知识,将语言教学包含的文化因素教学与专门的文化课教学相结合,在专门的文化课上扩展并深入学习,不但可以引起学生对相关文化的好奇心,增强学习动力,也可以减少学生对新文化点的陌生感,增进学生对文化的理解。文化课上,学习内容和语言课的相互联系也一定程度地复习了语言知识和语言文化因素。

大部分学习中国文化课的学生同时也在学习《博雅汉语:初级起步篇Ⅱ》,以《美国没有这么多自行车》一课为例,老师可以结合课文将文化课主题设置为《中国的交通出行》,在介绍和对比中美的交通出行时,既讲解了文化知识,也自然复现了这一课的重要语法点"比较句"。《西红柿炒鸡蛋》一课可自然地与中国的饮食文化联系起来,在学习了许多和味道、烹饪方法、评价食物有关的词语后,能为文化课学习所遇到的语言问题扫除一些障碍。学习《我看过京剧》一课时,可以欣赏京剧作品并系统介绍京剧文化。汉语教材中涉及的京剧文化是非常零碎的,在专门的文化知识课上,教师可以引导学生总结已经学过的京剧知识,再进行扩展。

2. 把学生的兴趣作为考虑因素

根据上述调查,学生感兴趣的文化主题,半数以上在课程设置中未体现。

对影视、神话传说、语言文字等文化点，学生表现出了很大兴趣，也有学生提出对中国的大学、音乐、歌手感兴趣，但这些往往都被忽视了。兼顾知识系统性的同时，我们也要考虑学生的兴趣，适当增加一些学生感兴趣的、新颖的、和现代社会息息相关的主题。

（五）教学方式

1. 不局限于某一教学模式

知识文化传授模式、交际文化训练模式、多元互动模式都有各自的优点和局限，综合分析各种模式的特点，兼采众长，力避其短，应该是值得推崇的做法（张莹，2004）。

2. 使用多样、新颖的教学方法

文化课上最常用的讲授法，如活动法、体验法、对比法、讨论法、多媒体教学法等都有着各自的优势，面对不同的文化点、不同的教学阶段和目的，选择最适当的教学方法才能达到最好的效果。在特殊情况下，能解决特定问题的新教学方式也值得尝试。例如我们以绘本为载体在中国文化课上讲授一些文化故事和知识。这一新颖的教学方法也得到了大部分学生的认可。

3. 充分利用文化资源

宋卡王子大学中国文化中心有着丰富的文化教学资源，比如茶桌、书法工具、古代民族服装、中国结、剪纸工具、篆刻工具、风筝、文化绘本、文化纪录片光盘等，教师可以充分利用这些资源进行实物展示、文化活动、文化体验。普吉有大量的华裔，很多中国文化在泰国可以被发掘，如妈祖庙、道观、唐人街。另外，老华侨们每年都会邀请普吉孔院共同组织新年、中秋、元宵和端午等活动。教师可以充分利用这些资源，让学生进行文化考察和体验，甚至是参与文化活动设计。

4. 联系泰国的情况讲解中国文化或进行中泰文化对比

在泰国能找到很多与中国文化联系的地方。如泰国活字印刷术博物馆，记录着活字印刷术被传入泰国的历程；泰国诗琳通公主从泰国人的角度对中国的诗词进行了解读；普吉很多家庭也庆祝春节并有和中国类似的祭祀传统。中泰文化对比研究已经有了丰硕的成果可供借鉴，进行中泰文化对比不仅能引起学生的兴趣，也能让学生更好地理解和审视两种文化。

五、结语

很多海外教学单位都意识到开设专门文化课程的必要性，也付诸了实践。但由于经验不足、教材不足、相关研究不足等客观问题，教师无法高效地在课堂上开展教学。如果不发挥主观能动性，分析教学现状，积极地寻找问题并尽可能地进行改善，就不仅不能实现教学目标，甚至很有可能影响学生的学习兴趣，降低学生了解中国文化的积极性。本文针对宋卡王子大学的文化课展开调查和研究，希望能为其改进教学提供思路，也希望能为其他学校开设文化课提供借鉴。文化大纲对教材编写、课堂教学、测试评估起着指导和参照作用，缺少文化大纲是教学中出现一系列问题的根本原因，因此我们也希望学界能进一步加强对文化大纲的研制，早日出台一个科学、实用、细化的教学文化大纲。

参考文献

［1］ 陈莹.国际汉语文化与文化教学［M］.北京：高等教育出版社，2013：146.

［2］ 国家对外汉语教学领导小组办公室.高等学校外国留学生汉语言专业教学大纲［M］.北京：北京语言文化大学出版社，2002：6.

［3］ 李冬梅.对外汉语"文化课"教学模式初探［J］.华夏文化论坛，2014(02)：229—235.

［4］ 李晓琪.对外汉语文化教学研究［M］.北京：商务印书馆，2006.

［5］ 李扬.对外汉语教学与文化［C］.北京：北京语言文化大学出版社，1997：257.

［6］ 齐新.谈绘本与对外中国文化教学［J］.才智，2018(08)：121.

［7］ 齐子萱.对外汉语文化课教材发展史研究［D］.兰州大学，2017.

［8］ 王建中，曾娜，郑旭东.理查德·梅耶多媒体学习的理论基础［J］.现代远程教育研究，2013(02)：15—24.

［9］ 杨凡.对外汉语教学中文化课程的设置［J］.现代语文（教学研究版），2011(07)：144—146.

［10］ 于小植.载乾坤之德，燃日月之明——论面向全球孔子学院的中国文化教材开发［J］.中国文化研究，2018(04)：97—105.

［11］ 张嘉玥.针对泰国职业学院的中国文化教材编写研究［D］.辽宁师范大学，2016.

［12］ 张英.论对外汉语文化教学［J］.汉语学习，1994(05)：46—50.

［13］ 张莹.对外汉语中的文化教学模式比较和策略分析［J］.合肥工业大学学报（社会科学版），2004(05)：183—188.

［14］ 中国对外汉语教学学会，《世界汉语教学》编辑部，《语言教学与研究》编辑部. 对外汉语教学的定性、定位、定量问题座谈会纪要［J］. 世界汉语教学，1995(01)：1—5.

［15］ 中国对外汉语教学学会汉语水平等级标准研究小组. 汉语水平等级标准和等级大纲［M］. 北京：北京语言学院出版社，1988.

［16］ 周小兵，罗宇，张丽. 基于中外对比的汉语文化教材系统考察［J］. 语言教学与研究，2010(05)：1—7.

［17］ Cunningsworth A. Choosing Your Coursebook［M］. Macmillan，1995.

作者简介：杨婷婷，上海大学国际教育学院。

"翻转课堂"模式下的初级
汉语课程改革

◎ 骆健飞

摘　要：本文以"初级汉语综合课"为例，分析了如何采用"翻转课堂"教学模式进行课程改革，包括课程知识点设计、在线学习资源收集、整理或建设方案、课内外学时分配方案、课内翻转实施方案、课外辅导及平时考评实施方案、考核与评价实施方案等内容。此外，还以《孔子和渔夫》一课为例，详细说明了翻转课堂的教学设计。

关键词：翻转课堂；初级汉语；综合课；教学设计

一、引言

（一）课程建设基础

《初级汉语综合（下）》是北京语言大学汉语进修学院为初级水平留学生开设的必修课程。该课程每学期开设若干平行班，每班人数在 20 人左右，使用《成功之路·进步篇》的第一册及第二册进行教学。教学时间为 18 周，每周 10 课时。授课对象为具有一定汉语能力的初级水平留学生，已掌握 1 200 个左右汉语的词汇量，并已经在国内学习了一个学期的汉语课程。该课程作为汉语进修学院的主干课程，已开设十余年，每学期一轮，由学院各位教师担任主讲工作。

该课程已配备较为成熟的教材，其中包括课文、生词、词语扩展、语言点注释、练习、知识小典等内容，相应课文和练习的音频，以及部分与教学内容相关的语法微课程（参见王瑞烽、牟世荣等主持的汉语基础语法微课程等相关内容）、文化微课程（参见丁险峰等主持的中国文化知识介绍等微课程及慕课内容）等。但是，总体来说，线上教学资源不够系统、充足，某些课程教师虽可以找到一些合适的视频资源，但大多数课程暂无对应内容，需要教师在课堂上进行讲解，讲授方式较为传统，讲授效果不甚理想。

（二）课程教学目标

本课程为《初级汉语综合》下半学期的教学课程，我们希望通过这门课程的学习，使学生的语言、文化等多方面得以提高。从语言角度说，我们在讲授语言知识的同时，也会注重训练学生语言技能，在交际中使用语言，使学生能通过有计划的练习和活动实现对汉语知识的理解和运用。从文化的角度来说，我们希望学生通过观看视频材料，自然、直观地感受和了解相关的中国文化知识和现象，理解其文化内涵，并能结合自己的本土文化，实现文化对比和跨文化交际。

具体说来，学生在知识、能力和素质方面应达到如下目标：

（1）知识目标：通过本课程学习，掌握2 000个左右汉语的基础词汇，并能正确使用汉语的主要语法规则遣词造句；

（2）能力目标：通过本课程学习，能完成日常生活的主要交际任务，能用较为恰当的方式与中国人进行沟通；

（3）素质目标：通过本课程学习，了解中国的主要文化思想，并理解其内涵，能理解中国的一些风俗习惯，并尝试将其融入自己生活中。

二、基于MOOCs/SPOC的"翻转课堂"教学改革方案

（一）"翻转课堂"目的及改革思路

田爱丽（2015）从2014年9月至2015年6月采用课堂观察、问卷、深度访谈相结合的方式，对国内20个地市百余所正在实施慕课加翻转课堂教学的学校进行了调查。结果表明，慕课加翻转课堂的教学模式对激发学生的学习兴趣，培养学生学习的自主性与合作能力，以及促进学生思维能力的发展、实践能力的养成和学业成绩的提升等具有积极成效。翻转课堂教学模式为学生提

供了个性化的学习任务,从而帮助学生真正学会学习,培养深度学习的方式。具体说来,"翻转课堂"的改革有如下的目的与思路:

1. 激发学习兴趣,活跃课堂氛围

与传统的汉语课堂相比,注重理解的翻转课堂将枯燥的语言教学融入真实的情景和文化背景中,贴近生活,侧重解决生活中的实际问题,使得学生的学习兴趣和学习动机有了很大提高,对知识的理解也更加深刻,课堂氛围不再呆板拘谨,变得轻松活泼,师生关系更为融洽和平等。学生会更加积极地参与课堂活动,提高学习积极性,对汉语课的畏难和抵制情绪也能有所改善。

2. 培养学生创新能力和沟通协作能力

注重理解的翻转课堂可以大大提高学生的创造力。比如,在汉语教学中,吃饭、点菜是一个常见的话题,无论在教学中,还是在留学生的日常生活中都是经常接触的语言功能点。通过翻转课堂的形式,学生可以在课前进行分组,然后扮演不同角色表演预订餐桌、点菜和买单对话,提高汉语口语表达能力和沟通协调能力。学生通过设计中文菜单,还能训练书面表达技巧。在回答衍生性子问题"入座时要注意什么礼节问题"时,学生不仅将以前学的礼仪知识运用其中,还能创造性地提出自己的看法;回答"对菜品不满该如何跟服务员交流"这一问题时,学生也发挥自己的想象力,创造性地提交各式回答,对活跃课题气氛起到帮助作用。由此可见,翻转课堂可以提高学生的汉语口语、书面语技巧、表达能力、创造力和沟通协调能力。

3. 培养学生的批判性意识和思辨能力

批判性思维是学生智能素质和创造力的重要组成部分,是当前国际上衡量人才培养质量的重要标准之一,培养批判性思维能力也是世界高等教育改革的共同目标。然而,传统高等教育汉语课堂依旧偏重于语言知识的技能教学,忽视学生学习能力和思维能力的培养。因此,我们有必要通过翻转课堂的模式,通过线上资源的介绍与学习,引导学生思考中外文化的差异,探寻中国传统文化的本质,培养学生全面的思维能力和思辨能力。

(二)课程视频资源选择及翻转课堂学时安排

在翻转课堂中,我们针对教材中的每个课程都安排了相应的视频材料,这些视频材料主要涵盖当课出现的文化点、知识点及重要的语言点,并在每单元(每4课)后安排一个单元复习,总结本单元出现的主要语言、文化现象,帮助学生复习巩固所学内容。下表以本课程所采用的主要教材《成功之路·进步篇Ⅰ》的12篇课文为例，简单介绍所配置的视频素材及其主要内容，时长均为10—15分钟。

表2.1 《成功之路·进步篇Ⅰ》的视频素材

课号	课 名	视 频 资 料	视频资料主要内容介绍
1	《安妮的日记》	中国人的饮食	中国人的饮食习惯与风俗
2	《马丁看中医》	中医文化	中医的养生之道、治疗手段简介
3	《给父母的一封信》	中国风景名胜	中国的杭州、苏州、桂林等风景名胜
4	《我的太极拳老师》	中国太极	太极的养生之道、锻炼价值
5	《曹冲称象》	中国古代故事与传说	曹冲称象的故事
6	《左手握右手》	中国的爱情观	中国人对爱情的看法与态度
7	《镇静是一种智慧》	中国人的观念	镇静与沉着
8	《香蕉和香蕉皮》	中国人的观念	中国人与人之间的关系
9	《凤凰的传说》	中国古代故事与传说	龙、凤在中国文化中的含义
10	《熟能生巧》	中国古代故事与传说	射箭、倒油的技巧与熟能生巧的来源
11	《谁发明了筷子》	中国古代故事与传说	大禹治水①
12	《孔子和渔夫》	孔子与儒家文化	孔子的生平、经历及其教育思想

在以上表格中，我们列出了与每课内容匹配的视频资料及主要内容，这些内容主要涉及当课的文化要点。在录制视频材料时，我们也会使用本课出现的生词和语法，因上表不便展示视频脚本台词等内容，暂时略去关于词汇、语法内容的展示。

（三）课内翻转实施方案

我们尝试通过"逆向设计"将教学设计的流程予以翻转，先设计教学评价

---

① 《谁发明了筷子》的课文中，讲述了与"大禹治水"有关的故事，即：传说在中国历史上，有一年发生水灾，舜派大禹去治水。有一天，大禹饿极了，就架起锅煮肉。肉做好了，因为烫手不能抓着吃。大禹为了节省时间，就砍下两根树枝，把肉从热汤中夹出。从此大禹总是用细棍从热锅中夹取食物，筷子就这样产生了。因此，在本文中，将《谁发明了筷子》一课的视频资料定位"大禹治水"有一定可行性，二者存在一定的内部联系。

方式,再设计教学活动,探索并归纳了五大设计要素,即衍生性话题、理解性学习目标、学习任务、学习支持、持续性评估。下边以本课程的第一课《安妮的日记》中,安妮和外国朋友点菜时遇到的困难、解决方案等课文内容为例,分别阐述这五个设计要素。

背景分析:课程内容包括中餐馆的介绍、中国餐具的介绍、如何点菜、如何评价菜品的味道、如何买单等教学内容。

学情分析:留学生对中国饮食文化有初步了解,但并不清楚中国菜的点菜方式,也不太了解中国菜的名字、味道等。

1. 衍生性话题设计

翻转课堂强调教学前应先给予学生尝试和体验的机会,鼓励他们贴近生活、设置衍生性问题是理解性教学的重要环节,是该领域或学科的核心,来源于生成性主题,与周边的知识紧密关联,对师生均具有吸引力。衍生性问题促使学生层层发现问题的本质,拓展理解的深度与广度。比如,针对本课,就可以设置如下问题:

(1)中国餐馆一般使用什么餐具?喝什么茶?

(2)在中餐馆点菜为什么是一件很复杂的事儿?

(3)你怎么通过菜的名字,知道一道菜的原料和味道?

(4)如果不认识菜单上的汉字,有什么好的解决办法?

(5)中国菜和你家乡的菜有什么不一样的地方?

2. 设置学习目标

理解性学习目标要求学生能在实际生活中灵活运用所学知识和技能。本课的理解性学习目标是:能运用所学语言和知识,在中国餐馆顺利地点菜、用餐、买单等,并对餐饮进行简单地评价。自学目标、课堂目标和实践目标是循序渐进展开的。课前学生达到"领会"水平,课中学生对知识进行深度加工,达到"分析""应用"水平,课后达到"创造"水平。

3. 安排学习任务

在设置目标以后,我们应该通过"翻转课堂"的形式,安排各类教学任务。以上述学习目标为例,我们可以结合课前布置给学生的视频材料,安排相应的学习任务,如下表所示:

表 2.2　《安妮的日记》一课的学习目标与学习任务

学 习 目 标	学 习 任 务
了解学校周边的中餐馆	检查预习：教师针对课前视频提问——视频中提到了哪些中餐馆？它们有什么特色？
能用汉语点菜	课上讨论：课前视频中，有几个人来吃饭？有几个服务员？他们怎么问候的？
能用汉语询问菜品、酒水	课上讨论：课前视频中，这几位食客点了什么菜、主食和饮料？如果你去吃饭，你会点什么菜、主食和饮料？
能用汉语买单	课上讨论：课前视频中，他们的饭菜一共多少钱？他们是怎么付款的？付款的时候，应该怎么说？
能在中国餐馆点餐、用餐	课上表演：请模仿视频中的人物，分角色扮演食客、服务员，并完成欢迎、点餐、买单等任务。

4. 学习支持

学习支持包括学习资源（原创、推荐和生成性资源）和学习交互。课前，教师针对知识点录好微课视频并准备课前测评。课中，教师对学生课前测评和讨论进行点评。课后对学生作业进行点评，促使学生反思，解决学生的疑惑。学生可在网络教学平台上或者小组讨论中通过交流、合作和互动实现学习交互。

5. 持续性评估设计

翻转教学对学生的评价应贯穿整个教学过程，并且呈现评价方式和主体多元化的特点，评价主体包括教师评价、学生自评和学生互评。内容包括：课前的预习测评，课上的小组展示，课堂活动表现和参与程度，小组合作、协作互动和团队意识，出勤率，课后学习反思和实践作业等。设计持续性评估需要注意的问题：评估时不应以唯一的答案作为评价的依据，而应以学生是否达成理解的目标作为依据，对于衍生性子问题回答的评价应具备包容性和批判性，尤其是对于开放性问题的回答，应注重鼓励和激发学生发挥想象力和创造力，培养学生思辨能力的发展。

（四）课外辅导（含线上及线下）实施方案

除了上述课堂教学环节以外，我们也将在课外对留学生进行辅导，辅助翻转课堂教学工作，提升教学效果。

首先，我们通过线上互动的方式，要求学生每课学习前，先用 10—15 分钟观看由教师推荐给学生的视频材料,这些材料的内容浅显易懂,鼓励学生独立看完,无需借助词典或其他资料,学习性质为泛读,掌握视频大意即可。观看完毕,系统会在线提出各类问题,这些问题分两类,首先是选择、判断式的知识性问题,主要检查学生是否看懂了视频材料,如果学生能够回答正确这些问题,可以确定他们已经基本理解了视频内容;其次是开放性问题,这些问题是视频材料的延伸,所涉及的话题与视频材料本身以及将要学习的课文有直接的联系,教师鼓励学生思考并将想法通过在线提交的形式发送给教师和同学,供大家参考,这也是课堂教学的准备工作。

其次,我们会在线下通过安排助理教师的方式,协助学生一同观摩视频材料,并与中国伙伴一起讨论相关问题。视频材料的介入有可能给学生增加了学习负担,而且学生开始时不一定适应这种授课方式,因此我们也通过设置助教的方式,对观看视频有困难或不能理解视频内容的学生进行课前个别指导,并与之简单讨论与沟通,为课堂教学做好铺垫工作。

再次,观看视频后,我们通常会设置交际性任务及作业,这些都需要学生在线下、课后完成。比如上文提及的"在中国餐馆点菜"的任务,就需要学生模拟视频内容,到真实的中国餐馆中,体验点菜、用餐、买单、评价口味等诸多内容,也要将自己的经历与视频内容进行对比,并将体验结果上传到网上。

(五) 课程考核方式及评价

本课程的考核方式主要采用线上线下、课内课外相结合的方式。本课程为语言文化课程,既要考察学生对词汇、语法等语言知识的掌握程度,也要考察学生能否准确把握中国文化知识,在跨文化交际中选用正确的方式等。因此,本课程的考核方式和内容主要分为两种:语言部分和文化部分。

对于语言部分,我们采用传统的测验方式,通过选词、造句、阅读、写作等传统方式,考察学生能否正确运用所学语言形式,表达适切的语义和功能。

对于文化部分,我们则更多结合翻转课堂所教授的内容,通过学生的日常反馈、作业提交、文化体验等形式展开,具体说来包括:

(1) 衍生性问题思考:30%。我们在每个视频内容后都配备了若干衍生性问题,鼓励学生就某一两个问题发表自己的看法,将自己的看法提交给老师,教师根据学生提交内容打分。考核形式:提交文本。考核次数:每课1次。

(2) 语言、文化体验:40%。我们在每个视频内容中,都设置了相应的语言场景与文化背景,鼓励学生模仿或自创类似场景,通过表演、参与等形式,体验相应的语言文化知识,比如点餐、太极拳、中国名胜古迹等。学生可以通过参与其中的形式,将自己的经验总结下来,总结可以通过文本的手段,也可以通过视频拍摄的手段,由学生结组自己拍摄小视频,说明如何体验了相关内容,并提交上传给任课教师进行评价与反馈。考核形式:文本或学生自制ppt、自制视频等。考核次数:每单元1次。

（3）话题讨论:30%。我们在每单元的教学完成后,结合本单元内容给出相关话题,让学生发表自己的看法与观点,评价视频材料、课文中的相关现象与内容,采用口头报告与录音的形式在线提交,由教师进行评定和反馈。考核形式:口语录音。考核次数:每单元1次。

三、翻转课堂教学设计示例

我们以本课程的第12课《孔子和渔夫》一课为例,详细说明如何使用翻转课堂来进行本主题的教学。课程之前先对本班同学进行分组,4—5人一组并选出小组长,组内可以共同讨论学习,分享自己搜查的资料,便于提高学习的效率和合作探究能力。

本课的教学主题是孔子及其思想,配合一些生词、语法,通过历史小故事的形式介绍相关内容。课文中先说明了"孔子是中国古代著名的教育家和思想家",并结合孔子和渔夫对诗的故事("风水海水千层浪,雨打沙滩万点坑")来说明孔子谦虚谨慎的态度。以下是本课的教学设计。

（一）课堂教学前

安排学生在课下观看视频《孔子和他的思想》,该视频共计10分钟,简单介绍了孔子的姓名、历史地位、重要的经历、教育思想以及他的主要观点,教师在安排学生观摩视频的同时,提出如下问题供学生思考:

（1）孔子为什么被称为伟大的人?
（2）孔子有过哪些重要的经历?
（3）孔子是一位什么样的老师?
（4）孔子是一位什么样的学者?
（5）除了视频里介绍的,你还了解跟孔子相关的内容?比如,你有没有听过孔子学院,有没有参观过孔庙等。

同学们可以一边思考,一边把自己的想法写完网上发给教师,如果有想了解的问题,也可以告诉教师,教师会在上课时给大家讲解。

(二)课堂教学的实施

实施流程:复述、讨论视频中的小故事——以小组为单位就课文内容进行提问—引导学生思考与讨论。

教师首先通过让学生复述和评价视频中的小故事,检查学生观看视频的效果。其次在学生充分讲述、讨论后,以小组为单位就课文内容进行"问答",加强学生对课文的理解。最后在"提问环节"梳理课文内容后,教师引导学生思考故事背后的道理。"问答环节"以"生生互动"的方式进行,设置该环节的目的有三:一是通过"生问生答"的形式,促使学生积极主动地参与到课文的分析理解中;二是通过小组讨论课文中较难的问题,提升学生的讨论能力与协作能力,同时通过交流拓展思维的深度和广度;三是在自由问答环节中,学生可以提出在小组讨论中仍然没有解决的问题,而这些问题往往也是教学中的难点与重点,教师可以对症下药,对其进行针对性讲解,从而提升教学质量,提高教学效率。(纪嘉琦,2017)

为防止学生无法提出有效问题,以下问题可作为参考问题:

问题一:请你讲一讲"孔子和渔夫"这个传说,你觉得这个故事反映了孔子什么样的思想?

问题二:小视频里还讲了哪些跟孔子有关系的小故事?请其他同学也讲一个,并说说这个小故事反映了什么思想。

问题三:"风水海水千层浪,雨打沙滩万点坑"这句诗是什么意思?

问题四:这首诗是孔子作的,大家都觉得很好,但是有一个人觉得不好,这个人是谁?他为什么觉得不好?他是怎么改的?为什么这样改?

问题五:这个故事告诉我们一个什么样的道理?

问题六:你还知道孔子别的故事吗?

(三)课后反思和拓展

传统的汉语教学在学生下课时就结束了,虽然老师有时会布置一些作业,但是这些作业通常比较乏味并且不容易锻炼学生汉语应用能力。所以,在翻转课堂教学法下,老师可以布置一些能够让学生的汉语应用能力得到锻炼的作业。具体到这一课,教师会布置如下作业,让学生选择2—3项完成。

(1) 3人一组,一个人扮演孔子,一个人扮演孔子的学生,一个人扮演老渔夫,根据课文内容进行改编,表演"孔子和渔夫"的故事。将表演视频上传给老师。

(2) 找5句孔子说过的名言,用简单的语言说说它们的意思,并说说你同意不同意孔子的说法,为什么。

(3) 除了视频、教材中的故事,请再找一个跟孔子有关的小故事,请讲讲这个故事,并说说这个故事告诉我们一个什么道理。

(4) 到孔子相关的景点(比如孔庙)参观,一边拍照片,一边了解孔子的思想、孔庙的建制及相关文化,做成PPT或图片集,汇报参观心得。

(5) 请介绍一个除孔子以外的名人,并说一说他/她的故事和观点。

四、结论

随着翻转课堂教学模式逐渐被众多的教育工作者接触与掌握,相关的文章与论文不断发表,有关教育成果逐步展现。翻转课堂变换了主导权,将旧的教学模式中以教师为主导的模式放宽,将一部分的主导权交给了学生。学生可以积极地参与到教学中来,而不像过去一样只是作为知识的接受者,被动接受教师所传授的知识。这种新模式可能成为未来教学的一个重要趋势。一种新的教学模式的出现都要针对旧的教学模式中的各种缺点与不足给予完善与创新,而翻转课堂的出现正是针对旧的教学模式中课程主导权的变更。作为一名教育工作者,要冷静分析翻转课堂的优势和存在的问题,积极研究,力求探索出真正适合教育教学的、行之有效的方法手段。

参考文献

[1] 鲍国强,王剑钊,薛剑.基于"互联网+"时代背景下的翻转课堂研究[J].黑龙江教育(理论与实践),2019(5):73-74.

[2] 陈芳芳,刘万松.教育信息化背景下翻转课堂问题研究[J].中国教育技术装备,2018(24):101—103.

［3］ 纪嘉琦.基于"翻转课堂"理念的国际学校小学中文课本教学模式探索——以清华附中国际部小学中文教学为例[J].语文教学通讯(学术刊),2017(7)：9—13.

［4］ 刘婷婷.慕课背景下高校英语翻转课堂教学模式应用研究[J].智库时代,2019(18)：56—57.

［5］ 孙颖.翻转课堂在中文教学中的应用探究[J].现代交际,2019(24)：195—196.

［6］ 田爱丽."慕课加翻转课堂教学"成效的实证研究[J].开放教育研究,2015(6)：86—94.

［7］ 夏冬生,孙先念,朱公志.微课、慕课和翻转课堂的特性及其相互关联性的探究[J].黑龙江教育(高教研究与评估),2019(4)：47—49.

［8］ 张红兵."互联网＋"视域下翻转课堂教学模式应用研究[J].河北广播电视大学学报,2019(2)：12—17.

［9］ 张金磊,王颖,张宝辉.翻转课堂教学模式研究[J].远程教育杂志,2012(4)：46—51.

［10］ 朱文辉,李世霆.从"程序重置"到"深度学习"——翻转课堂教学实践的深化路径[J].教育学报,2019(2)：41—47.

作者简介：骆健飞,北京语言大学汉语进修学院。

初级汉语口语教材比较研究

——以《汉语口语速成》与《汉语交际口语》为例

◎ 任承炫

摘　要：本文以《汉语口语速成》与《汉语交际口语》两本初级口语教材为例，从"模块设置""话题""课文编写"和"练习题设置"等方面进行对比分析，总结两本教材的编写特点，期望能够对教材改进有一定的借鉴与参考。

关键词：口语教材；对比分析；编写

随着对外汉语教学的发展，汉语教材迅速发展，其中汉语口语教材发展日益蓬勃。本文主要从各个层面对汉语口语教材编写的特点进行研究，主要选取《汉语口语速成·入门篇》与《汉语交际口语》作为本文的研究对象，因为这两部教材都是针对初级阶段短期学生编写的口语教材，且在国内对外汉语教学中被普遍使用。

《汉语口语速成·入门篇》第二版由北京语言大学出版社于 2005 年出版，是为短期来华留学生编写的，以培养学生口语交际技能为主。短期教学具有时间高度集中的特点，重点并不是全面掌握语言知识系统，而是要注重听说交际技能训练，充分考虑到教学的实用性和时效性。因此，该教材使用图片、事物图示等手段丰富教材信息、增加交际真实感，体现真实、生动、活泼的特点。《汉语交际口语》是高等教育出版社 2008 年出版的图书，是一套专为多样化的短期汉语学习者编写的系列教材，以实用的交际任务为主线，以生活需求为主要学习内容。

本文主要对比两本初级口语教材在模块设置、话题选择、课文编排、练习题设置等方面的异同点,分析二者在编写上的各自特点,总结口语教材编写存在的一些优缺点,以期对教材编写提供借鉴与参考。

一、模块设置

《汉语口语速成·入门篇》分为上、下两册,一共 30 课,但是本文只考察《汉语口语速成·入门篇》(上)(以下简称《速成》),一共 15 课,由语音、生词、课文、注释、语法、综合练习、附录等部分构成。第一——第五课重点介绍语音部分,按语音介绍、语音注释、语音练习、生词、课文、注释、综合练习的顺序建构,语音教学与课文混在一起。第六——第三十课为课文,按生词、课文、注释、语法、练习、综合练习的顺序建构,每课的语法点一般是 3 个左右,每个语法点后面有练习题,最后是综合练习。每册后面附有听音练习题答案和词汇总表。

《汉语交际口语·第一册》(以下简称《交际》)一共 15 课,共有 5 个模块:复习、生词、句子、对话(情境)、活动。本书把语音部分分开编写,先介绍语音,包括目标、介绍声母韵母、拼读练习、介绍声调、声调练习。第一——第十五课都是以对话为主,按目标、准备、生词、练习、句子、对话 1、对话 2、活动、常用语句、生活汉字的顺序来建构。本教材每个生词、练习和对话后面有练习题,第十五课后面附有中国歌曲、词类简称表、词语表、课堂用语、生活常用句和语言注释列表。

两本书都有相应的汉语拼音和英语翻译,以帮助学习汉语者理解,每课有生词、课文、练习题。两本书在模块设置上主要的不同在于:

第一,语音方面的设置。《速成》第一——第五课里语音和生词、课文放在一起,先介绍语音,然后是生词、课文,但是《交际》是进入第一课之前,把语音介绍部分单独放到前面,之后才开始第一课。

第二,语法点注释方式。《速成》把生词、语法点、课文、练习分开放进教材里,可是《交际》没有把语法部分专门放到教材里,渗透活动的模块里,而是单独以"句子"的方式呈现。因为《交际》更侧重于每个单元都以交际任务为线索,能够满足学习汉语者在中国生活交谈的需求。

第三,版面设计。《交际》中还插入了大量与中国文化相关的精美而具有功能性的图片,如各种纸币、衣服(旗袍)、红灯、饮食和交通工具等,教材为彩板印刷,有助于学生进入情境,减轻记忆负担。

二、话题

话题选择直接关系汉语学习者的语言技能培养,也会影响到学习者的引导兴趣。话题可以运用多种形式,包括个人信息、社会文化等。表2.1为《速成》与《交际》两本教材的话题选择。

表 2.1 两本教材话题选择

教　材	第一课	第二课	第三课	第四课	第五课	第六课	第七课	第八课
《速成》	问好	问好	点菜	询问价格	问路	自我介绍	身体状况	国籍
《交际》	问好	自我介绍	时间	询问价格	讨价还价	点菜	饮食	问路

教　材	第九课	第十课	第十一课	第十二课	第十三课	第十四课	第十五课	
《速成》	家庭	时间	方位	购物(水果)	购物(服装)	饮食	问路	
《交际》	交通	电话求助	生病	邀请	家庭	天气、爱好	学汉语、告别	

《速成》与《交际》这两本初级教材主要选取的话题是基础阶段比较常用的话题。其中共选话题是:问好、问路、自我介绍、家庭、点菜等。但两本教材在话题选择上各有特点。《速成》涉及的内容比较更为普遍和典型,《交际》则对留学生来说更有针对性,比如,电话求助、生病请假、邀请、告别等话题是留学生来到中国后需要掌握的日常用语,对留学生来说也更具有实用性。同时,有些课文中涉及两个以上话题,对于短期汉语学习者来说能够接触到更多方面的信息。《交际》的话题更丰富,这样可以使学生间接接触到生活中发生的各种情况,在教学中通过多样的课堂活动,不仅可以提高学生的学习兴趣,也可以学到实际汉语口语,在日常生活中使用。《速成》每课之间没有联系,话题之间比较分散,但是《交际》安排话题的方式比较有规律,由最初问好开始到自我介绍,然后学习最基础的数字之后,再引入时间、价格以及还价等一系列话题,紧接着进入点菜话题。内部之间有联系,可以使学习者循序渐进,由易到难地学习汉语。相反,虽然《速成》每课之间话题比较分散,但是一系列话题在一定

间隔下重复出现。比如,第五课学习"问路",然后第十一课学习"方位"以后,第十五课再引导"问路"。这样不仅以所学内容为基础,进一步拓展学习相关知识,也可以深层次训练实际交际中的运用能力。

三、课文编写

(一) 文本形式

口语教材课文是一般由会话(对话)和短文建构的,《速成》和《交际》这两本书的形式也是如此,具体见表3.1。

表 3.1　两本教材会话与短文数量统计

教材 / 课文形式	《速　成》 篇幅数量	《交　际》 篇幅数量
会话/对话	53 篇(88.33%)	30 篇(100%)
短文	7 篇(11.67%)	0 篇(0%)
共计	60 篇	30 篇

从表 3.1 可以看出,《速成》有 7 篇短文,其余 53 篇是以会话形式进行编排。《交际》全部课文为对话形式,没有短文。通过对比可以发现:

第一,两本教材课文编写上都侧重于会话形式。会话相对短文来说,建构更简单,也能更好地培养学习者的交际技能。

第二,一般而言,汉语口语教材要重在实用性的交际能力,多为会话形式的课文。《交际》没有短文形式的课文,《速成》是会话形式和短文形式的穿插,或者,全部都是会话或短文的形式。黄方方、孙清忠(2010)认为,独白在课堂教学中可以加强实现交际环境的独立性,课堂教学形式也可以更多样化,同时,可以照顾到不同学习者的个人因素。因此,过度侧重会话形式也会造成课堂教学的古板单调,需要课文形式的多样化。

(二) 课文容量

在初级阶段课文内容的篇幅的长短对汉语学习者的学习效果也有一定影响,本文对两本教材的课文容量进行了统计,结果如下:

表 3.2　两本教材课文容量统计　　　　　单位：个

单元＼教材	《速　成》		《交　际》	
	课　文	字　数	课　文	字　数
第一课	课文 1	4	课文 1	30
	课文 2	5	课文 2	31
	课文 3	6		
	课文 4	4		
	课文 5	2		
	小计	21	小计	61
第二课	课文 1	26	课文 1	35
	课文 2	6	课文 2	52
	小计	32	小计	87
第三课	课文 1	8	课文 1	32
	课文 2	8	课文 2	59
	课文 3	8		
	小计	24	小计	91
第四课	课文 1	12	课文 1	34
	课文 2	9	课文 2	58
	小计	21	小计	92
第五课	课文 1	12	课文 1	45
	课文 2	14	课文 2	65
	课文 3	9		
	小计	35	小计	110
第六课	课文 1	84	课文 1	33
	课文 2	47	课文 2	48
	课文 3	43		
	小计	174	小计	81
第七课	课文 1	50	课文 1	62
	课文 2	58	课文 2	63
	课文 3	37		
	小计	145	小计	125
第八课	课文 1	28	课文 1	27
	课文 2	57	课文 2	52
	课文 3	62		
	课文 4	46		
	小计	193	小计	79

续　表

教材 单元	《速　成》		《交　际》	
	课　文	字　数	课　文	字　数
第九课	课文 1 课文 2 课文 3 课文 4	58 61 48 48	课文 1 课文 2	41 55
	小计	215	小计	96
第十课	课文 1 课文 2 课文 3	42 46 48	课文 1 课文 2	55 66
	小计	136	小计	121
第十一课	课文 1 课文 2 课文 3 课文 4	53 42 48 56	课文 1 课文 2	52 49
	小计	199	小计	101
第十二课	课文 1 课文 2 课文 3 课文 4	26 31 38 62	课文 1 课文 2	71 70
	小计	157	小计	141
第十三课	课文 1 课文 2 课文 3	50 55 68	课文 1 课文 2	61 61
	小计	173	小计	122
第十四课	课文 1 课文 2 课文 3	43 107 32	课文 1 课文 2	60 58
	小计	182	小计	118
第十五课	课文 1 课文 2 课文 3 课文 4	28 36 53 42	课文 1 课文 2	81 60
	小计	159	小计	141

教材 单元	《速　成》		《交　际》	
	课　文	字　数	课　文	字　数
总计	60 篇	1 866	30 篇	1 566
平均	课文	31.1	课文	52.2
	单元	124.4	单元	104.4

由表 2.3 可以发现：

第一,《速成》共有 60 篇课文,《交际》共有 30 篇课文。《交际》的课文量比较固定,每个单元有两篇对话形式的课文,而《速成》中每课有 2—5 篇不等。

第二,《速成》每篇课文的平均字数是 31.1 个,《交际》的平均字数是 52.2 个,从统计数据来看二者还是存在一定的差距。以单元来看,《速成》每个单元的平均字数是 124.4 个,《交际》的平均字数是 104.4 个。从统计数据来看这二者相差不大,这两本教材的课文容量都比较合适。不过,《速成》的每个单元的课文数量不一样,课文的内容更丰富,并且《速成》每篇课文的篇幅比《交际》短一些,有利于减轻学习者的学习压力。易艳容(2015)认为,作为初级口语教材来说,课文的篇幅不应过长,因为学习者可能会对汉语学习产生畏难心理。

第三,《速成》第一到第五课的平均课文容量为 26.6 字,比较少。主要原因是第一到第五课为语音部分,而《交际》没有专门设置语音学习单元。对于一般汉语学习者特别是初级学习者来而言,学习汉语语音及发音是基础,也是重点,在口语学习中,标准正确的发音更是不可或缺的部分。《速成》专门设置语音部分并且安排在教材的开头部分,有利于学习者集中巩固语音基础,纠正发音。

四、练习题设置

袁丽红(2008)将练习题型分为 3 种类型：机械性练习、理解性练习、交际性练习。我们据此分类对两部教材的练习进行了统计,统计结果具体如下。

从表 4.1 可以看出,《速成》与《交际》的题目总量分别为 75 道和 124 道,两者差距比较大。两本教材都涉及机械性练习、理解性练习、交际性练习 3 个方面,《速成》侧重于理解性练习题,将学习的语言结构应用在情景对话当中,以句子为主。《交际》更侧重于交际性练习,大部分的练习题是学生之间的对话,其中包括"双人活动""全班活动"等。

表4.1　两本教材练习题类型分布

教　材	题　型	数量(道)	总计(道)	百分比(%)
《速成》	机械性练习	19		25.33
	理解性练习	35	75	46.67
	交际性练习	21		28.00
《交际》	机械性练习	46		37.10
	理解性练习	20	124	16.13
	交际性练习	58		46.77

经过对比分析发现,《速成》的主要题型是"看图完成会话""替换练习"和"看图填空"等。《交际》中每课的练习题型具有固定的板块,基本都包括"看图学词语""双人及班级活动""语音练习""替换练习""问答"和"看图说话"这几个部分。比如,《速成》第十四课与《交际》第七课的主题都是"饮食"。《速成》讲解课文以后,每个语法点各有练习题,可以分为3个语法点的练习题和1个综合练习题这4大类,3个语法点的练习题包括"看图完成句子""组词成句"和"用句式完成会话"。比如:

第十四课:用"……是……"格式完成会话(《汉语口语速成·入门篇》,136页)

　A:韩国菜好吃不好吃?

　B:＿＿＿＿＿＿＿＿＿。

最后综合练习题有4个问题,包括"完成会话""会话练习(给学生提供句子)""看图说话""听后回答问题"。《速成》通过交际技能训练,最终完成交际活动,交际性练习题只有"看图说话"这一道题,《速成》比较侧重于理解性练习题。

另外,《速成》的练习题最后面一般设置了听完回答问题,实际交际当中听力部分也很重要,《速成》考虑到了这些,比较注重听说交际技能。但是,有的听力录音文本有点长,对零基础或初级阶段的学生来说会有一点难。比如:

第十三课:听后回答问题并复述(《汉语口语速成·入门篇》,153页)

你们看看,这是我的新鞋,我在学校旁边的鞋店买的。这个鞋店卖的鞋质量又好,样子又漂亮。什么?价钱怎么样?价钱有点儿贵。你们说说,这双鞋多少钱?280?不对,是380。

《交际》的第七课共有9个练习题,分别是:交际性的"小组活动""模拟情景""看图说话""课堂游戏";机械性的"看图学词语""语音练习""替换练习";理解性的"你来试试""完成句子"。《交际》更注重于交际性、互动性的练习题,一般多用为图片,这样可以令学生自由思考及回答。并且,每个课堂中学生的情况可能不一样,如学生人数、国家、水平、特点不同等。《交际》的练习题,不但题量比较多,而且题型比较丰富,教师可以根据教学对象的特点,灵活选择练习题进行授课。

五、结语

本文从整体编排、课文容量、话题和练习题等方面对《速成》与《交际》的两本教材进行对比分析。这两本教材都是针对初级阶段的口语教材,但是各有特色,在很多方面有显著的差异。初级汉语口语教材要贴近交际日常生活,也要引导学习者的兴趣。《交际》实用性强,以交际、互动为主。由最初的"问候""介绍"开始课文内容,每课大多根据各自情境下的内容叙述而编写,如:第十课的"马桶坏了""电脑有病毒"等。《交际》比较有实用性,每篇课文都是采纳会话的形式来展示,通过人物在日常生活当中常见的情境下对话提高汉语学习者的交际能力。相对于《速成》,《交际》练习活动题较多,有利于增强学习者的记忆力和理解度,让学习者逐步掌握汉语交际能力,提高学习者的积极性和主动性。

我们可以看到,目前对外汉语口语教材在模块设置上越来越符合课堂教学规律,课文容量更加合理,话题的选取更符合学习者实际需求,练习设置上更加体现以学生为中心的教学原则,在编写理念上逐步从重视语言结构学习到重视运用语言在实际生活中交际,反映了教材编写的发展。

参考文献

[1] 陈作宏,田艳.探索以任务为中心的体验式对外汉语课堂教学模式[J].民族教育研究,2008(4):93—98.

［2］ 黄方方,孙清忠.浅析对外汉语初级口语教材的课文编排——以《初级汉语口语》《汉语口语教程》《汉语口语速成》为例[J].华文教学与研究,2010(2)：42—46.

［3］ 马箭飞.以"交际任务"为基础的汉语短期教学新模式[J].世界汉语教学,2000(4)：87—93.

［4］ 杨小彬.我国对外汉语教材编写的成就与问题[J].湖北大学学报(哲学社会科学版)2011(4)：31—34.

［5］ 易艳容.《汉语口语速成》和《路——外国人汉语会话课本》两本短期速成汉语口语教材的比较研究[D].苏州大学,2015.

［6］ 袁丽红.从交际角度评析初级汉语口语教材的练习设置[D].暨南大学,2008.

［7］ 赵金铭.论对外汉语教材评估[J].语言教学与研究,1998(3)：3—5.

作者简介：任承炫,上海大学国际教育学院。

韩语母语者关于介词
"朝、向"的偏误情况

◎ 林 帆

摘 要：汉语的介词是汉语语法系统中一种重要的类别，主要用于修饰、补充谓词性词语。但是汉语介词语义较虚，位置也相对灵活，给对外汉语学习造成较大障碍。因此对近义介词的研究尤为重要。本文利用前人研究中的真实语料和 HSK 动态作文语料库，以语义相近的、同样表示动作趋向的介词"朝、向"为研究范围，以韩国学习者为研究对象，使用定性和定量相结合的研究方法，对"朝、向"的偏误率和偏误类型进行描写和分析。

关键词：韩国学习者；"朝"；"向"；偏误率；偏误类型

一、引言

《现代汉语》(黄伯荣、廖序东，2011：26)对汉语介词的定义是这样的："依附在实词或短语前面共同构成'介词短语'，主要用于修饰、补充谓词性词语。"有些学者从汉语本体知识出发，对现代汉语的介词进行整体的讨论和研究。汪树福(1984)依据现代汉语的语言事实，探讨了介词结构的语法功能。董晨峰(2015)立足语用平面角度，着重分析和总结介词的语用功能。有些学者则立足不同角度，对多个介词进行比较分析，比如张俐(2001)、刘培玉(2007)、赵新(2002)和肖任飞，陈青松(2006)等。

而近年来，学界对"朝"和"向"偏误研究的重点转向针对不同母语的学习者。林齐倩、金明淑(2007)和金洙玄(2012)针对韩语母语者,田武天(2016)和澎湃(2017)针对泰语母语者,齐藤奈绪子(2015)针对日本母语者。他们对比了汉语介词"朝""向"和其他语言的异同,总结偏误类型,分析偏误的原因,最后就偏误类型和原因提出一些教学建议。

本文探讨的问题是韩语母语者关于介词"朝"和"向"的偏误率和偏误类型。笔者将利用前人文章中的真实语料和 HSK 动态作文语料库中的语料来描写并总结韩语母语者关于介词"朝"和"向"的偏误类型。

二、汉语"朝、向" 语义和用法

在《对外汉语实用语法》(卢福波,2012:135)一书中,"'朝'和'向'都可以表示动作方向,但'向'可以用在动词之后,'朝'不能。'向'构成的介词词组可以用于抽象动词前,'朝'一般只用于跟身体有关的动词"。《对外汉语教学语法释疑 201 例》(彭小川等,2016:197)说道,"'动词+向'的条件是,'向'后面的词语一般是某个目标或到达处,'向'加上人称代词或人称名词,动词为抽象意义动词"。《1700 对近义词语用法对比》(杨寄洲、贾永芬,2007:207)认为"'朝'和'向'的宾语可以是方位处所词,也可以是人或物体的名词,用'朝'的句子都可以用'向'替换。'朝'有面对的意思"。本文结合这三本语法书,对介词"朝"和"向"的语义特征进行分类归纳,总结出"朝"和"向"各有四个义项,见表 2.1。

表 2.1 "朝"和"向"义项归纳表

义项 \ 介词	"朝"	"向"
1	"朝"表示动作的方向或对象,只能用在动词之前 例1:他朝小丽走了过去	"向"表示动作的方向,位于动词之前 例5:列车向北京奔驰
2	"朝"的宾语可以是方位处所词 例2:大门朝东开	"向"构成的介词词组可以位于动词之后,作补语 例6:河水欢快地流向远方
3	当"朝"的宾语是人称代词或人称名词时,后面的动词一般只用于跟身体有关的动词 例3:奶奶朝我挥了挥手	"向"跟人称代词或人称名词组合时,只能用在动词前 例7:他向老师借了一本书

续　表

介词 义项	"朝"	"向"
4	"朝"有面对的意思 例4：房子大多数是坐北朝南的	"向"构成的介词词组可以用于抽象 动词（说明、学习、解释等）前 例8：我们应该向优秀的人学习

介词"朝"和介词"向"都可以位于方位处所词、人称名词或者人称代词之前，表示动作的方向。介词"向"可以位于动词之后作补语，而介词"朝"不能位于动词之后。介词"向"和人称代词或人称名词构成的介词词组可以用于表示抽象意义的动词（说明、学习等）之前，介词"朝"和人称代词或人称名词构成的介词词组只用于跟身体有关的动词之前。

三、韩语母语者使用介词"朝"和"向"的偏误率

偏误是第二语言学习者在习得目的语时必经的一个过程，与目的语语法规范不一致的表达方式都属于语法偏误。

笔者在 HSK 动态作文语料库分别搜索"朝"和"向"这两个词并将国籍限定为韩国，出现"朝"的总共有 80 条语料，出现"向"的总共有 499 条语料。但是"朝"和"向"是动介兼类词，笔者只研究作为介词"朝"和"向"的偏误。以下是笔者整理后统计的语料情况。

（1）"朝"不作为介词的语料有 77 条，这不属于笔者的研究范围，故剔除这 77 条语料。剩下的总共 3 条语料中，分别是：

例 9：它是社会文化的一部分，朝好的方向去发展，还有提高这种文化的价值。

例 10：不知有人朝我一笑说："你这个没有男子汉的，提自己的女朋友当对你最影响的人，真笨！"

例 11：*我要说的是朝着多数人的健康来想，总不能想着少数人。

例 9 和例 10 是正确的。例 11 是错误的，"朝"指示动作的方向，而这句话的意思是要根据大多数人的健康来想，表示根据、凭借的意思，用"从"。因此

在 HSK 动态作文语料库中,"朝"的偏误率是 33.33%。

(2)"向"的语料总共有 497 条,但其中有 4 句出现了 2 次,有效语料剩下 493 条,但又有 2 句语料中"向"出现了 2 次,所以笔者将这 2 句语料记为 4 句,有效语料为 495 条。其中 189 条语料中的"向"不作为介词,同样剔除。笔者研究的语料总共是 306 条。正确的有 221 条,错误的有 85 条,偏误率达到 27.78%。(见表 3.1)

表 3.1

介词	HSK 语料总数(条)	正确语料(条)	错误语料(条)	偏误率(%)
朝	3	2	1	33.33
向	306	221	85	27.78

四、韩语母语者关于汉语介词"朝"和"向"的偏误类型

由于 HSK 动态作文语料库中"朝"的语料很少,所以笔者从 2012 年金洙玄《韩国留学生习得介词"给、对、向、朝"的偏误分析》这篇文章中选取介词"朝"的 27 句语料加入本文的研究语料。因此,介词"朝"的语料有 30 句,介词"向"的语料有 306 句。

在金洙玄(2012)中的 27 句关于介词"朝"的语料中,金(2012)认为以下 4 条语料是错误的,笔者对此存有怀疑。这 4 条语料分别是:

例 12:朝这条路走,就可以到图书馆。

例 13:他朝我叹了口气。

例 14:凡事我们都要有积极的态度,应该朝好处想。

例 15:他很有礼貌地朝老师鞠了一躬。

笔者为此做了问卷调查,参与者需判断这 4 个句子的对错。32 位参与者都是本科或硕士研究生为国际汉语教育专业的学生,统计结果如表 4.1 所示。

可以看出大部分汉语母语者认为前 3 句是正确的,一半比例的汉语母语者认为例 4 是正确的。这说明在大多数汉语母语者的认知中,这四句都是正

表 4.1

句　　子	判断正确的人数(人)	判断错误的人数(人)
例 12：朝这条路走,就可以到图书馆	24	8
例 13：他朝我叹了口气	25	7
例 14：凡事我们都要有积极的态度,应该朝好处想	19	13
例 15：他很有礼貌地朝老师鞠了一躬	16	16

确的。另一方面,这四句的"朝"也符合语法书上的定义。语法书上定义介词"朝"可以指示动作的方向和对象。例 12 和例 14 中的"朝"指示动作"走"和"想"的方向。例 13 和例 15 中的"朝"表示的都是动作的对象,例 13 中的"朝"表示动作"叹"的对象"我",例 15 中的"朝"表示动作"鞠躬"的对象"老师"。因此笔者认为这四句是符合语法的,介词"朝"的偏误语料总共有 24 句。

　　基于此,笔者将收集的前人文章和 HSK 动态作文语料库的"朝、向"的语料情况汇总如下表 4.2:

表 4.2

介　词	语料总数(条)	正确语料(条)	错误语料(条)	偏误率(%)
朝	30	6	24	80
向	306	221	85	27.78

具体而言,介词"朝"的偏误类型分为以下 5 种:
(1) 误代。笔者收集的 24 句错误语料中,有 17 句属于误代,占 70.83%。

　　例 16：*你不应该朝老师说失礼的话。

　　例 17：*在爷爷的生日那天,我们都去朝他祝寿。

　　例 18：*他这次表现不错,我们朝他鼓掌吧。

　　例 19：*这次是你错了,快去朝他道歉吧。

　　例 20：*我要说的是朝着多数人的健康来想,总不能想着少数人。

　　例 21：*朝韩国飞的飞机马上要起飞了。

　　例 16 中"朝"误代了"对"。"朝"仅仅只是指示动作的对象,但这句话中有一个更为突出的意思,就是"不能对老师说失礼的话",这是主语"你"予以对象"老师"的一种态度,因此具有给予对象某种态度这种语义特征的"对"更符合这句话的意思。例 17 中"朝"误代了"给"。句中"祝寿"是抽象动词,因此不能用"朝"。"给"能引出动作的受益者,而且后接动词可以是抽象动词,因此"给"更合适。例 18 将"朝"误代了"为"。例 19 将"朝"误代了"向"。例 20 将"朝"误代了"从"。例 21 将"朝"误代了"往"。

(2)介词冗余。笔者收集的 24 句错误语料中,有 3 条为介词冗余,占 12.5%。

> 例 22: *他每次都朝我要求替他做作业。
> 例 23: *他朝猫指着它说:"别过来。"
> 例 24: *天刚亮他就朝出门了。

这三句都多加了"朝"。例 22 和例 23 中的动词"要求"和"指"可以直接加上人称代词或人称名词,不需要介词来引进动作的对象。例 22 改为"他每次都要求我替他做作业"。例 23 改为"他指着猫说"。例 24 改为"天刚亮他就出门了"。

(3)错位。笔者收集的 24 句错误语料中,有 2 条为错位,占 8.33%。

> 例 25: *他总是想朝坏的方面。
> 例 26: *不要走朝有石头的地方。

当"朝"要加上宾语和动词,应该遵循"朝+O.+V."这个框式。例 25 和例 26 的动词都放在"朝"之前。

(4)结构不完整。笔者收集的 24 句错误语料中,有 1 条结构不完整,占 8.33%。

> 例 27: *弟弟把身子朝上起来。

例 27 这个句子缺少了与"朝"字介词结构相配合的动词,仅有一个"朝上"介词结构,无法形成合乎现代汉语语法的句子,应改为"弟弟把身子朝上拱起"。

（5）复合偏误。笔者收集的 24 句错误语料中，有 1 条为复合偏误，占8.33％。

> 例 28：*向日葵从早上朝太阳看到晚上。

例 28 中既用错了"从……到……"这个结构，也混淆了介词"朝"和动词"朝"的语法。"从……到……"这个结构中间一般不加其他成分。"朝"作动词时，才能表示"某物正对某个方向"的意思。状态"朝太阳"是持续了"早上到晚上"这样的一段时间，加上"着"才能表示状态的延续。应改为"向日葵从早上到晚上都朝着太阳"。

介词"向"的偏误类型有以下 7 种：

（1）误代。在笔者收集的 85 条语料中，有 37 条为误代，占 43.52％。

> 例 29：*也许音乐向人们带来一种快乐。
> 例 30：*我想我自从国小毕业后，太久没有向你们写信。
> 例 31：*随着人们的生活水平提高，向"食"的关心也越来越增加。
> 例 32：*因为我是个独生子，所以父母向我的期待是非常大的。
> 例 33：*你们一直向我说大孩子，反正我是成人。
> 例 34：*如果我能够进入了公司，我将要发挥我的能力、我的素质，而且努力工作，向贵公司做出了贡献。

例 29 和例 30 误代了"给"。"人们"和"你们"是动作"带来快乐"的受益者和"写信"这个动作的接受者，这个情况只能用"给"。例 31 和例 32 误代了"对"。对象"食"是动作"关心"的涉及对象，"我"是"父母期待"的对待对象，这两种情况只能用"对"。例 33 误代了"跟"。例 34 误代了"为"。

（2）介词冗余。在笔者收集的 85 条语料中，有 14 条为介词冗余，占16.47％。

> 例 35：*我们应该向父母关心一点
> 例 36：*我在后半生中，将向妈妈好好对待。
> 例 37：*它们总是向我告诉没事，没有问题小朋友。

这三句都多加"向"，可以看出学习者泛化了"向"能引进动作对象的功能。"关心""对待"和"告诉"都可以直接在后面加上人称名词或代词。

（3）遗漏。在笔者收集的 85 条语料中，有 13 条属于遗漏，占 15.29%。

> 例 38：＊我保证你们，我一定要努力学习。
> 例 39：＊但是自己一个人喜欢所以没有勇气表白对方。

例 38 和 39 中的"保证"和"表白"这两个动词后面不能直接加上人称名词或代词。因此需要介词"向"来引进动作的对象。

（4）介词混用。在笔者收集的 85 条语料中，有 18 句为介词混用，占 21.18%。

> 例 40：＊目前世界所有的国家走进世界化。
> 例 41：＊个子矮的和尚在前面，个子高的和尚在后面，水桶渐渐地歪着前面。
> 例 42：＊我决心了我有空的话，我会常常用写信的方法给他们表达我的爱让他们幸福的。
> 例 43：＊我会用流行歌曲，给别人表达我的心，所以我很喜欢流行歌曲。
> 例 44：＊可是明天我打算去学校看老师请假。

例 40"世界化"是一个方向，"走进"和"世界化"搭配不当，应该改为"走向"。例 41"歪着"应改为"歪向"，"着"表示一种持续状态，而"渐渐"表示一种变化，语义前后矛盾。可以看出"前面"是动作"歪"的方向，应该改成"向"。例 42 和例 43"表达"这个动词没有给予义，不能放在"给＋O＋V"这个结构中，"表达"的对象是"他们"和"别人"，应将"给"改为"向"。例 44 中的"请假"和"看"搭配不当，应改为"向老师请假"。

（5）杂糅。在笔者收集的 85 条语料中，有 1 条语料为杂糅，占 1.18%。

> 例 45：＊他们应向该为贫困国家和饥饿人民提供帮助。

例 45 既用"向"，又用"为"。学习者将这两个介词混合到一起。"提供帮助"的对象是"贫困国家和饥饿人民"。介词"向"和"为"都可以引进动作的对象,只需要保留一个。本句改为"他们应该为贫困国家和饥饿人民提供帮助"或"他们应该向贫困国家和饥饿人民提供帮助"。

(6)错位。在笔者收集的 85 条语料中,有 1 条语料为错位,占 1.18%。

例 46:*以前能吃一天三顿就是人们的目的——温饱型,现在温饱型向走享受型。

例 46 中"向"和"走"的顺序错了,应该互换位置,改为"以前能吃一天三顿就是人们的目的——温饱型,现在温饱型走向享受型"。

(7)复合偏误。在笔者收集的 85 条语料中,有 1 条语料为复合偏误,占 1.18%。

例 47:*这篇文章向一般群众了教训。

例 47 既用错了"了"又混淆了介词"向"和动词"向"。"了"位置不当,助词"了"只能出现在动词之后或句尾。"向"字组成的介词结构"向一般群众"并不能充当句中的谓语成分,应该在后面加上能作谓语成分的动词"提供"。本句改为"这篇文章给群众提供了教训"。

归纳起来,韩语母语者关于介词"朝"的偏误类型有 5 种:(1)误代;(2)错位;(3)介词冗余;(4)结构不完整;(5)复合偏误。关于介词"向"的偏误类型有 7 种:(1)误代;(2)介词冗余;(3)遗漏;(4)介词混用;(5)杂糅;(6)错位;(7)复合偏误。

五、余论

在笔者收集到的所有 HSK 语料库中的语料,介词"朝"的语料只有 3 句,这可以说明在大部分韩语学习者在自主使用第二语言时,回避使用介词"朝"。而笔者同样发现出现了介词"向"的 315 个句子中,韩国学习者并没有出现介词"向"和"朝"混用的情况,这是否能够证明大部分韩国学习者可以很好地掌握了介词"向"和介词"朝"的区别还有待进一步研究。

参考文献

［1］ 崔希亮. 欧美学生汉语介词习得的特点及偏误分析［J］. 世界汉语教学,2005(3)：83—95＋115—116.

［2］ 董晨峰. 汉语介词的语用功能与结构研究［J］. 语文建设,2015(26)：82—83.

［3］ 黄伯荣,廖序东. 现代汉语(下册)［M］. 北京：高等教育出版社,2011.

［4］ 金洙玄. 韩国留学生习得介词"给、对、向、朝"的偏误分析［D］. 黑龙江大学,2012.

［5］ 林齐倩,金明淑. 韩国留学生介词"向、往"使用情况的考察［J］. 暨南大学华文学院学报,2007(2)：15—24.

［6］ 刘培玉. 介词"向""往""朝"的功能差异及解释［J］. 汉语学习,2007(3)：26—32.

［7］ 卢福波. 对外汉语教学实用语法［M］. 北京：北京语言文化大学出版社,2002.

［8］ 彭湃. 泰国留学生习得汉语方向介词"向、朝、往"的偏误研究［D］. 黑龙江大学,2017.

［9］ 彭小川,李守纪,王红. 对外汉语教学语法释疑 201 例［M］. 北京：商务印书馆,2016.

［10］ 齐藤奈绪子. 日语母语者方向介词"向、朝、往"习得研究［D］. 上海交通大学,2015.

［11］ 田武天. 汉语"向、朝、往"比较研究及泰国学生习得偏误分析［D］. 江西师范大学,2016.

［12］ 汪树福. 介词结构是全能结构［J］. 安徽师大学报(哲学社会科学版),1984(4)：115—122.

［13］ 王珏. 介词短语作定语四论［J］. 华东师范大学学报(哲学社会科学版),1999(4)：96—103.

［14］ 肖任飞,陈青松. 介词"向""往""朝"的句法语义模式分析［J］. 湖南科技学院学报,2006(7)：172—174.

［15］ 杨寄洲,贾永芬. 1700 对近义词语用法对比［M］. 北京：北京语言大学出版社,2007.

［16］ 杨永. 留学生介词"给"偏误研究［D］. 暨南大学,2007.

［17］ 张俐. 介词向、往、朝功能比较［J］. 河南大学学报(社会科学版),2001(5)：87—89.

［18］ 赵新. 表示方向的"向、朝、往"［J］. 培训与研究(湖北教育学院学报),2002(4)：21—23.

［19］ 朱庆祥,方梅. 现代汉语"化"缀的演变及其结构来源［J］. 河南师范大学学报(哲学社会科学版),2011(2)：152—155.

作者简介：林帆,澳门科技大学国际学院。